国家出版基金项目
NATIONAL PUBLICATION FOUNDATION

国家社会科学基金重大项目（17ZDA323）核心成果
"十三五"国家重点图书出版规划项目

21世纪学习与测评译丛·杨向东　主编

Beyond the Bubble Test: How Performance Assessments Support 21st Century Learning

［美］琳达·达令－哈蒙德（Linda Darling-Hammond）
［美］弗兰克·亚当森（Frank Adamson）　　编

超越标准化考试：
表现性评价如何促进21世纪学习

陈芳————译

湖南教育出版社　WILEY

"21世纪学习与测评译丛"编委会

主　编　杨向东
副主编　陈　芳　周文叶
编辑委员会（排名不分先后）

陈　芳　韩　芳　黄晓婷　杨向东　张雨强　周文叶

总　序

　　21世纪，人类已然跨入智能时代。科技正以史无前例的速度发展。未来学家雷·库兹韦尔曾预言，到2045年，人工智能将超越人类智能，到达人类发展的奇点。人工智能技术的飞速发展，给全球的经济模式、产业结构、社会文化生活带来了深远的影响。技术进步导致世界范围内经济模式从大工业时代进入信息时代，以创新驱动为特征的知识经济已成为现实。有研究表明，自20世纪60年代伊始，以体力劳动为主、有固定工作流程与规范的行业或职业正在逐渐被人工智能所取代，而需要审慎判断新情况、创造性解决陌生问题或任务的行业却大幅上升。人们不仅会在工作中越来越多地身处充斥着高新科技的环境，日常生活也变得越来越技术化和智能化。在教育领域，人工智能机器人可能会比人类教师更加准确地诊断学生在知识或技能上存在的不足，提供更有针对性的学习资源和支持。

　　工作环境与社会环境的变化给人力资源和个体生活带来了新的挑战和要求。就像今天的个体必须掌握人类的文字一样，信息技术素养成为智能时代公民的根本基础。与此同时，批判性思维、创新、沟通和交流、团队协作成为21世纪里个体适应工作和社会生活的必备能力。随着工作性质和社会生活变化速度的加快，个体将不可避免地面临更多复杂陌生的任务或场景，个体需要学会整合已有知识、技能、方法或观念，审慎地判断和分析情境，创造性地应对和解决问题，能够同他人协作开展工作和完成任务。生活流动性增加，需要个体适应多元异质的社会和环境，学会与不同文化、地域和背景的群体进行沟通和交流。日益加速的工作和社会变化，需要个体具备学会学习的能力，能够尽快适应新环境，成为有效的终身学习者。

　　新的时代要求我们重新认识教育的价值，重新思考21世纪学习的性质和特征。对学习性质的认识曾经历不同的阶段。20世纪初，在桑代克的猫反复尝试错误而试图逃离迷笼的时候，心理学家就试图从动物身上获取人类学习的机制。受此影响，行为主义将学习理解为刺激与反应之间的连接。从早期经典的条件反射到后期斯金纳的操作条件反射，行为主义者想通过强化机制和条件反射的结合，实现对人类学习的控制。这种以动物为隐喻的学习理论显然不适用于人类。20 世纪六七十年代，学习的信息加工理论兴起。以计算机为隐喻，人类个体被视为一个信息加工系统：长时记忆是人的"硬盘"，存储着各种类型的知识、表象或事件；感官是人的"外接端口"，从周边环境获取各种刺激或输入；工作记忆是人的"CPU"，在此实现信息编码、匹配、组织等各种心理操作。此时，学习被认为是一种人的内在心理过程，主要是如何对信息进行编码或组织以解决问题。这是一种个体的、理性的和客观主义的学习观。自 20 世纪 80 年代以来，在杜威、皮亚杰、布鲁纳、维果茨基等学者的思想启蒙和影响下，建构主义和社会文化观对学习领域产生了深刻的影响，对学习的认识回归人的内在本性。此时的学习被认为具有如下特征：

（1）主体驱动性（agency-driven）：人具有内在的发展需求，是能动的学习者，而非被动接受客观的知识。（2）情境化（situated）：知识呈现于相关的情境中；通过情境活动，发现并掌握知识。（3）具身性（embodied）：学习并非外部世界的心理表征，只需依赖知觉和理性即可把握；学习是在学习者（身心）与世界互动过程中展开的。（4）社会文化限定性（social-culturally shaped）：学习始终是在特定社会和文化场域中发生的实践活动；社会互动和协作不仅是促进学习的影响因素，更是学习的本质所在；文化形成于并反过来塑造了学习者的活动、观念（知识）和情境。

在新的观念下，学习越来越被认为与特定社会文化不可分割，与学习者及其所处群体的现实生活和经验不可分割，与学习者的认知和自我、动机、情感、人际互动等不可分割。进入 21 世纪，该领域越来越强调在现实世界或虚拟现实场景下，个体、社会、文化等方面的动态整合和互动，强调整合观下正式和非正式学习环境及课程的创设，关注儿童在解决真实问题和参与真实性实践的过程中认知、情感、社会性、认识论及价值观的发展。近几十年来西方涌现出来的合作学习、项目式学习、问题式学习、抛锚式教学法、认知学徒制、设计学习、创客等新型学习方式，都与这种观念的转型有着深刻的内在关联。

新型学习观对测评范式和路径产生了深远影响。面向 21 世纪的测评不再限于考查学习者对特定领域零碎知识或孤立技能的掌握程度，而更为关注对高阶思维——如推理和劣构问题解决能力——的考查，关注学习者在批判性思维、创新、沟通和交流、团队协作等 21 世纪技能上的表现。在测评任务和方式上，新型测评更为注重真实情境下开放性任务的创设，强调与学习有机融合的过程性或嵌入式（embedded）的测评方式，在学习者与情境化任务互动的过程中收集证据或表现。借助现代信息和脑科学技术，测评数据也从单一的行为数据向包含行为、心理、生理、脑电波等方面的多模态数据转变。所有这些，对测评领域而言，无论是在理论、技术层面还是实践层面，都带来了巨大变化，也提出了新的挑战。

自 21 世纪初经济合作与发展组织（Organization for Economic Co-operation and Development，OECD）发起"核心素养的界定和选择"项目以来，世界上各个国家、地区或国际组织都围绕着培养应对 21 世纪生活和社会需求的核心素养或 21 世纪技能进行了一系列教育改革。2018 年 1 月，教育部印发《普通高中课程方案和语文等学科课程标准（2017 年版）》的通知，开启了以核心素养为导向的新一轮基础教育课程改革。本质上，核心素养是 21 世纪个体应对和解决复杂的、不确定性的现实生活情境的综合性品质。以核心素养为育人目标蕴含了对学校教育中学习方式和教学模式进行变革的要求。核心素养是个体在与各种复杂现实情境的持续性互动过程中，通过不断解决问题和创生意义而形成的。正是在这一本质上带有社会性的实践过程中，个体形成各种观念，形成和发展各种思维方式和探究技能，孕育具有现实性、整合性和迁移性的各种素养。它要求教师能够创设与学生经验紧密关联的、真实性的问题或任务情境，让学生通过基于问题或项目的活动方式，开展体验式的、合作的、探究的或建构式的学习。

课程改革的推进，迫切需要将 21 世纪学习和测评的理念转化为我国中小学教育教学的实践。"21 世纪学习与测评译丛"正是在这种背景下应运而生的。针对当前的现实需求，译丛包含了面向 21 世纪的学习理论、新一代测评技术、素养导向的学校变革等主题。希望本套丛书能为我国基础教育课程改革研究和实践提供理念、技术和资源的支持。

本译丛曾得到教育部基础教育课程教材专家工作委员会副主任朱慕菊女士和杭州师范大学张华教授的鼎力支持，在此向他们表示衷心的感谢。

杨向东

2019 年 2 月 20 日

作者简介

贾马尔·阿布代（Jamal Abedi）是加州大学戴维斯分校教育学教授，专攻教育和心理评价。他的研究重点是英语语言学习者测试以及与这些评价有关的技术要求和问题解读。自 2010 年始，阿布代就一直是益智平衡评价协作组织（SMARTER Balanced Assessment Consortium，SBAC）技术顾问委员会的成员。在此之前，他曾任美国教育部有限英语能力合作项目（LEP Partnership）专家组成员，是美国教育研究协会（American Educational Research Association，AERA）大规模评价中的全纳（inclusion）和兼容（accommodation）特别兴趣小组的创始人和主席。2008 年，加州教育研究协会授予他终生成就奖。阿布代从范德比尔特大学获得博士学位。

弗兰克·亚当森（Frank Adamson）是斯坦福教育机会政策中心的政策分析师和研究员。目前关注从州、国家以及国际层面评价深度学习和 21 世纪技能。他也研究教育公平和学习机会问题，并发表过有关纽约州和加州劳工市场中教师薪资差异的研究。在加入 SCOPE 之前，亚当森曾任职于美国研究院（American Institute of Research，AIR）和斯坦福国际研究院（SRI International），设计评价，评估美国教育措施，并为经济合作与发展组织（OECD）以及联合国教科文组织（UNESCO）开发国际指标。他是斯坦福大学毕业的社会学硕士和国际比较教育学博士。

吉利安·辛格思（Jillian Chingos，原名 Jillian Hamma），目前是加州圣何赛的阿尔法：布兰卡·阿尔瓦拉多中学（Alpha：Blanca Alvarado Middle School）六年级教师。辛格思毕业于达特茅斯学院，主修英语，辅修公共政策，并获得了教学资格。她之前在斯坦福评价、学习和公平中心（Stanford Center for Assessment, Learning, and Equity，SCALE）工作，开发并研究表现性评价。

大卫·T. 康利（David T. Conley）是一名研究教育政策和领导力的教授，是俄勒冈大学教育政策研究中心（Center for Educational Policy Research，CEPR）的创始人和主管。他是教育政策改进中心（Educational Policy Improvement Center，EPIC）的创始人、首席执行官（CEO）以及首席战略官（CSO），也是位于俄勒冈州尤金和波特兰两地的 CCR 咨询集团（CCR Consulting Group）的主席。通过这些机构，他广泛研究了有关大学准备以及其他关键政策话题，并获得过多项全国性组织、州、校区以及学校网络的经费支持。他的研究重点是学生如何才能在高等教育中获得成功。他的最新著作《为大学、职场和共同核心做好准备》（*Getting Ready for College，Careers，and the Common Core*）近期已由乔西·巴斯出版社（Jossey Bass）出版。

琳达·达令-哈蒙德（Linda Darling-Hammond）是斯坦福大学教育方向的查尔斯·E. 杜康默（Charles E. Ducommun）荣誉教授，斯坦福教育机会政策中心员工主管。她曾任美国教育研究协会（AERA）主席，是美国国家教育科学院（National Academy of Education）院士，并于 2008 年担任奥巴马总统的教育政策过渡小组的主任。达令-哈蒙德的主要研究领域是教育公平、教学质量、学校改革以及表现性评价。2012年，她的专著《扁平的世界和教育：美国对于教育公平的承诺将如何决定我们的未来》（*The Flat World and Education：How America's Commitment to Equity Will Determine Our Future*）荣获了著名的格文美尔大奖（Grawemeyer Award）。她的最新专著是 2013 年出版的《正确评估教师：什么对于绩效和进步最重要》（*Getting Teacher Evaluation Right：What Really Matters for Effectiveness and Improvement*）。

贝弗利·福尔克（Beverly Falk）是纽约城市大学教育学院教授、早期儿童教育研究生项目主管。她的研究专长包括早教、早期素养、表现性评价、学校改革、教师教育以及教师研究。她担任过多种教育角色，如课堂教师、学校创办人和主管、地区行政管理官员，也曾担任学校、地区、州和国家机构中的顾问、研究员以及领导。她目前是《新教育家》（*New Educator*）的编辑以及斯坦福评价、学习和公平中心的高级研究员。福尔克从哥伦比亚大学教师学院获得教育博士学位。

安·贾奎思（Ann Jaquith）是斯坦福教育机会政策中心副主任。她参与过纽约、俄亥俄以及加利福尼亚等州的多项旨在改革学校的表现性评价项目。作为一名曾经的教师和管理者，她的专长是培养用表现性评价来改进教学的教学能力和领导能力。她的研究兴趣包括研究如何在系统内的不同层级培养教学能力，并分析专业培训机构中那些可以改变教学并改进学生学习的措施。她毕业于斯坦福大学的课程与教师教育博士项目。

斯图亚特·卡尔（Stuart Kahl）是"量化进展高级测量和评估系统"（Measured Progress as Advanced Systems in Measurement and Evaluation）公司创始人和首席执行官。他做过小学和中学教师，曾任职于联邦教育委员会（Education Commission of the States）、科罗拉多大学以及RMC研究公司（RMC Research Corporation）。他经常在行业会议上发言，也是多个教育机构的技术顾问。他最知名的研究领域是非选择题考试的标准制定以及课程与评估的匹配研究。卡尔从科罗拉多大学获得博士学位。

苏珊·莱恩（Suzanne Lane）是匹兹堡大学教授。她最近关注研究20世纪90年代课堂教学和成就的经验教训，如何评价21世纪的思维技能，以及行动理论、效度和后效之间的互动，尤其是这些研究对于新一代评价的启示。莱恩曾任全美教育测量协会（National Council on Measurement in Education，NCME）主席（2003—2004）以及美国教育研究协会（AERA）D部副主席（2002—2003）。她从亚利桑那大学获得研究方法论、测量与统计专业博士学位。

威廉·蒙塔古（William Montague）是弗吉尼亚大学法律系在读学生。他的职业生涯始于北卡罗来纳州罗阿诺克拉皮兹（Roanoke Rapids）高中英语教师一职，是"为美国而教学"（Teach for America）的成员。之后任职于独立教育（Independent Education），这是华盛顿特区的一个独立学校协会组织。工作期间，他与该组织的执行主管托马斯·托克（Thomas Toch）合作过一系列项目。托克是一名资深教育作家和政策分析师。蒙塔古从弗吉尼亚大学获得学士学位，专业是经济和历史。

约翰·奥尔森（John Olson）是成立于2008年的评价解决方案集团（Assessment Solutions Group，ASG）的高级合伙人。他也是奥尔森教育测量和评价服务公司（Olson Educational Measurement and Assessment Services）董事长。该公司成立于2006年，是一家咨询机构，为各州、校区、联邦团体、测试公司、研究员等提供技术支持和服务。他有30多年的管理和咨询经验，曾任职于哈考特评价（Harcourt Assessment）、全美各州教育主管理事会（Council for Chief State School Officers，CCSSO）、美国研究院以及教育统计服务研究所（Education Statistics Services Institute）等。他参与过多项国际、全国、州级以及地方评价项目，涉猎多种测量和统计话题。他在教育考试服务公司（Educational Testing Service，ETS）负责的全国教育进展评估（National Assessment of Educational Progress，NAEP）项目中担任多个领导角色。奥尔森从内布拉斯加大学林肯分校获得了教育统计和测量学博士学位。

玛格丽特·欧文斯（Margaret Owens）目前是旧金山市教堂高中（Mission High School）教师。她从斯坦福大学获得了教师资格以及硕士学位。她关注研究新的教学策略，例如用复杂教学方法鼓励一贯不喜欢数学的学生加强合作和投入。任教以前，她在斯坦福大学学习政治科学，尤其关注美国教育。

雷蒙德·皮切诺（Raymond Pecheone）是斯坦福大学教授以及斯坦福大学评价、学习与公平中心（SCALE）创始人和执行董事。在皮切诺的领导下，SCALE 注重表现性评价，专门开发学校、地区以及州级层面针对学生、教师以及管理者的基于表现的测评体系。SCALE 成立之前，皮切诺曾历任康涅狄格州教育厅厅长，负责课程、教学与评价；全国教学专业标准委员会（National Board for Professional Teaching Standards）首个评价开发实验室（Assessment Development Lab）副主任；纽约州教育理事会（New York State Regents）重组项目主管。最近，皮切诺和 SCALE 正在为益智平衡评价协作组织的全国评价系统编制表现性评价指导说明和任务。他从康涅狄格大学获得了测量与评估专业博士学位。

劳伦斯·O. 皮卡斯（Lawrence O. Picus）是南加州大学罗西耶教育学院（Rossier School of Educution）教授和副院长。他是多个领域的专家，包括学校公共经费筹集、学校经费的平等性和适度性、学校商业管理、教育政策、将学校资源与学生表现挂靠以及学校资源分配等。他目前的研究兴趣主要是学校经费的适度性和平等性，以及从幼儿园前到高中阶段学龄儿童教育项目的有效性和成效。皮卡斯是教育经费和政策协会（Association for Education Finance and Policy）前任主席，曾在教育资源（Ed-Source）主管董事会工作 12 年，并为 20 多个州提供过学校经费问题的咨询服务。他从兰德研究生院（RAND Graduate School）获得了公共政策分析博士学位，是芝加哥大学的社会科学硕士，里德大学的经济学学士。

艾德·勒贝尔（Ed Roeber）是评价解决方案集团（ASG）的顾问，历任密歇根州教育厅州级评价主管、全美各州教育主管理事会学生评价项目主管、量化进展公司副总裁以及密歇根州立大学兼职教授。在 ASG 以及其他组织中，他为各州以及其他组织提供与学生评价有关的项目和职责咨询服务。目前他是多个机构如密歇根评价联盟（Michigan Assessment Consortium）、密歇根州立大学以及威斯康星教育研究中心（Wisconsin Center for Educational Research / University of Wisconsin）的学生评价顾问。他写过大量有关教育评价的文字，为多个机构和组织提供咨询，并频繁就学生评价发声。他从密歇根大学获得了教育测量博士学位。

布赖恩·斯特克（Brian Stecher）是兰德教育（RAND Education）的高级社会科学家和副主任，是帕迪兰德研究生院（Pardee RAND Graduate School）的教授。他的研究兴趣主要是教育质量测量以及教育改革评估，尤其关注评价和问责系统。在兰德任职的 20 多年间，他负责了著名的《不让一个孩子掉队》（No Child Left Behnmd Act，NCLB）的全国范围的评估、数学和科学系统改革以及缩小班级规模的研究。他在测量领域的专长包括考试开发、考试效度验证以及运用评价改进学校。斯特克是国家科学院（National Academies）标准、评价以及问责方面的专家团成员，目前也是考试和评价董事会（Board on Testing and Assessment）成员。他从加州大学洛杉矶分校获得博士学位。

托马斯·托克（Thomas Toch）是卡内基基金会（Carnegie Foundation）负责公共政策参与的高级管理合伙人，也是华盛顿卡内基基金会办公室主任。他是智囊库"教育分会"（Education Sector）的创始人和前任主管，做过布鲁金斯研究所（Brookings Institution）访问学者，并在哈佛大学教育学院的研究生院授过课。20 世纪 80 年代，他帮助《教育周刊》（*Education Week*）创刊。他曾在《美国新闻和世界报道》（*US News and World Report*）担任过 10 年的资深教育新闻记者工作，而且在《亚特兰大》（*Atlantic*）、《纽约时报》（*New York Times*）以及美国其他国家级刊物上发表过文章。他的作品两度被提名"国家杂志奖"（National Magazine Awards）。此外，他还有两本有关美国教育的著作——《因着卓越的名义》（*In the Name of Excellence*，Oxford University Press）以及《人本量尺上的高中》（*High Schools on a Human Scale*，Beacon Press）。

巴里·托普（Barry Topol）是评价解决方案集团（ASG）的管理合伙人。他领导ASG 为各州、各大学以及其他非营利性机构提供有关评价成本、管理以及州问责系统的分析和咨询工作。自从 2009 年 ASG 成立以来，托普和 ASG 已经与多个州及组织合作，如大学和职业准备评价同盟（Partnership for Assessment of Readiness for College and Careers，PARCC）以及益智平衡评价协作组织，帮助它们设计更有成效且合理的评价和问责系统。托普设计了 ASG 的评价成本模型，这是业界唯一一个可以为任何评价确定合理价格的模型。他从加州大学洛杉矶分校获得了经济学学士学位，从该校安德森管理学院获得了工商管理硕士学位。

劳拉·温特沃斯（Laura Wentworth）是白银慈善基金会（Silver Giving Foundation）在斯坦福大学/旧金山市联合校区合作组织（Unified School District Partnership）的负责人。她强调将理论与实践相结合，尤其关注评价问题。作为一名公立学校的教师，她和其他学校骨干们引入了国际文凭小学项目（International Baccalaureate Primary Year Program），其中包括在幼儿园至五年级段使用档案袋评价系统。离开教师岗位以后，她开始研究评价问题，包括英语学习者政策问题、结业考试政策以及表现性评价等。目前，她正负责一个含有多个评价项目的大学—地区合作项目，旨在帮助实践工作者们用研究引导自己的决策。温特沃斯从斯坦福大学获得了教育政策博士学位。

致 谢

本书总结了有关表现性评价的开发、实施以及后效的研究，分析了美国国内和国外大规模表现性评价的经验教训，包括技术发展、可行性、教师投入、决策启示、针对英语语言学习者的运用以及评价成本等。

一个由教育研究人员、实践工作者以及政策分析师组成的顾问委员会在理查德·谢弗尔逊（Richard Shavelson）的领导下，为这项工作提供了有力的指导意见。该委员会确定了所有征文的具体要求，审阅了论文终稿并最终纳入各章。我们在此对顾问委员会的所有成员——伊娃·贝克（Eva Baker）、克里斯托弗·克罗斯（Christopher Cross）、尼古拉斯·多纳休（Nicholas Donahue）、迈克尔·福伊尔（Michael Feuer）、爱德华·赫特尔（Edward Haertel）、杰克·詹宁斯（Jack Jennings）、彼得·麦克沃尔特斯（Peter McWalters）、洛丽·谢帕德（Lorrie Shepard）、吉列尔莫·索拉诺-弗洛雷斯（Guillermo Solano-Flores）、布伦达·韦尔伯恩（Brenda Welburn）以及吉恩·威尔霍伊特（Gene Wilhoit）致以诚挚的谢意。

本书作者们要感谢全体教育工作者以及其他拓荒者们，因为他们在多年岁月中投入了成千上万个小时，来设计并实施周到的课程与评价，为师生们的学习提供了有力支持。我们还要感谢芭芭拉·麦肯纳（Barbara McKenna）促成这些论文从最初的草稿转变为最终成果，感谢索尼亚·凯勒（Sonya Keller）有益而彻底的编辑工作，感谢萨曼莎·布朗（Samantha Brown）帮助获得许可将这些文章收录到本书中来。

本书多个章节（第二章至第六章以及第八章至第十一章）部分选自斯坦福教育机会政策中心（Stanford Center for Opportunity Policy in Education，SCOPE）以前已经发表的一些论文。第七章则来自美国进展中心（Center for American Progress）发表过的一篇文章。本书所有论文都获得了引用许可。

本书中的研究得到了福特基金会（Ford Foundation）、休利特基金会（Hewlett Foundation）、内莉·梅教育基金会（Nellie Mae Educational Foundation）以及桑德勒基金会（Sandler Foundation）的资助，我们在此一并表示感谢。本书观点不代表上述任何机构的立场。

目　录

第一章 介绍：表现性评价的理论依据和背景 ¹

琳达·达令-哈蒙德

> 我号召州长和各州教育主管们开发一系列的标准和评价方法。这些评价不只是简单考查学生们能否在一份试卷上"圈出"答案，而是考查他们是否具备 21 世纪所需的技能，比如解决问题的能力和批判性思维、企业精神和创造力。
>
> ——巴拉克·奥巴马总统，2009 年 3 月

在过去的 10 年间，美国以考试为驱动的问责系统引发了激烈的讨论，讨论的焦点是该体系的效果。人们对于美国学生在国际评价中的表现感到失望，开始担心美国的国际竞争力，并质疑我们学生是否做好了进入高校或者职场的准备。这一切都推动了美国新一轮大刀阔斧教育改革的浪潮。

在大众讨论中，被教育者、商业领袖、获选官员以及社区成员们反复提及的一个主题就是学校需要关注一套新的、更广泛的技能，使得美国学生能够参与数字时代的竞争。讨论的中心思想则是我们需要测量对于大学学习和职业准备最为关键的核心知识和高阶技能。特别是由于批判性思维、分析推理能力和沟通技巧的重要性日益增加，越来越多的人倡议要开发出一个更平衡的、能够真实测量学生表现的评价体系。

在这个目标上，美国并不孤独。教育标准和评价的改革一直是全世界所有国家和地区的一个经久不衰的话题。最近，新加坡、中国香港和英国就纷纷采用了新的课程类型和评价方法。比如新加坡在准备彻底改革评价体系时，时任教育部部长尚达曼（Tharman Shanmugaratnam）说："（我们必须）减少死记硬背、重复性考试以及那种一刀切的教学方式，要通过更多有趣的学习、体验式发现、因材施教、终身技能学习以及性格锻炼等来培养学生们，使他们获得未来成功所必需的品质、思维方式、个性和价值观。"（Ng，2008）

为了赶上那些在教育上看起来飞速前进的国家，美国各州州长和教育主管们发布了《共同核心州立标准》（Common Core State Standards，CCSS）。这个标准包含英语语言艺术和数学两个科目，参照国际基准，旨在提供一份在现代社会获得成功所必须掌握的概念和技能的大纲。这套标准被美国 45 个州和 3 个海外领地采用，目标是要创造"更少、更高、更深"的课程，保证学生们做好大学入学以及入职准备。

这个目标对教学和考试都产生了深远的影响。正如奥巴马总统所申明的，实实在在做好大学与职业准备并参与到现代民主社会的生活中去，所需要的技能绝对不只是在一份考卷上"圈出"答案。学生们必须能在新的环境下发现、评估、整合并使用相关知识，必须能创设并解决非常规的问题，还要能发现新的研究主题并提供问题解决方案。学生们也需要习得进行成熟的思考、解决问题、设计以及与人沟通的能力。

戈登未来教育评价委员会（Gordon Commission on Future Assessment in Education）最近公布了一份报告（2013），这个报告由教育考试服务公司（Educational Testing Service，ETS）赞助，由全国课程、教学和评价方面的顶尖专家学者执笔。该报告是这样来描述关键目标的：

> 为了达到"共同核心"所确定的学习目标，评价必须涵盖日益复杂、日新月异的世界要求的所有能力。好的评价可以引导教师行动，帮助学生们衡量自己的进步，从而加速习得这些能力。为此，评价涉及的任务和活动应该是值得师生们关注并投入精力的典型范例。委员会呼吁各个层面的决策者积极参与，以实现目前评价实践所急需的转型。评价系统（必须）能稳健推动教学改革以达到这些标准要求……并为教师提供有关学生学习的有用信息。
>
> 新评价必须增强与我们所处时代相符的能力。当代学生必须能够评估碎片化信息的效度和相关度并得出结论。他们必须能使用已有知识进行推测并寻找证据来检验自己的假设。他们要能提出新的观点，并为他们所在的职场或者社区网络做出富有成效的贡献。由于国际社会日趋复杂，联系日益紧密，人们必须能够识别模式、进行比较、解决矛盾以及理解因果关系。他们必须学会接受模棱两可的事物，并且认识到我们的视角塑造着我们所接触的信息及其意义。从最宽泛的角度来说，我们教育系统的重点必须是帮助个体理解世界并且在这个世界中发挥有效作用。最后，评价的重要性还应该体现在它们不仅仅是要记录学生们能做什么以及知道什么。为了让它们尽可能有用，

评价还应该提供线索以了解学生为什么会这样想，他们学得怎么样以及错误理解产生的原因。

这些就是 21 世纪的技能，是全世界的改革者在过去几十年里极力主张学校应该寻求的技能。由于国际社会日趋复杂，彼此因科技而联系紧密，变化日新月异，这些技能也显得越来越重要。如经济学家理查德·默南（Richard Murnane）和弗兰克·利维（Frank Levy）研究（1996）所示，工厂作业所需的常规技能曾经促进了工业经济的发展，但随着工作性质的变化，一些作业被计算机替代、外包或者消失，这些常规技能的需求已经急速减少。目前最需要的技能是非常规的互动技能，即与他人合作创新并解决问题的能力（见图 1.1）。

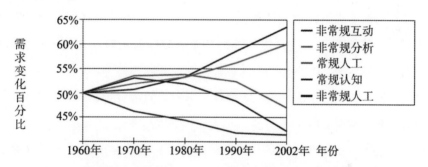

图 1.1 **技能需求如何变化：常规和非常规任务输入的总体经济测量**

资料来源：Murnane & Levy, 1996. Organization for Economic Cooperation and Development (2012), *Lessons from PISA for Japan*, *Strong Performers and Successful Reformers in Education*, *OECD Publishing*, http://dx. doi. org/10.1787/9789264118539-en

之所以如此的部分原因是知识正在以不容喘息的速度增长。加州大学伯克利分校的研究员估计，从 1999 年到 2002 年的 3 年间，全世界所产生的新信息已经与此前历史上的所有信息量持平（Lyman & Varian, 2003）。在世纪交替之际，新的技术信息量每两年翻一番（McCain & Jukes, 2001），现在则达到了每一年翻一番。

这样的结果就是成功的教育不再意味着将某一套静止的事实拆分为 12 个学年的量，然后一年年分期分批地发放给学生。取而代之的是学校在传授学科知识的同时还必须帮助学生们学会如何学习，这样他们才能在新形势下应用知识，应对不断变化的信息、技术、工作和社会环境的挑战。

无论是因为工作性质的变化、国际竞争还是最近产生的共同标准的倡议，当今社会看重的不再仅仅是要求学生们获取信息，而是要辨别什么信息有价值、为什么有价值以及如何将这个信息与其他信息结合起来解决复杂的问题（Silva, 2008）。记住零散

5　的知识点已经不是学习的首要任务了，重要的是学生们能拿他们所掌握的知识来做什么。

表现性评价的必要性

要鼓励并测量这样的学习，我们就越来越需要表现性评价。表现性评价能够反映学生如何习得并应用知识来解决真实世界的问题。很多高学业成就的国家都开发了国家或者州一级的课程指导，包含了表现性评价，要求学生解决真实世界中的复杂问题并以口头或者书面形式论证他们的观点。这些评价包括研究项目、科学探究、数学和计算机建模以及其他作业。它们与学科教学大纲和标准相对应，代表了关键的技能、话题和概念。它们一般是由当地学校的教师设计、实施并评分。

这些国家都认识到嵌于课堂内的表现性任务可以培养并评价一些更为复杂的技能，这些技能不是通过某一天两个小时的一场考试就能测量的。这样的评价系统可以塑造新的课程，保证更充分的学习机会。它们能及时给教师们提供形成性信息来帮助学生们改进学习，这是标准化考试由于实施与结果之间漫长的时间差而无法做到的事情。它们使得教师们对于标准的理解更加深入，更清楚如何去教学，也使得教师们能更了解他们的学生以及学生们是如何学习的。使用这样的评价可以改进师生双方的教与学。许多国家和州还会采用集体评分和评分协调措施来提高评分信度。这些措施对于教师也很有教育意义，使得他们可以将对课标的感觉转化为基于共同标准的量尺上的刻度值。

20 世纪 90 年代，美国许多州都开发了有特色的州级或者本地表现性评价，这些州包括康涅狄格、肯塔基、缅因、马里兰、内布拉斯加、新罕布什尔、新泽西、纽约、俄勒冈、佛蒙特、罗得岛、华盛顿、威斯康星和怀俄明等。除此以外，一些地区和学校联盟也开发了表现性评价，激发学生产出高质量的作品来测量他们在不同学科领域的核心理解和表现。通常这些作品——科学探究、社科研究论文、文学分析、艺术展

6　示、数学模型和技术应用——会交给一个评审团。该评审团要求学生们展示自己对所提问题的理解，并判断他们的作品是否达到了特定标准。

研究表明这些任务提高了多个州的教学质量，包括加利福尼亚、肯塔基、缅因、

马里兰、佛蒙特以及华盛顿等州（Darling-Hammond & Rustique-Forrester，2005）。其他研究也表明凡是采用了问题导向的课程并且经常使用表现性评价的班级的学生在传统标准化考试和表现性评价中的成绩都有所提高（Newmann，Marks，& Gamoran，1996；Lee，Smith，& Croninger，1995）。

然而由于实施中的挑战，高成本的评分，以及与 2002 年出台的联邦法律《不让一个孩子掉队》的要求的冲突，表现性评价在美国剧烈触礁而搁浅。[1] 许多州终止了它们在 20 世纪 90 年代开发的需要写作、研究以及解决拓展性问题的评价方法，代之以选择题和简答题考试。各州放弃表现性评价的主要原因是这些评价成本高昂，而被政府认可的考试类型却很有限。这些做法的后果就是：考试虽然成了影响课程和课堂教学的主要因素，但大部分州的考试却不如它们在 90 年代那样关注高阶技能。也就是说，当高成就国家的学生们在积极学习，为大学和现代职场的成功做准备的时候，美国学生却在练习选择题考试，而这些考试只是鼓励他们识别出简单、正确的答案而不是产生想法。

兰德公司（RAND Corporation）近期的一项研究还发现，在美国 17 个州的考试中，只有不到 2％的数学题目和仅 21％的英语语言艺术题目测试了较高的技能，即要求学生进行分析、综合、比较、联系、批判、假设、证明或者解释他们的想法（Yuan & Le，2012）。用测试术语来说，这些就是韦伯知识深度框架中认知难度达到了 3 级和 4 级的技能（Webb，2002）。1 级和 2 级的低级技能包括回忆、识别以及使用常规步骤。

这项研究的结果与其他研究一致（Polikoff，Porter，& Smithson，2011），但却更让人不安，因为这些州之所以被选中，就是因为它们的标准和考试被认为比其他州更加严格。兰德公司的这项研究表明，以选择题为主的题型严重限制了被评价的认知难度的级别。他们发现选择题很难测量高阶能力。也正是这个缘故，州课程标准文件中雄心勃勃的期望被屡屡排除在实际测量目标之外。

测什么以及如何测非常重要。因为当测量被用于决策时，它们在很大程度上就决定了课堂内发生的一切。在美国，学生们参加的考试比其他任何一个工业化国家都要频繁，考分也被更多地用于与学生、教师以及学校有关的决策当中。《不让一个孩子掉队》的法规要求三年级到八年级的学生们"每个孩子，每一年"都要参加考试，此外还有一次高中考试。该法规还规定了允许使用的考试类型。与此不同的是，世界上大部分国家的学生在进入高中之前最多只参加一两次考试。一些国家，比如芬兰，甚至在十二年级之前没有任何外部考试，除了会在几个不同年级收集一些小样本的学生数据以外。

最后，和其他国家不同的是，美国的考试还常常被用来决定学生是否可以升学或毕业，教师们是获得终身教职、被继续聘用还是被开除，学校也会据此受到奖励或者惩罚，甚至被重组或关闭。由于考分被用于如此众多的决定，教师们开展应试教学的动机越来越强（Amrein & Berliner，2002）。然而，在许多其他国家，考试是为了提供信息以改善课程和在职培训，并为学生初高中毕业后的发展规划提供帮助，而不是为毕业、人事任命或者学校的奖惩和存亡做仲裁。考试的确受到了高度重视，但校本评价还有很多可以改进的地方。这些校本评价可以由教师们来打分，汇入评价系统，这将极大地丰富表现性任务的种类。

表现优异的地区都在坚定而明确地加强探究和问题解决的教学与评价。他们教育投资策略的目的就是要为大学和职业准备提供支持，而且这些策略看起来也的确产生了效果。他们的表现水平更高、更平等，教育成就的级别也在快速提高。当教学以评价内容为焦点时，确保考试是在测量它们所要求的深度学习的技能就显得尤为重要。正如最近国家教育研究协会（National Research Council，NRC）的一份报告所指出的，"（深度学习的）目标在教育环境中实现的程度将会因为它们是否包含在区、州以及国家级的评价中而受到深刻的影响，因为在美国，评价对于教学的作用是极其巨大的"（Pellegrino & Hilton，2012）。

表现性评价的回归

显而易见，这样的评价即将回归教育界，因为它们已经或即将出现在多个测试里。已经有两个跨州的考试协作组织——大学与职业准备评价协作组织（PARCC）以及益智平衡评价协作组织（SBAC）设计了表现性任务来评估《共同核心州立标准》（CCSS）所定下的目标并参与其他州以及地方的评价计划。PARCC 和 SBAC 在 2014—2015 年度启动。这些评价将更多地使用建构类题型和表现性任务。

目前的州级考试题目主要测试记忆和识别，但新的正在开发中的共同核心评价将更多要求学生们进行分析、批判、评估，并测试他们应用知识的能力。新的评价协作组织计划大幅度提高认知能力的要求。比如，一项对 SBAC 内容说明的分析表明，68％的英语语言艺术评价目标和 70％的数学评价目标测量的就是这些高阶能力（Herman & Linn，2013）。

下面几个例子来自这两个评价协作组织公布的任务样本。这些例子清楚地表明，新测试使用了表现性评价。这些表现性评价将有利于促进课堂教学，帮助学生们习得并在复杂环境下应用知识。

数学表现性任务

SBAC 六年级任务：计划一次校外考察旅行

课堂活动　教师导入主题并通过下述活动激活学生们关于计划考察旅行的先验知识：

- 引导全班同学讨论他们以前和学校、青少年组织或家人出游去过的地方
- 制作图表。先让学生们列出清单，然后投票选出他们最想去的地方。之后组织全班讨论得票最多的几个选项

学生任务　每个学生：

- 根据自己对投票的分析推荐班级旅行的地点
- 制作图表，显示不同地点的距离和入场费并写出交通费用的计算公式。以此为基础计算出三个不同旅行地点的人均成本
- 使用成本费用图表上的信息评估一个去动物园的假设建议
- 分析所有可用信息，并以此为依据写一份说明给老师，给出全班旅行的建议并论证其合理性

PARCC 高中任务：水中的高尔夫球

第一部分　学生们将高尔夫球放入玻璃器皿，观察水平面的变化并分析数据。他们需要：

- 通过确定平均变化率来探索一个大致的线性关系
- 使用符号来表达如何对这个关系建模

第二部分　学生们提出实验修改意见以增加水平面的变化幅度。

第三部分　学生们观察当使用一个更小半径的玻璃器皿时所产生的不同结果，并借此解读线性函数的两个参数：

- 解释两张图表中 y 截距如何不同

9

续

• 解释两次实验中变化率如何不同

• 使用表格、公式或者其他表达方式来论证应该使用多少个高尔夫球

来源：Herman and Linn（2013）. 参看 http://ccsstoolbox.agilemind.com/parcc/about _ highschool _ 3834. html 和 http://www.smarterbalanced.org/wordpress/wp-content/uploads/2012/09/performance-tasks/fieldtrip.pdf.

英语语言艺术表现性任务

PARCC 七年级任务：评价阿米莉娅·埃尔哈特的一生

摘要写作　学生们用《阿米莉娅·埃尔哈特传》中的文本资料，写一篇文章，总结并解释阿米莉娅·埃尔哈特一生中面临过的挑战。

阅读/写作前的构思　阅读《人们相信找到了埃尔哈特最终的安息地》。学生们需要：

• 用文本资料来判定有关埃尔哈特和她的导航员努南的三个断言中哪一条与此阅读文本最相关

• 从文本中选出两个事实来支持选定的说法

分析性论文　学生：

• 阅读第三个文本《阿米莉娅·埃尔哈特的生平和失踪》

• 分析三个文本中关于阿米莉娅·埃尔哈特勇敢的证据

• 用三个文本中的证据写一篇文章，分析其中至少两个文本中有关阿米莉娅·埃尔哈特勇敢的论证是否有力

SBAC 十一年级任务：核能源——友或敌?

课堂活动　教师使用图表或图片作为提示，引导学生们讨论核能源的使用。教师通过下列讨论带领学生们热身，为第一部分的评价做准备：

• 学生们分享关于核能源的先验知识

• 学生们讨论核能源的使用以及有关的争议

第一部分　学生们完成阅读和写作前的活动。他们：

• 查阅网上关于核能源利弊的资源并记笔记

• 回答两个建构性题目。分析并评估支持和反对核能源的不同论点的可信度

续

第二部分　学生们独立写作一篇完整的议论性质的报告给他们的州议员。他们要使用文本中的证据来论证为什么支持或者反对在本州建设一座核工厂。

来源：Herman and Linn（2013）.参看 http://www.parcconline.org/samples/english-language-artsliteracy/grade-7-elaliteracy.　http://www.smarterbalanced.org/wordpress/wp-content/uploads/2012/09/performance-tasks/nuclear.pdf.

　　然而，即便是这些需要一两天才能完成的费力的评价也无法测量CCSS要求的所有 _11_
技能。其他技能还有：拓展写作和研究、口头交流、合作、使用科学技术进行探究、
对复杂的问题建模或者使用多媒体进行展示。越来越多的国家开始要求学生们设计并
完成复杂的项目以评价上述技能。这些项目可能持续几天甚至几个星期，需要学生们
进行充分的筹划，保持顽强的毅力并且较彻底地解决问题。项目的成果由老师来评估，
并通过一个"协调"（moderation）程序以取得信度较高的评分（见第四章）。这个分数
之后被计入考试成绩。一些州和地区，比如那些由全美各州教育主管理事会（CCSSO）
负责协调的，隶属"创新实验室网络"（Innovation Lab Network，ILN）的地区，计划
引入强度更大的表现性评价来完善各类联盟考试。这些评价可能包括更长期的任务，
要求学生们进行持续几周的探究活动，可能产生一系列的成果（工程设计图、建成的
实物、数据表以及研究报告），并需要通过口头、图表和多媒体等多种形式来展示。

新评价的挑战

　　新评价会牵涉众多变化。如何做好准备实施新评价是各州和地区即将面临的挑战。
一方面，人们已经达成相当的共识，认为美国的评价必须与时俱进以满足学生学习的
新预期。另一方面，有来自反对势力的压力——资金、时间和传统都可能成为评价改
革道路上的绊脚石。在这个剧烈变动的时代，我们需要温古知今并向其他国家学习，
以避免重复过去的错误或者错失可能可以解决重大问题的新研究和新进展。

本书的目的

虽然美国国内和国外已经有大量关于表现性评价的研究和经验，但这些信息很少以易于理解的方式呈现给决策者和研究人员。本书面向研究人员、评价开发者和决策者们，为他们总结了大量相关研究，剖析了表现性评价的可行性和有所助益的前提条件，以及它们急需的重要政策支持。

12   针对我们的目的，在本书中，"表现性评价"一词包含超出课堂的推理或者表现的真实评价。这些评价要求学生们完成一个作品、做出应答、进行分析或者解决一个问题。本书探讨的评价，既指向形成性的目的，又指向终结性的目的；既嵌入了课程（基于课堂作业），又管理着课程。我们把这种评价视作一种更加集中的、由外部因素决定的测试活动。

本书的一个重要目的就是将当前对表现性评价的讨论置于美国国内外的历史背景下，从许多其他国家的研究中汲取经验教训。同时，本书的各个章节提供了基于近期研究的新视角，为各州和地区采用和实施表现性评价做出了最新的可行性分析。

本书各个章节源自不同专著，起于美国和其他国家的研究现状与历史（第一部分的第二章到第四章），影响了表现性评价的技术质量、可及性以及有益于教学的进展（第二部分第五章到第七章），包括成本、收益与系统设计的系统开发问题（第三部分第八章到第十章），最后整合这些要素提出了一系列建议（第十一章）。

在第二章里，布赖恩·斯特克介绍了大规模考试这个更大环境下的表现性评价并回顾了美国近代考试历史。他考察了支持表现性评价的言论，以及这些评价的质量及其对基础教育的影响和负担的研究。他将表现性评价放在当下基于标准的教育问责环境之中，并为它的有效使用提出了建议。

在第三章中，两位资深评价研发专家雷蒙德·皮切诺和斯图亚特·卡尔提纲挈领地总结了过去 20 年里美国实施表现性评价的经验和教训。在吉利安·辛格思和安·贾奎思的帮助下，他们论述了康涅狄格州、肯塔基州、新泽西州、纽约州、俄亥俄州、罗得岛州、佛蒙特州和华盛顿州的表现性评价体系，并指出这些州的经验如何提供了宝贵的知识可供州或者跨州的表现性评价系统借鉴使用。

第四章考察了全世界的表现性评价。琳达·达令-哈蒙德和劳拉·温特沃斯考察了目前正在使用表现性评价的国家和地区，如澳大利亚、芬兰、中国香港、新加坡、瑞典以及英国。它们都在努力帮助学生发展 21 世纪所需的技能，将表现性评价融入课程，创造了有益于师生的更加活跃的学习，带来了更高、更平等的学业成就。

第五章总结了当代有关表现性评价的设计和评分以及其他心理计量进展研究。这些研究能更好地捕获学生表现，促进表现性评价在大规模测评项目中的使用。苏珊·莱恩从认知理论的角度出发，描述了表现性评价所测量的重要学习结果。她还简要总结了效度和公平性方面的关键因素。

其他技术要素还包括可行性等。表现性评价要求学生进行大量阅读和写作，文本强度要比传统考题大得多。在第六章里，贾马尔·阿布代发表了有关使用表现性任务来评价人数日益增长的英语语言学习者（English language learners，ELLs）的看法。贾马尔发现学业考试中的选择题常常会使用一些令英语语言学习者困惑的"干扰项"。表现性评价则不同，如果设计仔细的话，可以更全面地反映学生掌握了什么。这一章最后就如何使用表现性任务来评价英语语言学习者提出了可行性建议。

在第七章里，琳达·达令-哈蒙德和贝弗利·福尔克考察了教师们在参与表现性评价的开发、使用和评分活动并反思自己学生的作品后会如何受益，进而加深他们对于标准、课程、教学和学生的理解。这包括教师们的自我学习改善，并将最终惠及他们的教学对象。

最后，在第三部分，我们还探讨了与表现性评价密切相关的系统问题，首先就是在政策上必将优先考虑的成本与收益问题。表现性评价最常被提起的担忧之一，就是相比机器评分的选择题，评价这些复杂的、开放式的表现性任务的成本要高很多。然而，许多州以及其他国家的表现性评价系统不仅易于管理而且成本合理。劳伦斯·皮卡斯、弗兰克·亚当森、威廉·蒙塔古以及玛格丽特·欧文斯在第八章中提出了一个新的概念框架来分析表现性评价的成本问题。作者们讨论了评价中发挥作用的一系列成本要素并提供了以往表现性评价系统的经费数据作为参考。第八章还提出了一个新的成本—收益框架来描述并比较选择题考试和表现性评价的花费、机会成本和收益。

这个分析延续到了第九章。在这一章里，巴里·托普、约翰·奥尔森、艾德·勒贝尔、琳达·达令-哈蒙德和弗兰克·亚当森提供了一份实施表现性评价的财务估算，这份估算考虑了各州在实施测评时会用于多种决策的数据资料。他们表明如果采取一系列降低成本的方法，一个多州合作的协作组织完全可以提供涵盖表现性评价的考试，而且成本比目前大部分运行中的质量低下的阶段性和终结性考试还要低。

第十章由大卫·康利和琳达·达令-哈蒙德执笔，解说了各州可以如何开发一套混合了多个精心设计的测量方法的评价系统。这些测量的目标各异，包括应对州问责体系的需求、指导教与学以及为大学和用人单位提供所需信息。

最后，琳达·达令-哈蒙德、弗兰克·亚当森和托马斯·托克为本书做了总结。他们综合分析了前面各章的研究结果，并为创造可持续的、不断完善的新一代评价提出了政策建议。

>>

第一部分

以史为镜：
表现性评价的过去、现在与未来

第二章　回顾：基于标准的教育问责时代的表现性评价 *17*

布赖恩·斯特克

表现性评价，即用较丰富的提示材料让学生自由作答从而判断学生所学所得的方法，在 20 世纪 80 年代末到 90 年代的美国就已获得了众多支持：至少有一所全国性机构倡导过以表现性评价代替选择题考试（National Commission on Testing and Public Policy，1990）；全国教育进展评估（NAEP）就科学与数学的实践评价也进行过大规模的试点研究（Educational Testing Service，1987）；此外，表现性评价也曾被美国多个州采用，其中包括佛蒙特州、肯塔基州、马里兰州、缅因州、内布拉斯加州、华盛顿州以及加利福尼亚州。

然而这些都如昙花一现。在这之后，表现性评价基本就被美国基础教育遗忘了（Council of Chief School Officers，2009），直到最近，它才逐渐回到了教育政策的视野 *18* 之中。表现性评价在许多其他国家得到了广泛应用，但却未能在美国学业成就测试中维持举足轻重的地位，其中的原因很多。在基于标准的教育问责新背景下，知悉有关的历史可以帮助教育者和政策制定者们更好地测试并评价学生和学校。

本章首先解释表现性评价的定义，提出不同表现性任务的分类建议，然后介绍大规模测试的背景，读者可借此熟悉关键术语和概念。之后我们将回顾美国目前在表现性评价方面所做的一些努力，并总结其在大规模基础学业测试实践中的质量、影响和亟待解决的问题。章节最后将围绕表现性评价和当代基于标准的教育问责之间的联系展开讨论并提出建议，以推动该评价手段的有效应用。

表现性评价的理论依据

测试一般是通过考试涵盖的内容和考题形式来体现我们希望考查的知识和技能，

而这些又是通过各种提示语以及在选择题里用以引导学生选择的应答选项来定义的。这些格式化的选项在一定程度上弱化了测试结果的可推广性，因为检验知识或者技能的途径繁多，这些仅代表了其中一种而已。试题设计人员的这些偏好常常被忽略，然而事实上它们限制了考分能反映出的学生对于相关领域的理解程度。此外，在有些情况下，测试项目的一些无意的特征却成了备考的焦点，进一步侵蚀着考试分数的意义（Koretz，McCaffrey，& Hamilton，2001）。

虽然从理论上讲，出题人可以用选择题的方式来测试包括复杂推理在内的林林总总的技能，但是这种形式只能概略估算某些表现性行为。举例来说，我们无法仅凭选择题来全面衡量一个人撰写议论文或者进行科学探究的能力，更不用说一个人如何用选择题来完成翻筋斗。[1] 因此，一项测试如果仅仅采用选择题，该领域内的许多方面就可能会被测试规范排除在外。而且对于出题新手而言，形式的限制也会使他们在决定可考查的技能类型以及选择测量方式时倍感束缚。

通常情况下，测试规范和试题与描述该领域的学术课程标准在内容、认知需求和形式三个方面的差异越大，我们越没信心确认测试成绩能够反映学生对于该领域的了解。表现性评价相比选择题考试的一个潜在优势，就是可以提供一个更加宽阔的窗口来洞悉学生们的理解水平。通过利用更为复杂的提示语、允许更自由的回答，表现性评价可以更完整地体现许多领域的知识和技能。

表现性评价的倡导者认为选择题（以及与之类似的正误判断题和匹配题）的固定答案是不可信的，这些测试无法反映人们在现实生活中的自然表现，因为现实世界很少会给人们提供固定的选项。除了些许游戏节目之外，在现实世界里，人们只能在没有预定选项的环境中运用知识和技能，展示其能力。比如人们要管理支票账单，购买食材来做一顿饭，读一篇新闻评论文章然后就其论点的对错组织自己的观点，评估是否值得为某客户发放抵押贷款，和病人交谈、开化验检测单并诊断其健康状况，试听嘈杂的发动机并从每分钟低转数和高转数的变化中判断可能的问题所在。即便是在学校，典型的学习活动也往往要求混合使用一系列技能以完成一项复杂的任务，例如家庭作业、建议信、小组项目、研究论文、首攻得分、乐队独奏以及素描等。对于一个市民或者学生来说，日常活动很少是在四个鲜明的选项中做出抉择的。

选择题被抨击的另一个原因还在于提示材料往往过于有限（通常是简短的段落，或是带有简单图形或图表的问题陈述），而且由于形式的要求，试题设计人员倾向于关注陈述性知识（知道是什么）或程序性知识（知道怎么办），而不是图式知识（知道为什么）或者策略性知识（知道在何时、在哪里以及如何应用我们的知识）（Shavelson，Ruiz-Primo，& Wiley，2005）。

　　表现性评价的倡导者相信，更换试题的形式可以在一定程度上克服选择题考试的局限性。比如我们可以设置题目，要求应答者自行构思答案而不是从预先设置的选项中做选择。这种情况在学校其实很常见，说明这种形式的测试是判断学生所学的更可靠的方法。几乎每个学科的家庭作业都包含有开放式任务，例如：数学作业要求学生找出解答方案（甚至不能完全解决也可以部分得分），英语作业要求学生从自己的角度来思考文本，化学实验要求学生在进行实验的同时记录下观察到的现象，合唱团要求学生们唱出一段乐谱。所有这些都是表现性评价的形式。学生们一旦离开学校，他们在生活中遇到的任务就更没有结构性了，完成任务的方式也更没有规章可循。正因如此，许多教育家使用了"真实性评价"（authentic assessment）这一术语，来强调这些任务与真实社会的相似性。

　　表现性评价的倡导者还认为某些丰富的活动可以展现一些核心的理解和能力，而不是用来粗略地反映某个更宽泛的概念。从这个意义上说，这些活动本身就弥足珍贵（Haertel，1999）。它们把多种知识和技能杂糅在一起，体现了某领域内完成一项工作的大致过程，可能包括独立设计并完成一次科学探究、一套自主设计的电脑程序或者一篇博士论文。其他人还倡议在课程中注入丰富的表现性任务，因为它们能揭示学生更多的思维活动，也有助于制订教学计划和课程评价。本章聚焦大规模测试，其中的试题，包括表现性任务，只能是对一些概念和技能的有限的反映，一般也仅仅被视为该领域的样本而已。

　　既然表现性事件在我们的日常生活中如此普遍，而且表现性评价又如此优于选择题考试，那我们为什么依然如此依赖选择题考试来做出有关学生（升级和毕业）、学校（合理的年度进步幅度）以及近年才有的有关教师（绩效增值评判）的各类重要决定？教育者和政策制定者是否应该颠覆长存于教育问责系统内的选择题考试的统治地位？倘若是的话，他们又将如何确保新的测量手段能够生存下来并且成为教育政策的一把利器呢？

表现性评价的定义

在这一章中，"考试"（test）和"评价"（assessment）这两个术语将交替使用。不过"考试"一般对应"选择"（multiple choice），"评价"一般与"表现"（perform-ance）匹配。单个的选择题一般称为"题目"（items），而单项的表现性活动则将称为"任务"（tasks）。

建构应答题和选择性回答

对于许多教育者而言，用什么不是表现性评价来定义表现性评价似乎更容易；更具体地说，表现性评价就是非选择题类的考试。在表现性评价中，受测者不是从给定的选项里做判断，而是构建或提供一个解答、完成一个作品或者进行一项活动（Madaus & O'Dwyer，1999）。从这个角度来看，表现性评价所涵盖的范围相当广泛，从几个字的补充填空（简答题），到写出完整的分析（作文），再到进行一项实验探究并描述该过程（实践操作）。表现性评价的种类如此众多，奇怪的是人们却往往不加区分地泛泛而谈。

表现性评价的要素

从文献来看，不同作者所说的"表现性评价"指的其实是不同的东西。一些人强调对学生提出的认知处理要求，一些人看重所求答案的形式，还有人则关注实际回答的本质和内容（Palm，2008）。这些关注点的不同，实质上反映了表现性评价所面临的一个迟迟不能解决的问题，即不同的教育者和政策制定者们对于这个概念的内在含义理解各异。

出于本章的目的，我主要是从大规模测试对于受测者所提出的表现要求的角度来定义表现性评价。因此，一项表现性任务可以定义为一种结构化的情景任务。受测者看到提示材料后需要提供信息或者采取行动，任务的质量则按明确的标准来评分，这个标准可以用来评价最终的成果或者评价成果生成的过程。一项表现性评价则是多个表现性任务的集合。

这个定义有四个重要因素。第一，每个任务都必须出现在结构化的情境下，这意味着每个任务都要受到时间、空间、材料使用等因素的限制。标准化的结构使得条件的复制成为可能，这样，同样的评价就能运用到不同的人群之中，所得的结果之间也就有了可比性。这种对于实施条件的结构化规定不会将复杂、拓展型的任务（如进行科学实验和汇报实验结果）排除在外，相反，它能保证同一任务在不同时间不同地点得以重复使用。不过，这种结构化的规定没有考虑一些我们熟知的测评小插曲，例如：口语测试中，考官对不同的考生提出了不同的问题；在自然状态下对行为进行评分排序，类似在比赛中为运动员排名（Nadeau，Richard，& Godbout，2008）；观察学生的素养行为（Meisels，Xue，& Shamblott，2008）；以及那些试图比较一段时间内的表现变化的评价（Wentworth et al.，2009）。

第二，每个表现性任务都包含有某种提示材料或者信息作为应答的基础。从这个意义上来说，表现性任务和选择题非常相似。表现性任务可能会以一个数学应用题开头，或者是一篇文章、一个表格或者一张图片。但由于回答不受限制，提示材料不会引导出四个特定的选项。这种自由使得表现性任务相比传统的选择题而言，可以使用更加多样、更加复杂也更有新意的提示材料。[2]

第三，表现性任务须配以一定指令，以说明所求应答的本质。这些指令可以作为提示材料的一部分（比如：要铺满一个直径为 8 英尺的圆形舞池需要用多少块长 4 英寸、宽 3 英寸的瓷砖?），或者和材料分离开来（比如：阅读敌对双方的士兵对于阿登战役的描述，写一篇文章支持或者反对以下观点——"同盟国士兵和轴心国士兵大同小异"）。这些指令的关键特征是它们必须足够清晰，能让两个不同的受测者对同一任务的要求有一致的认识。相比选择题的回答而言，表现性评价的回答可以非常多样，因此必须避免那些会引起多种解释的模糊要求（比如：对此你的观点是什么?）。

第四，任务的设计必须能导出合理应答，即可以根据一套清晰的标准来评分的应答。通常在发布任务之前，命题者就应将评分标准设计好了。如果连命题者都没有搞清楚一个好的回答大致有哪些成分，这个任务就不大可能有价值到能用来清晰地测量什么了。不过在有些情况下，评分标准也会基于收到的回答而进一步完善。比如，学生完全可能提出一个超乎设计者预料却十分合理的答案。

表现性评价的种类

上一节给出的定义表明表现性评价的种类很多，在此我将它们进行系统的分类，以便讨论。

基于提示材料和应答选项的分类

23

我建议根据任务的结构特征，特别是根据提示材料和应答选项的本质来建立一个双向的分类方案（此方案受到了巴克斯特和格拉泽 1998 年观点的启发，下文将会探讨）。在这个方案里，提示材料按其复杂程度，从易到难排列（见表 2.1）。

一道要求学生解出方程中的未知数值的数学题属于较简单的提示材料。与之相对，要求学生读完一篇散文和一首诗歌，观察一幅将其再现的绘画并进行对比，就是复杂的提示材料了。同样地，应答选项可以依据其自由程度，按照从受限到开放的顺序排列。一道要求学生填写短语以定位某个事件的历史题，属于相对受限的应答；而给学生一堆叶子进行观察，然后要求学生想出至少两种分类方案将叶子分组的科学任务，就是较为开放的应答类型了。

将提示和应答两个维度交叉，我们就得到了四个象限可以用来将所有表现性任务分类。一道书面简答题（填空）就是较为简单也较为受限的任务代表；而一道要求建立方程式、使用图表以及其他方式进行计算的数学题，就属于简单但开放的任务类别了。这类任务在国际考试中也很常见，比如英国 A 级水平考试：提示材料较为简单，所需的回答却是开放的、拓展性的，反映了现实生活的知识运用（参见本书第四章）。

表 2.1　基于任务结构特征的分类

提示／应答	简单	复杂
简单	简单提示	简单提示
	简单应答	复杂应答
复杂	复杂提示	复杂提示
	简单应答	复杂应答

24

一项语言艺术任务，如果提示材料有一篇文章、一首诗、一件艺术作品，要求就创作者主题表达的异同写一篇比较类文章，它就属于较为复杂且开放的类别了。另一个例子就是"大学与职业准备评价"（College and Work Readiness Assessment，CWRA），这个测评使用了很多复杂且开放的任务。学生须参阅大量包含有图表、访谈、证词和备案记录的材料，从每份材料中提炼信息，评估信息的可信度，最终再针对问题情境进行整合（Hersh，2009）。这个评价还有一个独到之处，即它的提示和应答都可以通过网络呈现，整个过程可以在线完成。

聪慧的读者此时会提出异议，因为这个基于提示—应答的分类只关注了任务的表面特征，而忽略了活动中更为重要的认知和表现两个方面。笔者也赞同这一点，因此下文将探讨这些方面。不过，这个简单的分类有助于思考表现性评价在实践中的问题，比如其可行性、负担和成本等。

基于学科知识和过程技能的分类

巴克斯特和格拉泽于 1998 年提出，可以通过认知能力的复杂程度来对科学表现性任务进行分类，这个思路其实可以进一步拓展。他们将科学评价划分成四个象限，分类依据分别是所需技能的受限程度以及学科知识的丰富程度。他们还为每个象限匹配了典型例子，比如，"探索枫树种子直升机"就是个内容丰富而过程开放的例子。该任务要求高中物理学生用枫树种子来设计并进行飞行试验，他们还要做出解释，让一个不懂物理的人也能理解其原理。这种基于内容和过程的双向分类法对于描述表现性任务的认知复杂度颇有助益。这种区分可以帮助人们合理地解释表现性评价得分的含义，并辅助判断哪一类信息可以验证这些含义的效度。

基于学科领域的分类

以上我提及的诸多例子其实也暗示了另一种按学科领域分类的方法。各个领域的专家学者所思所想千差万别，表现性评价则将它们各自独特的风格摆上台面。比如说 *25* "搞科研"就得观察事件、设计实验、实施控制、收集信息、分析数据并建立理论。科学界任何较丰富的表现性任务都离不开这些技能和行为。而"搞数学"则多少有些抽象。虽然数学起于观察空间存在的实物，但这门学科更关注数字处理、运算、建模、假设阐述以及理论验证。数学学科的表现性评价更多的是通过笔、纸和计算器等解题，以及借助图表等形式来表现各种关系。

同样，艺术类的表现性评价与表演实践——音乐、舞蹈、绘画等——有关。语言艺术类的考查则更注重书面技能，如阅读、理解、翻译、比较以及写出记叙文、说明文或议论文等。正是因为不同学科在思维和行为上的差异，各个学科的教育者在提到表现性评价时，脑海里想到的可能是完全不同的活动。

最后，有些表现性评价的目标超越了学科限制。比如"高校学习评价"（Collegiate Learning Assessment）项目中，就设计了任务来检测跨学科综合能力的运用（Klein，Benjamin，Shavelson，& Bolus，2007）。澳大利亚的昆士兰州也开发了大量内容丰富的任务，目的也是让学生们展现"跨学科学习"（transdisciplinary learnings）的能力或结果（Darling-Hammond & Wentworth，2010；另见本书第四章）。另外，还有一些表现性任务，它们的目的就是要测量可迁移的、能应用于多种环境下的推理能力。

档案袋评价

档案袋是一种作品集，通常也会配有个人评论或者自我分析，是一个人在一段时间内对于所取得成就的累积记录。大部分情况下，每个人可以自行选择作品放入档案袋，因而每一个档案袋都是独一无二的。20 世纪 90 年代早期，佛蒙特州和肯塔基州就是这样做的（本章后续将有详细介绍）。虽然后来这两个州对任务的定义越来越标准化，但学生和老师仍然有选择的权利。他们按照规定的各种文体将选定的代表作品放入档案袋参与评分。在现今的教师教育项目中，大部分受欢迎的档案袋都是这样操作的。

26

根据上述我所做出的表现性评价的定义，非标准化的个人作品收集不属于表现性评价，因为每个档案袋内包含的表现性任务各不相同。一个学生可能将一篇议论文收入其作品集，而另外一个学生可能是放了一首诗；某个学生收集了一系列数学应用题，但另一个学生可能一道应用题也没放。我们将自由选择的档案袋排除在表现性评价的范畴之外，不只是因为它的狭隘，更是因为非标准化的操作严重破坏了作品集作为评价工具的价值。

佛蒙特州的初步尝试就说明了这一点。该州的老师和学生们一同选择作品，归入每个学生的数学和写作档案袋中，因此同一个教师班级里的任意两份档案中，既能找到共同的作品，也能看到独特的作品。这些差异在不同教师之间更加明显，因此我们很难对档案袋进行可信的评分（Koretz，Stecher，Klien，& McCaffrey，1994）。研究表明，要想取得更高的评分一致性，需要采用标准化的档案袋，在任务预期上达成共识，且离不开分析性评价量表的协助。在佛蒙特州制定而最终发展于肯塔基州的档案袋评价项目很好地说明了这一点（Measured Progress，2009）。这些档案袋评价项目制定了准则，不仅规定了应该如何完成任务以确保更高的共同特性，也为如何验证作品是该学生的成果提供了说明。

大规模测试背景下的表现性评价近况

1990 年，有八个州使用了表现性评价，分别用于数学或科学学科，或者兼用于两个学科；另有六个州开发或试用了替代评价方法，应用于数学、科学、阅读和（或）写作。此外还有十个州就表现性评价的不同形式进行过探索，有的更是到了制订规划的环节（Aschbacher，1991）。20 多年过去了，今天，虽然表现性评价并未消亡，但其应用却已大幅缩减。

《不让一个孩子掉队》（NCLB）法令是影响多个州决策的一个重要因素。例如，NCLB 要求三年级至八年级的所有学生都有阅读和数学方面的个人成绩，而马里兰州则一直是实行矩阵采样，只以学校为单位汇报成绩。NCLB 的这个要求无疑给类似马里兰的地区带来了许多麻烦。毕竟 2002 年以前，各州只需在每个年级段汇报一次成绩（比如三年级、六年级及九年级），而非 NCLB 所规定的一年一度。对于很多州来说，*27* 每年一次、一个不落地对繁杂的表现性任务进行评价打分，成本实在超出了承受范围。由于技术水平、成本、政治等一系列问题，其他各州也最终改变了各自的评价方法。本小节将简要回顾这段历史，探寻 20 世纪 90 年代的热情在新千年被扑灭的缘由。（第三章将会继续讨论目前还在实施的表现性评价，同时也会介绍一些正在兴起的新的评价方法。）

表现性评价的魅力

表现性评价的应用最早可追溯至 2000 年前的中国汉朝，这悠久的历史本身就值得品评（Madaus & O'Dwyer，1997）。不过我们只需往前推二三十年，到 20 世纪 80 年代的教育改革，便足以说明问题。这段时期的显著特征就是标准化考试被越来越多地用于问责目的，考试结果直指学校和学生（Hamilton & Koretz，2002）。在这种问责制度下，考试结果以各种形式左右着学生的升级与毕业、教师薪水、学校排名、财政奖励和教学介入等。各州的最低能力测试项目纷纷给问责制度让位。此时的教育工作者也开始认同测试可以推动教育改革的观点。一个被称为"测量驱动的教学"（measurement-driven instruction）的术语也开始出现，描述的就是那些有目的地使用高利害考试以尝试改变学校和课堂行为的做法（Popham，Cruse，Rankin，Sandifer，& Williams，1985）。

到了 20 世纪 80 年代末期，教育者们开始意识到了有关高利害、选择题考试的一系列弊端，包括教学退化。例如，课程内容围绕着考试题目越来越窄化，大量课堂时间被用于备考活动以换取虚涨的分数（Hamilton & Koretz，2002）。教育者对不同人群间持续存在的表现差异也心存忧虑，大部分人将其（错误地）归结为选择题的考试形式。还有一些来自具体学科的尖锐指责，比如科学教育者就常常抱怨说选择题考试过分注重事实性知识，而轻视了过程性知识的价值（Frederiksen，1984）。

因为不愿舍弃测量驱动的教学在塑造师生行为上的作用，许多教育者开始号召开发新一代的"值得一教的测试"（test worth teaching to）。以"所测即所得"（what you test is what you get）——缩写为显眼的 WYTIWYG（Resnick & Resnick，1992）——为旗帜，表现性评价的倡导者们相信，通过在各州测试项目中加入更多表现性评价，可以极大地改善课程、教学及最终的学业成就。同时，他们也认为，测量高阶技能，比如问题解决能力和批判性思维时，采用表现性评价设计会容易得多（Raizen et al.，1989）。带着这样的热情，多个州的大规模测试项目中都融入了多种表现性评价方式。下面将简略总结一些著名的尝试。

佛蒙特州档案袋评价项目

佛蒙特州的教育工作者在 1988 年就开始开发佛蒙特州档案袋评价项目（Vermont Portfolio Assessment Program）。这个项目有两个目标：一是提供关于学生学业成就的高质量数据（足以使学校间或地区间的比较成为可能），二是改善教学。该计划的核心是在一整个学年里，由学生和教师共同收集学生在写作和数学方面的成果，记录在档案袋中。教师和学生在选择作品时基本不受限制。若是写作，就让学生选出一个自认为最好的作品和一些其他指定类型的作品。若是数学，则由学生和教师共同审核每个学生以往的作品，选出五到七个做得最好的题目。作为补充，学生们还将按要求完成一个"统一"的写作考试（一个标准化的提示）以及一个数学考试（主要是选择题）。该项目于 1990—1991 年在一些四年级和八年级开展试点，并在 1991—1992 年和 1992—1993 年在全州所有的四年级和八年级实施。然而，早期的评估研究对该项目的评分信度及其档案袋系统的整体效度提出了疑义（Koretz，Klein，McCaffrey，& Stecher，1993）。

其实，随着任务越来越标准化，这些档案袋的信度已经开始提高（Koretz et al.，1994）。然而到了 20 世纪 90 年代后期，由于问责制度的出现，档案袋评价项目被新标准参照考试（New Standards Reference Exam）取代。新考试中有一些定制的表现性任务，但却没有档案袋（Rohten，Carnoy，Chabran，& Elmore，2003）。大多数地区基于各自需要，继续使用着档案袋评价，但其结果已不再是用于州一级的汇报了。最近，佛蒙特州、新罕布什尔州和罗得岛州之间开展了合作，准备开发新英格兰共同评价项目（New England Common Assessment Program，NECAP）。这个项目将采用选择题和简答题的形式来评价阅读、数学、科学以及写作这几个学科。（关于该计划以及佛蒙特州目前的评价项目，请参阅第三章。）

此外，作为佛蒙特州发展性阅读评价项目（Developmental Reading Asssessment，DRA）的一部分，二年级学生要阅读简短的书籍然后用自己的语言复述。[3]教师依据学生的朗读和复述对其发音准确性和阅读理解分别打分。为了保证信度，实施评价的教师先将评分通过线上过程标定。每年的 DRA 结果都会送往夏天审计事务所（Summer Auditing Institute）核查。值得注意的是，佛蒙特州的问责制度与学生之间并非利益攸关，学生的升学和高中毕业都不以考试分数为依据（Rohten et al.，2003）。 *29*

肯塔基州教学结果信息系统

肯塔基州最高法院于 1989 年做出裁决，宣布该州的教育制度违宪。作为回应，州立法机关于 1990 年通过了《肯塔基州教育改革法》（Kentucky Education Reform Act）。这个法案给该州的公立学校带来了巨大冲击，包括改变了该州有关学生表现的校级和区级责任体系。肯塔基州教学结果信息系统（Kentucky Instuctional Results Information System，KIRIS）就是一个基于表现的评价系统，它在 1992 年春天首次实施。[4] KIRIS 的测试对象为四年级、八年级及十一年级的学生，包括三个部分，有选择题、简答题，要求学生解决实际问题和应用问题的表现性"事件"（events），以及在一学年里积累的、由展现学生写作和数学成就的"最佳"课堂作品所组成的档案袋。测试包含七个评价领域：阅读、写作、社会科学、自然科学、数学、艺术和人文，以及实践生活/职业研究（US Department of Education，1995）。

KIRIS 是校本问责系统，因此学校将因它所有学生的整体表现而获得奖励或惩罚[5]。学校的排名则综合了一系列认知和非认知指标（包括辍学率、保有率以及出勤率）。每所学校的成绩责任指数也结合了认知和非认知指标，并以两年为周期进行汇报。平均而言，这个系统要求学校在 20 年内让所有学生都达到精通的水平，各学校的年度改进目标也是基于一个直接朝向这个总目标的规划。每两年，如果学校达到了改进目标，它们就将获得专项资金，可以用于薪资津贴、专业发展或者改善学校条件。1994—1995 年间，达标的学校一共获得了约 2600 万美元的奖金，平均每位教师约2000 美元。对于表现不佳的学校，政府也投入了一定的资源，给予支持，协助改善，比如指派"知名教育家"（distinguished educators）为学校运作提供咨询。

30

由于学者（Hambleton，Jaeger，Koretz，Linn，Millman，& Phillips，1995；Catterall，Mehrens，Flores，& Rubin，1998）和公众（Fenster，1996）就该评价系统的一些方面提出了质疑，该项目进行了调整。1998 年，肯塔基州立法机关用一个州问责测试系统（Commonwealth Accountability Testing System，CATS）取代了 KIRIS（White，1999）。新测试保留了 KIRIS 原有的部分内容（表现性任务，写作档案袋），但数学档案袋则被更为结构化的表现性任务所替代。导致这个决定的因素有很多，比如教育界所指的"有价值的成果"的哲学分歧，数学和文化教育正确之道的争论，还有立法机关政治制衡的变化等（Gong，2009）。最近，肯塔基州又换了一项标准参照考试——肯塔基州核心学科测试（Kentucky Core Content Test，KCCT）——用于 NCLB汇报。这项考试测试数学（三年级至八年级以及十一年级）、英语语言艺术（三年级至八年级以及十年级）以及科学（四年级、七年级和十一年级）三个学科，选择题和建构题各占一半。

KCCT 中包含一个定制的写作评价。五年级和八年级的学生可以选择写作一篇记叙文或议论文；十二年级的学生除了完成一个相同的写作任务外，还需在两个额外的写作任务之中任选一个（Kentucky Department of Education，2009）。直至 2012 年，KCCT 对于四年级、七年级和十二年级学生的写作都以档案袋的方式进行评价，而五年级、八年级和十二年级则是采取定制的方式加以评价。十二年级的档案袋规定要四个作品，而四年级和七年级的要求则是三个。具体内容包括反思性写作、个人表达或文学性写作、交互式写作，以及十二年级独有的偏重分析性或技术性的交互式写作。写作档案袋项目于 2012 年终止，按需写作的评价则继续使用。截至笔者撰文时，肯塔基州教育厅仍旧为该采用什么样的表现性评价项目来取代档案袋评价而绞尽脑汁。

马里兰州学校表现性评价项目

马里兰州学校表现性评价项目（Maryland School Performance Assessment Program，MSPAP）创立于 20 世纪的 80 年代末 90 年代初，旨在评估本州教育改革计划的进展。1991 年，MSPAP 首次实施时，对三年级、五年级和八年级学生的阅读、写作、语言使用、数学、科学和社会科学等几个方面都进行了评价。MSPAP 的所有任务都是基于表现性行为的，从简答题到较为复杂的、跨越多个阶段的数据、经历和文本的应答题，尽皆囊括。而所有的回答都由人工评分。 *31*

　　MSPAP 的任务在好几个方面都独具匠心。比如其活动不限于某个领域，往往需要融合多个学科的技能；有的任务是以小组为单位的活动；有的任务要求动手操作设备；还有一些任务则是测评前的热身活动，不参与评分。MSPAP 的题目则采用矩阵取样：每个学生都参加且只参加每个科目考试中的部分活动。这样，每份考卷都不能全面反映学科内容，因而也就谈不上用来汇报学生个人的水平。MSPAP 的目的就是要评价以学校为单位的表现，其基于标准的评分（每个水平段的学生比例）也是以学校和区域为单位上报的。学校则按它们的 MSPAP 表现获得奖励或惩罚（Pearson，Calfee，Walker Webb，& Fleischer，2002）。

　　MSPAP 的许多特色与州一级测试项目的常规做法大相径庭，一些利益相关者更是担忧该项目下学校结果的质量。2000 年，爱贝尔基金会（Abell Foundation）指派了一家技术评估委员会进行调查。该评委会在其报告中肯定了 MSPAP 的心理计量学质量（Hambleton，Impara，Mehrens，& Plake，2000）。不过，它对该项目也提出了修改意见，比如建议替换以小组形式进行的预评估活动等。该评委会还批评了该项目的测试内容，其中一些成员还进一步批判了 MSPAP 的设计依据——马里兰学习成果（Maryland Learning Outcomes）（Ferrara，2009）。据《华盛顿邮报》（*Washington Post*）报道（Shulte，2002），MSPAP 对学校级别的测量结果每年都有很大的起伏，这直接导致了该州某最大的区（之一）的教学主管要求推迟考试分数的发布，直到查清起伏的原因为止。部分是由于人们对评分的担忧，部分则是由于获知学生个人成绩的需求（还有来自 NCLB 的要求），MSPAP 最终于 2002 年被马里兰州学校评价项目（Maryland School Assessment）取代。马里兰州学校评价项目对三年级至八年级的孩子进行阅读和数学测评，对于五年级至八年级的孩子进行科学测评，测试题型包括选择题与简短的建构应答题。

华盛顿州学生学习评价项目

1993 年，华盛顿州的立法机关通过了《基础教育改革法》（Basic Education Reform Act），其中包括一套面向全体学生的"关键学术学习要求"（Essential Academic Learning Requirements，EALR）。该要求规定了多项学习目标，涵盖了阅读、写作、沟通、数学、社会、物理、生命科学、公民与历史、地理、艺术以及卫生与健康等学科和领域。华盛顿州学生学习评价项目（Washington Assessment of Student Learning，WASL）则被开发出来评价学生对这些标准的掌握程度。WASL 形式多样，包括选择题、简答题、写作以及问题解决类任务等。另外，整个测评系统还对 WASL 以外的课程进行了基于课堂的评价。

WASL 于 1996 年在四年级开始实施，随后推广到其他年级，最终它被广泛应用到了阅读（三年级至八年级及十年级）、写作（四年级、七年级和十年级）、数学（三年级至八年级及十年级）以及科学（五年级、八年级和十年级）上。起初听力也是 WASL 的组成部分，但因为立法机关进行了一系列改革，将 WASL 用于 2008 年开始的高中结业考试，作为改革的一部分，听力测试从 2004 年开始不再进行。

把 WASL 作为高中结业考试其实存在着一定的争议，因为十年级学生的通过率很低，尤其是数学（Queary，2004）。其他的顾虑还包括学生每年在阅读和数学上的表现（合格率）变化很大，而不同子学科之间的年度变化就更大了（Washington State Institute for Public Policy，2006）。2007 年，华盛顿州州长推迟了该项目在数学和科学部分的应用；2008 年，州长下令停止使用 WASL 的数学分数。

2009—2010 年，WASL 逐渐被替代。三年级至八年级学生使用的是学生进展测量（Measurements of Student Progress，MSP），十年级至十二年级则换成了高中学业水平考试（High School Proficiency Exam，HSPE）。MSP 和 HSPE 均采用了选择题和简答题，而阅读、数学和科学测试中的作文题都被删除了。

有意思的是，华盛顿州使用了基于课堂的评价，包括表现性评价来测量学生对社会科学、艺术以及健康与体质的 EALR 学习目标的理解程度。各个区需要向州政府汇报有关这些内容的评价和策略的实施情况，但单个学生的分数不用上报。（部分测评样例请参看附录 A。）

加州学习评价系统

加州学习评价系统（California Learning Assessment System，CLAS）制订于 1991 年，其目的有三：将测试项目与州课程内容匹配起来；采用表现性评价来测量学生对课程内容的掌握程度；提供针对学生个人以及学校这两个层面的表现性评价（Kirst & Mazzeo，1996）。CLAS 在 1993 年首次使用，评价学生在四年级、八年级和十年级的阅读、写作和数学学习能力。在阅读和写作方面，CLAS 通过小组活动、论文以及短故事来测量学生的批判性思维。在数学上，CLAS 则要求学生展示解题过程。该表现性评价不仅以年度测验为基础，同时还参考了学生档案袋内的作品。

CLAS 在经过第一轮测试后不久，争议就出现了。一些学校和家长认为，这些测试题主观性过强，过分鼓励孩子们思考有争议的话题；CLAS 还询问学生们的感受，这在一些家长看来，是在侵犯学生的公民权利（McDonnell，2004；Kirst & Mazzeo，1996）。加州的辩论再一次凸显了评价在教育中应扮演什么角色这个问题上的本质性冲突，即政策制定者、测试专家以及社会大众对教育的预期和评判标准迥异（McDonnell，1994）。加州教育厅最初拒绝公开考题样本，解释说是因为开发新题的成本太高。这种做法显然于事无补。一系列新闻报道和州级委员会的报告相继指责了该测试的取样流程及其评分客观性。立法机关于 1994 年颁布法令，继续授权了 CLAS 的实施，但要求增加选择题和简答题以弥补表现性任务的不足。然而这一改变为时已晚，CLAS 在当年下半年最后一次实施，从此以后便销声匿迹了。

整个州的学业测试有四年的时间一片空白，直到 1998 年标准化考试和汇报（Standardized Testing and Reporting，STAR）项目的开始。STAR 采用了选择题题型，根据学科标准，测量学生在英语语言艺术、数学、科学以及历史/社会科学（二年级至十一年级）等方面的学业成就。起初，STAR 项目使用的是《斯坦福学业成就测试》（第九版）（Stanford Achievement Test，ninth edition）。但从 2001 年开始，该州就在某些年级实行写作测试，代替了与课程标准相匹配但是以选择题为主的标准化考试。

NAEP 高阶思维能力评价试验

1985—1986 年，国家科学基金（National Science Foundation）资助了全国教育进展评估（National Assessment of Educational Progress，NAEP）项目，研究测试数学和科学高阶思维能力的技术。NAEP 调整了英国以前曾经用过的任务，开发出多种形式的典型评价活动，包括纸笔测试、演示、计算机测试以及实践操作。一共有 30 项任务被开发出来，并在三年级、七年级和十一年级约 1000 名学生中进行了试点。实践操作的任务被设计用来评价包括归类、观察与推论、提出假设、解读数据、设计实验以及做一个完整的实验等技能。

以脊椎动物分类为例，这是一项需要独立完成的实践操作活动。该任务要求学生将 11 根动物椎骨按他们观察到的相似度分为三类，在纸上记录这些类别，并为每组椎骨的特征做文字性描述。而在三项全能测试——一项小组纸笔测试——中学生们根据五个孩子在三个项目（飞盘投掷、举重和五十码冲刺）上的表现记录，决定全能的获胜者。他们还需为自己的决定做出书面说明。

按 NAEP 的描述来看，项目结果非常理想，学生们"对任务的反应普遍良好，而且在某些项目上表现相当优秀"（NAEP，1987）。高年级的学生做得比低年级的学生要好，而如果跨年级来看，学生们在涉及分析和分类任务上的表现则要优于那些需要确认关系和进行实验的任务。研究者们还发现，实践操作类的评价既可行也有价值，不过它们的确"成本高，耗时长，对学校和活动管理者的要求也高"（Blumberg，Epstein，MacDonald，& Mullis，1986）。可能就是出于上述顾虑，1990 年的 NAEP 科学评价中没有使用实践操作类试题。

总　结

以上是美国在过去 20 年里比较有志于大规模使用表现性评价的六个例子。其他还有许多州也在各自的测试项目中以某种方式融合了表现性评价，并且许多州至今仍然使用着表现性评价（见本书第三章）。我们之所以选取这些例子，是因为它们都做出了开拓性的努力，表现性评价在其中每一个系统里面都起到了突出的作用，而且揭示出了一些与当今表现性评价仍然息息相关的技术质量、影响和负担等问题。这段简短的历史不应该让我们误认为表现性评价没有未来。这些尝试最后都走向了没落，是每个时代不同背景的特殊因素共同作用的结果。这些历史提供了很多教训（本章之后将详细讨论），但因为这些教训就做出推断，认为大规模表现性评价不可行或者不切实际，显然是错误的。如今，有许多州正在实施着表现性评价，并将其成功应用到了课堂评价、课程期末测试以及定制评价中。这段历史强调的是，表现性评价如果要在大规模测试中有所作为，就一定要处理好将面临的一系列挑战。

35

研究结果

研究者们分析了很多州的表现性评价计划，想了解这些被热情兜售的改革在实践中的情况。此外，还有很多研究者在自主探索并开发表现性评价。他们的努力为这些评价的技术质量、对实践的影响以及在大规模测试中的可行性提供了丰富的文献资料。

技术质量问题

表现性评价的技术质量研究，给我们提供了许多信息，比如评分员一致性（评分过程中的信度问题）、学生分数的信度、表现性评价对于不同人群的公平性以及依据评分做出某个推断的效度等。在回顾这些证据时需谨记这些研究基于不同情况——数学档案袋、实践操作类的科学探究、写作任务、音乐表演——而且对于任何一个具体的表现性评价，技术质量可靠性的证据可能都还不够完备。

评分员一致性

当学生是构思答案而不是选择答案时，必须使用人工判断来对其进行评分。表现性任务愈复杂（例如过程技能更加丰富，学科知识更加开放），要设计出能完全反映学生思维质量的评分标准便愈加困难（Baxter & Glaser, 1998）。比如，一个回顾了九项直接写作评价的研究表明，评分员间的一致程度估计在 0.33 到 0.91 之间（Dunbar, Koretz, & Hoover, 1991）。作者推想这是因为评分一致性受多种因素影响，包括评分标准中的分值等级数目以及评分时的管理环境等。

大致来讲，在大部分情况下都可以培训出高质量的评分员，可以通过考虑周全的评分标准对设计优良的标准化表现性任务进行合理评分，且使其评分一致性达到可接受的水平。当然，要达到"高质量""设计优良""考虑周全"之类的水准都不是容易的事。要保证评分员在表现性评价上的一致性，似乎涉及以下几个关键点：

1. 需挑选知识完备的评分员，他们对所测的技能和所用的评分标准了如指掌。

2. 需设计清晰的任务，能合理区分表现的优与劣。

3. 需建立实用的评分指南，最大程度减轻评分员在使用评分标准时的推断压力。

4. 需给教师们提供充分的训练，保证他们能学会使用这些标准来评价真实的学生作品。

5. 需监控评分过程，维护标准的长期稳定。

如果上述要素都具备了，通常就能获得可以接受的评分员一致性水平。

对于上述第三个目标，一种可行的方法就是开发出分析性评分指南，明确告诉评分员应该寻找什么要素以及每种回答所对应的确切分数。不过，也有使用总体性评分准则成功的例子。总体性评分准则要求针对更加全局性的标准做出一个整体评价。克莱恩（Klein）等人（1998）比较了实践操作类科学任务的评分，发现分析性评分所需时间更长但评阅者之间的一致性更高。不过，如果就一项任务中所有问题的平均得分来看，这两种方法的信度彼此相当。当然，并非所有的方法都可以互换。虽然逐项（分析性）评分和总体性评分在数学表现性评价上的得分类似，但在就概念理解和交流能力等特性进行评价时，分数则会因学生表现的不同方面而呈现出较大差异（Taylor，1998）。

非标准化的档案袋对评分员的挑战则更为严峻。例如，在佛蒙特州，评分员在阅读档案袋和数学档案袋上的一致性就非常低——在最初两年中，阅读和数学测试在单项任务层面的相关系数平均起来约为 0.40。即便是第二年将各任务和各维度综合起来后，评分员在写作上的相关性也只达到了中等水平（0.60），尽管数学上的一致性还过得去（0.75）。因为评分员的一致性不够高，佛蒙特州的分数最初没能用于问责报告（Koretz et al.，1994）。评分难的原因被归结为好几个因素，包括评分准则的质量、非标准化的档案袋（使评分员不得不用同一套评分准则来评价不同的题目）以及数量庞大而急需培训的评阅人员等。

经过时间的洗礼，评分员信度其实已经得到提升（到 1995 年，各个年级学生总分的信度在写作上达到了 0.65，数学达到了 0.85）。这表明佛蒙特州早期信度较低在很大程度上是由评分员不够熟练以及培训不足造成的。[6]

在肯塔基州，评分员是对整套档案袋进行评价，然后给出一个分数（而不是对每一件作品分别评分）。最初几年，这些总体评分的信度与佛蒙特州总分的信度相当：四年级写作档案袋的信度是 0.67，而八年级写作档案袋的信度是 0.70。[7] 虽说这些指标数据还算合理，但其中还是有问题，因为平均来看，学生们从自己老师那儿得到的分数比从其他独立的评分员那儿得到的分数要高（Hambleton et al.，1995）。在之后的几年里，随着任务明细变得更加清晰、分析性评分标准的进一步发展以及评分员培训的强化，评分信度得以提高。到 1996 年，写作档案袋的评分信度显著提高。在一次独立调研中，研究人员随机选取了 100 个学校，审核了所得的 6592 个档案袋，发现独立阅卷人和学校所给分数之间的一致性达到了 77%。到 2008 年，在审核学校层面的分数时，研究人员发现独立阅卷人之间的一致程度（完全一致或者邻近评分）已经超过了 90%（Measured Progress，2009）。

NAEP 写作档案袋评价试验没有进行过多年的培训和审核，也就没有从中受益，评分员一致性仍然是个大问题（National Center for Education Statistics，1995）。为了便于比较，学生们要在其档案袋中放入特定文体的作品（比如议论文和说明文等）。评阅人在打分时，先将其作品按文体归类，然后再按已经设计好的不同评分标准来打分（档案袋中其余的作品不评分）。但即便经过这样的简化后，评分员一致性还是停留在中等水平上：四年级说服类论文最低，为 0.41；八年级信息类论文最高，为 0.68。

学生成绩的信度

针对成绩问责制的要求，学生的不同表现性任务的结果可以合并起来得到一个总分（这就类似于将多个选择题的分数相加得到一个总分一样）。在成绩问责制背景下，学生个人成绩的信度比评分一致性更重要，虽然分数的信度在一定程度上取决于评分员一致性。不幸的是，研究表明由于任务各自的独特特征，以及这些特征与学生的知识和经验相互作用等，学生的表现在不同任务之间有相当大的波动。这种任务取样的变化性意味着，要获取可信的分数就要采集适量乃至大量的表现性任务（Shavelson，Baxter，& Gao，1993；Dunbar et al.，1991；Linn，Burton，DeStafano，& Hanson，1996）。此外，研究人员还发现学生们在复杂任务中的表现还可能因场合而异，这使得如何解释学生的表现变得更加棘手（Webb，Schlackman，& Sugrue，2000）。

38

　　要得到可信度较高的学生成绩，所需的任务数量可能要取决于每个任务的复杂度、任务之间的相似性[8] 以及学生拥有的与具体任务相关的知识和经验的共同作用。因此，不同背景下的研究人员都曾就能保证分数信度的最低任务量做出过估计，其中最低任务量是每人 2 个，最高是每人 20 多个。例如，科瑞兹（Koretz）、林恩（Linn）、丹巴（Dunbar）和谢帕德（Shepard）在 1991 年分析了六项研究，发现写作要达到 0.80 的信度，所需的任务量在 2～10 项。科学实践操作任务要达到 0.80 的信度，则需要三个课时的任务量（Stecher & Klein，1997）。而在佛蒙特州，学生们需要在各自的数学档案袋中准备多达 25 件作品以保证 0.85 的信度质量（Klein，McCaffrey，Stecher，& Koretz，1995）。如果任务相似度较高，要获得足够可信的数学成绩，所需的表现性任务就得超过 20 个；如果任务各不相同，这个数字还得上调（McBee & Barnes，1998）。

　　因此，对于需要多少个表现性任务才能得到可信的分数这个问题，很难做出一个简单的回答。要想得到更为一致的结果，可以研究一下复杂度不同以及回答特征各异的单独的任务。理论上说，如果能结合表现性任务和选择题来开发测试，并假设收集的题目在某种概念上合理地代表了某个知识领域，分数的信度也将随之提高。

　　公平性

　　一些表现性评价的倡导者希望这类任务可以减少选择题考试中经常见到的不同族群间的分数差异。他们将族群之间长期存在的差异视为证据，认为它们反映了选择题的内在偏差。然而研究者们已经解释过，这些平均分的差异并不是显而易见的偏差证据，而且多年来，偏差分析已经删掉了很多和整体能力无关但在分数上有区别的题目。但即便如此，仍有很多人希望表现性评价能够减少传统存在的族群差异。不过，研究表明，表现性评价的应用并不能改变不同种族/民族之间的相对表现（Linn，Baker，& Dunbar，1991）。例如，五年级、六年级和九年级的操作性科学任务在不同种族/民族之间的分数差异与在选择题上的差异无二（Klein et al.，1997）。NAEP 的数学评价中也出现了同样的结果，而这些评价中既有简短的建构题也有拓展类任务项目（Peng，Wright，& Hill，1995）。

　　表现性评价分数推论的效度

　　效度并非测试本身的特征，而是有关基于测试分数的推论的质量特征。对于某个给定的测量，研究人员会收集各种类型的证据来评价其推断的效度，例如，专家对于测量内容的评断、比较相同以及不同测量的分数、计入总分的要素之间的相关性模式、与共时或者未来外部标准的比较以及相关教学敏感度。实际上，米勒和林恩（Miller & Linn，2000）确定与表现性评价有关的效度包含六个方面，而本章所描述的所有表现性评价均未进行过彻底的、涵盖这所有六个要素的效度研究。在许多情况下，这些评价是为了特定研究目的而开展的，并非运行中的测试项目的一部分。后者的考分使用目标计划会更明确。不过，即便是运行中的项目目前也很少按它们本可以做的方式来进行彻底的效度检验。

　　建立表现性评价效度的挑战很多，其中之一就是无法明确这些评价到底测量了什么以及它们与其他相关概念的测量之间是怎样一种关系。例如，对于学生们在按需写作任务和写作档案袋评价的两种得分之间，我们是该期望较高的相关度，还是较低的相关度？两者都测量了写作，但它们来自不同的情境。它们所测量的写作技能是否相同？[9] 在许多使用了表现性评价的项目中，学生还需完成内容相同的选择题（NAEP 基本上就是这种情况）。然而事实是，还没有理论或者实证依据可以预测在相同学科下以及不同学科间，表现性评价和选择题的得分之间相关性应当有多强。

40

　　再比如，佛蒙特州早期的探索中，数学档案袋评价与纯粹的写作测试分数之间的相关度与其和纯粹的数学测试分数之间的相关度一样高。研究者因而得出结论说档案袋分数的质量不够高，没有达到可用于问责汇报的要求（Koretz et al.，1994）。同样，虽然肯塔基州 KIRIS 的分数在不断提高，然而他们在 NAEP 和美国大学考试（American College Testing，ACT）项目里的分数却不然（Koretz & Barron，1998）；而肯塔基州的州立标准大体上是与 NAEP 的标准一致的。对于 KIRIS 分数的提高，肯塔基州的教师们更倾向于认为这是源自熟悉程度、测试练习以及备考行为，而不是源自知识和技能的普遍增长；否则，这些提高也应该体现在其他内容相似的考试上。

　　总的来说，没有足够的证据支持表现性评价作为一个类别的效度。记住，我们一开始应用表现性评价的主要原因之一，就是因为我们想要了解选择题所无法测量的知识和能力。但是，没有人能否认同一学科的表现性评价和选择题考试所测量的技能之间有关系。因此心理计量专家们通常会在两种测量之间寻求一定的关系，但并不会期待过高的相关性。这种预期关系的不明确使我们为某个给定测量寻找一个简单的共时性效度论据都成了一道大难题。也正因如此，表现性评价的效度通常是基于专家判断，而且只是判断这些任务看起来在多大程度上代表了我们所关心的建构。但即便是在这一点上，事情也一样错综复杂（Crocker，1997）。如巴克斯特和格拉泽（Baxter & Glaser，1998）所指出的，设计出能够测量复杂的思维能力的表现性评价很困难；而这造成的必然结果是，解释复杂的表现性评价也一样难。

评价措施的影响

基于标准的成绩问责考试给教育工作者们（以及学生和家长们）传递着大量的信息，比如哪些具体内容、什么学习方法以及怎样的表现方式才有价值。大量研究表明，教师们会根据考试要求采取相应的行动，在教学中强调相关的知识内容、学习方法和表现方式。[10] 回顾这些文献，斯特克（Stecher，2002）得出一个结论，即"大规模高利害测试在实现学校和课堂变革方面一直是个相对有效的政策"。从积极的角度来看，高利害测试带来了更多有效的内容教学，使得教师和学生们都更加投入。特别是因为表现性评价的使用，数学领域的问题解决能力和沟通技能受到了重视，语言艺术领域的写作方面也得以增强。比如，佛蒙特州的研究者们报告说，档案袋评价项目给教学带来了强大的正面影响，产生的变化和设计者的目标完全一致。数学教师们报告说他们投入了更多的时间用于问题解决和沟通，并且在开展学生间的合作学习以及小组任务上也花了很多时间（Stecher & Mitchell，1995）。

同样，研究肯塔基州改革的人们也发现了相当多的证据，证明教师们正在改变他们的课堂教学来支持改革，比如支持数学、写作中的问题解决和沟通等（Koretz，Barron，Mitchell，& Stecher，1996）。马里兰州的研究人员也发现，在全州范围内，大部分数学教学活动与本州的学科标准和表现性评价相匹配，虽然其课堂评价和州级评价没那么一致（Parke & Lane，2008）。马里兰州的教师们还汇报说，因为 MSPAP 的缘故，他们在教学中做出了很多积极的改变，而改变得最多的学校其成绩增长也最显著（Lane，Parke，& Stone，2002）。一般来说，这些教学效果并不是测试形式带来的——因为选择题和表现性评价都可以产生这样的效果——而是因为学生的测试结果产生的一系列后果。不过肯塔基州的教师们似乎更倾向于认为开放式应答题和档案袋评价对实践产生了影响，从而进一步增添了这些值得一教的测试的效力凭证。

从消极的角度来看，斯特克（Stecher，2002）则总结道："这些变化当中有许多看来像是减少了学生学习课程的机会。"支持这种结论的依据来自另外一些研究，这些研

究中的教师们报告说他们的教学改变是指窄化课程，只讲考试所涉及的内容（Shepard &
Dougherty，1991）。此外，研究者还发现，大量的教学时间被挪动了，从非考试学科挪
动到了考试学科，在学科内则是从非考试内容挪动到了考试内容上。例如，教师们提
高了基础数学技能、纸笔计算以及其他考试话题的教学比重，而减少了拓展性任务、
需要计算器的任务以及其他未纳入考试内容的话题的比重（Romberg，Zarinia，& _42_
Williams，1989）。

近期，研究人员还记录了一个教育筛选现象，即教师们牺牲掉其他学生而将资源
集中在水平接近临界线的学生（Booher-Jennings，2005）。虽说这些研究都是针对选择
题考试进行的，但公平地说，可以预测，如果高利害的表现性评价只关注课程的某些
部分而忽略其他部分，或者只关注某些学生而忽略另外一些学生的话，类似的结果也
一样会出现。实际上，使用表现性评价可能会使课程窄化的问题更加严重，因为相比
对应的选择题而言，表现性任务更容易被记住。这样，教师们就更有可能侧重关注具
体任务的特征而不是更为宽泛的技能。

最后，还有一些研究记录了高利害测试的形式给教学带来的变化。例如，教师们
将大量时间用在了备考上，学生们每年有一到四个星期的时间在练习选择题考试，每
门课花在考试上的时间最高可达 100 个小时（Herman & Golan，n. d.）。也有人注意
到，一些考试辅导针对的是测试的附加特征（例如多边形的朝向），而这些特征与计划
测量的技能没有丝毫关系（Koretz et al.，2001）。一些研究者还发现，教师们会让学生
参加一些模仿考试形式的活动，比如让学生们找出书面作品中的错误，而不是进行独
立创作。

使用表现性评价而非选择题考试可能会减少这些影响，因为前者的任务更能代表
学业标准中暗含的推理过程。但是表现性评价一旦用于高利害考试，也无法免于负面
影响。比如，我们发现佛蒙特州的教师会更多采用"规则驱动式教学"（rubric-driven
instruction），在这种方式中，他们会强调问题解决中那些能提高考试分数的部分，而
不是广义的问题解决（Stecher & Mitchell，1995）。更何况，表现性评价比选择题的成
本更高（见本书第八、九章），完成任务所需的时间也更长（Stecher & Klein，1997）。

政策制定者们最终都想了解表现性评价的价值（例如，更真实地测量学生表现以
及对课堂产生积极影响）能否抵消它所带来的负担（比如增加的开发成本、课堂时间、
评分支出等）。相比选择题考试，表现性评价的成本和管理压力的确比较高，但这些并 _43_

不意味着讨论就此结束。

首先，从教育的角度看，表现性评价所带来的益处远远大于它所带来的麻烦。佛蒙特州的教师和校长们就认为他们的州档案袋评价项目是一项"配得的负担"（worthwhile burden）。事实上，许多学校早年间就已经将档案袋评价推广到了更多的科目上（Koretz et al.，1994）。即便是最近几年它已不再用于问责汇报，佛蒙特州的大部分地区也还在延续使用着写作和数学档案袋。同样，肯塔基州的校长们报告说，他们虽然觉得 KIRIS 很麻烦，但也觉得它所带来的益处超过了它带来的麻烦。

其次，正如本书后文所描述的，表现性评价的相关成本最近几年已经有所下降，因此在州一级的评价项目中适当使用表现性评价就越来越具吸引力了。尽管表现性评价的历史相对复杂，但其未来充满希望。

现阶段大规模表现性评价案例

尽管大规模表现性评价面临着各种技术上和操作上的挑战，但美国现在仍然还有一些依赖于表现性评价的测试项目在运行。第三章将介绍各州目前的多个计划，本章先介绍四个现行的国家级表现性评价项目。

高校学习评价

教育协助委员会（Council for Aid to Education，CAE）于 2000 年创立了高校学习评价项目（Collegiate Learning Assessment，CLA），以帮助高等教育机构的教职员工改善教学（Benjamin et al.，2009）。该测试的目的是围绕希望达到的学习成果，为学校教学和其他项目所带来的附加价值提供一个评估手段（Klein et al.，2007）。

CLA 完全基于表现，所采用的任务类型有两种：表现性任务和分析性写作。表现性任务模拟真实世界的问题，把这些问题呈现给学生，并提供各种各样的相关资料，包括信件、备忘录、研究总结、新闻报道、地图、照片、图示、报表、表格以及访谈笔记或其文字整理稿。学生有 90 分钟的时间来阅读这些材料然后准备答案。这些任务通常会要求学生从不同的来源搜集证据，区分理性和感性的论证以及事实和观点的不同，理解表格和图表里的数据，处理不充分、模糊或者矛盾的信息，寻找其他人论证中的假象和漏洞，识别与手头任务相关或无关的信息，辨识有助于解决问题的额外信息，以及权衡、组织和综合多个来源的信息。通过学生们做出的书面回答，我们可以评估他们的批判性思维、分析推理的能力、解决问题的能力以及简洁清晰地进行沟通的能力。

分析性写作任务要求学生们就两种提示材料做出书面回答。一个是议论文写作，要求学生们就某个话题提出自己的支持或者反对意见。另外一个则是批判性写作，要求学生们评估他人论断的有效性。

CLA 通过互联网实施管理，所有的支持文件都保存在一个网上图书馆里。在线实施的方式使得表现性评价能够实现快捷、廉价的管理、评分和分析，结果也能更快地反馈给学生以及他们所属的院校。最开始，CLA 是让经过培训的评阅人根据一份标准化的评分准则来对任务打分，2008 年秋开始综合运用机器评分和人工评分。CLA 的分数按院校汇总，不按学生个人汇报（《高校学习评价》，2009）。一项最近的机器评分研究表明，人工和机器评分之间的相关度如此之高，以至于如果以学校为单位，完全可以只用机器评分（Klein，2008）。即使是在单个学生层面，机器评分和人工评分的相关度也高达 0.86（Klein et al.，2007）。

全国教育进展评估

NAEP 对数学、阅读、科学、写作、艺术、公民、经济、地理和美国历史进行周期性的评估。它的主要测评结果基于四年级、八年级以及十二年级学生的代表性样本，趋势追踪评价的结果则基于九岁、十三岁和十七岁学生的代表性样本（NAEP，2009a）。除了写作之外，NAEP 里所有学科的测试题目都包含了选择题和建构应答题，后者要求进行或长或短的书面论述。在接下来要讨论的三个学科领域里，NAEP 还采用了一些其他基于表现的任务形式。

科学实验操作评价 *45*

在 2009 年开展的科学评价中，有一部分四年级、八年级和十二年级的学生抽样参与了实验操作评价，通过处理选定的物理对象来解决科学问题。此外，每个学校有一半学生需要完成三个实践任务中的一个以及另外一些相关问题。这些表现性任务要求学生用所提供的材料进行实验操作，回答若干选择题和建构题，并在各自的测试手册中记录下他们的观察和结论。例如，十二年级的学生可能会收到一个装有三种不同金属、沙子和盐的袋子，他们要用磁铁、筛子、滤纸、漏斗、勺子以及水将它们一一分开，并且记录下他们完成该任务的具体步骤。

艺术创意任务评价

自 1972 年（音乐）和 1975 年（视觉艺术）开始，NAEP 就已经采用了表现性评价来评估学生在艺术领域的表现。1997 年，音乐和视觉艺术接受了评价，最近的一次评价是在 2008 年。按计划，下一次将是 2016 年。在 1997 年，NAEP 对舞蹈、音乐、戏剧以及视觉艺术四个艺术学科的学生都进行了评价。2008 年之所以只包括音乐和视觉艺术两个学科，其原因不过是预算受到了限制以及开设舞蹈和戏剧课程的学校太少而已。

2008 年的艺术评价从八年级学生中抽样，并联合使用了"反应"（responding）任务（书面任务、选择题）和基于表现的"创意"（creative）任务。音乐评价部分使用的都是反应问题，比如听几段音乐然后对其进行分析、理解和评论以及定位这些片段的历史背景。视觉艺术评价则还包括了创意回答任务，例如，要求学生创作一幅自画像，画像作品将根据其细节标识、构成元素和所使用的材料来评分（Keiper，Sandene，Persky，& Kuang，2009）。反应问题则要求学生对艺术和设计作品进行分析和描述，例如，让学生描述一位艺术家的自画像中某些具体部分的不同画法。

写作评价

2007 年，NAEP 在全国范围内对八年级和十二年级的学生进行了写作评价（Salahu-Din，Persky，& Miller，2008）。他们给学生提供了记叙文、说明文以及议论文的写作提示。

46　　目前，NAEP 会扫描所有的开放性问题的答案，然后再转交给经过适当训练的阅卷人来进行评分。2005 年，NAEP 对数学和写作测试就可否自动评分，即机器评分，进行了检验（Sandene et al.，2005）。在这次测试中，四年级和八年级的数学在线机考题中有九道建构应答题，八道采取了机器评分。结果表明，在这两个年级中，凡是只需简单输入数字或者做出简短文字回答的题目，其机器评分和两个人工评分的结果高度一致，而且其一致性与两个评阅人之间的一致性一样高。

对需要更长文本输入的问题，自动评分与人工评分之间就没那么一致了。写作评价给了八年级学生两个写作问题。分析表明，自动评分和人工评分并不一致；平均而言，自动评分的分数明显高于人工给出的分数。此外，机器评分对于学生在不同分数级别的判断与人工判断之间的一致性也没有两个评分员之间的稳定，机器与评分员对学生的排序也不如评分员之间的排序更一致。尽管如此，2011 年的 NAEP 写作标准（NAEP Writing Framework）还是倡议在八年级和十二年级借助常用文字处理软件来进行"基于计算机的写作"评价（NAEP，2009b）。

国家职业能力考试研究院

国家职业能力考试研究院（National Occupational Competency Testing Institute，NOCTI）是一个非营利性组织，建立于 20 世纪 70 年代早期，目的是协调并领导各州开发针对职业培训项目的能力测试（NOCTI，2009）。现在，NOCTI 提供多种"就业准备"（job-ready）评价，测量刚刚进入社会的工人和中等职校或高等职校学生的职业和技术能力。大部分就业准备评价都有选择题和表现性成分。比如在烹饪艺术厨师二级评价中就有一道为酱汁鸡肉准备菜谱的表现性任务。该任务的得分取决于组织、刀工、工具和设备的使用，鸡肉和酱汁的准备，安全和卫生程序，以及成品的外观和味道。又如，商务信息处理评价中有一个表现性任务，要求学生建立一份电子表格，对此评分内容涉及标题和布局、表单和列标题、数据输入、公式输入、总和计算、函数使用、格式排版、创建饼形图、表格保存、材料打印以及完成任务的整体时效。NOCTI 目前共有 70 多项就业准备评价，分属 16 个职业类别。这些表现性评价可以在一到三天里进行（NOCTI，2009）。另外，根据话题领域和考试地点的不同，这些评价的成本少则每生 100 美元不到，多则可达每生 700 美元。

47

教师表现性评价

之前所提到的例子和学生的利害关系相对都较低，然而，表现性评价也被用于对学生表现起着重要决定作用的情况中。比如，全国专业教学标准委员会（National Board for Professional Teaching Standards）就使用了一系列围绕评价的活动以及一个加注的档案袋来证明教师是否具有高级教学技能，这通常也决定了教师是否有资格涨薪或者获得奖金（National Research Council，2008）。档案袋中包含有教师的教学计划、教学视频以及展现学生学习变化的作品样例。此外，教师还将提供说明，解释自己所做的决定及其结果。

加利福尼亚州要求在师资培训项目中使用类似的表现性评价方式，对刚入行的教师进行教学评价，其结果也是资格认证的根据之一。加州教师表现性评价（Performance Assessment for California Teachers，PACT）以全国专业教学标准委员会的档案袋为模板，被证实是一个有效的教师资格认证测试（Pecheone & Chung，2006）。此外，教师在全国委员会评价和 PACT 的得分，也被证明能够有效预测教师对于学生学业成就的帮助（Darling-Hammond，Newton，& Wei，2013）。另外一个类似的评估，edTPA，也是基于 PACT 的模式，现已被全国许多州所采用（Darling-Hammond，2012）。

基于标准的教育问责制下的表现性评价

上述文献表明，通过采用标准化的表现性评价，我们可以提高教育问责要求下的大规模考试的质量。这些考试得以改善的原因是：学术课程标准特别是那些描述高阶的、认知要求更高的表现性内容得以体现，什么是有价值的学生表现的信号可以更清晰地传达给教师，模仿选择式思维框架的课堂教学的压力也减少了。

表现性评价的最佳运用方式

在某种程度上来说，要确定表现性评价的角色应该先分析一下课程标准，对课程标准的分析将告诉我们哪些内容适合采用哪种类型的评价方法。如果标准要求的是高阶的策略性技能，那么表现性评价更适宜。更为重要的是，如果标准对所期待的学生表现保持沉默，那么它其实就是将判断抛给了他人。因此，可以说，重新查看标准文件非常重要，因为这样才能确认它们是否为所期待的学生表现提供了指导。

研究提醒我们，学科领域形形色色，对不同领域知识的精通程度都会以各自独特的方式呈现出来。丰富、深邃的综合性写作任务与丰富、深邃的综合性科学探索或者丰富、深邃的综合性音乐表演相比，观察环境不一样，观察的方式也是不同的。因而，在日本天皇唱到"惩罚需与罪行相契"时（Gilbert & Sullivan，1885），教育工作者应该回应说"评价需与学科相符"。

教育问责测试无论采取何种形式，都有成本与收益的问题。我们现在习惯于使用高利害的选择题，但这并不意味着这种模式无须成本或者收益丰厚。在所有的或者部分教育问责测试中采用表现性评价，有利也有弊。我们只有更好地理解这些利弊，才可能做出更明智的决定。表现性评价本身也有差异：简答题和填空题的成本和收益与提示性写作任务、需使用多种设备的探究或者实时表现评价的成本和收益是不可同日而语的。

同时，在答案多样的任务（例如之前描述的高校学习评价）上，机器评分与人工评分已经可以达到相当高的一致性，我们因此也能够负担得起更多更广泛的评价选择（关于开放性任务的机器评分的进一步讨论请参看第五章）。而且，如果将表现性评价作为校级成就指标，而不是学生个人层面的指标，成本也可以控制。这种做法其实和目前 NCLB 以及州级问责系统的要求是一致的——它们都要求以学校为单位进行汇报。[11]

即便这种情况发生了变化——比如在绩效工资制下，奖励以教师个人为单位发 *49* 放——也可以采取在班级内进行矩阵取样的方式来抵消表现性评价带来的成本涨幅。学生个人层面的问责政策（比如升学或者毕业考试），可能需要普遍使用表现性任务。如此一来，虽然管理并不会变得更加复杂，但需要的成本总额自然会更高。我们需要进一步分析，以估计不同表现性评价情境下额外成本增加的幅度。随着各州开始采用《共同核心州立标准》，就如 40 多个州最近所做的，让更多的人使用同样的任务就可以降低成本。（关于多州评价开发成本和收益的讨论，详见本书第八章和第九章。）

梅西克（Messick, 1994）对以任务为中心和以建构为中心的表现性评价进行了区分。他认为以任务为中心的表现性评价起于某个本身就自带价值的活动（比如艺术表演），或者这个活动可以提供有关某种知识或技能的分数；而以建构为中心的表现性评价则是以某个待测量的具体建构或能力为导向，需要创造一个任务来揭示该建构或者能力。研究表明，在问责考试中，使用基于学科标准的、以建构为导向的表现性评价更有效果；任务类的活动更适宜用于课堂测试，因为这些活动更有趣，更能激发学生的学习动力，但是它们不能代表州政府明确的学习预期。此外，在大规模评价中避免使用非结构化的档案袋评价是明智之举，因为它们很难获得有较高信度的评分，即便获得了分数也难以对之做出正确的解读。

"高利害"的难题

另外一点值得记住的是，坎贝尔定律（Campbell's Law）不仅适用于选择题，也适用于表现性评价（Campbell, 1979）。如果分数和利益挂钩，教师们就会感到压力，然后就会狭隘地关注如何改善某些具体任务的表现，而这样的做法又会极大地损伤源于这些任务的分数的意义。虽说表现性评价与选择题相比，更"有教学价值"，但表现性任务所代表的始终只是一个更大的知识领域中的行为样本。选择题所用的"反腐"策略，包括定期改变测试形式以及变化任务格式和样本话题等，其实也同样适用于表现性评价。

50　　州级表现性评价的近期历史引发了一些对这些任务应用于高利害环境的担忧。表现性评价运动中的一些先锋州发现，要获得并维持公众对于这些"新测试"的支持非常困难。一些州所遭遇的问题是由评分、效度和信度难题导致的，还有一些则是因为一些活跃的利益群体反对这些测试实施方式所造成的。一些州的民众反对表现性评价，因为它们很陌生而且挑战了传统测试所设定的极限。另外一些州则被批评在实施过程中没有针对家长们的提问或担忧给出满意的回应。比如，一些家长担心，如果要求学生对一个话题发表评论，他们的得分可能会取决于观点本身，而不是学生的论证能力或者写作能力。

麦克唐奈（McDonnell）将这些问题定义为关于"标准和评价中所暗含的文化和课程价值"的争议（2009）。关于价值的争论并不是轻易就能解决的，但通过良好的沟通和信息交流可以防止问题的发生。教育工作者和政策制定者可能低估了向公众宣传的必要性。比如说，自 2001 年以来，尽管教育界关于 NCLB 的争论无休无止，但大部分普通群众说他们对该法律并不熟悉（Bushaw & Gallup, 2008）。历史证明，教育工作者们应该清楚地描述表现性评价的角色，并且在实施之前尽可能地就考试项目的变化对家长和普通大众进行教育。

马道斯（Madaus）和奥德怀尔（O'Dwyer）在 1999 年发表的评论中这样总结道："考虑到上述历史、现实、技术、意识形态、教学以及经济方面的问题，我们预测：采用一个以表现性评价为主的体系来对大量学生做出高利害决定不大可行，起码其前景不光明。"虽然在美国施行完全依赖于表现性评价的、基于标准的问责可能性依旧不大，但是我们可以乐观一点：表现性评价可以作为大规模测试中的一部分，结合其他不那么开放的题型一起使用。国际学生评价项目（Program in International Student Assessment，PISA）和 NAEP 都是大规模低利害测试，它们都成功运用了结构化的表现性评价。事实证明，操作和管理上的问题是可以克服的，表现性任务可以增强我们对于学生学习的理解。

要取得这样的进展，就需要更多的研究来为评价设计提供基础。这个基础"是建　*51*立在认知和学习理论以及方法论策略之上的，以便确认所观察到的表现的质量和本质，保证考分使用和解释的效度"（Baxter & Glaser，1994）。这些工作需要在不同的学科领域去完成，只有这样才能敏锐察觉各学科特有的认识方式、思考方式和行为方式。

建　议

考虑到未来表现性评价在美国大规模测试中的角色，我对教育工作者和决策者们提出如下建议：

· **确定合理的预期**。表现性评价并不是治疗美国教育弊端的万能药，但是它可以促进我们了解学生的所知所能，也可以帮助教育工作者们集中精力提高美国年轻人的核心技能。表现性评价要成功，可能需要与选择类题型结合，而不是完全替代后者。

· **让标准贯穿评价**。表现性评价应该和学术课程标准紧密挂钩，这样才能确保标准里的内容成为评价的内容并为基于评价结果的推论提供清晰的参考。如林恩在 2000 年所评论的："课程标准如果不是仅仅用作摆设的话，就可以也应该能影响对所测建构的选择以及它们最终被测量的方式。"这个要求并不过分，我们也有理由相信，研究者和实际应用者可以共同努力实现这个目标。比如，涅米（Niemi）、贝克（Baker）和西尔维斯特（Sylvester）（2007）描述过一次与某大型学区进行的长达七年的合作，这次合作的目的就是开发并实施与明确的学习目标和标准挂钩的表现性评价。

· **修订标准，从而更好地支持评价决策，并随之修订测试细则**。如许多国家的课程框架和教学大纲一样，标准中应包含详细的描述，说明知识和技能是怎样体现在学生的表现中的。《共同核心州立标准》中的英语语言艺术和数学标准，以及新一代科学标准（Next Generation Science Standards）在这方面都取得了重大进展。美国各州，　*52*无论是单独作业还是合作，都应该修订其测验细则以清晰界定表现性评价的角色。

· **清晰界定表现性评价的角色，帮助公众更好地理解它在判断学生表现方面的意义和价值**。提供足够的信息（包括样题在内），帮助家长认识表现性任务的本质，理解它在测试中的角色，并学会解读评价结果。

· **投入开发新一代的表现性任务**。以往的尝试充分体现了研究者和测试开发人员的创造性，但这些成果与基于标准的系统并不十分融洽。因此与这个方向一致的目标之一就应该是设计多种方式来测量同一个技能。如果能开发出多种测量形式，就可以防止人们在备考时只关注考试形式中的偶然因素。为此我们要鼓励各州联合起来，集中力量才更有利。协作开发可以降低单位成本，使得任务的适用面更广，其信息也可以用于范围更大的学生人群。

· **给教师们提供教学支持材料**。将表现性评价纳入州级测试时，还需做好一件重要的事情——给教师们提供支持材料。这些材料应该包括对所测技能的描述、教授这些技能的课件样本以及可以局部实施的表现性任务样本。正如 NAEP（1987）所发现的："教师们需要获得政治、经济以及管理上的支持，才能专心探索各种想法，帮助学生们发展必要的程序性技能以学会如何解决问题并完成复杂的任务。"

· **为科研和发展提供支持，推动表现性评价科学的进步**。这包括：努力发展表现性评价模型，以辅助新型任务的开发；研究自动施考和评分，以降低成本。一个相对简单但是很重要的任务就是确定一个清晰的术语系统。清晰的术语将有助于从格式、认知需求以及其他方面区分不同的表现性评价。这些也将有助于进行深入的讨论，制定政策，并以史为鉴，避免重蹈覆辙。

第三章　现状：经验和新方向　　*53*

雷蒙德·皮切诺　斯图亚特·卡尔　吉利安·辛格思　安·贾奎思

第二章介绍了各州表现性评价的历史，本章将介绍它们目前在大规模州级问责系统下是如何使用表现性评价的。此处精选的几个州将为我们打开一扇窗户，展示一些已经出现的颇有前景的评价实践。这些实践必将影响新一代评价在美国的发展，其开创性的尝试将帮助我们深入了解表现性评价用于州级评价政策中的挑战和机遇。本章所描述的经验希望能为高质量的、实用的州级表现性评价开发和实施提供指导。

如同前面两章所提到的，使用表现性评价很重要，因为大规模评价极大地影响着学生和教师的态度、行为和实践（Shepard，2002；Wood，Darling-Hammond，Neill，& Roschewski，2007；Coe，Leopold，Simon，Stowers，& Williams，1994）。20 世纪 90 年代早期的研究表明，在高利害环境下单纯依赖选择题考试会对教学产生负面影响。它使得任务考查的复杂程度降低，减少了学生们借以发展并展现某些思维能力和表现 *54* 性技能的机会（Cizek，2001；Wilson，2004；Conley，2010；Flexer，1991；Hiebert，1991；Koretz，Linn，Dunbar，& Shepard，1991；Madaus，West，Harmon，Lomax，& Viator，1992；Shepard et al.，1995）。

事实上，选择题和开放式题型往往涉及不同技能。比如，实际解答一个二次方程，与仅仅使用初级代数课程中的技巧将选项代入方程以确定一个标准答案，所需的技能是完全不同的。同样，读完一个段落后得出结论并对该结论进行论证，与从四个选项中选择最佳答案也是不可同日而语的。高利害州级考试的众多经验告诉我们，什么出现在试卷上，什么就会成为教学的内容。

在帮助学生为高等教育以及 21 世纪的职场做准备时，这样的考试就显得捉襟见肘了（National Association of State Boards of Education，2009；Schleicher，2009；Alliance for Excellent Education，2009；National Center on Education and the Economy，

2007）。许多高中生在学校感觉枯燥乏味，没有学习动力（Quaglia Institute，2008），由此产生的辍学率令人不安，而辍学率正是反映教育方法和考试实践急需改革的重要指标。此外，许多高利害州级问责项目的测评工具还在效仿着 25 年前的风格，测试的是最低能力和基础技能（Tucker，2009）。由于所测即所学，目前大部分考试和它们所鼓励的教学无法不让人担忧。在这样的考试中及课堂上，学生们既不需要也没有机会去展示 21 世纪所需的技能，如批判性思维、解决问题的能力和沟通技巧等（Wood et al.，2007；Shepard，2002）。

由于担心美国学生在课堂上不投入，认为毕业生缺乏必要的技能，人们对基于课程的表现性评价产生了浓厚的兴趣。很多人相信这种评价能更好地测量上述高阶技能（Wood et al.，2007；Tucker，2009）。越来越多的决策者也认为未来的教育改革应该要改进教育实践，提高表现性标准，确保所有的学生都为大学教育和职业生涯做好了准备。可以预见，表现性评价将会在新一代评价中扮演一个重要的角色，测量那些有助于在大学和职场取得成功的关键高阶能力（Conley，2010）。

表现性评价的背景

55

今天，当人们在 21 世纪技能的背景下谈起表现性评价时，一般指的是内容更充实的活动，可能是短期的、定制的任务，也可能是嵌入课程的、项目式的任务，但都能提供信度和效度兼备的评分。教育界最常见的例子就是命题作文测试——提供写作提示，然后要求学生创作一篇短文或者其他形式的延伸性书面作品。其他可以评分的表现性成果还包括建构类问题，一般是就某些活动、研究报告、口头发言以及辩论做出回应。在这一章里，表现性测量是指给学生们提供一个机会展示他们如何将知识和技能应用于强调文化课学习关键部分的任务之上，包括学科内的或者跨学科的任务。

大规模表现性评价并不是什么新鲜事物。20 世纪 80 年代末期，很多州对于那些现成的、并非用来评估学校课程的考试很不满意，于是着手设计个性化的、面向全州的考试（Hamilton，Stecher，& Yuan，2008；Kahl，2008）。受到课程专家的强大影响，很多考试项目都包括了建构—应答题、表现性任务以及档案袋评价。这些表现性元素被认为是"真实的评价"（authentic assessments），因为它们的目的是让学生们参与在校外可能会遇到的"真实世界"（real-world）的活动（Wiggins，1998）。

在那些非常强调真实性评价的各州，教师们使用了大量的建构—应答题和表现性任务（Khattri，Kane，& Reeve，1995；Koretz，Barron，Mitchell，& Stecher，1996；Coe et al.，1994；另参看本书第二章）。通过专业培训，教师们认识到评价真实的学生作品对于教学实践有很大价值，他们还学会了使用（甚至开发）评分准则。一些提供教辅材料的公司也制作了一些针对高阶思维技能的材料来支持这些活动。

由于《不让一个孩子掉队》（NCLB）要求每个孩子每年都被评价，真实评价的活动因此有所减少，不过还是有一些州继续使用了开放式评价，其他州也开始回归开放式评价。接下来的这一小节将从侧面介绍当前州级评价系统中一些有前景的做法，我们将特别关注那些包含了表现性成分的评价。这些评价为学生们提供了机会，让他们展示自己如何将掌握的知识和技能运用到聚焦学业标准的学科内或者跨学科任务之中。 56

州级表现性评价模型的现状

在这一小节里，我们将回顾目的各异的州级表现性评价，它们有的是为了寻找高利害评价的其他可能途径，有的是为了设计形成性评价以改进教学方法和学生学习。这些州级表现性评价包括定制的建构—应答题，基于真实社会而嵌入课堂的表现性任务，以及用档案袋方式收集的学生作品等。表现性评价任务也可能是历时几周甚至几个星期的复杂的任务，例如科学实验、自行设计的学科内探究以及就某个历史问题收集资料并解读证据。

为了说明表现性评价在当下州问责系统中的角色，我们将详细描述四个目前正在使用的州级评价方法，涉及康涅狄格州、新泽西州、纽约州以及华盛顿州。此外还有四个州——缅因州、新罕布什尔州、罗得岛州以及佛蒙特州——将作为新英格兰共同评价项目（NECAP）的成员来介绍（表 3.1 对其做了归纳）。我们特别关注高中教育，因为这是通往大学和职场的必经之路，也是全国问责反思辩论的核心与焦点。

　　　　　　　　　　　表 3.1　各州高中使用的表现性评价

州	高中评价（题目数量百分比）	毕业评价要求
康涅狄格州		
	康涅狄格学术表现性测试（CAPT） · 数学（十年级）:25% 建构—应答题（CR）,75% 选择题（MC） · 科学（十年级）: 20% CR, 92% MC · 信息阅读（十年级）: 33% CR, 67% MC · 文学欣赏（十年级）: 100% 开放式题目 · 写作（十年级）: 70% 论文, 30% MC	CAPT 是各区的毕业要求之一，但不是决定毕业的唯一根据。各区一般要求写作和数学部分的得分在合格（5 分中的 3 分）以上
新泽西州		
	高中能力评价（HSPA） · 语言艺术素养（十一年级）：多种形式的 MC，CR，以及基于表现的任务，包括口语 · 数学（十一年级）: 17% CR, 83% MC 特别审核评价（SRA） · 没有通过 HSPA 的学生完成相关领域的表现性任务（PATs） 学科结业考试 · 生物/生命科学：大约 6% 的 CR, 94% 的 MC · 2008 年和 2009 年实测检验了表现性评价 · 代数 I：4% CR, 11% 简答题, 85% MC	学生必须在语言艺术素养和数学两个方面都通过 HSPA 或者 SRA
58 **纽约州**		
	高中毕业会考（课程结业评价） · 综合英语：论文和 MC；题量不定 · 全球历史和地理：论文，CR，MC · 美国历史和政府：论文，CR，MC · 数学 B: 41% CR, 49% MC · 数学 A，代数综合: 23% CR, 77% MC · 几何: 26% CR, 74% MC · 生物: 33% CR, 67% MC · 化学: 38% CR, 62% MC · 地球科学：表现性评价和写作测试，41% CR, 59% MC · 英语以外的其他语言（法语、德语、希伯来语、意大利语、拉丁语、西班牙语）：口语，CR，MC	学生们必须达到高中毕业会考的毕业要求。以下各科分数至少要达到 55～64 分才能获得地方证书，65 分以上可以获得州级证书： 1. 综合英语 2. 数学 3. 全球历史和地理 4. 美国历史和政府 5. 科学 纽约表现性标准协作组织学校可以用包含了书面成果以及口头答辩的任务档案袋来代替高中毕业会考的要求。英语学科除外

续表

州	高中评价（题目数量百分比）	毕业评价要求
华盛顿州		

| | 华盛顿学生学习评价（WASL）
• 阅读（十年级）：5% CR，24% 简答题，70% MC
• 数学（十年级）：10% CR，26% 简答题，64% MC
• 写作（主要是十年级）：100% CR
• 科学（十年级）：7% CR，26% 简答题，67% MC

地区评价。州里提供下列学科的表现性任务模板：
• 社会研究
• 卫生与健康
• 艺术
• 公民评价，十一年级或者十二年级 | 所有的学生都必须达到 WASL 的阅读、写作、数学和科学的学习要求，或者通过下列获准的 CAA 选项来获得学业成就证书（CAA）：
1. SAT、ACT 或者 AP 分数
2. 一系列课堂作品样本
3. 特定的数学或者 ELA（英语语言艺术）课堂中与通过了 WASL 的学生成绩相当的分数
学生们还必须完成一项终极项目 |

新英格兰共同评价项目（NECAP）：缅因州、新罕布什尔州、罗得岛州、佛蒙特州

| | • 写作（十一年级）：论文
• 阅读（十一年级）：14%～20% CR，80%～85% MC（2008 年）
• 数学（十一年级）：11% CR，44% 简答题，44% MC
• 科学（十一年级）：探究任务和考试，11% CR，89% MC | 罗得岛州：每个区各自规定六个核心学术领域的基于能力的毕业要求。NECAP 的英语和数学分数计入这两个学科总分的三分之一。其他测量方法包括至少两项额外的基于表现的学位评价
新罕布什尔州和缅因州：NECAP 的分数可以用于毕业决策，但必须同时辅以课堂作业和表现性评价 |

康涅狄格州

康涅狄格州有两个评价项目：康涅狄格州达标测试（Connecticut Mastery Test，CMT）和康涅狄格州学术表现测试（Connecticut Academic Performance Test，CAPT）。前者评价三年级到八年级的阅读、写作和数学，后者评价十年级的阅读、写作、数学以及科学（Connecticut State Department of Education，2009）。CAPT 每个学科的测试中都包含了表现性成分。

CAPT 根据每个学科的州立目标对学生进行评分，目的是测量学生的进步是否达

到了康涅狄格州课程标准所设定的教育目标。此外，法令明确规定，CAPT 必须作为毕业决策中的一个表现性指标，但不能作为判定毕业与否的唯一标准。更确切地说，CAPT 的分数必须和其他"成功完成学业的测量手段"同时使用（Connecticut State Department of Education，2009）。

CAPT 的目的就是要在选择题、建构—应答题以及嵌于课程的表现性任务之间取得平衡，更好地评价学生对于知识的掌握程度。其中，基于表现的部分包含形式多样的题目和任务，并由接受过相关培训的教师来评分。

•**阅读**。CAPT 中的跨学科阅读（Reading across the Disciplines）部分由两个测试组成：文学欣赏和信息阅读。文学欣赏（Response to Literature）部分要求学生们阅读一篇短故事，然后回答一系列问题，他们需要对这个故事进行描述、解释、联系或者做出评估。信息阅读（Reading for Information）测试则旨在"评价学生们独立阅读以及深入理解的能力。他们还将对三篇选自报纸和期刊的非虚构的真实文本做出回应"（Connecticut State Department of Education，2006）。学生们需要回答选择题和简答题，展示自己对文章意思的理解并分析作者的写作手法。所有建构题的回答都交由经过培训的评分人员来打分。这些人都达到了分值为 0～2 的评分准则下的标定合格水平（Connecticut State Department of Education，2006）。

•**文学作品鉴赏**。文学作品鉴赏部分评价学生们进行独立阅读和深入理解的能力。同学们将通过对四道建构—应答题做出全面回答来回应一篇真实的故事文本（Connecticut State Department of Education，2006）。两位评阅人独立评阅所有四项回答，并按照"6 分制"的标准打分。

•**跨学科写作**。写作部分有两个任务：跨学科写作（Interdisciplinary Writing）以及编辑和修改（Editing and Revising）。在跨学科写作测试中，学生们将收到一套材料（比如报纸和杂志上的文章、社论、图表和图形等），代表着对一个问题的不同看法。他们需要阅读这些材料，并写一篇说服性的论文，比如引用其中的证据写一封信给国会议员或者给地方报纸的编辑。学生们需要就不同问题完成两个跨学科的写作任务，每一份回答都将得到一个总评分。两个独立的评阅人将分别依据"6 分制"的评分量表进行评分（Connecticut State Department of Education，2006）。在编辑和修改任务中，学生们将阅读含有错误的文章并通过回答问题来纠正其中的错误。

•**数学**。数学测试部分采用书面回答的方式来考查学生在四个主要内容领域的问题解决、沟通、计算以及估算的能力。这四个领域是指：数量，测量与几何，统计、概率与离散数学，以及代数和方程。整个考试有一半的分值来自基于表现的问题，另一半来自选择题（Connecticut State Department of Education，2009）。

·**嵌入课程的科学评价**。CAPT 科学评价部分目前也是混合了选择题和开放式写作应答题两种题型。2007 年以前，这部分曾经有过一个用实验操作的活动来评价实验能力的表现性任务。2007 年开始，这项实验室活动换成了嵌入课程的课堂任务。目前，所有学校九年级和十年级的学生在每个科学分支部分都要完成两个"真实世界的任务"。这两个任务中的一个是实验活动，另一个是与科学课程标准和课程框架相匹配的科学、技术或者社会探究。学生们在课堂内完成这所有的任务，包括提出假设、操作实验、分析数据以及完成一份实验室报告，以此展示他们科学推理的能力。CAPT 科学评价定制部分所需的具体科学技术和程序则是通过建构—应答题来单独测试，题目与地方的表现性任务相匹配（Connecticut State Department of Education，2007a）。

这种融合了表现性任务和建构题的测试方法是高利害科学评价的一个新途径。前者嵌入课堂，由教师评价；后者则通过定制的建构题，为了解学生的知识和学习情况提供一个独立的测量机会（Connecticut State Department of Education，2007a）。这个新途径既利用了表现性评价的力量来改变课堂，又满足了确保学生评价兼具可比性和客观性的要求。

最近几年，《共同核心州立标准》中的英语和数学以及新一代科学标准都得到了发展，CAPT 评价的目标之一就是为预测大学和职场成功提供一个测量依据。为了检验学生们在 CAPT 上的表现与他们在大学和职场取得成功之间的关系，康涅狄格州资助了一项重大的研究，在 1996—2000 年，连续追踪了五批十年级的学生，直至他们高中毕业后 8 年。研究结果表明，CAPT 得分高的学生上大学并顺利毕业的概率更高，他们在职场上取得成功的概率也更大（Coelen，Rende，& Fulton，2008）。（附录 A 中有一份康涅狄格州科学评价任务的样本。）

62

新泽西州

在新泽西州，所有的学生都必须通过高中能力评价（High School Proficiency Assessment，HSPA）或者其他被认可的替代考试才能毕业（New Jersey Department of Education，2005）。新泽西州按法律规定开发了一套表现性评价作为毕业考核的替代途径。第一次 HSPA 考试在第三年 3 月份时举行，如果学生们没有通过这次考试，他们可以在第四年时重考。如果学生们没有达到州立标准，他们就必须接受补差辅导，准备参加基于表现的特别审核评价（Special Review Assessment，SRA）。

SRA 是一项"单独实施、地方执行、不拘时间、州内开发并且由地方评分的考试"（New Jersey Department of Education，2008b）。学生们在参加 SRA 的表现性评价任务（performance assessment tasks，PATs）之前必须先参加学校组织的 SRA 教学辅导项目，辅导的内容就是他们在 HSPA 考试中未达标的部分。SRA 教学辅导一直持续到教师认为该生已经成功达到 PATs 的要求为止。PATs 都是各种关键技能方面的开放式任务，学生用写作的方式，展现他们的想法和解题思路并做出说明（样本参看附录 A）。

对于任何一个在 HSPA 考试中没有达到 200 分的学科领域，学生都必须在该领域集或者学科标准中成功完成两项 PATs。语言艺术领域有两个集，数学有四个标准。PATs 的选择"完全取决于学生的首次 HSPA 考试"（New Jersey Department of Education，2008b），"如果一个学生在某个特定 PATs 上失败了，就必须施行额外的 PATs，直到该生在该领域成功完成了规定数目的任务"。此外，要拿到学位，"十一年级的残疾学生……必须参加 HSPA 或者 APA（Alternate Proficiency Assessment，替代能力评价）"。"每个学生的个性化教育方案（Individualized Education Program，IEP）小组成员决定该生在各个领域应该接受哪种评价（HSPA 还是 APA）"，并决定"该生是否必须通过参加的一个或者两个相关领域的 HSPA 考试后才能毕业"。

新泽西州是开发和检验毕业替代考试方面的先锋州。通过开发 SRA 和 APA，所有的学生（包括有特殊需要的学生）都有可能通过替代途径取得高中毕业证。更重要的是，SRA 的替代选择为多元学生人群提供了更多机会进入大学。嵌于 SRA 的表现性测量的考试形式能更敏锐地测量不同学习途径下的学业进展。由于这些政策的实行，新泽西州是美国毕业率最高的州之一（83%），包括所有的种族和少数民族。

虽然最近有人对于地方管理和评分的信度与可比性提出了担忧意见，但经过州里的一次正式审查，这些表现性评价被继续保留。这次审查结果再一次肯定了这种方法在支持学习和评价学习上的价值。基于这次审查建议，PATs 的实施和评分过程进行了完善，程序控制更加严谨（New Jersey Department of Education，2013）。

纽约州

纽约州的州级评价有 135 年的历史，包含了定制的以及基于课堂的表现性任务（New York State Education Department，1987）。要获得纽约州的毕业文凭，学生们除了要达到课程要求以外，还必须通过高中会考，在综合英语、全球历史和地理、美国历史和政府、数学以及科学等几个学科达到毕业要求。这些考试是基于教学大纲的课程结业考试，以它们为基础划定的地方毕业文凭和州会考毕业文凭的合格线各不相同。学生们也可以通过州政府允许的替代考试获得毕业文凭。

毕业会考中的表现性部分包含多种任务。在英语考试中，学生们要对口头和书面材料做出回应。他们要写一篇文章，讨论两篇不同的文学作品中的主要观点以及作者所运用的文学要素和技巧。在另一篇文章中，他们需要"解读一个提供给他们的有关文学某方面的陈述，并引用他们看过的两篇文章作为论据来阐述自己的理解"（Shyer，2009）。毕业会考中的科学考试包括一项在课程快结束时必须完成的实验操作任务，以及一份含有大量开放式题目的书面考试（Shyer，2009）。在历史和社会研究考试中，学生们则需要分析一套文献和器物，并据此完成若干小论文。（请参看附录 A 中的例子。）

一般来说，会考需要两位教师独立评分以确定是否授予文凭，数学则需三人以上。所有的教师都以州教育厅提供的答案和评分准则为标准来打分，评分准则里介绍了选择题和建构—应答题的评分说明，以及（必要时）对论文或者表现性成分评价的指导说明（New York State Education Department，Office of State Assessment，2008）。教师们都受过培训，熟悉基准情况和评分准则，可以对所有拓展性写作任务打分（University of the State of New York Education Department，2009a，2009b）。（纽约州历史评价任务请见附录 A。）

州高中会考委员会也通过了一项地方文凭方案，允许开发同等的学术任务（往往作为档案袋系统的一部分）用以替代高中会考。所有地方方案都必须经过州教育部门的审核同意。例如，由 27 所高中组成的纽约表现性标准协作组织（New York Performance Standards Consortium）就获得了州里的许可。它们的学生除了英语以外，在所有学科上都可以豁免参与高中会考而代之以毕业档案袋项目。这个档案袋包含了一系列雄心勃勃的表现性任务：一次科学探究、一个数学模型、一份文学作品、一份历

64

史/社会科学的研究报告、一份艺术展示以及一次社区服务或者实习经历的反思等。这些任务需达到一些通用的标准，然后按照通用的评分准则，结合人际调整程序进行评分（Performance Standards Consortium，2013）。

华盛顿州

华盛顿州的标准建立于 20 世纪 90 年代，它的特色是为多个广泛的领域都设定了宏伟的目标。这些领域涵盖了阅读、写作、沟通、数学、社会科学、物理、人文科学、公民与历史、地理、艺术，以及卫生与健康。华盛顿州学生学习评价（Washington Assessment of Student Learning，WASL）就是设计来评价学生对于这些标准的掌握程度的。WASL 包括了选择题、简答题、论文，以及问题解决的任务。此外。华盛顿州的评价体系还包括了一些基于课堂的评价，这些评价适用于 WASL 没有涵盖的学科。虽然在 2009—2010 年，WASL 就被传统考试取代了——三年级到八年级采用学生进展测量（Measurements of Student Progress），十年级到十二年级用高中学业水平考试（High School Proficiency Exam）——然而它延伸了课堂测试，包括表现性评价，来衡量学生对于社会研究、艺术、健康/卫生以及教育技术等学科标准的理解程度。

各地区可以使用州里设计的评价或者代之以地方设计的评价。它们都需要向州政府汇报它们是否在上述领域里实施了评价或者采取了某种策略，但不必汇报学生个人的分数。调查表明，各个区都认为这些评价产生了积极效果，它们使得这些学科继续得到重视，有助于鉴别目的明确的教学模型，并帮助教师们发现长处和短板并及时调整教学。而且，由于展示了学生表现应该呈现的样子，这些评价使得全州的评价标准更加一致（Office of the Superintendent of Public Instruction，2012）。（有关公民、经济、卫生与健康以及艺术的评价样例请参看附录 A。）

新英格兰共同评价项目

新英格兰共同评价项目（NECAP）是一项史无前例的州际合作项目，旨在开发通用的考试。它最开始由新罕布什尔州、罗得岛州和佛蒙特州发起，最近缅因州也加入了该联盟。NECAP 的考试对象是三年级到八年级以及十一年级的学生（Measured Progress，2009）。它同时也是一种混合评价，包含了选择题、建构—应答题以及表现性任务，除此以外，上述各州还大力支持更多由地方设计和管理的表现性任务，我们将在下文一一描述。

NECAP 的表现性成分包括了一系列基于标准的建构—应答题和表现性任务。写作中，学生们就两份提示材料做出回答，他们的回答按统一的评分准则评分（样题见附录 A）。科学测试中，既有建构—应答题，也有表现性题目。建构—应答题"要求学生们运用文字、图片、图表、表单等完整作答"；探究题要求学生"假设、计划并批判（科学）探究、分析数据并做出解释"（New England Common Assessment Program，2009）。

所有的 NECAP 评分员都接受过培训，并在正式评分前通过了标定流程。写作提 *66* 示材料"由两个独立的评阅人就其写作风格和修辞的质量以及标准英语的规范运用方面进行评分"（Measured Progress，2009）。其他建构—应答题则按每道题的特定评分准则来打分，这些评分准则对不同的分值都做出了说明。来自 NECAP 各成员州的专家代表委员会委员们一起确定了统一的分数线，以确保分数在不同州之间的可比性。新罕布什尔州、罗得岛州以及佛蒙特州教育部门的学科专家们则和教育发展中心（Education Development Center）以及国家教育评价改进中心（National Center for the Improvement of Educational Assessment）合作，开发了专业培训材料来为 NECAP 评价提供支持。

通过这种合作，NECAP 各成员州得以在该区域维持着一套共同的课程标准，而这又促进了州内和跨州的教学和课程资源的分享。除此以外，NECAP 各成员州在维护较高质量的评价的同时还极大地降低了成本；这些被节约下来的成本使得该联盟可以开发出更平衡的评价，这既包括基于表现的题目，又包括建构—应答类题目。这些若是交由某一个州来承担，毫无疑问将给其考试预算带来极大的压力。

像这种多个州在考试设计和管理上进行合作的方式可以作为美国发展新兴评价的一种模式。这样开发出来的评价既可以满足高标准的质量要求，测量广泛多样的技术和能力，在管理上也具备可行性，还有很高的性价比。通过汇集资源，各州更有可能开发出更加丰富的表现性测量方法来强调 21 世纪大学和职场所需的技术和能力。最后，州际联盟也可以促进并支持区域间的学习网络，与不同州的教师和管理者分享有前景的做法和资源。各州独立培育的本地表现性评价也在陆续加入这个学习网络。例如，优质表现性评价网络（Quality Performance Assessment，QPA）就采用了新的统一任务来评估批判性思维、问题解决以及沟通的技能，它们还让学校教职工参与评分调整流程。这些做法强化了新英格兰区域内各校、区和州的本地评价体系（Center for Collaborative Education，2012）。（参看本书第七章。）

67

缅因州和新罕布什尔州

缅因州和新罕布什尔州的政策都鼓励将表现性评价和本州的大规模问责系统一起使用。在缅因州，地方评价围绕着八个领域的学业结果：英语、数学、科学、社会研究、卫生与体育、职业准备、视觉和表演艺术以及国际语言。该州向各地区提供大量的职业培训，开发通用的表现性任务、评分准则、档案袋，并组织学生作品展览。

新罕布什尔州通过了法律，开发基于能力的新系统，并规定毕业不再依赖于卡内基单元（Carnegie units）（New Hampshire Department of Education，2005）。该系统采用一种"掌握学习"的方法，所有高中校内和校外的学分都将来自基于课程的表现性评价而不是卡内基单元。为了保证学生们为大学和职场做好准备，新罕布什尔州的新评价系统与课程、教学和专业学习紧密结合。除了 2014—2015 年将在英语语言艺术和数学学科使用益智平衡评价以外，该系统还将包括以下内容：一套通用表现性评价，用于核心学科，技术质量较高；地方设计的评价，带有质量保证指南；区域评分会议以及地区互评审计，用以确保合理的问责体系和较高的评分员信度；还有基于网络的地方和通用表现性评价题库，以及为学校提供支持的"评价专家"（assessment experts）从业者网络（见本书第十章）。

新罕布什尔州认为一个完善的表现性评价系统可以补充传统的考试，改善教学，因为它们"可以推动真实的、基于探究的教学、复杂思维以及知识应用……（并且）激发那些有利于学生学习丰富的知识和技能的教学和评价"（New Hampshire Department of Education，2013）。这个系统还将采取组织专业培训的策略来培养全州教育者的专业技能。这些培训将围绕评价的设计、实施和评分，进行示范教学并讲解教与学的精义。

和康涅狄格州一样，缅因州和新罕布什尔州已经制定了政策，规定高中毕业决策

68 不能只取决于高中考试成绩，而应该同时参考其他表现性测量结果，比如嵌于课程的表现性任务、档案袋以及其他地方决定的毕业指标等。

罗得岛州

在罗得岛州，要获得高中毕业证，所有学生都必须通过 NECAP 以及所在学校的

档案袋评价。学生的毕业档案袋里必须包括由各地区开发的、经过了效度验证的"涵盖六个学术领域、体现每个学生毕业时总体能力的综合性测量"（Rhode Island Board of Regents for Elementary and Secondary Education，2008）。"按照教育理事会（Board of Regents）的规定"，在英语、数学和科学这几门学科上，学生的 NECAP 考试成绩只占总评的三分之二，总体评价还应包括其他学科领域的"至少两项基于表现的毕业文凭评价"（2008，L-6-3.3）。

各地区在其当地评价系统中必须"综合使用下列基于表现的评价中的至少两项：毕业档案袋、展示、综合课程评价，或者是融合了这些内容的评价如初级合格证（Certificate of Initial Mastery）"（Rhode Island Board of Regents for Elementary and Secondary Education，2008，L-6-3.2）。学校必须开发出一套审核流程对当地开发的基于表现的毕业文凭评价进行评分。而要想将展示、档案袋，或者初级合格证作为毕业文凭评价的内容，学校必须达到州里的要求，提供"足够的证据"并"为档案袋里的每一个作品制定效度和信度兼备的评分准则，或者设计一个独立的审核流程"（Rhode Island Department of Education & Education Alliance at Brown University，2005b）。参与档案袋评分的教师们则必须接受培训并且达到标定标准以便对学生作品做出可靠的评价。

为了保证"学习机会"，州教育厅规定"现有的课程设置必须给学生大量机会来练习运用他们的技能和知识"（Rhode Island Department of Education & Education Alliance at Brown University，2005a）。这些规定要求课程能确保学生做好准备，"正式展示他们获得毕业文凭所必需的能力。当然，高中课程的日常评价还是要继续实施，比如考试、小测、论文、实验，等等"（Rhode Island Department of Education & Education Alliance at Brown Unversity，2005）。

罗得岛州的方法将教师放到了评价流程的中心，教师评分成了判定学生学习的基础。他们正在开辟一条新途径来发展一个平衡的评价系统，将学校的档案袋评价和定制的标准化评价（NECAP）结合起来。此外，他们还给标准化评价（NECAP）和档案袋分数赋以专家判断的权重，阐明了一种根据表现性评价和标准化考试得出一个综合分数辅助毕业决策的方法。

佛蒙特州地方综合评价系统

佛蒙特州是较早将课堂评价用于问责以及课程开发的先锋州之一。由于 NCLB 的规定，这些课堂评价后来被 NECAP 取代以满足联邦政府的问责要求，但却被规定为佛蒙特州学校质量标准（Vermont's School Quality Standards）的一部分。标准规定每一所学校都要开发出一套自己的综合性评价系统，这个评价系统要"和佛蒙特州标准和学习机会框架（Vermont Framework of Standards and Learning Opportunities）相匹配，而这个框架又必须与州教育厅在 1996 年所确定的佛蒙特州综合评价系统（Vermont Comprehensive Assessment System）保持一致"（Vermont State Board of Education，2006）。

目前，每所学校的自主综合评价系统都必须评价所有州级考试没有覆盖但又必需的标准（Vermont State Board of Education，2006）。州里则提供学校在开发综合评价系统时可能需要的各种评价工具。例如，在数学和写作领域，州里提供基准标准、评分准则、标定材料以及数据分析工具，保证数学和写作档案袋成为有效的课堂评价方式。用教育厅副厅长和标准与评价负责人的话来说，把地方评价作为学校质量标准的规定是为了"将课堂评价置于评价系统的核心——年级、团队、学校，这样州级通用评价将使地方综合评价系统日益丰盈"（Pinckney & Taylor，2006）。

州里提供的备用材料、题目和任务大部分都是表现性的（佛蒙特州信息技术的样本任务请看附录 A）。此外，教育厅会审核各地区的评价系统并给负责为通用评价评分的教师和其他教育工作者提供具体的指导（M. 霍克，私人交流，2009 年 9 月 17 日）。例如，各地区"需要使用通用的、一致认可的标准来制订学生预期，使用一致的评分量表和准则以及统一的基准表现来对学生作品做出一致的判断"（Vermont Department of Education，n. d. -a）。

虽然 NECAP 是佛蒙特州学生获得毕业证书的主要途径，但他们也可以通过完成当地基于表现的其他任务来获得证书。一个学生"如果得到高中校董会的如下判定，那么他就达到了毕业要求：'基于表现的评价结果表明，该生已经达到或者超过了框架所规定的标准或者其他可比标准'"（Vermont Department of Education，2006）。

在近 20 年的时间里，佛蒙特州表现性评价的领导层已经在课程与教学上创造了一种合作的专业文化，吸引教师参与到有关学生作业质量的有组织的讨论中。下面是哈佛大学教授理查德·默南（Richard Murnane）描述的一群聚集起来评价学生档案袋的教师们的谈话："讨论总是很热烈。讨论的焦点包括什么是好的沟通技能和问题解决技能，一流的作品和不够好的作品之间的差别是什么，以及什么类型的问题能引出最好的学生作品。"（Murnane & Levy，1996）校内设有正式机构，可以将教师们召集起来讨论学生作品。这些活动不仅能帮助教师们更好地了解学生们的技术和能力，还能改变学校和各地区专业培训的方式。教师带头讨论学生作品经常被认为是最好的也是影响力最大的专业发展方式，可以带来更高的学生成就（Wei，Darling-Hammond，Andree，Richardson，& Orphanos，2009）。

前景光明的新兴评价实践

目前有许多有创意的评价项目值得一提，因为他们体现了以往以及现行实践中的经验教训。本小节重点介绍三个聚焦于高阶思维技能、用于预测大学与职业准备的项目：大学与职业准备评价（College and Work Readiness Assessment，CWRA），大学准备与表现性评价系统（College Readiness and Performance Assessment System，C-PAS）以及俄亥俄州表现性评价试验项目（Ohio Performance Assessment Pilot Project，OPAPP）。这三个项目表现了三种既有联系但又各自不同的高阶思维测量方 *71* 法：（1）使用定制的、计算机自适应性的建构—应答题（CWRA）；（2）评价那些以大学为目标的学生们的认知策略，这些策略能帮助他们学习、理解、记忆、运用以及实践不同领域的内容（C-PAS）；（3）在核心学科领域开发嵌入课程的丰富项目，这些项目可以和高利害州级问责考试一起辅助高中毕业决策（OPAPP）。

大学与职业准备评价

CWRA 就是第二章所描述的合作学习评价（CLA）的高中高年级版本（Klein，Benjamin，Shavelson，& Bolus，2007；Klein，Freedman，Shavelson，& Bolus，2008；Shavelson，2008）。这两个评价都是由教育协助委员会（CAE）开发的。

CLA 是用来测量本科学习的，特别是测量学生们的批判性思维、逻辑推理、解决问题以及顺畅沟通的能力。这个评价包含表现性任务和批判写作两个部分。表现性评价任务给学生提出一个真实社会的问题并提供相关信息，学生们要么解决问题，要么基于所提供的证据提出一套行动方案。分析写作要求学生要么就一个话题表明态度，要么批判一个论点。CLA 是一个长达 90 分钟、完全由建构—应答题组成的评价，它可以通过网络传送。该评价关注机构的整体表现或者机构内部项目的表现。机构或者项目层面的分数用于汇报实际表现，反映了该机构或项目所带来的，超出学生入校时的 SAT 分数以外的附加价值。

CLA 和它的高中高年级版本 CWRA，与其他大部分标准化考试都不同。标准化考试基于经验主义哲学和心理测量/行为理论的传统。从这个立场看来，日常的复杂任务可以被拆分为多个部分，每一个部分都可以分析，以此确定成功表现所需的能力。例如，假设我们判定这些能力包括批判性思维、问题解决、逻辑推理以及书面沟通，我们就可以建构出针对这些不同部分的独立的测量工具。学生们将参加这所有的考试。考试结束后，这些分数可以加起来形成一个总分，用以描述学生们的表现，不仅描述当前这个评价中的表现，而且可以推广到类似考试计划测量的更复杂的任务域中的表现。

72   CLA 和 CWRA 的概念依据就是被称作标准取样的测量方法。这种方法假设总体要大于个体的综合，即复杂的任务要求综合运用多种能力，而这种综合能力无法通过将其拆分为独立的能力来分别测量。标准取样的意思很简单：如果你想知道一个人知道什么、能做什么，就从他涉足的领域里选择一些任务作为样本，观察他的表现，然后对他的能力和所知做出推断。比如，如果你想知道一个人是否真的会开车而不是仅仅知道驾驶规则，就不要只是给他一个选择题考试，还应让他路考，完成真正驾驶过程中一般也需完成的任务实例（启动、驰入车流、转弯、倒车、泊车）。在这样的表现基础上，才有可能对他的驾驶能力做出更全面、更准确的判断。

CLA/CWRA 的取样方法就是先整体定义一个真实社会的任务域，然后从生活场景中选取样本。它们对任务取样然后收集学生的反应，而学生在任务执行过程中也会根据反馈意见修改自己的回答。（CLA 的任务样本请参看附录 B。）这些评价中所测的技能看起来的确和大学成功密切相关。研究表明，高中平均绩点（GPA）和 CWRA 分数一起对大一平均绩点做出的预测与高中平均绩点和 SAT 分数一起做出的预测一样准，而前面这两个变量组合对整个大学平均绩点的预测比后一个组合更准（Klein et al.，2009）。

CWRA 采用了同样的方法。它的目的有二：（1）通过使用表现性任务将课堂教学与真实的高校机构评价联系起来以改进教与学；（2）评估学生是否为大学学业做好了准备。它的框架和 CLA 一样，但更适合测试高中高年级学生的批判性思维、逻辑分析能力、解决问题的能力以及沟通能力。CWRA 的设计更有利于理解考试内容，它通过调整阅读难度来适应不同高中生的需求。调整过后的开放式表现性任务与其他标准化批判性思维考试一起使用，可以提供信度较高的学生个人得分。

这些评价要推动有成效的教学，很重要的一点就是要和教师们合作，发展出一个模型，使得课程和教学法的介入能够帮助学生们培养这些高阶技能。CWRA 就提供了称为"表现性任务书院"（Performance Task Academies）的培训。这些培训手把手地传授基于学习理论、批判性思维以及真实评价的实践操作。书院给教师们示范如何设计课堂项目，如何融合个案研究和基于表现的学习，尤其关注高阶技能。"表现性任务图书馆"（Performance Tasks Library）则是教师们自创的一个教学资源库。

大学准备表现性评价系统

C-PAS 是另一个用来评估大学准备情况的工具。C-PAS 是由俄勒冈大学教育政策和改进中心（Education Policy and Improvement Center）的主任大卫·康利（David T. Conley）设计的。设计 C-PAS 的初衷是因为目前的考试不能有效测量学生们应用学习策略的能力，而这些能力在大学基础课程以及后期课程的学习中非常重要。美国高中的课堂越来越依赖数据驱动，而越来越多的高中生也将大学定为了自己的目标。对于教师来说，这就意味着拥有正确的数据非常重要，因为他们要利用数据来制订教学规划，帮助学生们更好地做好接受高等教育的准备，让学生们更清楚地了解自己的大学准备状况。C-PAS 就是要给教师和学生们提供这样的信息，以确保高中教学能为全体学生做好上大学的准备。

C-PAS 是一系列基于课程的表现性任务，教师们在课程中实施这些任务并按通用的评分准则来打分。它最终的成果是一份表现性档案，其中每一个任务都包括最多五个关键认知技能的得分：推理、解决问题、解读信息、进行科研以及创造出精细而准确的作品。教师对每一个放入档案袋的任务单独评分并计入课程成绩，借此来调动学生参与任务的积极性。这些任务都经过精心设计，旨在鼓励学生们发展那些关键的、已被研究证实为大学基础课程重要要素的认知策略。（C-PAS 任务样本见附录 B。）

C-PAS 的开发遵循心理测量的原则和实践，希望达到高质量的技术要求。技术质量高才能确保获得的分数有效度，才能准确体现学生在与大学成功密切相关的关键认知策略上的成就。这个目标得到了多重保证。比如：五个关键认知策略都经过了仔细分析，通过项目反应理论来确定彼此之间的交互作用以及各自的难易度；对评分准则进行了提炼，聚焦于每个认知策略的关键特征；所有出题者都经过了精心挑选和培训，使用"任务骨架"以确保所有的任务结构类似，并将无关维度上的任务的差异最小化；要求教师们在课堂上导入任务时，务必保持同样的实施环境；最后，教师们在按通用评分说明对学生任务做出评价后，主要评分人员还会复评部分任务以保证教师评分的一致性。

俄亥俄州表现性评价试验项目

俄亥俄州表现性评价试验项目（OPAPP）的目的是要为世界级的评价开发做出贡献。该评价计划要提高所有学生的学习预期，要均衡，还要采用多种测量手段来实现评价和问责。它的一个重要目标就是为教学实践提供支持，将学生的成就与大学准备标准和国际学生表现的基准挂钩。项目起始阶段的重点是开发出嵌入课程内的、由教师管理的、丰富的表现性任务。这些任务以学科知识为中心，以技能为驱动，与大学和职场准备标准相匹配。

嵌于课程的表现性评价任务被用来测量十一年级和十二年级学生的学科知识和技能。学生要在一到四周的时间里完成课程所规定的课内和课外任务。教师们则在地区和州级辅导员的监督下布置实施任务。每一项任务都是由学科专家以及州教育部门的课程专家咨询了教师、高校人员以及全国的学科专家后制订的。

表现性结果就是指学科专家们所描述的 21 世纪的大学和职场成功所必需的知识与技能。俄亥俄州的中小学教师、大学教师以及州里的课程专家就表现结果的相对重要性和效度达成了一致意见。表现结果与州学科标准、国家学科标准（类似于全国数学和英语教师协会的标准）、大学预备标准（Conley，2007）以及国际基准保持一致。这些高杠杆的表现性内容和技能与俄亥俄州的州立标准以及《共同核心州立标准》同样匹配。嵌入课程的表现性任务便是以这些表现性结果为基础提炼出设计蓝图的。

通用评分准则是和表现性结果进行匹配后形成的一套评估标准，它们可以用于评价具体学科领域内的所有表现性任务（如科学探究和调查、数学问题解答、英语语言艺术探究以及沟通）。

评分系统基于一套培训程序和基准标准，用以保证较高的评分员信度。此外，该项目还开发出了一个协调程序，用于审核本地教师的评分并为各地区和各学校提供反馈信息数据环路以改进教学。

OPAPP 计划为后续决策提供支持，因此评分过程严格遵循心理测量的原则和实践，力保测量的效度。合格的技术水准非常必要，因为这样才能确保得来的分数可信可立，保证它们所测量的的确是与大学和职场成功密切相关的重要学习维度。这些目标一部分是通过项目反应理论来实现，即用基于项目反应理论的统计模型来检测它们的交互作用程度，估算学生的能力和任务的难易度。

表现性评价为高阶思维提供了一个丰富而真实的测量方法，它更关注被认为与大学和职场成功密不可分的具体领域的思维技能。评价结果给教师提供了有关学生在关键表现性成就方面的形成性信息，也为终结性高利害问责决定提供了部分可信可立的证据。除此以外，这个方法特别开创了一条双向的信息流通和鼓励渠道，课堂信息可以传递到校方和区里，州和系统的信息也可以传回教室。这些表现性任务与州立课程框架和大纲相匹配，参考了表现优异的国家现有的且被证明有效的评价实践。

开发嵌于课程的内容和技能评价是为了对俄亥俄州的问责体系进行改造，使之成为课程结业考试系统的一部分。设计出来的基于课程和表现的评价证据和得分与州里开发的课程结业考试一起使用。参考测试既有建构—应答题，也有定制的选择题，既有论文和问题解决，也有嵌入课程且涉及更多写作、研究和探究任务的广义的表现性任务。这些任务由高中或者大学教师在州教育部门的领导下设计完成。它们既用于汇报学生的课程成绩，也和课程结业考试一起用于高中毕业决策。

这些评价也可以用于满足俄亥俄州高年级项目的要求。高年级项目要求包含多种形式。第一种形式有且仅有一个项目，但是学生对该项目领域有深入的兴趣；第二种是一份毕业档案袋，内含多个选定学科（例如学生选择的学科）的表现性评价，就像其他国家普遍采用的一样（参看本书第四章）。学生们如果还表现出了对其他领域的掌握，那么他们也可以获得额外的学位认可（"荣誉勋章"）以表彰他们的优异成就。这些认可可以用来申请大学，或者与入学考试一起帮助对方大学确定该生的选课资格。（参看附录 B 中的俄亥俄表现性评价任务。）

当前新兴表现性评价的经验和教训

以往和当前的表现性评价尝试已经给了我们很多经验教训，我们将在下面的小节中——介绍。如果将表现性评价视作问责评价的组成部分，既评个人，又评集体，那么这些经验教训就可以借鉴，用来平衡地方性和中心性的职责。这些经验既能保证高质量的产品（项目或任务、相关材料以及测量属性），又可以兼顾大规模表现性评价在时间和费用上的可行性。下面我们将仔细分析与这两个维度有关的经验和教训。

任务质量

传统的州级评价通常遵循一个相似的开发流程，先由课程和评价专家多番审核，然后进行实地测试，经过心理测量分析后，再重新审核并修改。但有几个含有表现性成分的项目是由地方开发并选择任务的。可以想象，这些任务的质量良莠不齐。下文将从以下几个关键特征来分析它们的质量问题：与标准的一致性；丰富且可评分的最终成果；技术质量，包括评分信度和有信息含量的分数量表。

与标准的一致性

地方开发的任务早期有一个大问题，那就是它们往往和标准联系不够紧密。当然，

77　公道地讲，20 世纪 90 年代早期，很多州根本就没有若干年后才规定的学科标准，只有一个总体的课程指南。地方课程和教学也经常和学科标准不一致。这在高利害环境下越发显得不合时宜。人们公认（法庭也已证明），如果学生没有机会学习并演练一些概念和技能，却要就这些概念和技能接受评价，并且承担糟糕的评价表现所带来的负面后果，当然是不合理的。

很明显，州里有责任就这些方面向学校明示学生要知道什么、应该能做什么。这些可以通过课程标准、课程资源以及职业培训的机会来传达。20 世纪 90 年代早期，新泽西州在实施 HSPA 项目的时候曾经同时执行过 3 年的"截止通知测试"（due notice testing）。这个通知测试给了学校时间以便按标准来调整课程并且熟悉新的考试，之后高利害的决策才会和考试结果挂钩。由于该州准备充分，既帮助了评价的实施，又帮助了与州标准一致的高质量表现性评价任务的开发，因此效果不错。学生获得了支持，各个学校的教学也得到了相应的改善。新泽西州是少有的几个州之一，不仅在全国教育进展评估（NAEP）和州测试中的表现逐年上升，毕业率也提高了（Darling-Hammond，2010）。目前那些倡议《共同核心州立标准》的项目就应该学习这个经验，不仅要确保任务和标准的一致，而且还应通过完善的课程资料和相关专业培训保证教师和

学生有机会学习目标内容。

　　经验　　表现性评价要对教学提供支持并可用于问责目的，就必须采取措施确保要求学生处理的任务合理反映了考试要测量的标准和学生学过的课程。为了保证这些属性，评价开发必须深思熟虑，之后还要给教师们提供培训，同时精心开发出和评价任务有关的课程资源。

丰富且可评分的成果

　　表现性评价刚开始时，肯塔基州的教育者们对它的陌生程度不亚于他们对于新的州课程标准的陌生程度。然而，肯塔基州的写作档案袋质量依然很好，达到了计入问责指标的水平。这是因为教师们很容易就能想到办法让学生们创造出作品，为他们提供丰富的机会表明他们达到了标准的要求。虽然肯塔基州写作档案袋的话题从未标准化，学生之间也彼此不同，但是由于档案袋内容的要求表述清晰，足以保证数据之间的可比性，这个评价方法得以沿用了近 20 年。

78

　　教师们在数学学科上的尝试就没那么成功了，他们很难确认哪些活动能够很好代表学科要求而且可以方便地评分。这可能是源于数学教学的传统。在漫长的历史上，数学一般都是作为只有一个唯一答案的独立题目来教，而不是用来解决真实社会的复杂问题。这样的结果就是来自课程的任务质量不容易得到保证，数学档案袋总体来说都不如写作档案袋完善。它最终被专业评价专家与教师们合作开发的表现性任务取代了。

　　肯塔基州的档案袋是由教师来设计的，但那些由经过培训的管理者实施的操作类表现性评价则是由教育部门和外聘专家以及顾问委员会联合开发的。由于开发数学档案袋评价困难重重，其他州比如马萨诸塞州和佛蒙特州等都采用了类似的方法来开发表现性任务。

　　经验　　将表现性评价用于高利害州级项目的一个重要前提就是，必须设计出丰富而且可以评分的任务。这些任务必须与学科标准紧密挂钩，能够提供可靠的学习证据并且能反映每个学生完整的能力范畴。如果这些任务在课堂实践中不常见，那么就要让熟练的评价开发者和教师们合作设计出一些任务范例。

技术（测量）质量

技术质量问题，一些是真实的，一些是猜想的，是导致十几年前真实性评价消失的原因之一。表现性评价的挑战早已被发现并揭示，但不是所有的州都曾努力去改进过信度和效度的技术问题。当然，由于要不断地开发新的测试、协调并管理全州的考试以及对数据进行分析和汇报，各州的教育部门以及外聘员工都已焦头烂额。除了项目和合约的规定以外，很少有人有时间来公布并传播他们所掌握的信息，包括（如果有的话）高质量技术的证据。一些无凭无据的指责很常见，也常被置若罔闻。比如，表现性评价极为仰赖的人工评分的情况便是如此。

评分准确性和信度

一些针对开放式表现性评价的公开批评就曾说过这个过程的主观性太强，太强调价值观和态度（Schlafly，2001）。有一个错误但却常见的观点认为，需要人工评分的测试从本质上就是不可信的。的确，人工评分员在刚开始评估复杂的学生表现时不能完美标定。然而，加以培训和协调，评分达到 90% 及以上较高信度的并不罕见（Measured Progress，2009；New York State Education Department，1996）。

各州对学生回答（如建构—应答题）评分的流程中有很多因素使得它其实比较客观。比如评分员往往不知道学生的名字和所在学校。评分准则是事先确定的，描述了作品每一个点可以得分的特征，评分员打分时其实就是将回答进行归类。而且评分准则是和任务一起开发的，经过了试测，必要时还会修改完善。评分员一般不仅有相关学科的背景，还接受过培训；不仅学习使用评分准则来评价每一道考题，而且还评价了很多质量不同的学生回答样本。他们必须在对基准学生回答的评分培训中达到一定准确度后才有资格参与正式评分。而且虽然他们的评分计入成绩，但还有不同方式的双盲评审来监控他们的准确性，必要时进行纠正。所有这些措施都记录在《最佳实践操作》（Operational Best Practices，OBP）里。这个文件是应美国前教育部长玛格丽特·斯佩林斯（Margaret Spellings）的要求由各州测试主管和测试公司的专家共同编写而成的（Association of Test Publishers & Council of Chief State School Officers，2010）。

除此以外，表现性评价比选择题更有助于描述学生的知识。比如，在表现性评价中，学生可以因为掌握了部分知识而获得部分的分数，这个分数提供的信息比学生猜对某道选择题而得的满分所包含的信息更准确。50 道选择题的信度质量只需 8~9 道含有四个分数段的建构—应答题就可以达到。这是上百个州级测试技术报告都曾记录过的一个事实。

对学生在建构—应答题以及写作上的表现进行人工评价的技术同样也适用于任何表现性任务或项目所产生的可以评分的成果。因此，对表现性评价进行评分的技术和经验都已经完备，大规模使用这种评价就是个时间和费用的问题了。下一小节将讨论应对这个问题的方法。

经验　许多评价项目都已说明，如果开放式问题和任务满足下列条件，就可以获得可信的评分：任务有较强可比性，定义明确；评分员接受过良好培训，评分准则清楚地解释了被评价任务的特征；评阅人参与过为每一个得分点提供基准以及准确度反馈意见的协调和标定活动，最终表现稳定。这些工作都必须详细记录。仅仅制作并且使用高质量的测量工具还不够，还必须向各类听众提供有力的证据，表明这些测量的确质量优异，不仅测量了它们要测量的目标而且信度较高。

信息丰富的分数量表

评分不仅应该可信，还必须提供丰富的信息。20 世纪 90 年代肯塔基州的评价项目中，评分员在写作档案袋中采用的是"4 分制"的评分方法——1、2、3、4 四个分值分别对应了州里所有学科的四个表现性级别。这个做法是错误的，原因有多种。档案袋本来是用来收集大量证据以证明学生的多个能力的（起初每个学生的档案袋里都要求有七份写作样本）。将档案袋在评价初期就压缩成一个数字，完全了抵消了一个更宽广的分数量表的优势，使得它的价值只相当于一道建构—应答题而已。

肯塔基州的档案袋评分方法也使得某些学校的分数飞涨，这些就如上一节里所提到的，已在审计过程中被发现。教师们知道学生们的写作的确有所提高，但能体现进步的唯一方法就是给予更高的分数。然而，在如此狭窄的值域里，每一分其实对应了相当大的质量差异，对于很多学生来说，他们的进步其实还没有大到跨越边界进入更高级别的程度。这个问题在很多被审计的学校都有所反映。（有意思的是，肯塔基州那些定制的表现性活动限制更多，分数域值却更宽。）

经验　虽然没有哪一个分数值域是最佳值域，但值域越大，越有可能做出更细致的区分，也更便于察觉成长或者进步。当然，对于某个指定任务或者项目来说，有好几种成果或者表现形式都可以产生这个值域（比如一个写作样本、一次口头展示、一个模型，甚至是对后续问题的回答等）。后期一样可以将这些分数压缩成更少的类别用于表现性级别汇报甚至等值分析。此外，与同一个任务或者项目有关的不同的测量也可以计入不同学科领域的分数中。

可行性

表现性评价只是质量高还不够，它们还需易于管理和维护。例如，有一些适合小样本学生人群的评价策略应用于大样本人群时可能难以控制，这时就必须另寻可持续性方案来管理和评分。我们因此需要研究易于管理的评价设计，这包括给评分提供支持，保证其长期的可行性和可信度，以及运用有创意的新技术。

大规模实施的可管理性　　在所谓真实性评价的起始时期，许多表现性评价项目的重点是集体（全校或者全州的）成绩。大约 30 年前，英国有一个表现性评价项目，该项目要求受过培训的管理者到学校里实施表现性任务（Burstall，1986；Burstall，Baron，& Stiggins，1987）。学生们两人一组完成任务，而不是一对一地接受评价，因为人们认为一对一的方式可能会让学生害怕，而和同伴一起会感觉舒服很多，哪怕在场的第三个人是一个成人。

这种方法在 20 世纪 80 年代也被用于康涅狄格州和马萨诸塞州的表现性评价项目。这两个州的项目都是在小范围内测量有限的学生样本（Badger，Thomas，& McCormack，1990；Kahl，Abeles，& Baron，1985）。接受过培训的任务实施人员（地方的或者其他的）按照详细的说明来使用一套预先准备好的材料。这两项尝试都是一种一次性的探索，目的并不是问责。这种取样设计不能用于汇报地方的成绩，而是用于汇报这些活动如何体现了学生的理解以及对于教学有什么启示。因此，对于测评结果的汇报与 1980 年前 NAEP 的方法基本一样。

虽然这种方法对于取样测试适用，但对于全体人员测试则被证明不可行。例如，在肯塔基州，所有三个年级的学生在项目的前三年都必须参加表现性评价。受过培训的管理人员带着测试材料去学校，一个班一个班地施测。在同样的 50 分钟的时间里，学生们三四人为一组完成不同的任务。在这儿，学生们在前一部分时间里要合作，后半部分则单独完成各自独特的、可评分的成果。之后成果被送回评价公司集中评阅。因为学生们各自的任务并未经过等值处理，因此个人的成绩不进行汇报，成绩汇总后以学校为单位汇报。由于任务和评分的质量较高，肯塔基的表现性评价得到了认可，可以用作学校的问责指标之一。

肯塔基州评价项目的这个部分对于州里来说费用昂贵，人员压力大，对于学校也构成了很大的负担。而且，由于评价任务和同期的学科内容不一定相关，对于教学没有什么即时指导价值。此外，项目的材料和人力要求对时间、管理和费用也都带来了挑战。事实表明，这个方法也没能持续很久。

一个替代方案就是设计出含有嵌入课程的评价的系统。这样，就可以去掉由第三方管理者携带材料在全州所有学校挨个儿实施孤立的考试所带来的成本。这个方案也适用于评价学生的成果。为了集中评分而运输学生的答卷（这可能有多种形式，而不只是写作）以及评分本身（这本来就是定制的建构—应答题评分以外的额外工作）的管理就非常耗时而且费用昂贵。

地方实施，集中审计　　这种系统要起到作用，一整套程序都必须到位以保证实施和评分的可比性。这些可以通过统一的任务描述、培训以及审计流程或者是结合这三方面来实现。例如，佛蒙特州和肯塔基州的写作和数学档案袋评价中，被允许放在每个学生档案里的样本类型最终都有清晰的规定，但是任务的开发和选择由教师决定。在评分上，佛蒙特州是教师们聚集到一起，接受培训，统一评分；肯塔基州的教师们则是各自对自己的学生评分。肯塔基州采用了审计程序，部分档案袋样本被集中评分，审计结果反馈到学校，同时对教师们提供有限的额外评分培训。

这些档案袋评价在很多方面都很成功，它们将评价流程中的多种责任更多地交到了地方教育者手中，使得大规模的表现性评价成为可能。就如第二章所描述的，这些评价在任务设计和实施上也越来越标准化，以期获得更高的评分信度。随着时间的流逝，肯塔基州的模式在这个目标上的表现尤其出色。

肯塔基州的方案（和纽约州高中毕业会考的策略类似）就是让地方教育工作者们对学生的写作档案袋评分，州里则抽样审计地方的评分结果，必要时提供额外的培训。例如，在该评价实施的第二年末，肯塔基州的审计表明有些学校提交的分数过高（其中一个原因是评分量表的值域过窄）。对审计结果再审计后，这些发现被证明属实。于是那些分数不准确的学校的教师们接受了额外的培训，并在严格的质量监控下重新评阅了学生们的档案袋。重新评阅的分数明显更具可比性，并被最终采纳存档。次年，审计人员发现，那些在前一年被审计过并接受过额外培训的学校的写作档案袋分数都非常准确（Kentucky Department of Education，1997）。审计取样的设计是要保证在三年的时间里，所有学校的档案袋分数都被审计过，并从可能出现的额外培训中受益。

经验　　采用第三方管理者，提供专门的材料对全州的学生进行表现性评价，价格非常昂贵。但是，如果可以由地方学校的人员来实施任务，使用校内、家里或者网上现成的材料，就可以实现成本效益。此外，要让带给教师和学生的负担有意义，最好就让任务嵌于课程之中，也就是说，评价任务应该与课程有关、对教学敏感并且基于教学大纲。

84　　如果各州在教师培训和审计流程上下大力气，并以审计为基础采取"补救"（re-mediation）措施以确保全州统一的评分方法，就可以实现不同校本评分间的一致性和评分结果的可比性。一些审计取样和反馈的方法还可以极大地减少补救的必要。比如，采用贯穿整个学年的多次中期测量（如嵌于课程的表现性评价），而不是等到问责结果必须上报的时候，就有时间为地方评分人员提供反馈意见。对于每一个评价任务，学校可以只上交几个学生的成果用于集中审计评分，审计评分结果反馈给学校后，再作为基准，将其他学生的成果以之为锚进行调整。这个做法与《最佳实践操作》（Association of Test Publishers & Council of Chief State School Officers，2010）的指导也是一致的，可以实现即时监控，保证评分的准确性。

科技

CLA 已表明，科技的发展使得我们可以基于计算机对复杂的学生反应进行信度较高的评价。我们还可以利用恰当的人工评分来获取数据，开发出一套评分算法，检验该算法的信度并评价机器所无法评估的极端的回答。科技使得表现性评价越来越具可行性。（参看本书第六章。）

此外，走向采用多种手段的更平衡的问责系统，部分取决于开发出智能技术来捕捉并转化超越了简单考试分数的信息。这些信息既来自形成性的学生表现数据，也来自终结性数据；既有简单的文本信息，也有能从听觉和视觉上展示学生成果的数字媒体信息。许多目前运行中的数据管理系统都有可用的相关人口统计数据以及考分数据。不过，这些系统通常都不是设计用于提供有实用价值的"及时"（just-in-time）的学业因素证据的，因此学校、地区和各州都不能用其指导课程、教学和评价。更重要的是，这些系统都不关注将基于课堂的形成性和诊断类数据交给教师或者教育工作者，以帮助学业有困难的学生或者持续观察学生们的进步。然而这些才是我们所称的靠谱的预警措施。只有基于校本文化和规范的、可以付诸行动的数据才能用于制定政策。我们需要采取积极的防范措施，有策略地将资源用于高杠杆的、有需要的领域，这样才能 *85* 改进学习结果，改善学校。

一个智能技术系统可以为教师和学校提供有用的多媒体工具，通过信息互动和沟通技术，方便人们分享、开发并加工信息以推进学习。未来学校的良好表现尤其需要一个融合了传统和非传统数据（比如表现性数据和数字媒体）的平台来支持。

经验 那些能够为教育者所用，即时捕捉课堂表现的数据可以作为利器，辅助战略决策，给课堂、学校和各地区带来立竿见影的变化。不过这些变化要出现，就需要开发智能技术平台，扩展其性能并为问责工具提供支持，这样才能为课程、教学和评价带来积极影响。

对新的州级评价系统的建议

如果地方教育者准备教授高阶技能，那么新一代的高利害问责评价就应该包括与21世纪的大学和职业需求相匹配的表现性任务。这可以通过两个抓手来实现，包括：（1）一个包含了高阶建构—应答题的更严密的按需定制的考试；（2）一个由地方管理和评分并嵌于课程的表现性评价部分，这个部分测量的是定制考试所无法测量的技能。后者中，地方教育者扮演的角色比在传统测试中更重要，因为他们要参与表现性评价的实施和评分。和国外许多测评系统（见第四章）一样，这两个部分的分数可以合并形成一个总分。

定制部分

上述两个评价部分都应该为好的课堂实践做出示范。和先前讨论的一样，仅仅依赖选择题会且一定会窄化课程，并且导致教学局限于那些考试中出现过的技能（Amrein & Berliner，2002；Shepard et al.，1995）。作者们建议说，定制的部分（不管是纸笔形式还是机考形式）应该包括一定数量的建构—应答题，而且这些题还应该在总分里占据相当大的比重，因为教师们倾向于在他们的课堂测试中模拟州测试的形式。 *86* 就如肯塔基州展示的那样，定制的建构—应答考试的确能引导教师们更加重视这种题型，他们会使用评分准则来评分，会因看到了更真实的学生作品而受益，也会因此更加关注高一级的思维技能。

在过去的几十年里，有好几个州都使用过含有共同题和矩阵取样题的考试。矩阵取样是指在生成同一个评价的多份试卷时，每一份试卷的考题都不同（虽然有些题目在不同的试卷中有重合），然后在同一个班级与学校的不同学生之中使用这些不同的试卷。同一个年级所有试卷中的共同题都一样，是个人得分的基础。矩阵取样的题目在不同的试卷中各自不同，用于几个目的。如果连续几年使用，它们就可以用于考题等值。同时，矩阵取样也是一种试验新题的方法，这些新题可以用来替换已被公开的共同题或者留待日后使用。将试验的题目嵌入运行的测试之中是检验新题最有效的方法。因为学生们不知道哪道题是运行中的题，哪道题是试验题，他们回答两种题目时的积极性是一样的。矩阵取样的题目也可以用于次一级的测量领域，得出学校在该领域的结果。

NECAP 所使用的共同题/矩阵取样设计和前面几个联盟州所使用的一样。这种设计中的锚题比例与通用测试中的各种题目的比例接近。常被提起的马萨诸塞州综合评价系统（Massachusetts Comprehensive Assessment System，MCAS）从 20 世纪 90 年代后期开始就一直使用了和 NECAP 类似的考试设计。矩阵采样多种题目类型是在同年级内生成多份试卷的一个高效的方法，也为跨年级（从幼儿园至十二年级）垂直分数量表的开发提供了支持。

对于按学科领域取样以测量一个学校或者地区的教学成果全貌来说，矩阵取样是一个高效的措施，技术上也很妥当。20 世纪 90 年代，学校是许多州问责政策的焦点，矩阵取样便被用于以学校为单位的汇报（如马里兰州、内布拉斯加州以及肯塔基州）。然而，到了 21 世纪初，在《不让一个孩子掉队》的规定下，以学生为单位的州级测试变成了强制政策，因此现在矩阵取样的方法在州级终结性评价中便鲜有存在了。

87　**嵌入课程的表现性评价**

越来越多的人认为，要教育学生，帮助他们有效参与数字时代的竞争，评价系统就应该拓宽开来，涵盖地方管理的、嵌入课程的表现性评价（Darling-Hammond，2010；Popham，1999）。很多被认为是核心的知识都可以用传统的终结性考试来评价，但是传统考试未能充分测量或者根本没有测量的高阶技能，就应该成为旨在测量高阶能力的嵌入课程的表现性任务的重点。一个表现性评价要想充分借鉴以往的宝贵经验，就应该按下列原则来建设：

1. 州里应该在网上公示那些经检验可行、要求成果为可评分的学生个人作品的任务和项目的样例。这些成果都要和标准紧密挂钩，而且每一个任务或者项目的总分至少应该有 20 分。这些任务使用的材料和其他资源应该是学校、家里或者网上现成的。同时公示的还应有学生作品样本、评分准则以及任务和项目说明。

2. 教师们将州里提供的任务和项目用于自己的教学，并且以此为模板自行开发出任务和项目上交州里审核。州里采用在线以及对培训导师培训（train-the-trainer）的模式或者是辅导模式来组织专业发展培训会议。

3. 州里对教师提交的任务进行审核、挑选、驳回或修改，并给教师提供反馈意见。

4. 州里选择高质量的任务或者项目用于实测试验，收集相关学习作品，然后将任务和项目、评分准则以及学生作品样本在网上公布，以方便地方使用。这个开发、审查、试验以及公示的过程是一个不间断的过程。

5. 州里可以保留（不公示）选中的任务或项目，留待后期作为问责测试中的地方表现性评价部分。

6. 州里在规定的时间期限里公示一系列任务或者项目给各校实施。教师们对学生回答打分并将分数提交给州里。

7. 每一个学校就每一个任务或者项目选出一个表现较差、中等以及优良的学生，将其作品通过电子档案袋平台提交给州里。学科专家们就教师对这些学生们的评分进行审核（重新评分）。

88

8. 审核后的分数被送回学校，当地的人员则按审核后得到的基准调整自己学生的得分。

9. 次年，上述第 6、7、8 步的做法重复三次，使每一轮选中的任务和项目都尽可能与当年同时期的教学相关。

10. 表现性评价的结果与定制的评价部分结合，一起用于评价学生以及学校层面的结果。

11. 州里为学习网络提供支持和资源，帮助培养、提高教育者们通过有效使用表现性评价来加强教学的能力。

　　这个方法是建立在美国和其他国家那些成功的平衡评价系统基础之上的，可以帮助我们设计出既有可行性也有可信度，并且有教育价值的高质量评价。这种能为教学过程提供支持的系统也保证了评价的后续使用效度更高，使其后续影响更加令人信服，如下文所述。

效度验证的新途径

　　《共同核心州立标准》（其目的是保证所有学生都为进入大学和职场做好准备）规定，高阶思维的测量必须成为美国新一代评价和问责系统的核心要素。表现性评价的外部效度辩论也就随之开始。要评估学生们是否具备批判思维，能否进行逻辑论证、解决问题或者开展有效的沟通，表现性评价必不可少。

　　要实现这些目标就必须保持一个更平衡的评价和问责观。这个平衡的价值观里既有形成性信息（学生们如何发展并使用学习资源来完成具有挑战性的任务），又有关于学生学习的终结性信息——这个信息基于表现性评价，与国家标准相匹配，可以满足地区以及州里的问责要求。因为这些元认知任务嵌于课堂学习过程之中，它们改变了支撑课堂表现性任务的使用和解释的效度论证的本质。我们因此提出一个更宽广的效度论证构想。这个构想要求首先对所测量的建构做出详细的描述并兼顾不同级别、多种类型的证据；由于探究行为本身就在不断塑造着学生的学习，这个构想还要求对学生和任务之间的频繁互动保持高度的敏感。

　　效度理论总是围绕着数据解释的合理性，对于数据的解释则要结合它们与学生在考试或者任务表现之间的关系（Cronbach，1971；Fredericksen & Collins，1996；Mislevy，Steinberg，& Almond，2003；Pellegrino，Chudowsky，& Glaser，2001；Moss，Girard，& Haniford，2006）。按坎贝尔和斯坦利（Campbell & Stanley，1963）的说法，声称具备测试效度就是指评价所得的证据可以支持该证据的解读，而且这种解读方式比其他任何解读方式（如内部效度）都更合理。

　　将这个范式用于表现性评价，就意味着要重点关注评分员是如何收集并描述证据以判断学生所展示的知识和能力的。教师或者评阅专家接受了培训，通过了标定过程后，一般还需运用有关学习的认知理论才能更稳定地使用评分方案或准则做出判断。他们对于学生作品分析得越透彻、越准确，就越能理解学生们已经获得并且展现出来的能力。（参看本书第七章。）

这条证据链可以支持嵌入课程的任务，但要求我们必须能清楚了解我们想要测量的技能并对相关表现做出详细的描述。这些描述可以用来解读学生是否具备完成复杂任务所需的元认知能力。此外，教师们也可以使用这种证据链来评估某个特别的教学策略的效果，包括分析亚群体以改进教学（Moss et al.，2006）。

教师和学生都需要了解每个任务所要求的必须掌握的知识，教师还需在教学过程中为学生们创造机会以成功地完成任务。这种课标与任务在课堂上的互动，要求师生双方对所测量的技能达成共识。此外还需有一份清晰的表现性指标描述。这个描述应该是基于课标、学生作业样本、基准尺度以及评分准则，可以用来对学生的表现做出恰当的解读。因此，设计出更透明的评价就是指要告诉学生们，哪些是在课堂上取得成功所必备的知识和技能。

除此以外，由于学生们参与了自评和互评活动，这就极大地改变了我们对于考试管理和效度验证的理解。也就是说，当学生们有机会合作完成表现性任务时，适宜于定制考试、旨在确保评价客观性和可比性的标准化的考试管理就失去了效用。研究表明同伴合作的机会和形成性反馈一起是了解学生学科知识最重要的指标，也是最能预测未来成功的变量（Black & Wiliam，1998；Bransford & Schwartz，2001）。

最后，表现性评价提供的数据远不只是一个分数。它们的目的是告诉师生们应该学什么，什么是学习，以及学习是如何被环境和学习者共同塑造的（Engeström，1999）。因此，要扩大效度的概念以应对更加多样和复杂的表现性任务，就必须考虑评价在不同教学环境和校园环境中是怎样发挥作用以及学习者是如何被学习环境所影响（塑造）的。

结论

一直以来，美国所遵循的评价范式主要偏好一种测量方式——只关注开发标准化的考试以满足《不让一个孩子掉队》所规定的表现标准。与其不断辩论互相对立的政策和测试哲学，是时候前进一步，采取大胆的、更有包容性的措施了。我们应该集中精力来维护《不让一个孩子掉队》中的有效措施，纠正其中的问题，并扩大教育问责的一般含义，使其涵盖旨在测量高阶思维的表现性评价。

　　其他表现优异的国家都在实施更平衡的、以知识和技能为驱动的问责体系，不仅使用全国考试，还结合了基于课堂的表现性评价来对学生的学习做出全面评价（见本书第四章）。好几个国家都根据新的全球及经济现实对自己的教育系统进行了改革，美国却还没完全做到。

　　本章回顾了几个州目前和以往一些表现性评价的尝试。基于这些经验教训，我们提出了一个新的展望，希望表现性评价能成为各州方法多样的平衡评价系统中不可分割的一部分。在各州开发表现性评价时，了解有前景的措施和过往的失误都将有利于指导新一代评价在本国的发展。这些经验教训也能给政策制定者和从业人员提供有价值的信息。未来开发新的学习评价时，也应该如此努力开发并评估一个包含了技术、管理和人力资源支持的系统，使各州和各机构都能更好地使用问责数据，包括表现性数据。如果设计良好、使用得当，新一代州级问责系统的发展将会潜力巨大，可以改善教学、课程与评价，催化学校与地区的改革。

第四章 走出去：表现性评价的国际基准 ⁹³

琳达·达令-哈蒙德 劳拉·温特沃斯

20 世纪 90 年代以来，美国启动了一系列大范围的"基于标准"（standards-based）的改革，旨在帮助孩子们做好准备，以便更好地满足 21 世纪生活和工作所提出的更高的教育要求。美国的 50 个州都开发了学习标准和考试以评估学生们的进展。《不让一个孩子掉队》的法规强制要求使用基于考试的问责制度以提升成就，各州用于问责目的的考试分数也确有攀升。然而从 2001 年该法律通过以来，美国在国际学业评价中却并没有表现出相应的进步。

2012 年的国际学生评价项目（Program in International Student Assessment，PISA）表明，在参与的 65 个国家中，美国在阅读和科技上的排名大约在中位数位置，数学低于中位数水平，考分则从 2000 年 PISA 开始以来基本没有变动过（Organization for Economic Cooperation and Development，2012）。在这一段时间里，美国学生在问题解决测试上的分数一直比其学科知识测试的分数还低。相比排名最高的国家和地区，如加拿大、爱沙尼亚、芬兰、日本、韩国、荷兰、瑞士、新加坡以及中国的香港、澳 ⁹⁴ 门、上海，美国学生之间的成绩差异也要大很多。

值得提出的是，PISA 明显地在强调 21 世纪所需的技能。美国大多数标准化考试问的是"学生有没有学会我们教给他们的知识"，PISA 问的则是"学生能拿他们所掌握的知识做什么"（Stage，2005）。PISA 将数学、科学和阅读的素养定义为将这些知识运用到新的问题和情境中去的能力。这些高阶学习在其他国家的评价系统中越来越受到重视，在美国却被大多数州所采用的选择题考试所压制。

在华盛顿进行的政策辩论谈及建设更有"国际竞争力"的标准时，都会提到这些国际排名，认为应该将学业预期与这些高成就国家的基准挂钩；通常焦点都是放在研究这些国家每个年级所教授的话题上。分析结果表明，表现优异的国家每年教授的话题更少却更深入，他们关注知识的运用而不是记忆，并且对于学科内以及跨学科的发展性学习进展（progression）有一系列更缜密的预期（Schmidt，Wang，& McKnight，

2005；Valverde & Schmidt，2000）。

另一件重要的事情就是研究这些话题是如何教学和评价的，以便理解顶级教育系统如何影响学生学什么以及能做什么。欧洲和亚洲那些学生学业有巨大进步的国家都已设计了新的课程和评价，聚焦于 21 世纪所需的技能，如搜集并组织信息以解决问题、设计并展开探究活动、综合分析数据、将所学应用于新的环境、自我监控并改进自己的学习和表现、采用多种方式有效沟通、团队合作以及独立学习等。

美国与其他成就更高的国家在考试形式上的不同进一步扩大了课程所带来的差异。美国的考试主要依赖于选择题，评估的是记忆和识别零散的事实；而其他高成就的国家大部分采用了开放式的题目，要求学生分析、应用知识并且进行大量的写作。此外，这些国家日益强调基于项目的、以探究为目的的学习，推动了更多校本任务的实施，包括研究项目、科学探究、产品开发以及相关的报告或展示等。由于纳入了总体考试评分系统，这些评价能够促使日常教学聚焦于高阶技能的发展以及运用知识解决问题（部分系统的总结见表 4.1）。

小国家一般都有一个全国性的标准体系，有时在高年级还有全国性的考试配合。排名领先的芬兰几乎只是使用地方评价来评估国家标准，只在一个年级设置了非强制性的全国性考试，用于大学入学选拔。比较大的国家，比如加拿大、澳大利亚和中国，都有州级或者省级标准，他们的评价系统一般混合了州级和地方标准。事实证明，设置州级而不是国家级的评价，使评价与学校保持密切联系非常重要。这不仅有利于教师们积极参与评价，也有利于保证高质量的地方评价，而这些又使得地方评价可以协调从而保证评分的一致性。

在很多情况下，校内评价是对统一的定制考试的补充，并最多可占据最终考试分数的 60%。挑选出来的任务与学科标准和大纲相匹配，代表了关键技能、话题和概念。它们一般都概括了课程指南，但是是按照通用的说明和评估标准由地方负责设计、管理和评分的。不过无论这些评价是地方开发还是统一开发，什么时候使用它们则是由课堂决定的，因为这样它们才能在学习过程中的恰当时机发挥作用。教师们可以获取信息并在需要的时候提供反馈意见。这一点在传统的标准化考试中是不可能的。除此以外，教师们在使用和评估这些任务时，可以更好地理解课程标准以及其实施方法。他们也会更清楚学生的学习需求。因此，这个过程可以促进课程的公平性，既能塑造学生所学，还能改进教学质量。

就如新司机的路考一样，这些表现性评价可以评估学生们到底能做些什么，而不只是知道些什么。路考不仅可以提供有关司机驾驶技能的重要信息，准备路考的过程也能帮助新手司机们通过操练而提高相关技术水平。同样道理，表现性评价为所有人设定了一套必须为之努力的标准。任务和标准都不是秘密，因此学生和教师们都知道需要发展什么技能以及如何展示这些技能。

最后，这些国家一般都不用考试系统来惩处学校或者拒绝给学生颁发毕业证书。英国的撒切尔（Thatcher）政府曾经用考试对学校进行排名，结果导致了课程的窄化以及大量表现不佳的学生被拒之校外（Rustique-Forrester，2005）。这个问题出现以后，好几个国家通过了法律禁止使用考试结果对学校进行排名。相反，高中考试要为高等教育、职业培训以及人员聘用提供信息，学生们通常可以选择考试科目来展示他们的资质。这些系统特别重视为系统使用者以及为改进课程提供信息，而不是将考试用于惩处。因此，政府可以设置更高的标准并和学校一起为达到标准而努力，而不是设计考试以划定最低分数线。这种做法可以避免无意义的副效应。

在这一章里，我们将分析几个教育体系下的评价系统，包括芬兰、瑞典，还有一些讲英语的有共同评价方式的地区，以及几个有意思的系统——如澳大利亚、新加坡和英国的系统。此外，我们还将描述美国许多学校以及国际上有些学校正在使用的国际文凭系统（表4.1归纳了这些评价系统的特征）。这些案例为我们提供了有趣的经验，启发我们如何将评价与课程联系起来，将评价融入教学过程以塑造并改进师生的学习。

表 4.1 国际评价系统样例

对象	核心系统	所用评价	设计与评分
芬兰	对二年级和九年级的学生抽样，评估学生的表现，用以引导课程和校方的投资 所有其他评价都以国家课程为基础，由地方设计并管理	全国：要求学生运用思维能力的问题和写作任务 学校：研究任务、口头报告、演示	全国：由芬兰教育部组织教师设计。由教师评分 学校：教师们按国家核心课程建议的评价标准和基准，设计每个学科和年级的任务并对其评分
	大部分学生自愿参加为大学提供信息的全国高考。学生选择他们愿意参加的考试（一般至少四门），并且必须参加母语测试	高考大部分采用开放式问题来评估问题解决、分析以及写作的能力。学生从提供的一组题目中回答规定数目的问题	高考由教育部任命的全国高考委员会管理、组织并评估。教师遵循官方指导，在所在地评阅试卷。考试委员会聘用评阅专家对部分样本进行复评

续表

对象	核心系统	所用评价	设计与评分
瑞典	学生们在九年级以及高中最后两年里，参加由教师设计、国家批准的瑞典语、英语以及数学考试。教师们使用这些评价作为因素之一，结合课程作业以及当地的评价确定学生们在九年级的成绩。一些地区要求学校在五年级时对这些学科也进行测试 其他所有评价都由当地教师管理。它们的目的是判断学生是否达到了国家大纲所规定的目标	全国：要求对材料或问题进行分析的开放式任务和书面应答；材料可能在考试前提前发放 学校：课程作业、研究项目、诊断类任务、论文，以及一系列问题	全国：大学教师和高中教师一起设计九年级及以上程度的全国考试。教师们在地区管理部门确定的时间段里接受调整，尽可能地减少区域间的差异。分数分解后得出课程成绩 学校：教师们依据国家课程与大纲所规定的各个学科的目标来设计任务、实施任务并对其评分。不强制要求，但可以自愿提供用于评价大纲目标的诊断类材料
英国	国家评价，为教师实施的校内形成性评价提供指导。在一定的参数范围内，教师们可以选择使用哪些任务和考试，以及什么时候考试 小学阶段的评价由地方设计并管理 大部分学生在 16 岁时自愿参加普通中等教育证书考试。如果他们选修了高级课程，则可以稍后参加为大学提供信息的 A 级水平考试。学生们按兴趣选择他们愿意参加的考试。考试成绩中的 25%～60% 来自课堂评价	全国：教师就学生的作业和特定类别的表现性任务完成观察量表；有书面、口头、表现性任务以及考试 学校：课程作业、考试、项目、论文 全国：论文和开放式问题解决，口头语言能力评价 学校：课程作业、考试、项目	全国：课程与资格局开发出由教师评分的全国性评价，并为校内评价提供广泛的指导和支持 学校：教师们依据国家课程和大纲要求来评估学生的表现和作业样本。地区管理部门为教师评价培训和校内调控提供支持 全国：学校可以选择不同的外部考试，外部考试由不同的考试机构设计并评分（如牛津大学、剑桥大学、卓越教育、评价和资格联盟等） 学校：教师们以大纲为基础开发校本部分的内容并对之评分
澳大利亚	国家层面的素养和数字评价在三、五、七、九年级举行。各州和地方管理各自的评价系统	全国：选择题、简答题以及拓展的书面作答	全国：州教育机构提供问题和提示材料，课程公司组织设计、实施并评分

97

续表

对象	核心系统	所用评价	设计与评分
昆士兰，澳大利亚	所有额外的评价都基于学校，由教师们按照国家课程指导以及州立大纲来开发 学校可以自行从新基础项目中"丰满的任务"题库中选题，在当地不同年级实施并评分，并对分数进行必要的调整	学校：开放式的论文、项目和探究 "丰满的任务"是指那些复杂的、跨学科的任务，需要开展研究、写作并开发出多侧面的成果	学校：评价由教师们开发、实施并评分。区教师和教授代表团检查代表每个学校每个年级每个分值的学生作业档案袋，并对评分进行调控。州里还有一个代表团对所有学校的样本进行检查。在这些调控程序的基础之上，各校再按说明调整本校的分数以保证校际可比性 教师和评价设计者们一起开发出丰满的任务；同时开发的还有评分准则和调控程序，用以评估学生作业的质量和评分质量
维多利亚，澳大利亚	除了全国考试以外，所有额外的考试都是校内的，直到十一和十二年级。在这两个年级，学生选择参加维多利亚教育证书（VCE）下的不同学科的考试。这些考试都是为了给大学和用人单位提供信息，既有外部考试部分也有校内部分。考分中至少50％的分数要求来自贯穿整个学年的基于课堂的评价	州级 VCE：选择题（25％）以及开放式（75％）的书面、口头以及表现性成分 学校：实验、论文、研究报告以及展示	维多利亚课程与考评局（VCAA）负责教师和大学教授的外部考试开发，确保 VCE 学校评价部分的质量。教师们按照大纲的规定对外部考试评分，设计基于课堂的评价并打分。监管部门对学校进行审计，检查教师布置的任务的质量、学生作业的质量，以及教师们给予的分数和反馈是否合理，并给教师们提供反馈意见。此外，VCAA 还以外部考试分数为基础，使用统计方法对每个学校评分的等级和分布进行调控，使之与通行的考试分数相匹配

98

续表

对象	核心系统	所用评价	设计与评分
	小学结束时（六年级）实施数学、科学、英语以及母语（马来语、中文或者泰米尔语）的外部考试。结果用于中学的课程分班所有其他评价都基于学校	全国：简短的以及较长的开放式回答 学校：课程作业、研究项目、探究	全国：新加坡教育评价委员会设计评价并管理评价系统 学校：任课教师按照大纲设计测试并评分
新加坡	十年级时，学生们参加 GCE 普通级别考试。学生们选择想要参加的科目考试。校内考试最高占总分的 20％。考试结果用于高中毕业后的选择。继续学习两年后，可以参加用于大学入学的 GCE 高级考试	全国：简短的以及较长的开放式回答以及选择题 学校：研究项目、实验室探究与试验	全国：新加坡教育评价委员会负责管理评价系统。GCE 考试由剑桥国际考试集团开发设计 学校：教师们开发、实施项目以及其他产品来补充外部考试，并对其评分
国际文凭	国际文凭项目（IB）被国际社会广泛用于十一和十二年级的学生。该项目在实施的两年期内使用校内评价，两年结束时则使用外部开发的考试对学生进行评价。校本评价占据每个学科考试分数的 20％～50％	外部（IB 开发的）：论文、开发式问题解决、简答题，以及选择题 学校：演讲、项目、档案袋、展示、探究、实验、艺术表演	外部：由训练有素的 IB 考官设计、管理并评分（往往目前或者以前做过教师） 学校：由任课教师按照统一的大纲和评分准则设计并评分

芬　兰

　　自从走出了苏联的阴影，芬兰的教育迅速攀升到了国际排名的顶端，自此便一直是学校教育进步的典型代表。从 2000 年起，芬兰在 PISA 的数学、科学和阅读评价中每年都位居经济合作与发展组织（OECD）成员国之首，分数还在逐年攀升。芬兰领导者们将这些成就都归功于他们对于教师教育的大量投资以及对于课程和评价系统的彻底改革。准教师们从大学毕业生中严格挑选而来，然后进入研究生级别的教师预备项

目。该项目不仅完全免费，还提供生活补助。这个研究生学位项目包含了广泛的有关
如何教学的课程，同时还关注以探究为导向的、适应不同学生需求的教学课程。除此
以外，准教师们还需在所属大学的附属学校实习至少一年。培训内容非常注重如何使
用形成性表现类任务来辅助学生的学习（Laukkanen，2008；Buchberger &
Buchberger，2004）。 *101*

　　政策制定者们确定，投资能干的教师就可以让地方学校自主决定教什么以及怎么
教，这就是针对他们决心要推翻的高度集中的系统的对策。现在，芬兰的国家核心课
程文件很薄，从以前烦琐的几百页的规定压缩成了对于少量技能和核心概念的描述
（例如，所有年级全部数学标准的描述只有大约十页纸）。这个文件可以引导教师们集
体开发地方课程和评价以鼓励学生成为积极的学习者，发现、分析并使用信息来解决
全新状况下的问题。

　　芬兰不用外部标准化考试来对学生或学校进行排名。虽然这看起来和美国人民习
惯的外部测试的问责方法背道而驰，芬兰的领导者们却认为，使用以学生为中心的、
嵌入课程的校本开放式任务正是该国在国际测试中表现优异的一个重要原因
（Lavonen，2008；Finnish National Board of Education，2007）。芬兰的教育主管部门定
期评估各校的学生表现样本（一般在二年级末和九年级末），为课程和学校投资提供信
息。所有其他评价则都交由地方设计并管理。

　　国家核心课程向教师们建议每个学科特定年级的评价标准以及学生年度进展的最
终整体评价标准（Finnish National Board of Education，2008b）。地方学校和教师依据
这些指导意见制订出更详细的课程和一系列学习内容，以及达到评价基准的方法
（Finnish National Board of Education，2008b）。教师们作为教学法专家，除了参与其他
学校决策和管理以外，对于课程和评价决策享有绝对的权威地位（Finnish National
Board of Education，2008a）。

　　芬兰国家教育委员会申明，对学生进行评价的主要目的是引导并鼓励学生们进行
反思和自我评价（Finnish National Board of Education，2008b）。因此，教师的持续反
馈意见非常重要。教师们采取口头或者数字量表的方式，根据课程的目标对学生们的
表现水平给出形成性以及终结性报告。芬兰所有的学校都采用了4～10分的评分量表，
其中5分是"合格"（adequate），10分是"优秀"（excellent）。建议的表现性标准是8 *102*
分左右，或者"良好"（good）。教师们的报告必须依据多种形式的评价，不能只根据

考试。学校负责对在完全中学里达到了标准的学生以及完成了大学先修课程的学生颁发基础教育证书（European Commission，2007/2008）。

大部分芬兰学生会自愿参加高考，这些考试测量他们在问题解决、分析以及写作上的能力，为大学入学提供参考信息。大学和高中教师在高考委员会（Matriculation Exam Board）的指导下编制包含开放式论文和问题解决的考卷。高考委员会由芬兰教育部任命，负责组织、管理和实施考试（Finnish Matriculation Examination，2008）。委员会成员（大约 40 名）是所测学科领域的教职工和课程专家，由各所大学和国家教育委员会提名。300 多名协会成员（一般都是高中和大学教师）协助开发并审核这些考试。高中教师遵循官方指导意见在所在地评阅试卷，评分样本则由委员会聘请的评阅专家来复评（Kaftandjieva & Takala，2002）。

学生至少参加四门考试，其中必须包括母语测试（芬兰语、瑞典语或者萨米语）。这些测试包含了文本技术部分和一篇论文，前者用以评估学生的分析技能和语言表达，后者关注思维发展、语言表达以及连贯性。此外，他们还将选择下列考试中的任意三门：第二官方语言、外语、数学，以及一个或多个科学与人文通识教育考试系列（例如宗教、伦理、哲学、心理学、历史、社会科学、物理、化学、生物、地理以及健康教育），这些考试中包括了跨学科的问题。芬兰教育系统认为所有以大学为目标的学生（芬兰的大部分学生）起码应该掌握两门语言，大部分应该掌握三门语言。语言测试则不仅评估听力和阅读，也评估写作能力。

除了可以选择参加什么考试以外，学生们还可以选择回答考试中的哪些题目。在通识考试系列中，他们通常会收到一系列问题或者提示，从中他们必须选择 6～8 道题来回答。数学考试有大约 15 道题，学生们需选择 10 道来回答。考题既需要批判性思维和建模，也需要简单的问题解决技能。例如，基础数学考试里的题目是这样的：

103

> 一份盐水溶液中含有 25％的盐分。加水可以稀释溶液。一千克的原始溶液中需要加入多少的水才能获得浓度为 10％的溶液？请作图表示要获得浓度为 2％～25％的溶液必须添加的水量。每千克原始溶液中添加的水量（以千克为单位）为横轴；新溶液中以百分比表示的盐的含量为纵轴。

高级数学考试里的题目则像这样：

> 在社会生活中，生活水平的提高与已经达到的生活水平成反比；也就是说，生活水平越高，想进一步提升它的愿望就越低。请列出一个微分方程，建模描述生活水平并对它进行说明。生活水平会无限提升吗？变化率是在提高还是降低？生活水平会接近某个常量水准吗？

芬兰的评价里设置了复杂的问题并帮助学生来应对这些问题，以培养积极的学习技能。很少会见到一个芬兰教师站在教室前面对着学生讲上 50 分钟的课。相反，学生们可以和老师就具体的学科来确定自己每周的目标，并且可以选择想要的任务。有一份关于芬兰学校的描述（Korpela，2004）展示了学生们可能如何来完成独立项目或者小组项目，或者为他们自己的杂志撰稿。这种对于独立性以及积极学习的培养使得学生们可以关注更广泛的知识，它强调的是分析思考、问题解决以及元认知的技能。这样的技能越来越受到了 PISA 这类考试的重视，这类考试就是想要评估学生们能否进行独立的思考以及能否创造性地运用知识（Lavonen，2008）。

瑞 典

在过去的 40 年里，瑞典的全国评价和芬兰一样，从基于一个考试的中央集权系统转变成了基于多种评价形式的地方系统。1970 年前后，瑞典废止了学生学业考试（student examen）。这是一个全国实施的毕业考试，用于对高中高年级学生排名然后据此把他们分配到不同的高等教育项目中（European Commission，2006/2007）。瑞典希望通过这个转变来提高高中入学率，为接受高等教育提供更开放的途径并减少社会地位和教育上的不公平（Eckstein & Noah，1993）。

瑞典的国家课程涵盖全国认可的各个学科大纲，每个区可以按本地情况调整使用（Swedish National Agency for Education，2005）。瑞典还对国家规划、地方实施的课程辅以由学校和教师掌控的多层次评价。义务教育阶段的学校评价有好几个部分。每个学期，教师、学生和家长都会开会讨论学生的学业和人际发展（Swedish National Agency for Education，2005）。学校可以选用一些诊断材料来评价学生的瑞典语、作为第二语言的瑞典语、数学以及英语。这些诊断材料可以辅助教师们评价学生并为他们的

104

学习提供支持。六年级到九年级的诊断是用来评价学生们实际掌握大纲规定目标的情况的（Swedish National Agency for Education，2005）。教师们还会按大纲设计一些校本评价，描述学生们在自己课堂中完成的作业的内容（Qualifications and Curriculum Authority，2008a；O'Donnell，2004；Eckstein & Noah，1993）。

学生们在九年级时参加国家认可的考试。这些考试涉及瑞典语、作为第二语言的瑞典语、英语以及数学。教师们会将这些测试作为评定学生成绩的因素。九年级的考试是对学校的硬性规定，但对学生不做硬性要求。瑞典政府是用这些测试分数来确保教师们的评分与国家标准保持一致（Qualifications and Curriculum Authority，2008a）。在一些辖区，学校也会在五年级末组织这些科目的考试。

在高中将要结束时，瑞典学生会拿到每门课的成绩以及一份学业证书，这个证书上有学生们完成的所有课程和项目的得分。教师们详细记录学生们的点滴进步，包括课程作业、教师按课程大纲设计的评价以及国家认可的核心课程（如瑞典语、英语、数学和其他所选领域）的得分等（Swedish National Agency for Education，2005）。地区教育主管和学校还安排时间让教师们调整他们的评分以尽可能地减少学校和地区之间的差异（Eckstein & Noah，1993）。

虽然九年级及以上的全国学校委员会（National School Board）考试是由大学老师来设计，但中学教师也辅助设计任务和问题，并且进行评分（Eckstein & Noah，1993；O'Donnell，2004）。考试问题基于真实的生活情景，要求学生们运用在课堂里学到的知识进行分析。例如，瑞典在小学高年级阶段的母语测试经常问及非常广泛的主题。有一年的考试主题是旅行，学生拿到了下列材料：不同作者的现代诗、散文以及诗歌节选，关于如何规划一次旅行的实用说明，以及用一系列文本、表格和统计图表呈现的旅行数据。学校在考试前一个星期就提前将材料发放给学生们，给他们时间去熟悉。之后他们必须在 5 个小时内完成一篇论文，话题自选。论文将按课程大纲所强调的具体标准来评估。测量的技能包括：结合情境使用恰当的语言、理解语言的不同目的、说服机制、信息呈现以及有创意的个人表达、用词以及语法等（Eckstein & Noah，1993）。

下列数学评价的例子清楚展示了如何将问题嵌于真实的生活情景之中。这是一个五年级的考试样题，该问题要求学生（11～12 岁）理解生活中可能遇到的问题，权衡利弊，并运用相关数学知识。

卡尔（Carl）下午四点钟从学校骑自行车回家，大约需要15分钟。晚上他要回到学校，因为班里准备开个派对。派对晚上六点钟开始。派对开始前，卡尔得吃晚饭。他一回家，住在隔壁的外婆就打电话过来。她想要他在出发去派对前帮她把邮件带进来。她还想让卡尔帮她遛一下狗，然后进来陪她聊会儿天。派对开始之前卡尔的时间够他做些什么？请写出你的理由。

来源：彼得森（Petterson）（2008）。

高中三年级的数学考试题也是采用真实生活中的实际话题和形式。学生要在 4 个 *106* 小时内完成15道题。前面10道题是简答题，后面5道题要求学生用较长的回答展现他们的解题思路。

简答题

• 一个咖啡搅拌机将两种咖啡混合，其中成本为 a 克朗/千克的共有 x 千克，成本为 b 克朗/千克的共有 y 千克。写出一个公式计算该混合咖啡每千克的价格。

• 1976 年，莉娜（Lena）的月薪是 6000 克朗。到 1984 年时，她的月薪涨到了 9000 克朗。按当前价格，她的月薪涨了 50％。按固定价格，增幅为多少？1976 年的消费者物价指数（Consumer Price Index，CPI）是 382，1984 年是 818。

详细作答题

• 一个企业每年年初缴付的一份养老基金总额为 15000 克朗。该基金每年的涨幅为 10％。1987 年交的首付，最后一笔会于 2010 年付清。该基金会持续上涨至 2015 年。如果该企业继续缴付同样的金额，但是基金涨幅为 15％，到 2015 年年初该企业的基金总额会增加多少？

来源：艾克斯坦（Eckstein）和诺亚（Noah）（1993，pp. 270—272).

英　国

英国的考试传统曾经影响了全世界几乎所有讲英语的国家。英国的评价通常是开放式论文加建构—应答题考试，但这些任务的本质和实施方法在过去 20 多年中有所改变，加入了更多的校本任务和项目。

高中之前，校内评价是常规做法。15～16 岁时的全国资格框架则包含了多种测量手段，这些测量按照学生毕业后的愿望分属四条不同途径：见习［通常基于全国职业资格（National Vocational Qualification，NVQ）评价］，学位，普通中等教育证书（General Certificate of Secondary Education，GCSE），以及为上大学的学生准备的 A 水平考级（A-level）系列。

大部分学生都会完成 GCSE 为期两年的课程学习。在这些课程结束时或单元结束时以及学习过程中都有评估，学生们依自己的兴趣和优势选择他们想参加的考试。考试既有建构—应答题，也有被称为"控制性评价"（controlled assessment）的嵌入课堂的结构化延伸性任务。根据学科的不同，课堂任务会占据最终考试成绩的 25%～60%。

这些被称作控制性评价的新任务，要么由学位授予机构设计、教师评分，要么由教师设计、学位授予机构评分。不论哪一种，教师都有权决定这些评价的时间。GCSE 的新任务越来越重视实用技能，如问题解决、团队建设、沟通交流以及跨学科的个人学习和思维技能等。下列例子是英语学科的课堂任务，左边的栏目中标明了每一个任务的总分。

单元与评价	任务
阅读素养文本：控制性评价（课程作业），40 分	选择三个任务和文本并作答，申请者必须展现出他们对文本所处社会、文化和历史背景的理解
想象写作：控制性评价（课程作业），40 分	选择一个文本续写或者传媒任务，写出两份有关联的回应

续表

单元与评价	任务
口语和听力：控制性评价（课程作业），40 分	三项活动：剧本表演、小组活动以及个人的拓展性贡献。其中一个活动必须基于课堂内外的真实生活情境
信息与观点：写作考试，80 分（每个部分 40 分）	非虚构和传媒：对没有提前给出但可信的文章做出回应 信息和观点写作：一份持续性写作（二选一）

下面这个例子则来自 GCSE 中计算机交互技术（interactive computer technology, ICT）的评价任务。

> 在英国，里奇菲尔德（Litchfield）宣传公司与 40 多个乐队和艺术家合作，推广他们的音乐，组织演出。它名下的乐队数量正在逐步增加。公司希望确保每一场演出的收入能够抵偿人员成本和营运费用，还能赚钱。它要付很多费用：乐队、音效工程师以及灯光技师等人的工资，场地租用也有成本。该公司需要提出一个 ICT 方案，来保证他们获得所有必要的信息并且及时更新。该方案要能显现出收入、支出以及盈余。
>
> 申请者必须：（1）和他人合作，计划并进行调研，了解其他类似公司的解决方案，其他公司不一定是和乐队以及艺术家合作的公司，也不一定要是宣传公司；（2）清楚地记录并展示你们的发现；（3）推荐一个能满足这个任务需要的方案；（4）制作一份设计简报，兼顾时标、目的以及目标人群。
>
> 提出一个解决方案，保证满足下列要求：（1）可以调整以适用于多种情况；（2）用户界面友好；（3）适合目标人群；（4）经过全面测试。
>
> 你们还需要：（1）综合考虑软件功能、宏功能、模板，以及恰当的效度验证；（2）获取使用者反馈意见；（3）找出需要改进的地方，提出完善建议，并阐明理由；（4）整合文件，呈现信息；（5）评估你自己和他人的工作。

大部分学生会参加五项或者更多的 GCSE 考试。他们的表现决定他们将获得的学位级别，以及他们是否可以参加更高水平的学习。后者将会经由 A 水平考试来评估，决定他们是否有资格进入大学。英国有 45 种 A 水平考试，要求学生对考题做出详细的回答，以评价他们更深层次的理解以及将知识应用于真实生活问题的能力。下面这个概率和统计题目就是一个例子。

一个市政委员会想通过收取交通拥堵费来减少交通拥堵问题。这个费用第一年定为 4 英镑，之后每年增加 2 英镑。在起初的八年里，市政委员会记录了平均每天进入市中心的车辆数。结果见下表：

| y（日均车辆数，百万） | 2.4 | 2.5 | 2.2 | 2.3 | 2.0 | 1.8 | 1.7 | 1.5 |
| x（收费，英镑） | 4 | 6 | 8 | 10 | 12 | 14 | 16 | 18 |

1. 计算这些数据间的积矩相关系数。

2. 解释为什么 x 是自变量。

3. 计算 y 相对于 x 的回归直线方程。

4a. 运用你的公式，估算当交通拥堵费涨到 20 英镑时，进入市中心的日均车辆数目。

4b. 点评你的估算的信度。

5. 市政委员会想估算当进入市中心的日均车辆数为 100 万时，交通拥堵费是多少。假设我们可以通过推导得出可信的估算，请说明他们是应该用 y 相对于 x 的回归线还是 x 相对于 y 的回归线来得出结论，并解释你的理由。

大部分考试采用论文形式，数学考试里有的题目要求学生解释他们所提供答案的依据，外语考试要求口头展示。A 水平考试中的英语文学考试则有四个部分要求学生展示他们的技能和知识：诗歌、话剧、散文以及通用文体。作为课程的一部分，学生们要分析他们所读的文学作品，了解其意义，对其解读，并分析所采用的文学手法和写作技巧。根据课程的不同，课程作业会占到 A 水平考试总成绩的 25％～30％。之后，作为 A 水平考试评价的一部分，学生们必须独立设计并完成一项复杂的研究项目。评价由教师们来打分，组织相关考试的五个机构则对教师给出的分数进行调整。

澳大利亚

英国、芬兰和瑞典的全国性课程指导已经有很长一段历史。相比这些小国家，澳大利亚各州一般都有自己的课程和评价项目。最近，澳大利亚制定了一个全国课程框架以及针对三、五、七、九年级的全国性考试，但是各州继续保留着自己的评价系统。和英国一样，许多州都开发了结合统一评价和校内评价且包含了表现性成分的评价模式，维多利亚州就是这种模式的知名代表。此外，大部分州的校内表现性评价也已经是整个系统中一个成熟的部分，昆士兰州可能就是这种高度自治的系统中最为成熟的代表。我们接下来一一介绍。

110

维多利亚州

维多利亚州采用的是结合了统一评价和地方评价的评价系统，既有校内评价措施也有一系列以维多利亚州基本学习标准（Victoria Essential Learning Standards，VELS）为指导的州级测试。维多利亚州的系统和英国系统几乎无异，融合了定制考试和规定的课堂测试，后者的得分计入总体考试成绩。维多利亚州课程与考评局（Victoria Curriculum and Assessment Authority，VCAA）负责建设多样的学科课程，开发外部考试，并且为维多利亚教育证书（Victorian Certificate of Education，VCE）所要求的校内评价提供质量保证。这些校内评价则为进入大学深造、去往技术学院或者进入职场的不同发展路径提供信息。

VCAA 将评价的意义定义为"关于学习的评价""为了学习的评价"以及"作为学习的评价"。教师和大学教授一起参与开发学科领域评价。往年的评价都会公布，使标准和评价方法尽可能透明。在外部考试实施之前，教师和学者们像学生一样坐下来参加考试。外部各学科考试在十一年级和十二年级实施，包括 25% 的机评题目；其他题目则使用开放式问题，由任课教师评分。考试可能包含书面、口头以及表现性要素。

除此以外，嵌于课堂的任务全年可以实施，并至少占考试总分的一半。教师们按照大纲的期望来设计规定的作业和评价，比如有关学科核心主题的实验操作和探究以及研究论文和展示等。这些规定的课堂任务可以保证学生们获得学习机会，以准备日后要参加的评价，获得有助于提高的反馈意见，不仅为这些高难度的考试做好准备，也为大学以及未来生活做好准备。

下面这个例子来自维多利亚州生物考试。该题向学生们描述了一种特别的病毒，要求他们设计一种药物来杀灭病毒。他们要用几页纸来解释该药物是如何起效果的，然后设计一项实验来检测这个药物：

111

当科学家们研究药物来对抗传染性病原体时，常用的一个名词叫"设计药"（designed drug）。

A. 解释这个名词的含义。

科学家们想要开发出一种药物来对抗某种对人类有害的病毒。该病毒有一层蛋白膜，膜的不同部分在整个感染周期分别起着不同的作用。一些部位协助病毒附着在宿主细胞上，其他的则帮助病毒脱离宿主细胞。下图展示了该结构：

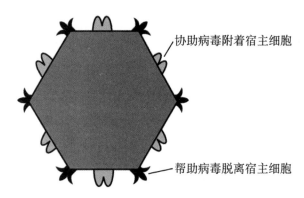

病毒先附着于宿主细胞表面，然后将自己的 DNA 注射入宿主细胞内进行大量繁殖。病毒 DNA 利用宿主细胞的成分复制自己的各个部分，在宿主细胞内生产出成千上万的新病毒。最终，宿主细胞死亡。

B. 设计一种对此病毒有效的药物。回答中要列出你需要考虑的重要方面以及你的药物如何可以阻断病毒粒子的复制循环。请使用图形，在下一页作图。

C. 一种药物在用于人体之前，通常会用动物进行活体实验。在这个例子里，老鼠也能感染该病毒。设计一项实验，用老鼠来检验你所设计的药物的效果。

112   在准备这项定制测试时，选修生物学的学生应该已经在该学年里完成了六项作业，这六项作业满足了大纲的特定要求。例如，他们应该已经完成过下列实践任务：准备

细胞切片并使用显微镜观察植物和动物细胞，细胞染色，比较细胞切片以及提供有视觉材料的书面成果；他们也应该完成过有关酶和薄膜，以及维持动植物内部环境稳定性的实践任务；最后，他们应该做过一次研究和汇报，展示过致病生物体的特征以及生物体的抗病机制。这些任务与学生在外部考试中可能会遇到的任务有密切关系，但它们提供了超出考试测量范围的信息，有利于我们了解学生是如何应用他们的知识的。

这些任务按大纲规定的标准来评分，成绩计入考试分数。有一个检查系统会审核教师布置的任务的质量、学生的作业、教师的评分以及提供给学生的反馈意见是否合理，学校也会收到有关这些要素的反馈意见。除此以外，VCAA 还运用统计协调方法来确保不同学校的学生遵循着同样的评价标准。外部考试就是这种协调的基础：将每个学校对其学生评价的级别和分布与他们在共同的外部考试总分上的级别和分布进行匹配。这样做的结果就是学生有了更加丰富的课程，教师更深入地参与教学，同时还为衡量学生表现提供了一个可以对比的方法。

昆士兰州

昆士兰州有 40 多年都没有外部评价系统。直到 20 世纪 70 年代早期，课程还是由一个传统的后殖民时期的考试系统控制着。它被取消以后，所有的评价都变成了校内评价。教师们按照国家课程指导和州立大纲（同样由教师开发）来开发、管理评价，并对之评分；由外校教师以及高等教育系统的至少一个教授所组成的专门小组对评价进行协调。

为了设计适用于全州的标准，主管部门组织教师团队与学科专家们一起制定标准，明确不同成就的级别，并描述每个级别学生作业的特征。这些文件中的目标体现了每一条标准所期待的知识和技能，标准描述语则详细理出了作业的预期特征和质量。教师和专家们还为各个级别设计了样例。这些标准为教师们编制评价以及评分提供了指导。

与总体目标（General Objectives）相匹配的大纲也被开发出来。总体目标指出学生在完成这些课程后应该可以做些什么以及哪些标准与毕业要求有关。大纲则旨在平衡"有依据的规定"（informed prescription）与"有依据的专业水准"（informed professionalism）。它们阐明了每门课程要学习的少量关键概念和技能以及学生们应该参与的项目或者活动的种类（包括起码的评价要求）。每个学校按本校学生的需要和经历来设计项目，在选择文本和话题时也会考虑这些因素。不过，所有的学校都应该使用公认的具体规则来评估学生作业，这些规则应该基于课程目标并对 A、B、C、D、E 五个不同级别判定给出具体的标准。

表 4.2 详细列出了物理大纲的规则。就"理解知识和概念"这个类别来说，A 级的作业展示出了解读、比较以及解释复杂概念、理论和原则的能力，而 E 级作业的特征则是仅仅重现了孤立的事实，并且只运用了简单、指定的运算法则。在这门课程中，学习目标还包括"调研流程"以及"评估和结论"，这些目标的指标都被清楚地阐明出来。

对作业质量做出预期的挑战很大，下面这个例子就体现了这一点。这个例子要求开展一个复杂的实验探究活动。在这个项目里，学生需要自己设计并实施调研，他们要收集数据、呈现数据并做出有效的结论。他们还需用一篇缜密的论文来解释上述内容。论文除了稍短一点以外，与科学期刊上的论文一般无二。

> 昆士兰州的科学课程要求学生们完成一项复杂的实验探究活动。任务说明如下：
>
> 此类任务要求学生们开发出一系列工具来检验一个假设或回答一个实际的研究问题。重点是学生要规划一次复杂的探究活动，解决问题，并分析从实验中收集的一手数据。一项复杂的实验探究可能短则持续四个星期，长则贯穿任务的整个过程。探究的成果是一份书面科学报告。该探究活动要体现三个标准的所有方面。报告的讨论/结论/评估/建议应该有 1500～2000 字。
>
> 要完成这样一项探究活动，学生应该：
>
> - 设计一套行动方案
> - 清楚地陈述研究假设或者研究问题，并明确探究的目的
> - 描述实验
> - 提供修改证据或者学生的设计
> - 提供一手数据和二手数据的收集和挑选证据
> - 实施实验
> - 分析数据
> - 讨论实验结果
> - 评估并验证结论
> - 用一份研究报告呈现相关信息

在一个样例（参见 Darling-Hammond & Wentworth, 2010）中，学生研究了一个

题目为"气穴"的问题。论文开始是一幅图画：从吸管垂直向下喷出的气体在水面形成一个气穴。该生研究了影响气穴体积的参数，并写出了一篇长达 32 页的论文，从理论上和实证数据上对其进行评估。他用图表呈现数据并对数据进行了分析（包括总结单个变量的结果以及运用回归分析探讨多个变量联合起来对于气穴体积的影响）。论文总结了评估结果，探讨了潜在的误差和改进方法，并提出了下一步的研究建议。总体而言，该论文与其说是传统的高中物理考试，不如说更像一个来自科学实验室的研究报告。

115

表 4.2　昆士兰州物理学科总体目标和标准

总体目标	标准				
理解知识和概念	学生们应该获得物理知识，建构对于物理事实、理论、概念和原则的理解。要能按科学方法来工作，学生们必须理解基础的科学知识，包括相关数学技能。他们通过分析数据的特点来参与物理流程，观察现象。学生们需要基于合理的论证做出有根据的判断，并用这些来指导自己进行科学探索，解决问题 课程结束时，学生应该可以： 记住并诠释物理概念、理论和原则，包括下列技能：记忆、提取并诠释学科事物，如事实、定义、公式、术语、概念、理论、原则、法则、程序、序列、时间、图表、符号、图形、系统以及规律；描述并解释物理流程和现象，包括基于一手和二手数据，将所探索的概念、理论和原则进行比较归类；联系物理运算、概念、理论和框架，包括修改、诠释以及重建理解以寻找解决方案				
	标准 A	标准 B	标准 C	标准 D	标准 E
学生作业具备的特征	·重现并诠释复杂的、有挑战性的概念、理论和原则 ·比较并解释复杂的概念、流程和现象 ·联系并应用运算、概念、原则、理论和架构，为复杂的、有挑战性的问题寻找解决方案	·重现并诠释复杂的或者有挑战性的概念、理论和原则 ·比较并解释概念、流程和现象 ·联系并应用运算、概念、原则、理论和架构，为复杂的或者有挑战性的问题寻找解决方案	·重现概念、理论和原则 ·解释简单的流程和现象 ·应用运算、原则、理论和架构，为简单的问题寻找解决方案	·重现简单的想法和概念 ·描述简单的流程和现象 ·应用运算、概念、原则、理论和架构	·重现孤立的事实 ·认识孤立的简单现象 ·应用简单的、给定的运算

续表

116	总体目标	标准

| 探究过程 | 学生们需要识别科学探究时可以采用的方法。他们需要判断量化和质性研究数据的价值，解读并运用这些数据的结果。他们需要处理数据、检查数据的技能和科学技术以增长自己的科学知识。他们需要综合分析所提出的研究并结合最初的目的讨论研究结果。课程结束时，学生们应该能：
实施并评估物理研究任务，包括下列能力：提出问题、做出假设、计划、管理、评估、完善、对调研中的决定做出论证，以及达到研究目的必需的批判性反思
安全使用科学器材和技术，包括下列能力：安全地挑选、调整并应用技术设备、实验室器材以及实测试验设备，考虑它们的局限性；在独立的活动和团队活动中都能运用这些能力
使用一手和二手数据，包括下列能力：分析数据并做出推断，识别一手和二手数据中的关系、规律和异常 |

	标准 A	标准 B	标准 C	标准 D	标准 E
学生作业具备的特征	·有根据地提出问题/假设用以指导有效、高效的设计，完善并管理探究活动 ·评估风险，安全地挑选和调整设备，合理运用设备来收集、记录并处理有效数据 ·对一手和二手数据进行系统分析，识别规律关系、趋势、误差和异常	·有根据地提出问题/假设用以指导探究设计和管理 ·评估风险，安全地挑选设备，合理运用设备来收集、记录并处理数据 ·分析一手和二手数据，识别规律、趋势、误差和异常	·提出问题和假设以辅助选择和管理探究 ·评估风险，安全地挑选设备，合理运用设备来收集并记录数据 ·分析一手和二手数据，识别明显的规律、趋势、误差和异常	·实施给定的探究任务 ·安全使用设备和技术来收集并记录数据 ·识别明显的规律和误差	·按说明运用规定的程序 ·按说明安全使用设备收集数据 ·记录数据

117	总体目标	标准

| 评估和结论 | 学生们在进行科学工作时，必须能对所获得和产生的知识做出决定。他们需要区分合理的结论和基于臆想的结论之间的差别。学生们必须能综合分析自己的想法和他人的想法，形成一个连贯的整体，以此做出判断并提出下一步的可能。他们必须能运用科学知识做出结论并对身处的世界做出解释。在向特定读者传达自己的决定时，他们必须能遵循沟通习俗和科学规范。课程结束时，学生们应该能：
确定、分析并评估物理应用中涉及的交互关系，包括下列能力：识别有关的物理知识，确定概念、原则、理论和架构之间的简单和复杂的关系，批判检验有关含意
预测结果并做出有根据的结论和建议，包括下列能力：探索现象，考虑可能的结果，论证结论和建议的合理性
采用多种途径来传播信息，包括下列能力：通过选择、使用并呈现数据和想法等多种形式来向特定读者传达意思、论点或者案例 |

续表

	标准 A	标准 B	标准 C	标准 D	标准 E
学生作业具备的特征	·分析并评估复杂的科学关系 ·探索场景和可能的结果，并论证结论和建议的合理性 ·有创意地运用多种形式，有区分地选择、使用并呈现科学数据和观点，方便目标读者理解	·分析复杂的科学关系 ·解释场景和可能的结果，对结论和建议进行讨论 ·采用多种形式，选择、使用并呈现科学数据和观点，方便目标读者理解	·描述科学关系 ·描述场景和可能的结果，提出结论和建议 ·采用多种形式，选择、使用并呈现科学数据和观点，方便理解	·识别简单的科学关系 ·识别场景和可能的结果 ·采用多种形式呈现科学数据或观点	·识别明显的科学关系 ·陈述结果 ·呈现科学数据或观点

所有的学科领域都规定了这类拓展性的回答，其具体形式则由该领域的核心概念和研究方法来决定。学生的反思也是评价的常见要素。这种智力要求颇高的活动要想保持一致的评分，一部分要靠内部和外部的调整，另一部分则依赖于能够确定作业标准的明确的大纲和评分标准来指导。

学年结束时，教师收集每个学生的作业形成一个档案袋（其中包含了特定的评价任务），并按"5 分制"来评分。教师们从每个分数段（五个分值以及跨分值的边界样本）的档案袋中选出一部分送给评审团协调，进行分数标定。由五名教师组成的评审团会对档案袋进行复评，开会讨论得分是否合理并判断分数的分布情况。州评审团也会从每个区选出样本来查看，以保证所有区的全体学校都使用了同样的标准。基于这个分析以及十二年级的全州标准化考试，即昆士兰州核心技能测试（Queensland Core Skills Test），昆士兰州当局可以确认校内项目的成就级别。级别和标准不符时再进行调整。

118

为了使得作业更有应用性，更加跨学科，昆士兰州设计了一种叫作"丰满的任务"（rich tasks）的方法以处理标准和评价问题，2003 年开始试行。作为"新基础"（New Basics）项目的一部分，这个做法创设了复杂的跨学科任务，任务集中统一开发但在地方实施。教师决定实施的最佳时间并可以将它们融入地方课程（Queensland Government，2001）。这些都是"学生们要承担的、有真实生活价值和用途的具体活动。通过这些活动，学生们得以展现并运用他们所掌握的重要概念和技术"。丰满的任务被定义如下：

一个终极的表现、展示或者成果，目标明确，取自生活。它呈现了有实质内容的真实的问题，要求学习者解决，并让他们参与到有现实意义的实用社会行动中来。问题要被识别、分析并解决，需要学生分析、提出理论并动脑筋与真实世界互动。这些任务不仅与课外生活有着密切关系，应用起来也丰富多彩：它们代表了一种可以呈现的、具备极大智力价值和教育价值的教育成果。一项任务要丰满，还必须兼具跨学科的特征。跨学科学习在汲取不同学科的实践方法和技术的同时，也保留了每个独立学科的完整性（Queensland Government，2001）。

119　　　下面的例子是一个科学课程中的某项任务描述：

科学与道德的交汇

学生必须识别并探索一个涉及道德维度的生物技术流程，并对之做出判断。学生们需要识别所用到的科学技术以及该领域最近的重大贡献。他们也需要研究伦理道德原则以便适应某个确定的道德争议或问题。他们需要使用这些信息来准备一份国际会议的会前材料，该会议邀请的主旨发言人都是各自领域的主要人物。

为了达到上述目标，学生们必须选择并且探索一个有道德争议的生物技术领域。他们必须参加实验室活动以了解该实验的部分操作。这将帮助他们：

　　•提供一份书面材料，解释该领域正在使用或者有使用潜力的部分技术之间的本质差异（放入会前材料包，提供给可能不是该领域专家的代表们）

　　•结合这个领域的目标和行为，以及科学技术与原则，充分考虑所提及的道德争论的尺度，就一个道德问题做出深入的分析。此处会有有关道德准则的辩论

　　•选择六个对该领域做出了贡献的真实存在的人，给每人写一段 150～200 字的摘录，介绍他/她的贡献。同时向每人发一份邀请函

这个评价测量了多种能力：研究与分析，实验室操作，理解生物与化学的结构与系统、术语以及符号，组织、整理、筛选以及理解不同观点，运用正式的沟通手段，有目的地编写摘录，理解道德争论与原则，时间管理，其他。

现在已经有了不同年级的任务库，以及配套的评分准则和调整流程。后者可以用来评估任务、学生作业和评分的质量。大量研究表明，这个系统是一个可以改善学校

的极其成功的工具。研究发现，使用这些内容丰富的任务时，学生们更加投入校内学习。在传统考试中，使用了新基础任务的学生和没有使用这些任务的学生的分数不相上下，但在测量高阶思维的评价中，前者的表现远远超过后者。

新加坡

120

新加坡政府聘请了昆士兰州系统的设计人员来扩展并完善他们的表现性评价。新加坡的考试系统承袭自英国，也日渐强调将校本评价融入大规模测试系统。这些基于课堂的部分项目目标雄伟，和昆士兰州以及香港的拓展性学生作业很相似。

政策分析人员对新加坡的教育系统非常好奇，因为新加坡的学生连续参与了 1995 年、1999 年以及 2003 年的国际数学与科学趋势研究（Trends in International Mathematics and Science Study，TIMSS）并且蝉联数学和科学评价的冠军。自从 2009 年加入 PISA 评价后，新加坡又在该项评价中保持了同样的记录。新加坡的分数是基于全国所有学生的高成就，包括马来族（Malay）和泰米尔族（Tamil）两个少数民族，而且这两个族裔的学生与主流学生之间的鸿沟也在迅速缩小（Dixon，2005）。新加坡 90％ 的学生分数都超过了 TIMSS 的国际中位数。此外，TIMSS 的考试语言是英语，而新加坡只有不到一半的学生日常在家使用英语，大部分学生使用的是其他官方语言（汉语、马来语或者泰米尔语），还有一些使用的是其他语言或者方言。考虑到这一点，新加坡的成就就愈发引人注目了。

自从 1997 年新加坡总理提出了"思考的学校，学习的国家"（Thinking Schools, Learning Nation）的倡议后，新加坡明确表达了对于课程、评价和教学改革的重视，希望形成创造性与批判性思维的校园文化。改革的目标是要传授学生这些技能并对之进行评价；同时在教师群体中培养探究文化氛围，鼓励教师们进行教学行动研究，根据研究心得调整自己的教学策略。这个倡议与其他两个目标紧密结合：一是将科技融入教学的各个方面（这个目标在 10 年后基本达到），一是大幅度开放学院和大学。

目前，基本上所有的新加坡公民都可以上大学。十年级高中毕业后，按兴趣、劳动力需求、成绩、O 水平考试（O-level）以及其他成就，学生们有三条路径可以选择。约 25％ 的人进入两年制的初级学院，然后是大学，最终进入教学、科学、工程、医药、

法律及公务员等职业领域；约 60％的人进入三年制的理工学院，之后约有一半的学生
继续去大学深造，其他的则从事技术和工程类职业；剩下的约有 15％的人进入两年制
的技术教育机构，他们中有一些日后也会进入学院或大学。基本上每个人都会沿着这
其中的某一条路径发展。

历史上，新加坡采用的是修改过的英式考试系统。学生们要参加新加坡考试和评
鉴局（Singapore Examinations and Assessment Board，SEAB）组织的全国考试。六年
级结束时（12 岁），学生们参加小学毕业考试。这些考试采用开放式的书面和口头形
式，考核数学、科学、英语和母语四个核心科目。考试由教师管理，在协调评分会上
打分。英语和母语考试包括四个部分：两篇不少于 150 字的写作、听力理解、语言理
解以及口语考试。口试共 15 分钟，要求学生参与一系列话题的交谈。两名考官观察考
生，并对其口语能力评分。数学考试则要求学生演示一道题目的解题步骤。

学生们在十年级结束时（16 岁）参加新加坡的通用证书 N 水平考试或 O 水平考试
（General Certificate of Examinations Normal or Ordinary Level，GCE N/O-Level）。O
水平考试以通用的课程大纲为基础，大纲中规定了要教的内容；考试采用简短以及较
长的开放式回答和写作题，覆盖广泛的学科内容。学生们选择他们想要参加的考试科
目。虽然考试结果是用于大学入学而不是高中毕业，但它们对于高中课程还是产生了
很大的影响。最近的课程与评价系统改革的目标非常明确，就是要强调创造力和独立
解决问题的能力。

进入初级学院（十一年级和十二年级）后，准备继续上大学的学生将会在十二年
级结束时（18 岁）参加 A 水平考试（GCE Advanced Level）。2002 年开发了一个新的
高级课程与评价系统。这些考试鼓励跨学科学习，要求学生们"选择并融合他们从不
同学科领域学到的知识和技能，用来应对新的、陌生的领域或者问题"（Singapore Ex-
aminations and Assessment Board，2006）。

高级课程框架包括人文、数学和科学以及语言这几个核心学科，学生们必须修课
并通过相关考试。该框架还包括生活技能和知识技能。前者强调领导能力、自我充实
以及为他人服务，后者通过综合论文、项目以及知识与探究课程来评估。一个典型的
A 水平学生要参加三个必修学科的考试，完成论文、项目和母语评价，并且接受四个
其他学科方面的评价。

生活技能和知识技能是新领域，目的是借以发展更高级的思维技能，这些技能在

传统的基于学科的课程和评价体系中所占比例较小。它们作为"思考的学校，学习的国家"倡议的一部分，代表了 1997 年改革的目标，带来了众多变化：

大纲、考试和大学入学标准发生了变化，鼓励跳出思维定式，敢于冒险。

学生们参与了更多的项目作业和高阶思维问题，以鼓励创造力、独立学习和

互助学习。（Ng，2008）

学科课程也在不断演化，不仅要求掌握学科内容，还包含了更多的批判性思维、探究和调研。一些高中学科考试同时还伴随有校本任务，例如由学生设计并实施的研究项目和实验等。目前，每一门科学课程都包含了称作"校内科学实践评价"的部分。这些校内评价由教师按照考试委员会（Examinations Board）提供的说明进行管理和评分，最高可计入考试成绩的 20%。评分经由内部和外部协调，目的是让学生们拥有以下能力：

1. 遵循一套或者一系列详细的说明，安全、有效地使用技术、设备和材料。

2. 精准实施并记录下观察、测量、方法和技术。

3. 解读和评估观察到的现象和实验数据。

4. 发现问题，设计并规划探究、评估方法和技术，并提供可能的实验改进意见。

这些项目可以提交给大学作为申请材料。大学也被鼓励去审阅学生除了考试分数以外的其他成就证明。

123

新加坡考试系统的项目作业

项目作业（Project Work，PW）是所有准备上大学的学生必须完成的跨学科题目。学生们有较长的一段课堂时间来完成他们的各项任务。作为一个跨学科的题目，它不是只关注某个部分的内容和技能，而是要求学生们运用不同学科领域的知识和技能做出跨学科的成果。这种活动的目标嵌于任务及其评价之中，由新加坡考试和评鉴局统一确定。任务设计得很宽广，在给学生足够空间完成他们感兴趣的项目的同时，满足任务的要求：

• 任务必须能通过小组作业促进合作学习。老师随机分配学生组成小组，学生们展开头脑风暴活动并评估彼此的想法，对小组准备承担的项目达成一致意见，并一起决定小组内的分工

• 每一个学生都必须做一次口头展示：每一个学生必须就本组项目在一群观众面前完成口头展示，展示既要有独立的部分，也要以小组为单位

续

- 结果和过程都要被评价，评价包括三个部分：

　　1. 书面报告，用于证明小组有能力提出、分析并且评估与项目有关此项目的想法。

　　2. 口头展示，用于评估每一个成员的口语是否流利，语言表达是否清晰，是否有观众意识，以及是否回答了问题。同时基于整体展示效果对每个小组进行整体评价。

　　3. 小组项目档案，用于记录项目实施过程。每个成员提交三份与项目过程有关的文件截图。这些文件可以体现出每个学生提出问题、分析问题以及评估以下内容的能力：（1）项目的初始想法，（2）一份为所选项目收集的研究材料，（3）对项目的见解和反思。

通过完成项目作业评价任务，我们期望学生们能够习得探究技能。他们在提出话题、计划时间、安排个人任务、与不同能力和个性的队友互动以及收集并评估一手和二手研究材料的时候就是在进行自主探究。完成项目作业的过程反映了多种生活技能和能力，如运用知识的能力、合作能力、沟通能力以及未来职场必备的独立学习能力等。

124　　每年有大约 12000 名学生完成这项任务。该评价是以学校为基础的标准参照性考试。SEAB 规定了任务环境、条件、评价标准、成就标准以及评分程序，任课教师则按委员会提供的一系列评价准则来完成项目作业所有三个部分的评价。所有的学校会获得用于说明预期评价标准的样本材料。委员会则对评价人员和内部协调人员提供培训。和所有其他评价项目一样，评分要接受校内以及校外的协调处理。

低年级也鼓励有智力挑战性的校本评价。与国家标准配套的课程和评价指南建议教师们持续使用课堂评价。评价的方式可以多样，包括课堂观察、口头交流、书面作业和考试以及实践调研任务等。教育部为教师们提供了许多课程和评价支持，比如，SAIL（Strategies for Active and Independent Learning，积极学习与独立学习的策略）的目标就是为课堂提供更多以学生为中心的项目作业，并提供评价准则以明确学习目标。所有学校都要培训，学习如何使用这些工具。教育研究院还组织工作坊帮助大家了解这些新的评价并在教师培训项目中融入这些新策略。

中国香港

得分较高的香港也已经开始推广它们雄心勃勃的校本评核系统，代替以前高度集中的考试系统。如香港"学会学习"计划（Learning to Learn）规定，他们的改革将围绕批判性思维、问题解决、自我管理、元认知思维技能以及合作技能，目标是塑造新的课程与教学（Education Bureau，2008；Chan，Kennedy，Yu，& Fok，2008）。

香港考试及评核局（Hong Kong Examinations and Assessment Authority，2009）解释说，加强施行校本评核（school-based assessments，SBA）力度的理念如下：

> SBA 的首要理念就是要通过评价那些一次性公开评核所不能反映的结果来提高评价效度。SBA 还可以减少对于公共考试结果的依赖，这些考试有时候不能提供有关候选人实际能力的可信依据。各个科目的任课教师最了解他们的学生，由他们设计并收集基于学生表现的、长期的评价，可以为每个学生做出更可信的评判。采用 SBA 的另一个原因是可以给教学带来正面影响。参与有意义的活动，对于学生而言，可以调动他们的学习积极性；对于教师们而言，则可以强化课程目标，突出好的教学实践。此外，它还为教师们不可避免的日常活动——即评价自己的学生——提供了结构框架和意义……教师们知道，SBA 往往要求学生们进行口头汇报、制作作品集、参加实地活动、实施调研、实际操作实验室作业或者完成设计项目，而这些活动都能帮助学生们习得纸笔考试所无法评价或者促进的重要技能、知识和工作习惯。这些不仅是学科学习的关键结果，也备受高等教育机构和用人单位的重视。此外，学生们觉得这些活动有意义，也很有趣。

这一段话概括了很多政府寻求扩大使用表现性评价的原因。在香港，这些结果是由接受过评分培训的教师通过打分得出的。考卷随机发放给评分员，学生的答案一般由两位独立的评分员来评阅（Dowling，n. d.）。新的校本评核结果还将经由统计调整以保证全区分数的可比性。香港根据国际标准对学生样本进行评估，以与其他国家的结果挂钩。此外，许多新评价都是在线评分。香港考评局注明这是中国内地 20 个省份的通用做法，和英国一样。

为了更好地指导评价改革进程，香港考评局还开发了一个学校发展与问责框架以及一套表现性评价指标，强调校方自评的同时，辅以外部同行评估。考评局鼓励学校运用多种评价形式，包括项目、档案袋、观察以及考试等，并关注学校评估所用的表现性指标是否涵盖了多种评价方式（Chan et al.，2008）。例如，有的评价指标问道："该校是否能够采用多模态的评价方式有效评价学生的知识、技能和态度？"还有的问道："学校是如何利用课程评估数据来指导课程规划的？"（Education Bureau，2008）这种通过审查和同行评议程序来检测学校工作和评价质量的做法也是澳大利亚和英国的做法。他们也是以标准为工具，来分享知识，反思实践，从而改进教学的。

国际文凭项目

全世界有125个国家1600所学校的10万名学生参加了国际文凭项目（International Baccalaureate，IB)。和许多其他高成就国家的系统一样，IB高中课程以课程标准和大纲为基础，融合了嵌入课堂的考试和外部考试，通过建构一个牢固的教学系统，将评价与课程紧密结合起来。IB的对象是十一年级和十二年级的学生。对他们的评价包括两部分：两年学习期间的校本评价以及课程结束时的外部评价。两种评价都按教学大纲规定的目标以及国际文凭组织（International Baccalaureate Organization，IBO）制订的"学科大纲"（subject outlines）来评价每个学生的表现。IBO是一个非营利性的教育基金会，为全世界的IB学校提供服务和支持。

教师们对于几乎所有学科都要实施校本考试，并按IB学科大纲的目标要求对每一份课程作业打分。对于大部分学科而言，校内评价占据总分的20%～30%；对于艺术类课程，例如音乐、舞台艺术和视觉艺术而言，这个比例可高达50%。由教师打分的课程作业评价包括：语言科目的口头练习、项目、学生档案袋、课堂展示、实验室操作、数学探究以及艺术表演等（IBO，2008）。

外部考试通常包括论文、结构化问题、简答题、数据应答题、文本应答题、个案研究题以及有限的选择题。有少量外部评价作业（例如理论知识论文、拓展写作以及世界文学作业）是由教师监督学生在一段较长的时间里完成、但是由外部评估人员或者是"IB 考官"来评分的。IB 考官由 IBO 培训并管理。

IB 外部考试要求学生运用他们在 IB 课程作业中学到的学科知识、分析技能和解决问题的技能来分析具体问题。例如，一个英语 A1 高级水平（A1-Higher Level）的论文题会要求学生就课堂上学到的两到三部作品来完成一项写作任务。学生有五个类别可以选择：戏剧，诗歌，小说和短篇故事类散文，其他非小说和短篇故事类散文，文学通识问题。英语考试中，学生可能会从几个写作题中做出选择，例如：

> ·结合你所学过的两三部作品，讨论作者如何使用夸张的文学手法，并达到了怎样的效果。
>
> ·作家们经常以攫取物质财富或者拒绝财富的诱惑为题，构思出有趣的情节。比较你所学过的两三部作品，描述他们是如何展开这些动机的。
>
> ·讨论并比较你所学过的诗歌中的说话人或人物的角色。你必须引用学过的两三位诗人的三到四首作品，并以此为基础来作答。
>
> ——————————
>
> 来源：国际文凭组织（2005）

典型的数学标准水平（Mathematics Standard Level）写作题要求学生通过解题过程和说明来展示并证实他们的解题思路。这种题还要求学生们用计算器作图，并申明学生如果使用了正确的方法，哪怕出了差错导致最终结果有误，他们也将获得部分分数。考试包括了一些有多个的步骤的题目。下面的例题考查了多个方面的数学技能，包括概率、比例和代数：

> 一所大样本学校测量了所有 14 岁学生的身高。女生的身高呈正态分布，均值为 155 厘米，标准方差为 10 厘米。男生的身高也呈正态分布，均值为 160 厘米，标准方差为 12 厘米。
>
> a. 求女生身高超过 170 厘米的概率。
>
> b. 已知 10% 的女生身高不足 x 厘米，求 x 值。
>
> c. 已知 90% 的男生身高在 q 厘米和 r 厘米之间，q 和 r 以 160 厘米为轴对称，且 $q<r$，求 q 和 r 的值。

续

> 这群 14 岁的学生中，60％为女生，40％为男生。a 部分得出了女生高于 170 厘米的概率，而男生高于 170 厘米的概率是 0.202。随机选出一个 14 岁的学生：
>
> d. 计算该生高于 170 厘米的概率。
>
> e. 已知该生高于 170 厘米，该生为女生的概率是多少？
>
> ——————
>
> 来源：国际文凭组织（2006）

除了这些具体的基于课程的学习评价以外，和英国 A 水平考试以及新加坡的考试一样，IB 课程还要求学生完成一篇拓展性论文。这篇论文必须是独立自主完成的研究，最终成果是一篇 4000 字的论文。按 IBO 的解释，这个任务的目的是为大学本科研究做好实践准备，也是为学生们提供机会，选择一个感兴趣的学科话题深入研究。重点是在研究流程上：提出一个合适的研究问题，自主探索一个话题，交流意见并做出论证。参与这个流程的目的是让学生们借此发展分析、综合以及评估知识的能力。

结论

研究大量高成就国家的评价实践和 IB 类严格的项目可以得出：评价应该是关乎学习（of learning）、为了学习（for learning）以及作为学习（as learning）的要素，它不应该是一个脱离教育事业的独立的成分。高质量的评价可以向学生、教师和学校提供关于学生的所学的反馈意见。它们还可以提供参考信息以指导未来的学习以及与大学和职业有关的决策决定。

129 　　这些系统将课程预期、学科和表现标准，以及有用的学习结果精准匹配。它们让教师们参与评价开发和评分，借此改善教师的专业实践能力，为学生的学习和成就提供支持；通过让学生们参与真实性评价，提高学生的积极性，改善学习；通过使用广泛的教学和评价策略，推动高阶思维技能和问题解决能力的发展。这些系统优先考虑标准化考试的质量而不是数量，使得整个系统从对学习的"计数"（accounting）转化成为更有意义的"问责"（accountability）。

第二部分

表现性评价进展：
评价并辅助学习

第五章　表现性评价：现状[①] *133*

苏珊·莱恩

　　本章探讨表现性评价的设计、评分和测量学方面的进展，正是这些进展使得表现性评价可以用于评估 21 世纪所需的技能。虽然我讨论的是用于课堂的表现性评价，但本章的焦点是如何在大规模评价项目中使用表现性评价。我将探讨从评价的设计、评分与解读等各方面将学习认知理论与测量模型融合起来的新进展。

　　本章先讨论了表现性评价在设计上的进展，包括对于重要学习结果的描述，这些学习结果只能通过表现性评价而不是其他形式的评价来评估。第二节讨论了表现性评价在评分方法上的进展，包括自动评分的技术和理论。它们使得我们可以及时就学生在新题型上的表现进行评分。第三节有关基于表现性评价衍生出来的分数使用与解读 *134* 的效度和公平性问题。我将讨论论证分数解读与使用效度时所必需的证据类型，包括：内容代表性、认知复杂度、公平性、可推广性以及后效证据。最后一节简要探讨了表现性评价的其他测量学进展，包括用于捕捉学生表现和评分员差异的测量模型以及不同评价间的链接等。

---

① Lane S, Stone C A. Performance assessments ［M］//Brennan B. Educational measurement. Westport, CT: American Council on Education and Praeger, 2006; Lane S. Issues in the design and scoring of performance assessments that assess complex thinking skills ［M］//Schraw G. Assessment of higher order thinking skills. Charlotte, NC: Information Age Publishing, 2011.

表现性评价的设计

在设计任何评价时，开发者首先都要明确他们希望用分数做出什么结论。这包括决定他们是否想要推广到更大的建构领域，还是只是为某个方面的成就或者表现提供证据。前者要求从该领域取样时要保证所选内容的代表性，这样才有助于提高分数推广的效度。这种方法一般用于大规模评价。后者，即表现展示，要求对能够展现更广的能力或者表现的表现性评价进行详细描述。这是一种类似"荣誉勋章"的做法。这种方法一般用于高中项目或者论文之类的课堂评价。

本小节关注设计问题，是因为要保证表现性评价能引出它们想要测量的认知过程和技能，就必须考虑到评价设计。这也是保证课程、教学与评价相互匹配的重要举措。其他讨论话题还有计算机模拟任务的设计进展、学习进阶的使用以及专家审核与试测的管理。本小节还提供了一些大规模评价项目中使用过的表现性评价样例。

表现性评价的目标

表现性评价可以测量学生的认知思维、推理能力以及运用知识解决现实生活中有意义的问题的能力。它们可以更直接地反映出我们所关心的表现，允许学生们构思或者演示有新意的回答，并运用事先确定的标准评估学生作业。表现性评价的标志性特征就是所测的表现与我们真正关心的表现极其相似（Kane，Crooks，& Cohen，1999），就如《教育和心理测量标准》（Standards for Educational and Psychological Testing）所言，表现性评价意在"模拟有关情境或条件以便实际应用相关知识或技能"（American Educational Research Association，American Psychological Association，& National Council on Measurement in Education，1999）。

就如这个定义所表明的，表现性评价不一定非要测量复杂的推理和问题解决技能。例如，如果目标领域是键盘输入的速度和准确性，那么一个测量学生敲键盘的速度和准确性的任务就是一个表现性评价。显而易见，键盘输入不是什么高阶的思维技能，而是一个学来的、自动化的程序技能。不过，本章探讨的表现性评价专指针对学术领域，可以用于大规模评价的那一类复杂的推理和问题解决技能。

马里兰州学校表现性评价项目（Maryland School Performance Assessment Program，MSPAP）就是一个优秀的表现性评价，它用跨学科的任务来评价问题解决、推理以及评估的技能（Maryland State Board of Education，1995）。例如，一个五年级的MSPAP 科学任务要求学生们调查液体比重计，了解液体比重计如何用来测量多个水样的含盐度。学生们要预测液体比重计在淡水和盐水混合物中的浮沉情况，决定如何用它来确定鱼缸内水的盐度。这个实践任务给了学生们机会实施多个调研、做出预测、评估他们的作业并为自己的回答做出解释。

设计良好的表现性任务可以让学生们将他们的知识应用到真实的问题当中，评估解决问题的不同途径，并为自己的方案做出解释。表现性评价的一个重要假设就是它们可以促进学生的学业成就和学习过程的改善，鼓励那些培养推理分析、问题解决和沟通能力的教学方法（Frederiksen & Collins，1989；National Council on Education Standards and Testing，1992；Resnick & Resnick，1982）。表现性评价不仅可以将学校活动和现实生活联系起来（Darling-Hammond，Ancess，& Falk，1995），还可以提供反思、合作和选择的机会，比如让学生们选择一个特别的话题完成一个写作任务（Baker，O'Neil，& Linn，1993；Baron，1991）。 *136*

MSPAP 要求合作（Maryland State Board of Education，1995），比如学生们需要一起进行科学探究并评价彼此的论文。许多其他国家的表现性评价也要求合作（见本书第四章）。不难论证，表现性评价中的这种合作更能体现 21 世纪所需的技能。

表现性评价的某个任务也可能产生好几个不同领域的分数，这一点对于评价实践和教学都有很大吸引力。那些设计成可以就多个学科领域打分的任务不仅体现了一种更加融合的教学方法，也能鼓励更加融合的学习。例如，MSPAP 的任务就是融合性任务，可以就两到三个领域打分（Maryland State Board of Education，1995）。在实践中，这种允许多种得分的任务就意味着减少了任务开发、管理以及评分的时间和费用（Goldberg & Roswell，2001）。不过，很重要的一件事情就是要证明每一个分数都代表了它计划要测量的建构，而且分数中不含建构无关方差（construct-irrelevant variance）（Messick，1989）。

此外，梅斯里维（Mislevy，1996）还指出，表现性评价可以更好地测量出变化，不管是量化的还是质性的。从量化的角度来看，我们可以假设有一个数学表现性评价，学生在第一次评价中运用递归（recursive）策略的频率只有五分之一，但在第二次评价中使用该策略的频率为五分之三。从质性的角度来看，学生在教学前用的是不太有效的策略，但教学之后用到了更为复杂的递归策略。

表现性评价，尤其是写作评价，已经被美国一些大规模评价项目所采纳。这些项目监测着学生们的发展，判断他们是否达到了国家或者州的学科标准，推动着教育改革，并要求学校对学生的学习负责。它们一般都需做出高利害的决定，并要评估一段时间内学生表现的变化情况。这就要求评价内容、评价管理以及对于学生表现的评分在较长的时间里都要保持一定程度的标准化。然而，较长的时间、合作作业、任务的选择以及辅助材料的使用都将对评价的标准化带来挑战，也给分数解读的准确性带来了挑战。不过，类似 MSPAP 的大规模表现性评价项目不仅保留了这些有吸引力的特征，同时还确保了分数的质量以及学校层面的分数解释的效度。

在测量复杂技能时，另一个设计上的考虑就是是否可以使用档案袋。大学先修课程（AP）中的美术档案袋为此提供了另一个优秀的案例，它们就维护了一个可以经久使用的大规模的档案袋评价项目（Myford & Mislevy, 1995）。以 3D 设计档案袋为例，学生们要提交一系列特定的 3D 艺术作品图像。这些作品按其质量（外形、技术和内容的体现）、广度（视觉原则和材料技术的体现）和深度（探究深度和探索过程程序的体现）分别评估。三到七位艺术教育者按照详细描述的评分准则就这三个方面来评估提交的作品。提交的档案袋都是标准化的，因为学生们都会收到具体的说明，明确什么类型的艺术作品是合适的作品。说明中还有详细的评分准则，描述了对每一个测量维度的期望。

表现性评价如果和课程与教学相匹配，就可以为教学过程提供有价值的指导信息。因此，确保课堂和大规模评价都与课程及教学相匹配非常必要。一项丰满、具体、嵌于课程的表现性评价与常见的大规模表现性评价对于标准化程度的要求有所不同。嵌于课程的评价可以让教师们更全面地判断学生们是如何理解学科问题的，对日常教学颇有裨益。大规模评价也可以为教学提供信息，不过提供的是有关学生个人和群体（如课堂）的更为宽泛的信息。

表现性评价设计中的认知理论

开发和解读学业测量需要综合运用认知与学习模型以及心理测量模型，这一点已被广泛认可（Embretson, 1985；Glaser, Lesgold, & Lajoie, 1987；National Research

Council，2001）。只有理解个体是如何习得并建构知识和认知技能，以及是如何实施认知任务的，我们才能更好地评价他们的推理能力，更好地获取信息来帮助他们改善学习。我们需要了解大量知识习得理论才能设计出有意义的评价来指导教学，监测学生的学习。 *138*

早期有几个项目研究了专家和新手的知识结构，这些研究对学业评价产生了直接的影响（Simon & Chase，1973；Chi, Feltovich，& Glaser，1981）。大部分已知专业技能的发展都是基于对学生在学科领域知识和技能习得上的研究。例如，季（Chi）和她的同事们（1981）发现，物理专家的知识是围绕着物理的核心原理来组织的，但是新手的知识却只是围绕着问题描述中所体现的表面特征。

其他将学习认知模型和心理测量学联系起来的早期研究则借鉴了人工智能领域的成果。例如，布朗和伯顿（Brown & Burton，1978）将加法与减法背后的复杂步骤表达为一组程序性技能，并通过这些程序性技能来描述熟练度。通过人工智能，他们得以发现体现了错误理解的学生表现中的程序误差或者漏洞。

医药领域则使用过专家出声思维（talk-alouds）（Ericsson & Smith，1991）的认知任务分析方法来设计表现性评价（Mislevy, Steinberg, Breyer, Almond, & Johnson，2002）。专家的思维、知识、程序和提出问题的特征都被认为是可以用来发展该领域专业技能的指标（Glaser et al.，1987），并且可以系统地用于表现性任务设计。这些特征还可以用来设计评分准则，嵌于每一个得分水平的标准之中。专家并不一定是该领域的专业人员。实际上，在"K-12"的评价设计中，专家往往是指达到了学科领域能力要求的学生。

虽然很多研究者都认识到认知和学习理论应该是评价设计和解读的基础，然而在评价设计中大范围使用认知学习模型却还未成为现实。正如本尼特和吉特默（Bennett & Gitomer，2009）所归纳的，造成这种现状的原因有三：（1）心理测量学和认知与学习是两个不同的学科，最近才开始有交叉；（2）有关能力和学习进阶本质的理论尚不够成熟；（3）经济和实践的限制影响了这种可能性的实现。

不过，仍然有一些评价设计的尝试颇有潜力，它们就利用了已知学生能力习得方面的知识。梅斯里维和他同事所提出的基于证据的设计（evidence-centered design，ECD）就是这样一个系统的评价设计，它吸收并体现了认知与学习理论，通过观察学生在解决复杂问题任务（这些任务清楚地表达了相关认知要求）中的表现来推断学生 *139*

的能力。本章将探讨一些这样的设计尝试。

一个设计理论框架

一个良好的表现性评价应该从描述理论框架开始。理论框架在多大程度上考虑到了认知理论，与相关课程有多大的一致性，都将影响分数解释的效度。描述理论框架包括描述要评价的建构、评价目的以及试图依据评价结果做出的推论（Lane & Stone，2006）。作为评价的指导，建构理论提供了一个理论基础来确定评价任务的特征和评分准则，同时它也有利于明确某些实证证据，例如项目反应的同质性以及得分与其他测量结果的关系等（Messick，1994；Mislevy，1996；National Research Council，2001）。

表现性评价的设计通常有两种方法：以建构为中心（construct-centered）或者以任务为中心（task-centered）（Messick，1994）。此处我们重点关注以建构为中心的方法。这种方法要求评价开发人员首先识别出对于教学非常重要因而必须评价的知识和技能，然后确定该评价必须能够诱导出的表现和反应。因此，该建构不仅将指导评价任务开发，而且将指导评分标准的制定。

这个设计流程提醒设计者们既要防止建构不足（construct underrepresentation），也要防止建构无关方差（construct-irrelevant variance），因为这两者都有可能影响得分的效度（Messick，1994）。评价没有全面覆盖目标建构时就会产生建构不足，这时基于分数的推论就不能反映我们所关心的更广的领域。除了计划中的建构以外，评价中额外涉及了一个或多个无关的建构则会产生建构无关方差。例如一个学生的写作能力可能给他在数学评价中的表现带来意外的影响（这一点将在本章有关效度和公平性的部分继续探讨）。相比以任务为中心的方法，以建构为中心的方法得出的分数可以适用于更广泛的任务、场景和考生，因为它关注降低建构无关方差，可以增强建构的代表性（Messick，1994）。

140

以下面这个数学表现性评价为例，这个设计就运用了以建构为中心的方法，要求学生们展示他们的解题过程并解释理由（Lane，1993；Lane et al.，1995）。数学能力认知理论为其建构定义提供了基础，莱恩和她的同事们则提出了一个理论框架来指导表现性任务和评分准则的设计。任务设计有四个部分：认知程序、数学内容、呈现模式以及任务环境。为了体现数学学科的问题解决、推理和沟通等建构领域，他们还提出了一系列认知程序，包括分辨数学关系、使用并发现策略和启发（heuristics）、提出假设以及评估回答的合理性。之后，表现性任务被设计出来，以评价这些技能中的一种或者多种。

测试说明必须明确阐述任务所需的认知要求、问题解决技能、可以采用的策略，以及用来评判表现的标准。这包括要明确与学科领域密切相关或无关的知识和策略（Baker，2007）。相比选择题考试，精心制作详细的测试说明对于表现性评价更加重要，因为表现性评价的任务要少一些，而且每个任务通常都是测量某个相对独特的目标（Haertel & Linn，1996）。使用详细的测试说明也有利于保证同一年份不同考卷以及不同年份的考卷之间的评价内容有可比性，从而辅助测量不同时期的变化。表现性评价任务和评分准则必须基于清晰的理论框架和测试说明，才可以迭代循环，不断完善（Lane & Stone，2006）。

使用理论框架来设计表现性评价使得评价结果与教育成果紧密相关，也为课程和教学改革提供了有意义的信息和指导意见。对于大规模教育评价来说，通常州里或者国家的学科标准就定义了评价的理论框架。学科标准的细致程度则会影响被测量的目标是狭隘的信息细节还是对学科领域更宽广的、情景化的理解。这是因为学科标准引导着测试说明的开发，测试说明则包括了内容、认知程序和技能以及任务的心理计量特征等。

141

任务设计的结构化程度

表现性评价的背后是一个连续统，代表着作答的结构化程度和开放程度的此起彼伏（Messick，1996）。因此评价在设计时就必须考虑到所设问题的结构化程度以及期望得到的回答。巴克斯特和格拉泽（1998）依据任务的要求从两个连续统的角度描述了表现性评价。一个连续统代表着任务对于认知过程的要求，从开放到受限；另一个代表着任务对于学科知识的要求，从丰富到贫乏。一项任务如果为学生们提供了机会发展出他们自己的程序和策略，它就是一项过程开放的任务；一项任务如果需要掌握大量科学知识才能成功完成，它就是一项内容丰富的任务。将这两个连续统交叉可以形成四个象限，设计出来的任务就可以分别对应这其中的一个或者多个象限，或者遵循特定学科内部的发展轨迹。

这个模型可以清晰地表达任务设计中的认知目标和学科目标，并有利于评估任务是否与这些目标相符（Baxter & Glazer，1998）。设计表现性任务来评价复杂的认知思维技能时，注意力可以主要放在能反映程序开放且内容丰富的任务的象限当中。不过，设计时也必须考虑在教学中教师对这些类型的任务是否熟悉以及学生们的年龄问题。

任务模型

任务模型，有时也被称作模板或者任务骨架，可以保证测量到我们关心的认知技能。这些模型可以确保所设计的任务的确评价了同样的认知过程和技能。我们还可以设计出评分准则来评价按某一特别模型开发出来的任务。使用任务模型可以清楚地描绘出被测量的认知技能，也就可以提高分数推论的概化程度。

142　　贝克提出了一个基于模型的评价方法。该模型的主要构成包括任务所需的认知要求、通过合格的表现而确定的用于评判表现的规则，以及一个描述该学科的、包含了概念之间关系以及最显著特征的学科导图。这些认知要求可以通过一套推理、问题解决以及知识呈现的任务来体现（Baker，2007）。

例如，解释类任务模型要求学生们阅读一份或多份文本，学生们需要了解一些该学科的知识，包括概念、原则和陈述性知识，才能读懂文本并对文本中的重要问题进行评估并做出解释（Niemi，Baker，& Sylvester，2007）。下面这个任务就是一个解释类任务，用于评价学生对于夏威夷的了解：

假设你在一门课上学习了一阵子夏威夷历史。你的朋友，一个新同学，错过了所有的课。最近，你们班开始讲"刺刀宪法"（Bayonet Constitution）了。你的朋友对这个话题非常感兴趣，便请你写一篇文章解释你目前知道的有关这个宪法的所有内容。

写一篇论文解释一下你想让你的朋友理解的所有重要概念，包括你在课上已经学过的有关夏威夷的历史以及你对刚刚看过的文本的理解。写作时，请思考瑟斯顿（Thurston）和利留卡拉尼（Liliuokalani）有关刺刀宪法的言论，以及其他材料中展示的内容。

你的论文必须基于两个主要来源：

1. 你所了解的夏威夷历史的基本概念和具体事实，特别是你对刺刀宪法所处时代的了解。

2. 你从昨天的阅读中学到的知识。（Niemi et al.，2007）

在接受这个任务之前，学生们必须先阅读提示中提到的一手材料。这个任务不

仅要求学生们理解来源不同的材料，而且要整合这些材料做出解释。这只是解释类　　*143*
任务模型可以产出的任务样本之一。任务模型也可以用来设计基于计算机的模拟
任务。

设计基于计算机的模拟任务

计算机模拟使得我们可以评价传统方法所无法测量的复杂的思维技能。通过使用
拓展性的、整合的任务，评价得以给解决复杂程度不同的各种问题腾出了大量空间
（Vendlinski, Baker, & Niemi, 2008）。计算机模拟任务可以评价学生的多种能力，包
括：提出假设并对其进行检验与评估，选择恰当的解题策略，以及必要时根据问题得
到解决的程度来调整策略。计算机模拟任务有一个极具魅力的特色，那就是它们可以
根据学生采取的行动及时给出某种形式的反馈。

计算机模拟还有一些重要特征，如问题解决过程中学生与使用工具之间的多种互
动，以及对学生如何使用这些工具进行监测和记录（Vendlinski et al., 2008）。计算机
模拟中的科技手段为评价提供了更多有意义的信息，比如，除了最终成果以外，我们
还可以了解学生完成任务的程序和策略。学生如何得出某个答案或者做出某个结论的
信息则对于指导教学、监测学生的学习进阶极富价值（Bennett, Persky, Weiss, &
Jenkins, 2007）。采用自动评分程序来评估学生在计算机模拟任务中的表现还可以解决
人工评分所带来的成本和时间需求。

计算机评价的问题

和所有其他评价一样，基于计算机的任务也有可能会测量到与计划的建构无关的
因素，从而降低得分解读的效度。我们必须要确保考生对电脑界面很熟悉，保证学生
有机会使用过电脑界面和导航系统。我们还必须确保所测的认知技能和知识没有被窄
化到只是方便计算机测量的。此外，自动评分程序要能反映出重要的能力特征，确保　　*144*
得分可以提供准确的解读（Bennett, 2006；Bennett & Gitomer, 2009）。考试说明规定
了计算机模拟要评价的认知技能和知识，它必须能辅助任务与评分步骤来体现所测的
学科内容，确保有效的分数解读。此外，还可以使用任务模型来保证任务及其评分准
则的确涵盖了重要的认知要求。

模拟样例

　　计算机技术的发展使得基于表现的模拟成为可能，并且可以用于大规模、高利害的项目以评价问题解决的技能和推理技能。最知名的采用电脑模拟的大规模评价是医药、建筑和会计领域的执照考试。例如，有个基于计算机的案例模拟了看护患者时的动态交流，用以测量医师对于患者的管理技能（Clyman，Melnick，& Clauser，1995）。系统先将病人的描述呈现给考生，考生需要选择查看病历与体检项目，或者为患者开出检验单、治疗方案以及咨询建议以管理病人。依据病情和考生所采取的行动，该病人的状况会随时变化。电脑系统会生成报告，显示每次行动以及指令发出的时间。然后，系统将依据行动顺序的合理性对考生的表现打分。这个考试的目的就是要考查医师必备的关键相关技能，包括解决问题、做出判断以及进行决策的能力。

　　有人研究了建筑师候选人的计算机考试，发现任务形式可能会影响考生的问题解决和推理技能的选择（Martinez & Katz，1996）。当考生被要求处理代表建筑工地不同部分（例如停车场、图书馆、操场）的图标时，他们所使用的认知技能与应对选择题时的技能并不相同。在回答图标题时，候选人会设计策略、生成答案并依据评分标准来评估自己的答案；但是在回答选择题时，他们只是按照标准来检验每一个选项。题目形式的认知要求显然不同：相比选择题，学生们在回答图标反应题时用到的技能与我们所关心的目标技能更加匹配。

　　"K-12"阶段有好几个学科都开发了计算机模拟任务。例如，全国教育进展评估（NAEP）背景下设计出的一些科学任务，就体现了解决现实生活问题时的探索特征，学生们在任务中使用了"假设"（what-if）方法以发现问题背后的科学关系（Bennett et al.，2007）。为了评价科学探究技能，学生们被要求设计并实施实验、解释结果并形成结论。作为模拟任务的一部分，学生们需要选择自变量的值，并在设计实验时就做出预测。他们还需要制作表格和统计图并形成结论来解释研究结果。除此以外，还有一些任务被设计来评价学生们用计算机进行搜索的能力。

　　一个八年级的计算机模拟任务要求学生们研究为什么科学家们用氦气球来探索太空和大气层。如下所示，这个任务中有个题目要求学生们搜索模拟的万维网：

> 　　一些科学家用大型氦气球来探索太空。这些气球通常是从地面发送到太空的，但是也可以从其他星球附近的宇宙飞船上发送。
>
> 　　为什么科学家们要用这些气球来探索外太空和大气层，而不是用卫星、火箭或者其他工具呢？请解释至少三个使用气球的优势。
>
> 　　请引用至少一个网页或者网站来回答问题。记住用你自己的语言来回答。
>
> ────────────
>
> 来源：Bennett et al.，2007，p. 41

　　这个任务评价学生们的电脑搜索技能，这也是他们在学习过程中一般会经历的。下面这个相关的科学探究任务要求学生们模拟试验、记录数据、评估自己的作业、做出结论，并在设计和实施了科学调研后提供一个理论依据。

> 　　不同含量的氦如何影响氦气球可以达到的高度？
>
> 　　用你实验中观察到的证据来支持你的回答。
>
> ────────────
>
> 来源：Bennett et al.，2007，p. 46

　　这些模拟任务是以学生的认知和学习模型为基础，可以评价科学学科所重视的问题解决、推理和评估技能。　　　　　　　　　　　　　　　　　*146*

　　设计测量学习进阶的评价

　　一些近期的评价设计致力于反映学习进阶。学习进阶被定义为"在特定学科领域内基于研究综合和概念分析对于逐步复杂的推理的描述"（Smith，Wiser，Anderson，& Krajcik，2006）。这些进阶应该围绕学科领域的中心概念或者重大概念来组织。

　　体现了学习进阶的评价可以判断学生们处于某个学科知识与技能连续统上的哪个位置，以及还需要学习什么才能更优秀。经过实证检验的认知和学习模型可以用来设计评价，当学生们发展他们在某一学科领域的理解力以及技能时，同步监测他们的学习。跨年级的认知和学习模型可以体现在一套连贯的跨年级学科标准中，这种做法有利于确保不同年级学生评价的连续性，辅助监测学生的理解力和技能，并为教与学提供信息。此外，这种做法或许能带来更有意义的跨年级评价标定结果，可以更有效地解读分数所体现的学生的发展。

学习进阶设计中有一个问题就是，达到合格能力标准的途径有很多种，但是有些途径比其他途径在学生中更为普遍（Bennett & Gitomer，2009；National Research Council，2006）。因此，学习进阶要能辅助评价设计，就必须在基于学习认知模型的同时，还考虑到教师对于本学科内学生学习的了解。这样，评价才能提供证据支持我们做出的关于不同学习阶段学生成就的推断（National Research Council，2006）。

威尔逊和他的同事们设计了一个叫作 BEAR 的评价系统（Wilson，2005；Wilson & Sloane，2000），既吸收了学习进阶信息，也利用到了先进的科技和测量技术。有一个化学学科评价就应用了这个系统来测量学生在该学科三大重要概念上的进展。一个概念是物质，有关如何从分子和原子的角度来描述物质。另外两个是变化和稳定性，前者是指从动力的角度看变化以及化学变化中的物质守恒，后者则有关能量守恒定律下的一系列关系。表 5.1 展现了物质这个大概念的建构图及其下属两个子话题：形象化和测量。

表 5.1 BEAR 评价系统中化学学科的物质概念建构图

成绩级别	物质子话题	
	物质形象化：原子观与分子观	物质测量：测量与模型完善
1—描述	物质的特征	物质的量
2—呈现	物质及其化学符号	质量的粒子观
3—联系	属性与原子观	量的测量模型
4—预测	相与成分	模型的局限性
5—整合	黏合与相对反应	模型与证据

来源：Adapted from Wilson（2005）。

表里的第一个级别是最低的能力级别，这个级别的学生还不了解物质的原子观，只能描述一些物质的特征，例如区分固体和气体等（Wilson，2005）。到了第二个级别时，学生们开始用定义或者简单呈现的方式来解释化学现象。第三个级别的学生开始综合并联系规律来解释化学现象。评价中的题目反映了不同学习阶段的成就水平或者建构图，实证数据也被收集起来以验证这个建构图。

评价表 5.1 中所描述的一项较低级别的任务要求学生们解释为什么分子式一样的

两种溶液的气味却大不相同。该任务呈现的两种溶液分别是丁酸和乙酸乙酯，它们的分子式都是 $C_4H_8O_4$；任务中还有图片来表现这两种溶液一个好闻、一个难闻。学生们需要对下面的提示做出书面回答："两种溶液的分子式一样，但是丁酸难闻，乙酸乙酯闻起来很甜。解释为什么两种溶液闻起来不一样。"（Wilson，2005）   *148*

基于认知和学习模型，我们可以详细描述化学中每个重要概念的学习进阶。基于学习进阶，我们就可以设计评价来收集证据，了解学生在不同成就级别上的能力表现。史密斯（Smith，2006）和她的同事们提出了一套学习进阶，围绕物质和原子—分子理论这个科学话题的三个关键问题和六个主要概念。她们还提供了表现性任务样本，可以用于评价这个学科内不同阶段的理解和探究。

生物 KIDS 项目

生物 KIDS 项目也考虑到了学习进阶，其基础是指向探究的原则性评价设计系统（Principled Assessment Designs for Inquiry，PADI）。这个系统确定了三种主要设计模式来评价科学探究：基于证据提出科学解释、解读数据以及提出假设和预测（Gotwals & Songer，2006）。

基于某一种设计模式的任务有许多共同特征。例如，"基于证据提出科学解释"有两个相互交叉的维度：任务所需的探究技能水平以及学科知识水平。它们将评价任务的设计分成九个区间，每个区间代表着一种任务模型。探究技能有三个阶段：

· 学生们将证据与某给定观点相匹配；

· 学生们选择一个观点，并用给定的证据建构一个简单的解释（为建构过程提供支持）；

· 学生们建构一个观点，并用相关证据来解释并论证该观点（不为建构过程提供支持）。（Gotwals & Songer，2006）

任务所需的学科知识被归为简单、中等和复杂三类，从要求的学科知识极少且无须解释，到应用更多的学科知识并解读证据。

这与巴克斯特和格拉泽（1998）提出的四个象限的概念很相似。巴克斯特和格拉泽的象限区分了内容丰富度和探究技能级别，此处则将这两个维度分成了九个象限。为了更好地体现科学探究，格特沃尔斯和松格（Gotwals & Songer，2006）还为每个设计模式（基于证据提出科学解释、解读数据以及提出假设和预测）提出了一个矩阵。   *149*

在设计表现性任务时还需考虑所需支持的程度。搭设脚手架（scaffolding）是生物 KIDS 设计中明确控制的一个任务特征。 （Gotwals & Songer，2006；Mislevy & Haertel，2006）例如，图 5.1 展示了生物 KIDS 项目中的两个科学探究评价任务，这两个任务都要求提供科学解释。

第一个任务比第二个需要更多的脚手架支持。任务中的支持程度取决于学生们的年龄，以及他们在教学中有过多少机会来解决这类需要做出解释并运用复杂逻辑推理技能的任务。图中的第一个任务提供了证据（要求根据其特征将图中的无脊椎动物分类），但是学生需要选择一个观点并且建构自己的解释。这个任务代表了探究技能水平中的第二阶段和学科知识中的第二个层级（中等）。他们还需要解释证据，或者运用更多学科知识，或者将两者结合起来（必须知道哪些特征与动物的分类有关）。

第二个任务处于探究技能的第三阶段以及学科知识的第三层（复杂）：学生们需要提出观点并做出解释，他们需要解读证据并应用更多的学科知识（Gotwals & Songer，2006）。具体来说，在这个任务中，"学生们拿到一个场景，他们需要建构（而不是选择）一个观点，然后应用他们有关食物网（food web）互动的知识，提出证据来支持他们的观点"（Gotwals & Songer，2006）。

杉（Shan）和尼基（Niki）从校园里收集了四种动物。如下所示，他们将动物按外表分成 A 组和 B 组：

他们想将这只苍蝇 放入 A 组或 B 组。他们应该把这个苍蝇放入哪一组？

苍蝇应该被归入 <u>A 组/B 组</u>（圈出答案）。写出你这样选择所依据的苍蝇的两个身体特征：

（a）_____

（b）_____

池塘生态系统

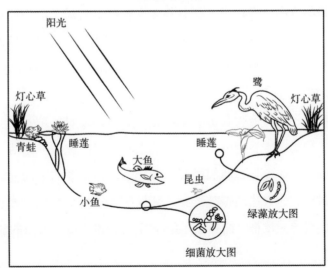

如果一年以后这个池塘里的所有小鱼都得了一种只有它们才会得的病死了，那么池塘里的绿藻会怎么样？说明你的理由。大鱼会怎么样？说明你的理由。

图 5.1 生物 KIDS 评价任务：基于证据提出科学解释

表现性评价的审核和试测

我们需要一个系统来评估所测内容与程序的质量水准和全面性，还需要警惕任务在内容、语言或者情境方面的潜在偏见。这个审核是一个循环往复的过程：任务被开发出来后，由专家审核，在实测试验前后多次修改。这包括对任务进行逻辑分析以判断它们是否评价了我们想要评价的内容和程序，用词是否清晰准确，以及有无预设的偏见。评价开发程序还包括对这些任务及其评分准则进行试测，以确保它们能诱导出我们想要测试的程序和技能。

试题测试

试测中对试题进行单独检验和实施大规模检验都很重要。例如，原案分析（protocol analysis）要求学生们边解决任务边进行有声思维（think aloud），或者回顾并描述他们解决任务的方法。这种分析可以检验任务是否引发了我们想要的认知过程（Chi，Glaser，& Farr，1988；Ericsson & Simon，1984）。这些单个的试验可以从相对较少的学生中获取丰富的信息，了解任务在多大程度上激活了它们计划激活的学科知识和复杂的思维过程。单独试验任务还提供了机会探测学生表现背后的过程：考官可以询问学生对于任务表述和措辞的理解，以此评估该任务是否适宜于不同的学生群体，例如英语非母语的学生。

大规模试测提供了更多有关任务质量的信息，包括题目的测量学特征。我们同样可以分析学生对于建构—应答题或者论文题的回答，以确保任务激活了它们计划激活的学科知识与认知过程，保证说明和措辞尽可能清晰。任务的不同变体也可以进行试测以研究任务的最佳表达方法和最佳形式，确保所有学生都有机会展示他们的逻辑思维。这些分析中的任意一项都可能指出任务或/和评分准则需要修改的地方。

安全维护

大规模试测给表现性任务的安全带来了风险，因为学生们倾向于记住这些经历。为了保证表现性评价的安全，一些州级评价项目会将新任务送去其他州进行试验。例如，马里兰州写作测试（Maryland Writing Test，MWT）的作文提示最初就是在其他州而不是在马里兰州试测的（Ferrara，1987）。然而，由于担忧外州样本在人口、动机和写作教学上的可比性，马里兰州最终采用了州内试测的设计。

虽然的确存在学生们交流试测题目的安全问题，但试测数据带来的益处大过了安全方面的担忧（Ferrara，1987）。例如，1988 年，马里兰州九年级的学生样本人群测试了 22 道作文题，每个学生收到 2 道题目。锚题（anchor prompts）呈螺旋状分布于课堂试测题目中，因此每一道题只有大约 250 名学生会碰到（Maryland State Department of Education，1990）。试测题目中那些与锚题接近（比如，平均分和标准方差相似）的可以挑出来用于后来的正式考试（费拉拉，私下交流，2009 年 7 月 30 日），无须采用复杂的等值程序。平均分和标准方差都很相似的题目很多，足以互换使用。 *152*

为了保护 MWT 题目的安全，人们采取了一系列措施（费拉拉，私下交流，2009 年 7 月 30 日）。首先，接触到每一道题目的学生人数很少（大约 250 人），参加试测的教师人数也相对较少。其次，题目都是在正式使用之前的两到三年试测的。再次，安全规章制度将会严格执行。

SAT 的写作题目在试测时也采取了一系列措施以保护其安全（Educational Testing Service，2004）。首先，每年在美国全国初、高中学生中抽样试测大约 78 个题目。参与学校中每个学校试测的学生人数不超过 175 名。每个学校只试测 3 道题目，每个学生只完成其中的 1 道。每一道题只在大约 6 所学校里进行试测，因此只有约 300 名学生会碰到同一道题。其次，作文试测是在正式的 SAT 考试之前，至少提前两年。最后，宣布预测时还会实施多项安全措施，比如大学理事会（College Board）写作委员会的成员都必须签署保密协议。

只要评价项目的目的是用分数体现更广泛的学科领域，那么该项目就必须考虑安全问题。如果题目被泄露，会出现一些分数提高的假象，也会影响考分解读的效度。 *153*不过，那些需要学生展现某些学科能力的任务不存在提前曝光与否的安全问题。就如驾照考试，知道要考什么并不会影响表现的效度，因为候选人必须展示他们有能力完成所需的表现。当然，表现性评价需要考虑其他问题，比如保证考生展示的的确是他自己的作业。

表现性评价的评分

和表现性任务的设计一样，评分准则的设计也是一个循环往复的过程，需要协调不同年级以及不同学科领域以保证评价的连贯性（Lane & Stone，2006）。对于表现性评价规则的设计也有很多确保质量的经验可以借鉴。

首先，必须保证嵌于评分准则的标准与评价任务计划要测量的程序和技能相匹配。不幸的是，与表现性评价配套的评分准则经常是关注低阶思维而不是任务原本要测量的更复杂的推理和思维技能，因而表现性评价的优势并未完全体现。通常来说，评分准则不应该独特到只能针对某些特定的任务，也不能宽泛到可以用于整个建构领域；它们必须能反映"其建构可以实证推广或者迁移到的任务类别"（Messick，1994）。因此，评分准则可以适用于一套任务或者某类特别任务模型。任务背后的表现是一个连续统，代表了作答的结构化或者开放性的不同程度，这也是设计评分准则和标准时必须考虑的内容（Messick，1996）。

评分准则的设计有以下要求：明确用以判断表现质量的标准，选择一种评分程序（如分析性评分还是总体性评分），确定编制标准的方法，以及规定标准应用的步骤（Clauser，2000）。编制标准的方法包括在明确标准时所采用的程序以及确认谁应该参与编制过程。对于"K-12"基础教育的大规模评价来说，评分准则往往是由一组专家编制的，他们因具有相关学科知识以及从事教育工作的经验而被认定为专家。这些有经验的教育工作者都参与了表现性任务的设计，对于不同水平的学生在任务上会有什么表现也非常了解。

154   评分准则也可以通过分析专家们解题时的思维和推理来制作。医药领域就曾通过对专家的出声思维进行认知任务分析来设计表现性任务和评分准则（Mislevy et al.，2002）。专家们的思维、知识、程序以及提问的特征被认为是该领域专业技能形成的指标（Glaser et al.，1987），可以用于系统设计评价任务和评分标准。

应用这些评分准则有两种方法，取决于是采用人工评分还是计算机自动评分程序（Clauser，2000）。下面这个小节讨论了准则的明晰性问题、不同的评分程序和相关研究以及计算机自动评分系统。

制定标准

每一个分数级别的具体标准应该与所测建构紧密相关。它取决于多个因素，包括评价任务的认知要求、考生人群、评价目的以及计划中的分数解读（Lane & Stone，2006）。此外，每一项表现性任务的分数等级数应该结合所测的维度数目来确定。表现性评价完全可以用来评价学科内部的多个维度。例如，五年级的数学评价可以收集学生的策略性知识、数学沟通能力以及计算熟练程度等几个维度的相关信息。每个维度的标准可以分别定义，然后针对不同维度制定不同的评分准则。

　　每一个分数等级都应该体现出和其他等级不同的知识和技能。等级的数目则取决于不同等级的标准能将不同级别的知识和技能区分开的程度。如果一个领域的学习认知理论已经被描述出来了，学习进阶也可以在标准中体现。之后，这些有关学生如何获得学科知识和学科能力的信息就可以指导制定每个分数等级的标准。

　　在表现性评价设计的早期，我们可以设计一个通用评分准则来体现所定义建构背后的技能和知识。然后，我们可以以此为指导，设计出适用于某组任务（任务模型）或者某个任务的具体评分准则，这些准则要抓住该组或者该项任务所测的认知技能和知识。这种设计的优点是可以确保不同评分准则之间的连贯性，而且它与以建构为中心的考试设计思路互相呼应。通常人们可以通过评估体现了多种能力的学生答案，来确定评分准则在多大程度上反映了学生作业的内容，然后再据此修改通用的或者具体的评分准则，或者重新设计任务，以确保它们的确是在评价我们计划要评价的学科知识和过程。这可能会重复多次以保证学科领域、任务与评分准则之间保持紧密联系。

评分程序

　　写作评价在相当大的程度上影响过评分准则的设计。直接写作评价有三种主要评分方式：总体性（holistic）评分、分析性（analytic）评分以及主要特征评分（primary trait）（Huot，1990；Miller & Crocker，1990；Mullis，1984）。对于评分程序的选择取决于所定义的建构、评价目的以及计划中的分数解释的本质。总体性评分中，评分员针对写作的质量做出一个总体的判断，并参考评分准则给出一个唯一的分数；与准则配套的还有针对不同分数级别的标准描述和基准例文。在分析性评分中，评分员结合一系列特征来评估写作，包括内容、组织、规范、焦点以及观点等，并给每一个特征按质量打分。有些分析性评分方法会权衡不同部分，允许分配更高的权重给那些与所测建构更为紧密的部分，使得这部分得分对总分的影响更大。

　　如穆利斯（Mullis，1984）所总结的："总体性评分是用来描述不同特征和谐运作的整体效果，或者就是各部分的总和；分析性评分是用来描述每个特征或者部分，并将它们以某种有意义的方式综合起来得出一个总分。"虽然写作各部分分数的总和不一定和整体判断的一致，但分析性评分方法可以提供潜在信息了解考生的强项和不足。不过，还需要证据来确定不同部分的得分可以在多大程度上就学生写作能力的不同方面做出可信的区分。

主要特征评分是由 NAEP 开发出来的（Lloyd-Jones，1977）。这个评分系统的假设前提是：大部分写作是针对有特别目的的读者的，这些目的可能是信息类、说服性或者文学性的，而且我们可以具体确定成功达到各种目的的程度（Mullis，1984）。具体任务将决定确切的评分标准，虽然类型近似的写作的标准也会相似（Mullis，1984）。主要特征评分系统要求确定与某个特定写作任务有关的一个或者多个特征。例如，说服类写作的特征可能包括立场和证据的清晰程度，但文学作品的特征可能包括情节、次序以及人物的发展。因此，主要特征评分系统既体现了通用准则的某些方面，也体现了适合特定任务准则的某些方面。由于始自以建构为中心，该建构以及此处的写作类别引导着评分准则和标准的设计。主要特征评分准则使得通用标准可以量体裁衣地应用于具体任务，保证评分员能一致应用标准来评阅书面回答。最终可能每一个写作目的都有一个评分准则，这就类似于给每一类任务或者任务模型制作一个评分准则。

157

表 5.2　数学建构—应答题的整体通用评分准则

得分	数学知识	策略性知识	沟通
4	展现了对于问题中的数学概念和原则的理解；使用了恰当的数学术语和符号；完整准确地执行运算	识别出问题中的所有要素，展现了对要素之间关系的理解；反映了比较合理和系统的问题解决策略；有明显的解题过程证据，并且该解题过程完整、系统	给出了完整的回答，解释/描述清晰，无模棱两可之处；可能含有一个恰当而且完整的图形；与目标读者有效沟通；呈现了有力的支撑论据，逻辑合理且完整；可能含有样例和反面例证
3	展现了对于问题中的数学概念和原则的较全面的理解；使用了基本正确的数学术语和符号；运算大体正确但可能有小错误	识别出问题中最重要的要素，并展现了对于要素间关系的大致理解；有明显的解题过程证据，该过程完整或者比较完整且有系统性	给出了较完整的回答，解释或描述较清晰；可能含有一个基本完整的、合理的图形；与目标读者的沟通基本有效；呈现了有力的支撑论据，逻辑合理，但可能有少许不连贯之处
2	展示了对于部分问题中的数学概念和原则的理解；可能有运算错误	识别出问题中的一些重要要素但对于要素间的关系理解有限；有解决问题的过程证据，但解题过程可能不完整或者不太系统	明显接近完成问题，但解释或描述有些模棱两可或者不清晰；可能含有一个有瑕疵或者不清晰的图形；沟通模糊不清或者很难懂；论据不全或者其逻辑前提不合理

156

续表

得分	数学知识	策略性知识	沟通
1	对于问题中的数学概念和原则的理解有限；可能错用或者不能使用数学术语；可能有较大的运算错误	未能识别出重要要素或者过多重视不重要的成分；可能反映了不合理的问题解决策略；解题过程证据不完整；解题过程可能有缺失，很难识别或者完全没有系统性	有些部分让人满意，但未能完成问题，或者重要部分有缺失；解释或者描述有缺失或者很难看懂；可能含有一个图形，但图形对问题的情况呈现不正确，或者图形不清晰且很难看懂
0	未能理解问题中的数学概念和原则		

来源：Adapted from Lane（1993）

表 5.3　BEAR 评价系统中化学学科物质子话题的评分指南

级别	描述语	标准
0	无关或者空白回答	回答不包含相关信息
1	描述物质的属性	依赖肉眼观察和逻辑技能。未运用原子模型。运用了常识，没有使用正确的化学概念 1−：做出了一项或者多项观察且/或列举了化学术语但未解释其意义 1：运用了肉眼观察以及逻辑比较的技能来分类，但无运用化学概念的迹象 1+：进行了简单的微观观测并且提供了样例来支持，但化学原则/规则引用有错
2	用化学符号表现物质的变化	开始使用化学定义，用化学构成来描述、标明并呈现物质。使用正确的化学符号和术语 2−：基本正确地引用了有关物质的定义/规则 2：引用了化学构成的定义/规则 2+：引用并运用了物质的化学构成及其变化的定义/规则
3	联系	将一个概念与另一个概念进行联系并形成解释模型
4	预测物质属性可以怎样被改变	应用化学反应模型来预测物质的变化
5	解释原子和分子之间的相互作用	整合化学模型来理解实验观察的物质

来源：Adapted from Wilson（2005）

在设计表现性评价时，贝克和她的同事们（Baker，2007；Niemi，Baker，& Sylvester，2007）用了几个不同类别的任务来体现相关的认知要求，例如推理、问题解决和知识呈现等（Baker，2007）。为了保证这些任务与其评分之间的一致性，她们为每一个类别的任务都设计了一套评分准则。莱恩和她的同事们（Lane，1993；Lane，Silver，Ankermann，Cai et al.，1995）在使用建构驱动的方法来设计数学表现性评价时，也采用了这种方法来设计她们的总体性评分准则。她们先开发了一个通用规则，如表 5.2 所示，反映了评价设计的理论框架。该框架以数学知识、策略性知识以及沟通（例如解释）作为主要特征。这些特征之后被用来设计不同类别的任务以评价策略性知识、推理能力或者同时评价策略性知识和推理能力。通用准则为不同类别的具体任务评分提供指导。具体任务的评分准则则保证评分员在应用评分准则时保持一致，并可以将基于分数的推断推广到更广泛的数学建构领域。

159

　　表 5.3 展示了前面讨论过的一个评分准则，这个准则评价的是化学领域物质话题的学习（Wilson，2005）。这份评分准则反映了表 5.1 所描述的建构图或者学习进阶，学生们从最低级别的描述逐步发展到最高级别的解释。评分准则中的级别 1（描述）和级别 2（呈现）则进一步将学生们分成三个等级。

　　一个体现了级别 2 的回答是："它们闻起来不一样是因为虽然它们的分子式相同，但它们的结构式因为排列和结合方式各异而并不相同。"这个样本回答属于级别 2 是因为它"虽然合理引用了一个原理（分子式相同但原子的结合方式可以不同），但没有进一步分析结构属性上的关系（级别 3 要求的关系特征）"（Wilson，2005）。该评价系统的一个重要目标就是要在某个概率水平上准确估计学生在建构图或者学习进阶上的位置。把学生和题目置于同一个建构图上，就可以对学生的能力做出实质性的解释，了解学生到底知道什么、能做什么（Wilson，2005）。建构图还可以用来监测某一个学生或者一群学生的学习进展情况。总之，要对学生的学习或进阶做出有效度的解释就必须仔细设计评价系统，要有考虑周到的题目，有能体现建构连续统不同级别的评分准则，还要对建构图或者学习进阶的效度进行实证检验。

　　学生们不一定会按同样的进阶成为学科领域的能手，因此在设计评价时，必须考虑到该学科可能用来解决问题的各种策略，重点关注学生人群中比较典型的策略（Wilson，2005）。这种设计评价的尝试提供了一个有趣的例子，不仅将各种认知和学习模型结合起来，还将测量模型融入评价设计中，使其可以用来监测学生的学习并为教学提供指导意见。此外，威尔逊（1989）开发了一个叫作跃度（saltus，拉丁语的"跳跃"）的测量模型，可以结合发展性变化（或理解上的概念变迁）以及技能的逐步递增来评估学生的成就，监测学生的学习。

为了评价初、高中生的复杂科学推理能力，刘（Liu）、李（Lee）、霍夫施泰特尔（Hofstetter）以及林恩（2008）采取了一套系统的评价设计步骤。首先，他们选出了科学探究中的一个重要建构——科学知识整合。然后，他们开发了一套全面、综合的系统来评价科学知识整合，包括以探究为基础的科学课程模块、评价任务以及评分准则。他们设计的评分准则可以捕捉到有本质差异的不同级别的认知和推理能力，关注的是复杂的联系而不是孤立的概念。他们的评价设计类似于威尔逊（2005）以及威尔逊和斯隆（Sloan）（2000）所描述的建构图建模或者学习进阶的建模。表 5.4 展示了该知识整合的评分规则。

160

表 5.4　知识整合评分规则

级别	描述
复杂	详细阐述相关理念间的两个或多个科学、合理的联系
完整	详细阐述两个相关理念间的一个科学、合理的联系
部分	陈述相关理念但没有全面阐述相关理念间的联系
无	编造不成立的理念或者理念不规范

来源：Liu et al.（2008）

该评分规则被用于体现了科学知识整合任务模型的所有任务，使得不同题目之间的评分有了可比性（Liu et al., 2008）。他们表明，用同一个评分准则来评价一组测量知识整合能力的题目，可以方便教师们使用该准则，也为分数解读的一致性提供了保障。作者们还为评分准则所反映的学习进阶提供了效度证据。

分析性评分和总体性评分程序的研究

分数解读和使用的效度取决于得分与被测量的建构之间的匹配度（Messick，1989）。检验评分准则的效度需要评估评分准则与目标建构或者学科内容是否匹配，每一个分数等级在多大程度上捕捉到了所定义的建构，以及分析性评分方案中的每个维度在多大程度上测量了学生认知中的某个独特的方面。例如，罗伊德（Roid，1994）评估了俄勒冈州直接写作评价中的分析性评分准则。在这个规则中，学生们的论文会按六个维度打分。该研究结果表明不是每一个维度都是独特的，有些学生的相对优势

161　和不足在不同的维度组合中都可以看到。因此，评分系统中的一些维度可以合并，这不仅不会损失太多的信息，还可以简化评分准则和评分过程。

　　其他的研究者们认为写作评价中的分析性评分和总体性评分方法所产生的考生之间的相对位置并不一定相同。维克（Vacc，1989）报告说两种评分方法得出的小学生写作成绩之间的相关系数在 0.56～0.81。有研究分析了影响评分员判断写作质量的因素，结果表明写作评价中的整体得分最容易受到文本组织以及重要观点或者内容的影响，不太容易受到写作规范和句子结构方面的影响（Breland & Jones，1982；Huot，1990；Welch & Harris，1994）。布里兰及其同事们（Breland，Danos，Kahn，Kubota，& Bonner，1994）的报告称总体性评分与整体结构（约 0.73）、主要论点（约 0.70）以及新颖的观点（约 0.68）之间的相关度比较高。莱恩和斯通（2006）则简要总结了写作评价中的分析性评分和总体性评分方法各自的相对优势。

　　在科学领域，克莱恩等人（1998）比较了五年级、八年级和十年级的科学表现性任务的分析性评分和总体性评分结果。两种评分方法得出的总分之间的相关系数比较高，五年级的为 0.71，八年级的为 0.80。在调整了评分员使用同一个方法时的人际差异后，五年级的相关系数达到了 0.90，八年级的达到了 0.96。因此，作者们提出，在评阅者评价学生表现的相对质量时，选择哪种评分方法没有什么特别的影响。同样，他们提出如果关注的是学校的表现，考虑到调整后这么高的相关系数，采用这两种评分方法中的任意一种可能对于学校在整个州里的相对位置也没有影响或者影响很小。他们还讨论了两种评分方法的时间和成本问题。如果是评价五年级的回答，分析性评分方法所需的时间几乎是总体性评分方法的三倍；如果评价八年级的回答，前者所需的时间几乎是后者的五倍，因此分析性评分方法的成本更高。

162　这些研究结果表明，选择不同评分方法（如分析性评分或总体性评分）所产生的影响可能要取决于评分方法所体现的标准的相似度以及使用分数的目的。分析性评分所用的标准越接近总体性评分的标准，考生之间的相对位置就会越类似。研究也表明分析性评分准则通常能够提供信息，对为数不多的领域或者维度（如两个或者三个）进行区分。提供几个不同维度的分数可能有助于识别学生的总体优势和不足，指导教学。就如前文所讲，我们也可以通过学生们在计算机模拟任务上的表现得出不同分数，了解学生思维的不同方面。

人工评分

学生们在表现性评价中的回答可以由人工或者计算机系统来评分。计算机系统是通过分析人工评分来进行"训练"的。莱恩和斯通（2006）回顾了人工评分员的培训程序和方法并召开了一些评分会议。在这些评分会议中，评阅人员好几天都聚在一起评估学生的作业，还要完成学生作业的在线评分。就如第七章里所描述的，这一类的活动可以改善教学，因为教师们可以聚在一起给学生作业打分，调整他们的判断并讨论它们对于教学的启示。又如第二章和第三章里已经解释过的，这类活动也有助于教师评分达到较高的信度。

评分员之间要达到较高的信度，就必须克服好几个挑战。按照艾克斯（Eckes，2008）的说法，评分员之间的不同可能来自他们实施评分准则的程度，他们如何理解评分标准，以及他们在对考生表现打分时是比较宽松还是比较严格。此外，他们对于评分类别的理解和使用，他们评阅不同考生、使用不同评分准则以及评阅不同任务时的标准也都会造成他们之间的评分差异（Bachman & Palmer，1996；McNamara，1996；Lumley，2005）。因此，我们必须关注评分员对于评分准则的理解和实施情况，培训会议本身的特征也很重要。例如，规定评分员打分的速度也会影响他们运用各自独特的能力对学生的回答或者成果进行准确评估（Bejar，Williamson，& Mislevy，2006）。

认真设计的评分准则和培训程序可以提高人工评分的一致性。弗里德曼和卡尔菲（Freedman & Calfee，1983）指出了了解评分员认知的重要性，并提出了评分员在评估写作时的一个认知模型。这个模型包括三个步骤：阅读学生文本以建立文本形象，评估文本形象，以及清楚地表达评估。沃尔夫（Wolfe，1997）对弗里德曼和卡尔菲的评分员认知模型加以拓展，提出了一个认知模型用于作文评分。他的模型里包含了一个评分框架和一个写作框架。他说理解了评分过程就可以更好地设计评分准则和培训程序。评分框架就是一个"形成文本形象，与评分标准对比，然后以之为基础做出评分决定的程序的心理再现"（Wolfe，1997）。

写作框架包含了评分员对于评分标准的解读，强调评分员最初对于评分准则的理解是各不相同的。通过培训，他们才开始形成对于评分准则的相同理解，才能比较一致地运用规则。沃尔夫（1997）也观察到较之不熟练的评分员，熟练的评分员可以更好

163

地把握判断，在评阅论文时能将更多的精力放在评估流程上。这个共享的写作通用框架和较高的评分熟练度可以带来评分员间的高度一致，对于评分员培训也有很多启发。评分员们可以接受培训，以同样的方式内化该标准并前后一致地应用标准，这样就能确保分数可以有效地解释学生的成就。

　　自动评分系统

　　威廉姆逊等人（Williamson et al.，2006）将自动评分定义为"任何一种用来评估表现或者作业质量的电脑化机制"。自动评分系统已经为基于电脑的表现性评价的运用提供了支持，例如电脑传送的写作评价和基于计算机的模拟任务以及经过扫描的纸笔评价等。自动评分程序有许多吸引人的特征，它们可以更稳定地应用评分准则，更重要的是，它们使得考试设计人员可以准确控制分数的含义（Powers，Burstein，Chodorow，Fowles，& Kukich，2002）。为了实现这一点，它们"需要诱导出全面的证据来检验我们所关心的定义宽泛的建构"（Bejar et al.，2006）。自动评分程序可以增加功能以收集并记录学生在复杂的评价任务中的表现特征，这些任务可以测量多个维度（Williamson et al.，2006）。一个实用的优势就是可以及时生成多个分数。

164　　虽然自动评分有很多挑战——例如在区分词语间和概念间的关系上有很大局限性，在题目种类和回答模式上也有限制——但是越来越多的例子证明，无论是在大规模评价中还是在课堂评价中，对复杂的建构—应答任务进行自动评分都很有效。例如，由佩奇（Page，1994，2003）开发的作文评分员项目（Project Essay Grader）就为写作评价的自动评分系统——包括电子评分员（e-rater）（Burstein，2003）、智能作文评分器（Intelligent Essay Assessor）（Landauer，Foltz，& Laham，1998；Landauer，Laham，& Foltz，2003）以及智能测量（Intellemetric）（Elliot，2003）——开辟了道路。

　　自动评分程序也已被用于评价简短的建构—应答题，不过对这些题目的内容进行评分有其独特的挑战性，而且信度也不如对论文的自动评分高。"c-rater"就是一个用于建构—应答题的自动评分方法。它对那些诱导出来的短到一个句子、长达几个段落的口头应答进行评分。评分准则清楚表明了回答所需的知识内容，但它们不评估写作规范（Leacock & Chodorow，2003，2004）。c-rater 已被成功地应用于多处，例如：印第安纳州十一年级的英语课程结业评价、要求学生们为自己的数学推理做出解释的 NAEP 数学在线项目以及要求学生使用搜索提问的 NAEP 模拟研究（Bennett et al.，

2007；Deane，2006）。c-rater 是一种释义识别器，因为它可以确定一个学生所建构的回答是否与评分准则中的意义相匹配，不管其用词和语法结构是否相似（Deane，2006）。NAEP 的这项研究使用的是物理学科的计算机模拟，c-rater 对学生的提问建模，然后将其结果与提问样本进行交叉检验。这些样本已经经过人工独立评分。在这个交叉效度验证研究中，人工评分员与 c-rater 之间的一致性达到了 96％。

医药、建筑和会计行业的执照考试中自动评分程序也已被开发并成功应用。这些考试使用了新颖的计算机模拟任务，自然也适合自动评分。有两个杰出的例子表明运用自动评分程序来评价新颖的题型完全可行，一个例子是用基于电脑的模拟案例来测量医师管理病患的能力（Clyman et al.，1995），另一个是在建筑评价中需要作图的题目（Martinez ＆ Katz，1996）。

写作评价中的评分算法　　用得最广泛的自动评分系统都是那些评价写作的。一般情况下，这些评分算法都要求先人工评阅学生们就同一题目完成的作文。这些作文和它们的得分被用作标定数据来训练软件进行评分。评分算法对作文中的具体特征进行分析，并给每个特征赋予权重。　　*165*

计算语言学、人工智能以及自然语言处理领域已经出现了很多方法来审查文本内容的相似度，包括潜在语义分析（latent semantic analysis，LSA）和内容矢量分析（content vector analysis，CVA）等（Deane ＆ Gurevich，2008）。这些方法已经被应用于自动作文评分中。例如，教育考试服务中心（ETS）开发的"e-rater"在评估作文质量时，就使用了自然语言处理技术来识别文本中的语言学特征（Burstein，2003；Attali ＆ Burstein，2005）。第一版的 e-rater 在评分过程中使用了 60 多个特征；后期版本中则只使用了"一小组有意义的直观特征"（Attali ＆ Burstein，2005），这些特征可以更好地描述优秀作文的质量，也大大简化了评分算法。这个评分系统用模型搭建的模块来分析学生作文样本以确定不同特征的权重来分配分数。

对自动评分程序的评估　　和其他评价程序一样，自动评分系统也需要效度研究，为分数解读的合理性提供证据。杨（Yang）、巴钦达哈尔（Buchendahl）、贾斯齐维茨（Juszkiewicz）以及波拉（Bhola）（2002）确定了三类自动评分程序的效度验证方法：比较人工评分和机器评分的分数，比较考试分数与测量了该建构的外部考试，以及评价评分过程本身。

大部分研究都调查过人工评分和机器评分的关系，结果一般都表明二者的关系与两个人工评分之间的关系类似，暗示人工评分和机器评分可能可以替换使用。然而，很少有研究关注后面两类效度验证方法，关注自动评分过程效度的研究尤其少见。

如本尼特（Bennett，2006）所主张的，自动评分程序应该基于学科能力理论，让专家们来描述学科能力，而不是以专家本身为标准来预测。建构无关方差和建构不足都可能会影响到自动评分系统所得出的分数的效度（Powers et al.，2002）。就建构无关方差来说，自动评分程序可能因作文无关的特征的影响而给出一个不合理的高分或者低分。此外，它们可能不能充分体现出优秀作文的建构，一样影响到分数（Powers et al.，2002）。

一些研究要求专家们评估机器生成的特征与目标建构的相关性，找出多余的和缺失的特征，并评估给不同特征分配的权重的合理性（Ben-Simon & Bennett，2007）。本-西蒙和本尼特（2007）发现写作专家们认为写作评价中最重要的维度，不一定和自动评分程序中得出的统计意义上有最大权重的维度一致。例如，该研究中的专家们表明作文中大约 65％的分数应该基于结构、行文和主题分析，但这几个维度的实证权重却只有约 21％。在语法、运用、写作规范、风格以及作文长度这些维度上，专家和机器之间则出现了相反的态度，专家们不太重视这些维度，但自动评分程序对它们却要重视得多。

就如本-西蒙和本尼特（2007）指出的，自动评分程序里的参数可以调整，以便与专家们认可的优秀作文的特征保持一致；然而，这些调整不应该基于研究中所实施的评分准则所规定的标准，而应该基于评分员分配分数时所采用的标准。作者们指出，在他们的研究中，由于评分准则里缺少了优秀作文的一些重要特征，专家们在评分时便运用了一些自己的标准。这个结果表明，无论是人工评分还是自动评分程序评分，一定要将任务所涉及的认知要求与评分准则中的标准联系起来。作者们还建议设计评价时要使用当下的写作认知理论，这样才能确保准则里的标准反映了一个能够用以确定所测维度和特征的、有理论依据的、连贯的模型。

一般来说，人工评分员和自动评分程序给出的得分相当一致。然而，有研究表明，这两者之间可能会因为学生人口构成而不同。布里奇曼（Bridgeman）、特拉帕尼（Trapani）以及阿塔利（Attali）（2009）分析了一个十一年级的州级英语评价，研究人工评分和自动评分程序在不同亚群体之间是否有系统性的差异。该写作提示要求学生们在 45 分钟的课堂时间内就一个拟定的话题提出观点并论证。

作文采用了"6分制"的总体性评分方法。研究结果表明，平均而言亚裔和西班牙裔学生在自动评分程序中的得分比人工评分高，非裔学生在两种方式下的得分相似。作者们认为，亚裔和西班牙裔学生中英语非母语的人数比例可能更高，这个得分差异可能不是因为少数族裔身份的缘故，而是因为英语对于他们来说是第二语言。这个解释有道理，因为非裔学生在两种评分方法下的表现很相似。在结论中，作者提出"虽然我们把人工评分作为黄金标准，但我们不愿将与人工评分的差异定义为偏误，因为对于写作能力指标来说，人工评出的分数不见得比 e-rater 分数更好"（Bridgeman et al.，2009）。

布里奇曼等人（2009）提议并展开更多的研究来分析导致亚群体在人工评分和自动评分之间产生差异的特征，特别是英语作为第二语言的学生。了解自动评分系统之所以带来亚群体间差异的特征可以帮助设计未来的系统。就如本书第六章中阿布代所提出的，在英语语言学习者的表现性评价设计和评分中必须考虑很多语言学特征。

因为自动评分系统使用的文本特征不能直接体现文本内容，所以这些系统也可能被误导（Winerip，2012）。因此，评分系统必须能标记出虚假作文。这类作文包括：偏题以及就另外一个题目写成的作文，只是重复了提示说明的作文，重复多篇文本的作文以及夹杂了真实的回答也重复了提示说明的作文（当然，这些问题也可能出现在那些并非恶意为之而只是写得很差却得到了过高分数的作文中）。

研究发现，一些自动评分程序可以检测出虚假的作文。鲍尔斯（Powers）和他的同事们（2002）在一个早期研究中探讨了如何蒙骗一个早期版本的 e-rater 以获得特别高或者特别低的分数。他们请写作专家们就研究生入学考试（Graduate Record Examination，GRE）的作文提示编造了一些文章，这些文章可以骗得 e-rater 给出不恰当的高分或者低分。研究者先讲解 e-rater 是如何对作文评分的，然后请专家们分别写出 e-rater 给分会高于和低于人工评分的两篇文章。之后，研究者对比了 e-rater 和两位人工评阅者对这些作文的评分。

不出所料，研究发现预计 e-rater 评分会更高的作文中有87％的 e-rater 评分高过人工评分。一些 e-rater 评分比人工评分高的作文中含有重复的段落，不管每个段落的第一句话是否被改写过。e-rater 给分较高的作文中并没有批判性分析，只是重视了 e-rater 所关注的特征，比如相关词汇和复杂的句型结构等。一个重要的发现就是，预计 e-rater 评分会低的作文中只有42％的结果与预料中的一致（Powers et al.，2002）。因此，专家们在骗取 e-rater 的低分方面没那么成功。在这个研究之后，e-rater 经过了多次完善。比如，为了探测跑题的作文，e-rater 的最新版本中加入了一个内容矢量分析程序（Higgins，Burstein，& Attali，2006）。

一项评估了智力测量（IntellicMetric）应用于管理学科研究生入学考试（Graduate Management Test，GMAT）的研究发现，这个系统可以成功识别臆撰的作文，包括照抄写作提示语、多个部分重复以及既照抄了提示语也有部分原创的作文。对于每一篇被探测出的作文，系统都会提出一个警告，标明是剽窃、抄袭提示语或者胡编乱造的作文。该系统在探测跑题方面不是很成功；但如作者们所指出的，这个版本的系统没有包括标出跑题作文的程序（Rudner，Garcia，& Welch，2006）。

目前各种版本的作文自动评分系统与人工评分员的评分相当一致。在一定程度上它们也能探测出虚假作文。一些针对简短的计算机建构—应答题和新题型的自动评分程序也已成功应用到了大规模的评价项目中。一般而言，设计自动评分系统的工作量和成本大部分发生在评价实施之前，在评分算法的开发过程之中。根据任务的新颖程度，这可能需要大量人工来对提示语进行评分、分析评分以及编写计算机评分程序，这本身成本就很高。不过，当考试流量足够大时，评分程序可以收获成本效益，同时可以节约评分时间和结果汇报时间。

评估表现性评价的效度和公平性

因为评价总是和其他信息被一起用来推断学生、学校以及州一级的成就，因此获取证据表明这些推断和因之而至的决定是正确的非常重要。在评估任何一种评价，包括表现性评价的价值和质量时，最重要的证据是那些可以支持考分推断效度的证据。效度有关考分的意义、合理性和有用性（Kane，2006；Messick，1989）。《教育和心理测量标准》（American Educational Research Association et al.，1999）申明"效度是指证据和理论在多大程度上支持了针对考试原定用途的考分解读"。这就要求我们明确评价的目标和用途，设计适合这些目的的评价，并且为所建议的评价用途和分数推论提供证据。

有两种来源可能会对分数推论的效度造成威胁：建构不足和建构无关方差（Messick，1989）。当评价没有完全捕捉到目标建构时，就会发生建构不足，基于分数的推论就不能被推广到我们感兴趣的更大的领域。如果一个表现性评价的目的是要评价复杂的思维技能以便推断学生的问题解决和推理能力时，一个很重要的效度研究就是去分析任务表现背后的认知技能和过程，为这些分数推断的目的提供证据。

当一个或者多个计划外的建构被同时评价时，就出现了建构无关方差。表现性评价中的无关方差可能来自多个源头，包括任务的用词、情境、回答模式以及评阅人员是否关注回答及表现中的无关特征等等。例如，在设计一项表现性评价来测量学生的数学问题解决和推理能力时，应该将任务设置于学生们熟悉的环境中。如果一个或者多个学生亚群体对某个问题的环境不熟悉，他们的表现就会受到影响，有关这些学生分数解读的效度和公平性也会受影响。同样，如果一个数学表现性评价对于阅读能力的要求很高，那么即便学生们的数学能力近似，他们却会因为阅读能力的不同而呈现不同的表现。该评价在某种程度上就测量了一个并非目标建构的建构，即阅读能力。

这对于英语语言学习者（ELLs）来说尤其是个问题。阿布代和他的同事们（Abedi，Lord，& Plummer，1997；Abedi & Lord，2001）找出了许多影响阅读的语言学特征，这些特征会增加错误解读的概率。在一项研究中，他们就运用了语言学修改方法，将数学题目中复杂的句子结构进行简化，用熟悉的词汇来替代不熟悉的词汇（Abedi & Lord，2001）。对语言进行修改后，初级和中级数学课上的 ELL 学生和非ELL 学生的数学分数都有显著提高。（对于这些话题的深入讨论请参看本书第六章。）

在数学和科学评价中，每当要求学生们解释自己的原因时，他们的写作能力就可能成为建构无关方差的一个来源。因此，为了减少写作能力对于数学和科学评价的影响，评分准则必须对相关标准做出清楚的描述。评分员在评价表现性任务时，如果参考的特征不是评分准则中所提及的或与所测建构无关时，就会出现建构无关方差（Messick，1994）。解决这个问题也是要通过清楚地阐释评分准则并对评分人员进行有效培训。

在检验表现性评价的质量时，被提及过的效度标准包括内容代表性、认知复杂度、意义、迁移及可推广程度、公平性以及后果等（Linn，Baker，& Dunbar，1991；Messick，1994）。接下来的讨论是围绕着标准的，这些标准与《教育和心理测量标准》中建议的效度证据来源一致。

170

171   **内容代表性**

分析评价内容与计划测量的建构之间的关系可以提供重要的效度证据。考试内容是指任务计划要评价的技能、知识、步骤以及考试的形式和评分程序。可以设计表现性评价以模拟目标建构所反映的技能和过程。

虽然表现性任务可以更深入地评价学生们对于某些或者一组概念的理解，但因为任务的数量相对较少，可能不能很好地代表整个学科领域。解决这个问题的办法是用其他更合适的题型来评价某些技能，而用表现性任务来评价其他题型所不能评价的复杂思维技能。

目前，人们在研究一些方法，通过在全年不同时间实施数学和语言艺术表现性评价来得出更准确的分数，体现学生的个人能力（Bennett & Gitomer，2009）。这种做法不仅可以借助不同的表现性评价来反映学科内容，而且因为评价的时间更接近相关教学，每一次考试的信息都可以用来指导后面的教学。如果最感兴趣的是学校层面的分数，也可以采用矩阵取样程序来确保表现性评价代表了该学科的内容，就和 MSPAP的做法一样（Maryland State Board of Education，1995）。

评价任务、评分准则和程序、目标领域以及领域代表性之间的一致性是支持分数解读效度的其他方面的证据。我们必须确保任务和评分准则系统地代表了目标领域的认知技能和内容。逻辑证据与实证数据都可以用来支持将表现转化为某个分数的效度论证。

对于一个表现性展示来说——例如一个展示是否有能力进行某种探究的大项目——我们不是很关心将学生在该展示中的表现推广到更宽广的领域，所以不需要全面代表该学科领域。但该表现性展示所评价的内容和技能必须与该领域有关而且有意义。表现性展示为学生们提供了机会，通过一个真实社会的任务来展现他们的所知所能，就像驾照考试或者科学探究的设计一样。

172   **认知复杂度**

表现性评价的魅力之一就是可以用来评价复杂的思维技能和问题解决技能。不过，就如林恩和他的同事们（1991）警告过的，我们不能假设表现性评价就是测量了复杂的思维技能，我们需要收集证据来检验任务和评分准则在多大程度上捕获到了预定的认知技能和过程。我们必须明确任务应答背后的认知过程与建构之间的匹配程度，因为通常情况下，我们的目的是希望将分数解读推广到整个建构领域（Messick，1989）。分数解读的效度会受到多大程度的影响，取决于学术领域内有关成就和学习的认知理论在多大程度上引导了表现性评价的设计。此外，使用任务模型也有助于清楚地描述实施某类任务所需的认知技能。

有几种方法都曾被用来检验任务是否评价了预定的认知技能和过程（Messick，1989），而且它们对于探测复杂思维技能的表现性评价尤为合适。这些方法包括原案分析、原因分析以及错误分析。在原案分析中，学生们被要求边解决一个问题边进行有声思维，或者以反思的方式来描述他们是怎么解决该问题的。在原因分析中，学生们需要提供依据——通常是以书面形式——来解释他们的回答。错误分析则通过研究步骤、概念或者问题呈现的方式来推断学生的误解或者理解中的错误。

例如，在设计一项科学表现性评价时，谢弗尔逊和鲁伊斯-普里莫（Ruiz-Primo）（1980）采用了巴克斯特和格拉泽 1998 年的分析框架。该框架留出了内容—程序空间来描述成功的表现所必需的学科知识和程序技能。通过原案分析，谢弗尔逊和鲁伊斯-普里莫（1980）比较了专家和新手在内容丰富而开放的科学表现性评价任务上的推理。他们的分析结果证实了一些有关考生推理技能的假设，这些推理技能是那些任务试图诱导出的。此外，分析结果阐明，相比于新手，专家的推理更加复杂。这些信息为任务设计和分数解读都提供了指导。

意义和透明度

表现性评价的一个重要效度标准就是它们的意义（Linn et al.，1991），即学生、教师和其他有关人员在多大程度上觉得手头的任务有意义。这种意义是天然的，因为表现性评价的目的就是要更直接地测量教育者们认为有价值的那些推理技能和问题解决技能。和这相关的一个标准是透明度（Frederiksen & Collins，1989），即学生和教师们需要知道评价什么、怎么评价、评价标准是什么以及好的表现包括哪些要素。我们必须保证所有的学生都熟悉大规模评价和课堂评价的任务形式和评分准则。教师们在使用表现性任务时，可以让学生们参与讨论任务评价了什么以及用来评估学生作业的准则的本质。教师也可以让学生们使用评分准则参与评估自己的作业和同学们的作业。

分数推论的可推广程度

许多大规模评价的目的都是要根据评价得分来推断学生在相关领域的成就。虽然这是一些表现性任务的目的，但它并不符合表现展示的目的。不过，其他方面的可推广程度还是与之有关系。

概化理论（Generalizability theory）既提供了一个理论框架，也提供了一个统计模型来检验考试分数在多大程度上可以推广到相关领域（Brennan，1996，2000，2001；Cronbach，Gleser，Nanda，& Rajaratnam，1972）。它在评估用以测量复杂思维技能的表现性评价时尤为重要，因为它可以从多个源头检验可能限制了分数推广程度的误差，例如来自任务、评分员以及场合的误差。会出现来自任务的误差是因为一次表现性评价中往往只有少量的任务。赫特尔和林恩（1996）解释说，在选择题考试中，由于题目数量众多，学生个人对于特定任务的反应就平均而言并不明显，但是在题目数量不多的表现性评价中，这种个体反应对于分数的影响就要大得多了。因此考虑任务的取样就显得非常重要。通过增加评价任务的数量，我们可以改进评价结果的效度和可推广程度。除此以外，关注任务的特殊性和认知与学习研究的发现也是一致的，这些研究都强调了各学科领域的问题解决能力和推理能力与具体环境密不可分的本质（Greeno，1989）。使用更多样的题型，包括表现性任务，可以提高分数的可推广程度。

评分员误差也会影响分数的概化程度，因为评分员在评估学生对某个特定表现性任务或者不同任务的回答时可能彼此意见不同。评分员可能在总体宽严度上有差异，或者在判断一个学生的回答是否比另一个学生更好时有不同意见，从而导致了学生和评分员侧面（facets）的交互作用（Hieronymus & Hoover，1987；Lane，Liu，Ankenmann，& Stone，1996；Shavelson，Baxter，& Gao，1993）。场合通常是一个很重要但却潜在的误差来源，因为表现性评价一般是在一个场合里实施的，而概化研究一般不考虑场合（Cronbach，Linn，Brennan，& Haertel，1997）。

概化理论一般会估算测量对象与测量误差源的方差构成，前者包括学生、课堂和学校等，后者包括任务和评分员等。估算出的方差可以提供信息了解不同测量误差源的相对影响。之后，该估算用于设计测量步骤以便更准确地解读分数。例如，研究人员可以检验增加题目数量或者评分员数量给分数的可推广性带来的影响。概化系数估算了分数可以在多大程度上推广到更大的建构领域，可以在多大程度上用于相对决策或者绝对决策，或者同时用于两者。

概化研究已经表明科学操作类（e. g.，Shavelson et al.，1993）和数学建构—应答类（Lane，Liu，et al.，1996）表现性任务中的评分员误差比写作评价（Dunbar，Koretz，& Hoover，1991）中的小。为了取得评分员一致性，我们要注意设计出表述清晰的评分准则，挑选并培训评分员，并在正式评分之前以及整个评分过程中不断评估他们的表现（Lane & Stone，2006）。

研究人员也已发现，在科学、数学和写作表现性评价中，任务取样差异是比评分员取样差异更大的测量误差来源（Baxter et al.，1993；Gao，Shavelson，& Baxter，1994；Hieronymus & Hoover，1987；Lane，Liu，Ankenmann，& Stone，1996；Shavelson et al.，1993）。这意味着学生对于不同表现性任务的反应不同，而缘自评分员的误差与此相比可以忽略不计。因此，增加评价中的任务数量相比增加评阅人数，对于分数的可推广性有更大的积极效应。

谢弗尔逊和他的同事们（Shavelson et al.，1993；Shavelson，Ruiz-Primo，& Wiley，1999）发现科学表现性任务取样中有较大的方差部分是来自学生和任务以及学生、任务和场合之间的交互作用。他们用一项科学表现性评价中的数据做了一次概化研究（Shavelson et al.，1993），发现来自学生和任务交互作用的方差占到了方差总量的32%，而来自学生、任务和场合交互作用的方差占总量的59%。在这个研究以及另一个研究中，谢弗尔逊和同事们（1999）发现，学生们在同一个任务上的表现会因场合不同而不同，但有趣的是，学生和场合交互作用的影响接近于零，也就是说"虽然学生们每次考试的表现不一样，但是他们的综合表现在就各项任务平均后，没有场合上的差异"（Shavelson et al.，1999）。

总而言之，概化研究结果表明，我们可以通过设计评分准则和培训将评分员误差控制到最小。增加表现性任务的数量可以提高基于不同任务的分数的可推广性，而在表现性评价中加入其他题型则有助于将该分数推广至更宽广的学科领域。

评价的公平性

评估评价的公平性与效度证据的所有来源都有着密不可分的内在关系。偏差（bias）可以理解为"对分数的一个给定解读在所有可界定的相关考生亚群之间的效度差异"（Cole & Moss，1989）。公平的评价要求有证据支持该分数推论对于所有相关考生亚群体的意义、恰当性和效能。那些针对不同文化、种族和语言背景的学生的评价所需的效度证据必须随着评价的开发、实施和修改而不间断地、系统性地收集。题目的语言要可以简化以确保 ELL 学生可以和其他学生一样看懂任务。

176　　阿布代和洛德（2001）已经通过他们的语言修改方法表明，简化考题的语言难度可以缩小 ELL 学生和其他学生之间的差距。我们可以评估数学任务的情境设置，以确保不同考生人群对于它们一样熟悉，它们不会给一个或者多个考生人群在任务上的表现带来负面影响。我们也可以评估数学、阅读和科学评价中的写作量，确保作文能力不会过分影响学生在这些评价中展示他们的所知和所能。我们还可以设计评分准则以确保我们关注的是数学、阅读或者科学技能而不是学生的写作技能。此外，在阅读评价中使用思维导图等答题形式也可以缓解在其中混合了写作能力的担忧（O'Reilly & Sheehan，2009）。

　　虽然研究者们论证说表现性评价有潜力成为更公平的评价，但它们不太可能彻底消除不同人群间的成就差异。如林恩和他的同事们（1991）所指出的，不同人群之间之所以出现差异，最可能是学习机会、熟悉程度和动力差异等方面的原因，而不一定是题型的缘故。

　　对于人群差异的研究一般是通过分析能力相当的不同亚群的平均分，或者他们在单个题目上的群体表现性差异来看某个评价对于不同亚群的影响。这就是项目功能差异（differential item functioning，DIF）（Lane & Stone，2006）。DIF 的存在表明基于考试分数的推论可能对于某个或者某些特别人群来说效度较差。

　　DIF 的产生可能是因为任务测量了某些与建构无关的特征。表现性任务的典型情境或者所需的写作和阅读量可能会带来性别或者种族偏差，而使用评分员对表现性评价打分可能会带来另一种项目功能差异（可参见 Gyagenda & Engelhard，2010）。DIF 分析的结果可以给评价任务与评分准则的设计提供指导，有利于最大化地减少所有潜在的偏差。

　　一些研究者设计了对于学生表现的认知分析，作为项目功能差异分析的补充，以期发现为什么能力相当的学生人群在同样的题目上表现不同。有一个研究就使用了原

177 因分析法来检测一项数学表现性任务中的 DIF。这个数学评价里有一些建构—应答题，要求学生们演示他们的解题过程并解释他们的推理过程。莱恩、王和梅格妮（Magone）（1996）研究了学生的解题策略、数学解释以及数学错误，认为它们是潜在

的 DIF 来源。他们报告说有些有 DIF 的项目对女生有利。女生比同等能力的男生表现要好是因为女生倾向于提供更全面的理论解释，更完整地展示她们的解题思路。作者们建议在教学过程中增加机会，让学生们说明并展示他们的解题策略，这样或许可以减少这些差异。

埃利斯肯（Ericikan，2002）研究了不同语言组群之间的项目表现差异。在她的研究中，她对考试的不同语言版本进行了语言学比较来找出 DIF 的潜在来源。研究结果表明，要想尽可能地减少项目的语言要求，出题时就必须特别注意。就如威尔逊（2005）曾经建议过的，测量模型中加入 DIF 参数就可以直接测量不同建构的效果，例如使用了不同的解题策略或者不同类型的解释。这些参数也可以用来捕捉语言差异。

有些研究已经表明测量复杂思维技能的表现性评价中既有性别间也有种族间的平均分差异。例如，盖比埃尔森（Gabrielson）、戈登（Gordon）和恩格尔哈德（En-gelhard）（1995）研究了议论文写作中的种族和性别差异，结果表明高中女生写的议论文比男生的质量高，白人学生的议论文比黑人学生的质量高。语言规范和句子构成方面的分数比内容、结构和风格方面的分数更容易受到性别和种族特征的影响。这个结果和恩格尔哈德、戈登、沃克（Walker）以及盖比埃尔森（1994）之前的研究结果一致。这些差别可能更多地体现了学习机会以及家庭或者社区语言使用规律上的差异，而不是真正能力上的差异，意味着我们需要进行有目的的教学。

许多研究都利用了先进的统计模型来研究组群差异，以便更好地控制学生人口和学校层面的变量。有个研究分析了某个表现性评价中可能很高的语言学要求在多大程度上会影响以英语为第二语言的学生的表现（Goldschmidt，Martinez，Niemi，& Baker，2007）。戈尔德施密特（Goldschmidt）和他的同事们（2007）发现不同组群的 *178* 学生们完成的一篇作文受到学生背景变量的影响没那么大，组群间的差异还小过一份由选择题和一些建构—应答题构成的商业语言艺术考试。白人学生、只讲英语的学生以及传统意义上的弱势学生（如 ELLs）在写作表现性评价中的差异比在商业考试中的小（Goldschmidt et al.，2007）。因此，在一个有课堂机会可以练习写作的环境中，学生们在表现性评价中的表现要强过在传统的选择题和建构—应答题上的表现。

后效证据

对任何评价预料中的以及意外的后果进行评估是检验分数解读和使用效度的基础

(Messick，1989)。因为表现性评价的一个主要目标就是改进教与学，所以收集任何这类积极后效的证据以及任何潜在负面后果的证据非常重要（Messick，1994）。就如林恩（1993）所阐明的，获取后效证据的必要性"对于基于表现的评价尤为迫切……因为计划中的特定后效显然是该评价系统理论依据的一部分"。此外，影响公平性问题的负面后果与表现性评价关系尤大，因为我们不能假设某个特定环境下的表现性任务对于所有的学生都同样适宜，毕竟"吸引并调动了一个学生的积极性，并且有利于他或者她的有效任务表现的环境特征，可能却会排斥另一个学生，让后者产生困惑从而带来任务表现中的偏差或者扭曲"(Messick，1994)。

这个担忧可以通过周密的设计程序来消除。设计程序可以解决公平性问题，包括由专家对任务和评分准则进行分析，以及对学生们在解答表现性任务时的思维进行分析。在分析学生思维时，要特别注意研究组群之间的潜在差异以及可能导致这些差异的任务特征。

测量复杂思维技能的大规模表现性评价被证明可以给教与学带来积极的影响（Lane，Parke，& Stone，2002；Stecher，Barron，Chun，& Ross，2000；Stein & Lane，1996；Stone & Lane，2003。请同时参看本书第一章至第三章）。在一项关于华盛顿州级评价的后效研究中，斯特克和他的同事们（2000）指出，大约三分之二的四年级和七年级教师们报告说州立标准与州级评价中的简答题和拓展应答题对于改善教学影响巨大。

表现性评价后效证据中的一个重要方面就是研究教学措施的变化与学生们在评价表现上的进步之间的关系。有一系列研究探讨了教学措施的变化与 MSPAP 中表现进步之间的关系。MSPAP 完全是由跨越不同学科领域的表现性任务组成的（Lane et al.，2002；Parke，Lane，& Stone，2006；Stone & Lane，2003）。结果表明教师们汇报的自己的教学特征解释了他们学校在 MSPAP 阅读、写作、数学以及科学评价中的差异，那些改革措施更多的学校表现更优秀。此外，这些措施的逐步增加可以解释各学校 5 年间在 MSPAP 阅读和写作表现上的变化率。林恩、贝克以及贝特本勒（Betebenner）（2002）还演示说 NAEP 和 MSPAP 两者数学评价趋势图的斜率很类似，说明马里兰州的进步的确是缘于学生们更深入地理解了数学，而不是因为仅按州级测试的内容和形式进行教学。

在用考试分数来推断教育质量时，需要考虑到环境，以指导基于分数的推论和行动（Haertel，1999）。例如，斯通和莱恩（2003）指出虽然接受免费或者折扣价午餐的学生比例（社会经济地位的指标）与学校在 MSPAP 所有领域的表现都显著相关，但是这个数据和学校在 MSPAP 数学、写作、科学和社会科学上的进步没有显著关系。

教学敏感度

一个可以体现后效的评价概念是教学敏感度。教学敏感度是指任务相对于教学改进的敏感程度（Popham，2003；Black & Wiliam，2007）。表现性评价被认为是一个载体，通过向教师们示范应该教什么，向学生们示范什么值得学，得以塑造合理的教学实践。从这个角度来说，评估评价表现的进步在多大程度上与教学改进有关系非常重要。为了达到这个目标，评价就必须能敏锐反映出教学上的改进。对于设计良好的教学不敏感的评价测量的可能就不是教学，而是其他可能在校外发生的无关领域的建构或者学习。

学者们用过两种方法来研究评价是否具备教学敏感度，一种是研究学生们是否曾有机会学习过相关材料，一种是研究教学差异在多大程度上影响了评价中的表现。例如，有一个研究，运用了一种以模型为基础的评价设计，发现学生们在一项语言艺术表现性评价中的表现对不同的语言教学类型很敏感，这项研究也观察到了教学改进（Niemi，Wang，Steinberg，Baker，& Wang，2007）。

这个研究给学生提供了一篇关于文学作品中矛盾冲突的文章，然后检验了三种教学类型（文学分析、写作组织以及教师自选教学）对于学生作答的影响。结果表明，接受了文学分析教学的学生比另外两个教学组的学生在分析和描述文学作品中的冲突方面明显更强，而接受了写作组织教学的学生在写作连贯性与写作组织测量中的表现明显超过其他两组。这些结果证明了表现性评价对于不同的教学方式很敏感，也指出了确保课程、教学与评价之间匹配且和谐一致的必要性。

其他心理测量问题

本小节简要探讨表现性评价设计中的其他心理测量问题。首先，我将简要介绍为表现性评价和拓展性建构—应答题所开发的测量模型，包括那些考虑到评分效果的模型。这些模型都已经被成功地应用于大规模表现性评价的评估中，用以控制分数中的评分员误差。接下来我将讨论表现性评价之间的链接问题。

测量模型和表现性评价

项目反应理论（IRT）模型常被用来确定表现性任务或者既有表现性任务又有选择题的考试的量纲。IRT 包括一系列的数学模型，这些模型以题目和考生的特征为基础估算学生的考试表现。考生的特征被默认为是考试表现的底层原因。这些模型用一个或者多个能力参数以及多个项目参数来预测项目反应（Embretson & Reise，2000；Hambleton & Swaminathan，1985）。这些参数与一个数学公式结合使用，可以建模描述得分因能力不同而不同的概率。

比较常用的模型一般假设只有一个能力维度影响着题目的表现（Allen & Yen，1979），它们还可以兼容表现性评价中常见的秩序反应量纲。这些模型包括分级反应模型（Samejima，1969，1996）、部分得分模型（Masters，1982）以及广义部分得分模型（Muraki，1992）等。例如，莱恩、斯通、安肯曼（Ankenmann）和刘（Liu）（1995）演示了如何将分级反应模型应用于数学表现性评价，而艾伦（Allen）、约翰逊（Johnson）、梅斯里维和托马斯（Thomas）（1994）则讨论了如何将广义部分得分模型应用于既有选择题又有建构—应答题的 NAEP。

表现性评价可能最适合用多维项目反应理论（multidimensional item response theory，MIRT）来分析，因为 MIRT 可以同时估算学生在多个领域的技能（Reckase，1997）。将 MIRT 模型应用于那些旨在测量学生多个技能水平的评价，可以得到一系列分数来描述学生在不同技能上的水平状况。这些分数可以用来指导教学过程以增强学生的理解，也可以建立学生个人或者团体层面（如班级）的档案以指导教与学。MIRT 模型与表现性评价的关系尤其紧密，这是因为这些评价可以捕捉涉及某学科领域多个维度的复杂表现，例如程序性技能、概念性技能以及推理技能。

用 IRT 模型对评分员效应建模

表现性评价在评估学生作业时要么采用人工评分，要么采用自动评分程序。当采用人工评分时，因为信息是通过评分员的解读来传递的，表现性评价被认为是经过了"评分员协调"（Engelhard，2002）。恩格尔哈德（2002）提出了一个表现性评价的理论模型，其中得分不仅取决于我们关心的领域（如写作），也取决于评分员的宽严度、任务的难度以及评分量表的结构（如是分析性的还是总体性的，以及分数的等级数目）。务的难易度和评分量表的本质；然而，评分员们却可能带来其他潜在的建构无关方差，比如对于分数量表的不同解读、光环效应以及偏见等（Engelhard，2002）。 *182*

　　有一些模型可以解释表现性评价中的评分差异。例如帕兹和他的同事们（Patz，1996；Patz，Junker，Johnson，& Mariano，2002）开发了一个高阶评分模型来解释评分员判断之间的依存关系。该模型中引入了一个可以被认为是"理想评分"或者预期得分的参数，评分员们则因他们的评分和这个评分的远近呈现差异。这个差异既体现了随机误差（如缺乏一致性），也体现了系统误差（如宽严度之类的评分员倾向）。按贝哈尔等人（Bejar et al.，2006）的解释，这种对评分员差异的建模可能会更准确地反映评分员的认知。在这种认知的影响下，实际评分中评分员可能会试图估计评分专家基于评分准则和基准材料而给出的分数。此外，其他协变量，例如评分员特征（如评分时间）和题目特征，也可以加入到该模型中来预测评分行为。对评分员差异建模可以解释表现性评价中的得分，并提高分数解读的效度。

等值和链接问题

　　等值可以帮助确保同一时间或不同时间的不同评价结果解读的可比性，但是只包含表现性任务的评价等值非常复杂（Kolen & Brennan，2004）。考卷等值的一种方法是在每一份考卷中都保留一组共同题，一般称作锚题，这样考卷就可以交换使用。锚题可以用来调整不同考卷之间的难易度差异。在使用表现性任务锚题等值时，需要解决一个重要问题，那就是评分员团队的评分标准可能因时间不同而变化，常规的等值方法可能会给等值过程带来偏差，导致分数不准确（Bock，1995；Kim，Walker，& McHale，2008a；Tate，1999）。为了解决这个问题，塔特（Tate，1999，2000）提议先做一个初步的链接研究以便识别不同年份间的评分员是否有宽严度和偏见变化。

　　为了实现等值，评分员们在第二年重新评阅了一大批第一年的有代表性的锚题答卷样本（即趋势答卷），这批第二年的评分员也负责评阅第二年的新的建构题。这些趋势答卷就有了两组分数：一组来自第一年的评分员，一组来自第二年的评分员。这样研究者就可以检验两个评分团队在不同年份间的评分宽严度差异，然后做出调整，保 *183*

证两套试卷的得分量表一致。塔特论证说，相比仅有题目参数而言，该研究中既有题目参数，也有评分团队参数，它体现的概念就是，如果评分团队有跨年度变化，这些变化就会在项目参数中体现出来。换个方式理解，就是题目参数和评分团队效果无法拆分，所以等值必须考虑评分团队。

塔特和他的同事们（Tate，2003；Kamata & Tate，2005）证明了这种使用趋势得分答卷进行 IRT 链接的有效性。金、沃克和麦克黑尔（Kim，Walker，& McHale，2008a，2008b）则证明了使用趋势得分答卷进行非 IRT 链接方法的效果。他们比较了几种等值设计的效果，包括是否有锚题以及是否使用了趋势得分答卷。不使用锚题可以缓解对于锚题内容代表度的担忧。此外，研究结果表明，使用了趋势得分答卷的两种设计都比没有使用趋势得分答卷的等值设计效果更好。

更重要的是，他们的研究结果表明，评分员的宽严度变化可以检验，而且如果趋势评分表明出现了评分员漂移现象，那么不同年份间的等值就必须结合评分员的宽严度进行调整（Kim et al.，2008a，2008b）。所有使用了建构—应答题的评价项目在跨年度等值时都应该实施趋势评分，以控制由于评分漂移所带来的等值偏误。金和同事们（2008b）还指出，由于趋势评分方法要求对额外的答卷评分，会增加成本，所以实施时会有一些麻烦。不过，使用图片以及网上评分方法可以降低实施趋势评分的复杂程度。

结论

表现性评价已经是许多国家教育系统不可分割的一部分，然而美国却还没有充分用上它们。有证据表明，评价形式影响着学生所使用的思维类型和逻辑技能，而表现性评价更适合评价高级、复杂的思维技能。最近几年的表现性评价设计以及人工评分和计算机评分的进展促进了它们在大规模评价项目中的运用。此外，计算机模拟可以设计出有意义的、真实世界的任务，要求学生们解决问题，进行推理论证。

表述清晰、反映了高阶思维和推理技能的学科标准可以引导表现性评价的设计，保证课程、教学与评价之间的统一。任务模型可以确保设计出的任务的确体现了预定的认知要求而不是其他无关的建构。任务模型也有潜力生产出更多任务并确保同年度或者跨年度不同试卷之间的可比性。多种任务设计策略都被证明可以辅助确保表现性评价结果的效度和公平性，这些策略包括修改语言和提供机会让学生用图表或语言形式来展示他们的理解等。

使用人工评分时，表述清晰的评分准则、制作精良的培训材料以及严格的评分员培训程序可以最大化地减少评分员误差。一些测量模型和步骤也已设计出来，可以对评分员误差和非一致性进行建模，在估算学生的表现性评价分数的同时对二者加以控制。

很多研究都已展示了表现性评价的教育价值。当学生们在教学过程中有机会完成有意义的真实任务时，他们在表现性评价中的表现也会更好。此外，研究表明，以学校为单位的集体的表现性评价进步和社会经济地位并没有关系。好的教育实践呼吁课程、教学和评价之间互相匹配。此外，有丰富的证据支持在教学和评价中都要使用表现性评价，因为它们可以改善所有学生的学习。

第六章　为英语语言学习者改编表现性评价

贾马尔·阿布代

　　全美评价和问责系统中的高利害决策都是以传统的标准化学业测试分数为基础的。这些评价一般都针对主流学生设计并在他们当中进行试测，它们对于有些学生人群，例如面临着学业挑战的英语语言学习者的需求却不够敏感。研究清楚地表明，一些与核心测量建构无关的变量可能会影响到这些学生的高利害评价质量（Abedi，2006；Solano-Flores & Li，2006；Solano-Flores & Trumbull，2003；Solano-Flores，2008）。因此，这些评价的结果可能既无信度也无效度，它们可能无法提供充分的证据来做出有关这些学生学术生涯的重要决策。

　　虽然各州和全国标准化学业考试做了很大努力以更贴近 ELL 学生，但由于它们的内在局限性，这些评价结果可能在评估学生学习以及指导教学方面没有什么太大意义。这些在学年结束时举行的评价，主要用于满足问责的目的，它们并不能提供机会让学生们全面展现他们在数学、科学、阅读以及语言艺术领域的所知所能。更重要的是，"问责不仅是要测量学生的学习，而且是要实实在在地改进学习"（Darling-Hammond，2004）。

　　表现性评价可以弥补这个缺陷，因为它们不仅能吸引学生，给他们机会来展现自己的知识，而且能揭示出学生们更多更深入的学术需求。有两个原因使得表现性评价不那么容易受到不必要的语言复杂度的影响。首先，语言往往不是任务呈现的唯一方式。例如，在一项需要动手的科学表现性任务中，一组物理材料会呈现在学生面前：电池、金属线以及灯泡（见图 6.1）。学生们需要"设计电路并通过对该电路的判断来确定一个神秘的电盒里有什么"。评分程序则关注他们怎样运用证据，以及他们所提供的解释的质量（Ayala，Shavelson，& Ayala，2001）。

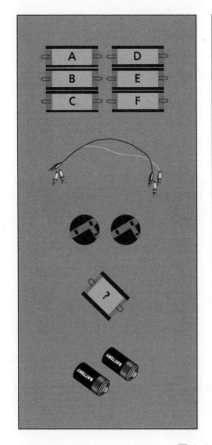

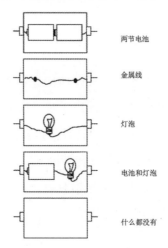

判断左图六个神秘盒子 A、B、C、D、E、F 里是什么。如下图所示，盒子里有五种不同的东西。有两个盒子里的东西一样，其他所有盒子里的都不一样。

两节电池

金属线

灯泡

电池和灯泡

什么都没有

将每一个盒子连接到一个电路中以帮助你自己判断里面是什么。你可以以任何方式使用你的灯泡、电池和金属线。

图6.1　"电的谜团"表现性评价

在另一项四年级的任务中，学生们会收到一支铅笔，以及盐水和淡水：

187

> 这个四年级的"浮起的铅笔"任务，目的是测试学生们收集数据（测量长度和体积）、做出推论以及将他们的所知应用于新情况的能力。在这个任务中，学生们被告知可以通过测试来判断淡水和盐水的差别。首先，学生们学习测量铅笔在淡水和盐水中露出的长度。铅笔一端有个图钉（作为液体比重计），［垂直］浮在水中，［且］［一部分］浮于水面。该铅笔上标有字母，从 A（铅笔顶端）到 J（铅笔末端）等距排列。学生们必须观察水平线在铅笔上的位置，并在一个铅笔图上做出标记。然后他们按指令用一个真实尺规大小的量尺图来测量铅笔露出水面的长度。他们将重复这个"浮起的铅笔"测试来判断一种"神秘的水"。他们要测量铅笔在该神秘的水中浮出水面的部分，并比较本次发现与前一次测试的结果。在整个任务过程中，学生们被问及：（1）当铅笔放进桶里时，水量是否发生了变化；（2）铅

续

> 笔在盐水里浮起的方式和它在淡水里有什么不同；（3）在盐水里放入更多的盐会
> 怎样改变铅笔的浮沉；（4）他们可以怎样来区分神秘的水是什么；（5）人们在游
> 泳时，更容易在淡水里还是海水里浮起来。
>
> ────────────
>
> 来源：Bass，Glaser，and Magone（2002）.

其次，学生们在作答时，可以使用这些物理材料，从而减少了对于语言的依赖。科学学科中，学生们可以动手操作实物，这些熟悉的经历在书面或者口头作答时就可以用上。表现性评价就这样在呈现任务以及准备回答的过程中降低了语言的复杂度。

本章讲述表现性评价可以如何帮助 ELL 学生展现他们的所知所能。不幸的是，关于这类学生的表现性评价的文献相对缺乏。不过，它们还是提供了一些证据，证明了表现性评价对于这些学生的效果和意义，也提供了一些策略来提高这种评价的可及性和公平性。

188　　表现性评价和英语语言学习者

贝斯、格拉泽和梅格妮（2002）观察发现，表现性评价使得所有学生——包括那些语言背景不同的学生——可以参与到更复杂的认知活动中来，例如制定策略、监测作业、分析信息以及应用推理技能等。与此同时，经常有人担忧表现性评价的回答可能不能全面反映 ELL 学生的学科知识，因为他们的回答可能受到写作技能和词汇的干扰，即表现性评价中的语言因素给 ELL 学生带来的影响可能比给母语是英语的学生带来的影响更大。

针对这种担忧，我们必须区分开两种语言，一种与所测建构有关（建构有关），一种可能与所测学科无关（建构无关）。在表现性评价中，学生的实际表现可能比他们的语言表达更能清楚地反映所测内容。例如，在上面所描述的"浮起的铅笔"的练习中，学生们不仅根据要求测量了铅笔在淡水和盐水中浮起的长度，而且可以观察两种情况下的铅笔。更重要的是，因为测量目标通过多种感官模式（浮起的铅笔、淡水以及盐水）呈现，所以语言不是呈现表现性评价任务（PATs）以及获取学生回答的唯一方式。

如林恩和伯顿（1994）所示，表现性评价可以更好地反映好的教学活动，因而是一种更有吸引力的评价方式。学生们对它们更感兴趣，它们也更好地体现了课堂外的重要表现性标准（据说它们更加真实）。同样，达令-哈蒙德（2006）也指出，"那些要求学生评估并解决复杂问题、开展研究、大量写作，并通过项目、论文以及展览来展现所学的表现性评价被证明是调动学生积极性并成就新型高中高水平学习的关键"。提高英语语言学习者的积极性很重要，因为他们的学术追求应该受到鼓励和支持。

研究清楚地表明，语言是影响 ELL 学生评价结果的重要因素（Solano-Flores & Li，2006；Solano-Flores & Trumbull，2003；Solano-Flores，2008）。评价中如果掺杂了过度复杂的语言，就会进一步拉大 ELL 学生和非 ELL 学生之间的表现差距。 *189*

表现性评价对于 ELL 学生的益处

表现性评价也可以缓解语言因素对于评价结果的影响。例如，梅斯里维、斯坦伯格（Steinberg）和阿蒙德（Almond）（2002）表明，基于任务的语言评价（task-based language assessments，TBLAs）比传统的单项技能评价更便于测评更真实、更复杂情况下的语言，后者提供给接受性和表达性语言使用的机会更少，更不真实。在讨论 TBLAs 的设计和分析时，梅斯里维等人（2002）表明，语言学能力，包括词汇和语法知识都不足以评估交际能力。作者们指出"TBLA 所关注的不只是知识和语言本身，而是延伸到在重要的教育或专业语言环境下合理、有效运用语言的能力"。作者们相信像 TBLA 这样涵盖了社会语言学能力、策略能力以及语篇能力的评价，才呈现了一个更为宽广的交际能力概念。他们认为托福考试（Test of English as a Foreign Language，TOEFL）中的听力部分就是一个 TBLA 的例子，因为所有的考题都要求将信息以大学校园短对话的方式来呈现。

另一项近期研究发现，学生对一个写作提示的回答得分比起他们在一个大部分是选择题的商业英语语言考试中的得分受到背景变量的影响更小，这些背景变量包括语言学习者的身份（Goldschmidt et al.，2007）。同样，王、涅米和王（2007a）发现表现性评价结果对于学生们的社会经济地位（SES）和种族等背景因素不敏感。换句话说，学生们的优势在表现性评价中表现得更充分，没有受到一些来自建构无关变量的不应该的影响。

表现性评价的一个目标就是评价学生在阅读、语言艺术、科学以及数学上的能力水平（Parker, Louie, & O'Dwyer, 2009）。因此，表现性评价可以为诊断提供有意义的信息，评价学生的所知。它们也可以帮助教师们决定从哪里开始教学，或者判断哪些学生群体需要特别关注。这些评价策略还可以用来监测学生的信息处理技能和问题解决方法，在模拟学习活动的同时监测他们在某些领域的能力。这些特点对于有特别需要的学生群体，包括 ELL 学生极其有益；他们因为语言的限制，可能并没有获得平等的教育机会（Abedi & Herman, 2010）。这些学生在被要求围绕主要概念组织事实并且在丰富多样的环境下建构自己的理解时，往往会表现出更大的兴趣以及更高水平的学习。

表现性任务也有教育作用，使得学生们能在教室里参与有价值的学习活动。在表现性评价中，学生们可能被鼓励寻求更多的信息或者尝试不同的方法，有的情况下，他们可以以小组为单位合作。这些评价策略对于 ELL 学生们都非常有益，他们因积极参与了课堂活动而受益匪浅。

此外，表现性评价更可及，因为许多影响大规模州级以及全国评价的变量对于表现性评价和学习环境的影响没那么大（Boscardin, Aguirre-Munoz, Chinen, Leon, & Shin, 2004；Wang, Niemi, & Wang, 2007a, 2007b）。选择题只提供了有限的语言表达机会，而开放式评价却可以在恰当的时候给 ELL 学生们创造更多语言产出和学习的条件，提供更多机会让他们表达所掌握的知识。

表现性评价可以有多种呈现形式，而且本质上都很全面，都可以使学生们更完整地呈现他们对于某个领域的理解。例如，要求学生们用第二语言来交流，或者就一个感兴趣的话题来设计并实施一个研究，就是一个很好的表现性评价例子。在这种情况下，ELL 学生的口语和写作能力可以直接通过他们的实际发言和文本创作来评估。

林恩、贝克和丹巴（1991）指出，对写作的直接评价为我们希望学生能完成的任务提供了例子，而有关语法正确性的题目测量的至多是可以被称作"启动技能"的能力，或者说是实际写作能力的部分指标。用间接的替代物来测量知识和技能会产生效度问题。例如，通过语法问题来评价写作能力，其结果可能与实际写作能力之间的相关度并不高。此外，那些有关语法和句法的细微问题可能对于那些母语规则不同的 ELL 学生们更加不利。相比而言，直接评价写作可以给学生们更多机会展示他们表达思想的能力。

本章还列举了很多例子来说明表现性评价如何提高 ELL 学生的教育质量，这些例子对比了表现性评价结果和传统标准化考试结果的质量。这是为了更好地说明表现性评价结果可以给教师、家长和学生尤其是 ELL 学生提供更多的信息，而且这些评价不会像传统高利害评价那样容易受到外部变量的影响（Boscardin et al.，2004；Wang et al.，2007a，2007b）。

ELL 学生标准化评价的局限性

评价和问责中常常采用标准化成就测试，因为这些测试具备客观性，有信度和效度记录，便于实施，且评分环节经济高效（Burger & Burger，1994）。这些考试能更简洁地体现课程标准，其内容代表性也比课堂里的测量更易于验证（Chung，Delacruz，& Bewley，2006；Mehrens，1992）。

然而研究也指出，学生评价和问责中常用的成就测试有许多局限性（Linn et al.，1991；Archbald & Newmann，1988；Shepard，1991）。这些问题和局限性对于 ELL 学生来说更为严重，因为他们往往处于较低的学术表现水平区域。研究表明高利害考试政策可能会为这些低成就的学生带来不公平，特别是当有些学校或地区系统为了展现总体学生的进步而将他们排除在评价之外时。例如，海利希（Heilig）和达令-哈蒙德（2008）发现大量的英语语言学习者没有被测试：高利害的问责环境催生了一种机制，使得这些学生在考试当天"缺考"，甚至出现了一些政策和措施，将年龄较大的学生彻底赶出了校门。其他一些关于留级、不允许参加州级和地方（包括学校）评价测试以及辍学率的研究也发现了这些游戏规则的根源。

这些发现引起了对于 ELL 学生的极大担忧，因为他们往往由于不合理的评价以及因为没有获得公平的高质量教育机会而沦为表现最差的学生。如果学校或者地区为了提高分数而将整个 ELL 群体排除在相应年级的高利害评价之外，或者不给他们提供基于学科的丰富的教学而是仅仅让他们针对选择题考试来练习，那么在那些仅仅用标准化考试作为其表现的晴雨表的学校，这些学生的进步和成就就会被错误地呈现出来。

192

与此同时，让他们参加考试却不采用正确的方法来评价他们也一样于事无补。如阿亚拉（Ayala）等人（2001）提出的，"虽然选择题考试可以用来确认一个孩子的概念性知识，但［通过］对实际表现进行评价可能更加合适"。米勒和林恩（2000）提出了用表现性评价来替代标准化考试的多个原因，其中一条就是担心选择题类评价可能会带来意外的负面影响，它可能会导致更加狭隘的课程并怂恿应试教学。

　　选择题考试还有其他技术性问题。例如，有关选择题中干扰项的技术问题就极大地威胁了考题效度。除了有可能各个干扰项被选中的频率不对等以外，不同学生人群在无法确定正确答案时选择干扰项的模式也不一样。例如，阿布代、利昂（Leon）和高（Kao）（2008）发现学生们选择干扰项的规律因是否有残疾而不同。没有残疾的学生所选的干扰项更接近正确答案；有残疾的学生则是随机选择干扰项而不是进行有根据的推测，能力较低的学生表现与此类似。

　　同样，阿布代和同事们（2010）研究了三个州的八年级学生在标准化选择题考试中的表现。他们发现 ELL 学生选得最多的干扰项中，学术词汇的出现率比较高。这些含有学术词汇的干扰项似乎更有吸引力，因而即便它们是干扰项，ELL 学生们还是倾向于选择它们。

语言复杂度问题

　　对全国和各州数据的分析表明，ELL 学生和以英语为母语的学生之间的学术表现有巨大差异（Abedi，2006，2008）。阿布代、利昂和米洛卡（Mirocha）（2003）比较了几个州的 ELL 学生和非 ELL 学生在几个学科领域中的表现。分析结果表明，考试题目对于语言的要求越高，ELL 学生和非 ELL 学生之间的表现性差异就越大。

193　　　　一些对于全国教育进展评估（NAEP）数据的分析和结论也说明了这一点（Abedi et al.，2003）。这些分析结果表明 ELL 学生和非 ELL 学生之间与建构有关的表现性差异在十一年级和十二年级的阅读考试中最为明显。阅读中的语言要求最高，不过因为此处的焦点建构是语言，所以这些要求与建构有关。科学和数学上的表现性差距就缩小了。将十年级和十一年级学生的总分平均后，ELL 学生和非 ELL 学生在阅读上的表现性差距为 15.0 分（在正态曲线上的同等得分或者 NCE 的量表得分），在科学学科上差距缩小到了 10.5 分，在数学计算上的差距则进一步缩小到了 1.3 分。

　　阿布代（2008）分析了几个州的数据，用差异指数（disparity index，DI）——一个基于两组百分比差异的指标——比较了 ELL 学生和非 ELL 学生的表现。在对《不让一个孩子掉队》颁布之前的数据进行分析后，结果表明 ELL 学生和非 ELL 学生的表现在语言结构较复杂的领域比在语言要求不高的领域差距更大。例如，ELL 学生在三年级阅读上的差异指数是－53.4，这意味着 ELL 学生比非 ELL 学生的表现差 53.4 个百分点。数学上的差异指数为 14.5 个百分点，比阅读差距小很多。第三个研究基地的结果提供了另一个例证。这些结果和第一个研究基地的一致：数据表明 ELL 学生和非 ELL 学生之间的表现差距很大。五年级 ELL 学生在阅读上的差异指数为－33.4，意味着 ELL 比非 ELL 学生的表现低了 33.4 个百分点；与之相比，数学上的差异指数则为－22.6。NCLB 实施之后的数据趋势与之前的数据非常相似（Abedi，2008），即 ELL 学生在所有领域的表现都比非 ELL 学生差很多。在阅读上的差距比在数学上的差距大，暗示与语言有关的各种因素在这个差距的产生中扮演了主要角色。

图 6.2 中的例子来自 2007 年 NAEP 八年级数学考试中的一道选择题，该题就给 ELL 学生带来了挑战。虽然该题对于非 ELL 学生来说可能可行，但对于 ELL 学生来说，有两个原因使得它可能没那么有用。第一，此题的题干和选项都很长。如前文已经提过的，阿布代等人（1997）发现，对于题干超过三行以及任何一个选项超过一行的 NAEP 题目，ELL 学生们比他们的非 ELL 同学的表现都要差很多。第二个原因，也是更重要的原因，就是这道题目的选项长短不齐。前三个选项相对较短，最后两个选项相对较长。ELL 学生，尤其是英语水平比较差的学生，可能会选择较短的选项来答题了事，特别是当他们不能理解较长选项中的语义的时候。

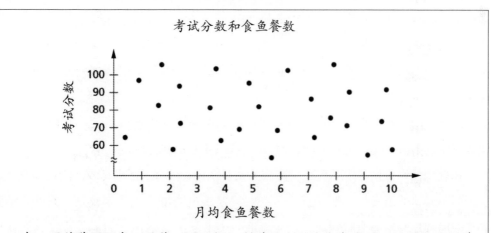

194

在一项科学项目中，玛莎（Marsha）制作了上面这张散点图，显示了她数学课上的学生考试分数，以及对应的月均食鱼平均餐数。根据这张散点图，考试分数和月均食鱼平均餐数之间是什么关系？

（A）看上去没有关系。

（B）吃鱼更多的学生往往在考试中得分更高。

（C）吃鱼更多的学生往往在考试中得分更低。

（D）每月吃鱼 4～6 次的学生比吃鱼没那么频繁的学生在考试中的得分更高。

（E）每月吃鱼 7 次的学生比吃鱼没那么频繁的学生在考试中的得分更低。

———————————

来源：National Center for Education Statistics（2005，grade8，year 2007，item 13，block M7）.

图 6.2　一道 NAEP 八年级的数学题目

这可能会导致 ELL 学生和非 ELL 学生之间更大的表现差距，也会影响考题的评分和标定。随之而来的就是干扰项选择的模式差异（Abedi et al，2008），这也会影响到项目评分。

除了题目长度和干扰项以外，这道题还有与 ELL 学生们有关的语言复杂度问题。例如，两位专家从六个语言学特征对这道题的语法复杂度进行了评分：（1）被动语态；（2）复杂动词；（3）关系从句；（4）从句；（5）名词词组；（6）主体。两位专家一致评出了八个关系从句、六个名词词组以及六个主体。已有研究表明这些特征会影响读者的阅读速度并加大他们理解文本的难度（Abedi et al.，2010；Abedi & Lord，2001）此外，这道题还混合了两项极有可能超出了 ELL 学生文化/语言理解的活动：考试和吃鱼。

图 6.3 的版本考查了这道题目的数学概念但语言却不那么晦涩。它修改了此题的语言以帮助 ELL 学生，但并未改动其建构或者该题的数学难度。

在表现性评价任务中学生还可能因为被要求阅读考试说明以及题目中的背景信息，而受到不必要的语言复杂度干扰。这些阅读要求可能语言复杂度较高。此外，学生还必须书面解释并论证他们的回答，从而进一步增加了这些任务的语言难度。语言复杂度所产生的背景就是两种评价在语言学结构方面的主要差异。在标准化考题中，我们很难区分作为评价目标的复杂语言结构和那些与所测建构无关的复杂语言结构。

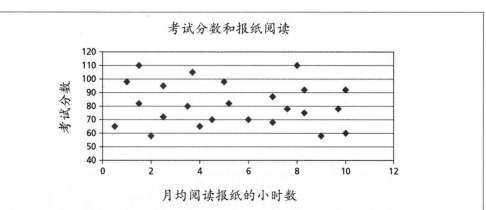

上面这张散点图显示了学生的数学考试分数和阅读报纸的小时数之间的关系。根据这张散点图，你能得出什么结论？

（A）数学表现和阅读报纸的时长之间似乎没有关系。

（B）阅读报纸的时间越长，数学分数越高。

（C）阅读报纸的时间越长，数学分数越低。

（D）每周阅读报纸 7 小时的学生比不阅读报纸的学生考试分数更低。

图 6.3　一道修改语言后的 NAEP 选择题

很难确定是提示语的语言难度还是选项（包括干扰项）的语言难度影响了学生的回答。在表现性评价任务中，复杂度最有可能来自与所测建构无关的领域（如背景说明）。因此简化表现性任务中的语言结构而不改动其测量的建构，挑战较小。接下来，我将讲解可以怎么做。

如何实现表现性评价对 ELL 学生的最佳效度

因为评价所用的语言是影响 ELL 学生考试结果最重要的因素，因此我将详细讲解这些因素的影响，并提出一些建议来提高表现性评价质量，以获得更多的语言产出。如前所述，ELL 学生和有残疾的学生在表现性评价中的表现有时比在选择题考试中的表现好。针对那些没能通过新泽西州高中毕业考试学生的特别审核评价（SRAs）就是这样一个例子（见本书第三章）。这些开放式表现性任务同选择题考试的考题测试了同样的标准和概念，但前者被证明对于这些学生群体更加友好。

　　无论如何，不管哪种类型的考试，缜密的设计都将极大改善它们对于特殊人群的效度。有关 ELL 学生的研究已经发现了很多会影响阅读速度并增加误解概率的语言学特征，其中包括语言负荷、复杂的语法结构以及句子长度等（Abedi et al.，1997）。研究者们还发现降低句子结构的复杂程度以及用更熟悉的词汇替代陌生词汇等语言修整手段，可以提高语言学习者以及其他低水平和中等水平班级的表现（Abedi & Lord，2001）。

　　语言修整可以用于表现性评价的设计，以辅助确保评价的效度和信度，这不仅有利于 ELL 学生，也有利于其他有阅读困难的学生。表 6.1 展示了如何修整一项新泽西州 SRA 中的任务语言，在不改变所测知识和技能的同时将其变得更加友好。这些修改措施将任务的长度缩短了 25% 以上（从 264 个单词减少为 184 个单词），删除了条件从句和语法方面的复杂因素（例如被动语态），并使用了更熟悉的词汇和概念。虽然修改后的任务更易于阅读和理解，但它还是在测量同样的数学技能。

表 6.1　表现性任务项目，修改语言后更友好

原始题目	修改了语言后的题目
多罗茜（Dorothy）打算竞选学生会主席，她想制作一份竞选海报张贴在校园各处。她决定在 4 个主要通道分别张贴 6 张海报。每张海报需要一个人用 30 分钟才能完成，每张海报的成本总额为 1.5 美元。 　　多罗茜制作所需海报的成本总额为多少？写出演算过程。 　　两个人一起做只需 20 分钟就能完成一张海报。要是多罗茜请一个朋友帮忙的话总共可以节约多少时间？写出演算过程。 　　如果多罗茜独自做了 3 小时后她的朋友才加入，请准确计算完成全部海报所需的时间。写出你的演算过程。 　　奥马尔（Omar），多罗茜的对手，决定在周六制作他的海报，并请了他的朋友珍妮丝（Janice）和贝丝（Beth）来帮忙。他知道如果他一个人做，需要 12 小时才能完成 24 张海报。他还知道珍妮丝可以在 10 小时内完成 24 张海报而贝丝 9 小时内就可以完成 24 张海报。如果他们三人一起做的话，他们需要多长时间完成 24 张海报？保留所有的小数点到百分位。演示你的运算过程。 　　当奥马尔去买海报用纸的时候，他发现制作一张海报的成本增加了 20%。如果他计划花在海报上的钱和多罗茜一样，他可以制作多少张海报？证明你的结论。	你想在 4 个大花盆里各种 6 株玫瑰。种一株玫瑰需要 30 分钟的时间和 1.5 美元的成本。种完所有玫瑰的成本总额是多少？演示你的运算。 　　有朋友帮忙的话，你可以在 20 分钟内种完一株玫瑰。请朋友帮忙总共可以节约多少时间？演示你的运算。 　　你独自工作了 3 小时后，一个朋友加入。现在种完所有玫瑰总共需要多少时间？演示你的运算。 　　你可以在 12 小时内种完 24 株玫瑰。你的朋友艾尔（Al）可以在 10 小时内种完 24 株，而金（Kim）可以在 9 小时内种完 24 株。你们三人一起种 24 株玫瑰需要多长时间？保留所有的小数点到百分位。演示你的运算过程。 　　你刚发现购买一株玫瑰的成本增加了 20%。用玫瑰单价为 1.5 美元时你所花掉的相等的钱，你可以种多少株玫瑰？证明你的结论。

来源：For the original item：New Jersey Department of Education（2003），*2020－03 SRA Mathematics Performance Assessment Task*. For the modified item：Abedi（2010）.

必须指出的是，语言合理的题目并不会回避与所测内容相宜的专业用语。下面这个例子是一个数学表现性任务，选自 2002—2003 年新泽西州 SRA 中的高中能力评价 *198* (HSPA)。这道题目包含了与所测内容有关的复杂的数学术语，但语言复杂程度被控制在最低必要水平。

四边形 ABCD 四个顶点的坐标如下，A（−3，2），B（0，−2），C（8，4），D（5，8）。

A. 计算该四边形的每一条边以及两条对角线的斜率。演示运算过程并写明你的答案。

B. 用数字解释你如何知道该四边形是或者不是下列四边形类别中的一种：

1. 平行四边形

2. 矩形

3. 菱形

4. 正方形

———————————

来源：New Jersey Department of Education（2003）.

表述清晰且没有文化偏见的表现性评价，可以给 ELL 学生们提供更好的机会，有效展示他们的所知所能。我相信使用表现性评价来测量 ELL 学生们的学科知识，潜力巨大。结合众多研究成果，它们可以减少威胁到这些学生评价可及性（accessibility of assessment）的因素。

对表现性评价任务评分

一项模范的表现性评价任务，无论设计得多么好，如果不能对语言和文化背景各异的 ELL 学生合理评分，也无法带来理想的结果。对表现性评价任务进行合理评分对于 ELL 学生至关重要，因为他们对各领域（例如数学和科学）学科内容的正确回答可能会被语法和拼写上的错误掩盖。涉及表现性评价评分的因素包括：（1）制作评分准则；（2）培训评分员；（3）建立评分员之间足够高的信度。这三个方面都需密切关注以确保表现性评价的评分兼具信度和效度。

　　　　就如莱恩在本书第五章中提到的，保证 PATs 评分既客观又有效度的第一步就是拥有设计良好、客观并且经过了效度验证的评分准则。伴随一系列设计良好的表现性任务的往往是一份详细而客观的评分准则，这些准则可以辅助确保评分的准确性和一致性。一套适宜于该准则的锚题则可以将该准则具体化。评分准则，特别是大规模评价中的评分准则往往都经过了效度验证（Jonsson & Svingby，2007）。验证评分准则是否可以用于 ELL 学生的效度检验程序应该包含清晰的说明，以免受到与内容无关的因素影响。例如，在有实质内容的学科领域，如数学和科学，由于拼写和语法不是所测的关键建构，学生们也就不应该因为拼写或者语法错误而受到惩罚。新泽西州 SRA 设计的一个评分准则就体现了这一点（New Jersey Department of Education，2004）。每一道 PAT 都有一份总分四分的评分准则，内含清晰的表现性水平描述语以及评分说明（见附录 A）。

　　　　对 PATs 进行客观评价的下一步就是正确培训评分人员。他们在参加培训前应该已经具备了相关知识和经历。培训会议则需明确讨论该表现性评价的目标，并将为该评价开发且验证过的评分准则介绍给评分人员。一套公开的 PATs 任务可以用作评分练习，而评分员之间的信度可以在每一轮评分现场计算。如果人员间信度较低，就应该启动更有针对性的培训。培训还应包括讨论如何对英语语言学习者这样的学生人群进行 PATs 评分。

　　　　建立人员间的信度是客观评分的最后一步。如果规则不够清晰，来自不同背景的评分员的评分可能就会不一致。更重要的是，与 PATs 没有直接关系的学生背景也可能会干扰评分流程，导致评分结果不一致。例如，ELL 学生的语言就可能给评分员一致性带来负面影响。应该让多人审核 PATs 样本，然后采用恰当的统计数据，例如卡帕（kappa）或者组间相关（intraclass correlation）指数，来计算人员间的信度（关于评分员信度指数以及计算方法，请参看 Abedi，1996）。较低的人员间信度指数（卡帕值为 0.5 或 0.5 以下）意味着应该修改评分准则并加强培训。

　运用表现性评价提高教学质量

　　　　通过为教学提供信息，支持高质量的教与学，表现性评价为学生们的学术追求做出了巨大的贡献，特别是对那些面临着学业挑战的学生们（Darling-Hammond，2007）。米勒和林恩（2000）相信"［表现性评价的］主要推动力在于它们要反映教与学的过程，并提供一个更好的问责测评方法"。这两位作者报告了五个州的教师对于州级表现性评价的态度和实践。结果表明，教师们努力将教学与州级表现性评价相匹配，他们也支持使用这种强制性评价以改进教学。

费尔斯通（Firestone）、梅罗维茨（Mayrowetz）以及费尔曼（Fairman）（1998）指出"基于表现的评价相比宽泛的学科教学法更易于改变课堂里的具体行为和程序"。他们认为紧密结合表现性评价来教学，可以增长教师们的教学法知识。同样，林恩等人（1991）指出，讲解那些强调问题解决的考题时，不必局限于某一个正确答案，实际上，有很多种方法可以解决问题。这也是优质教学的一个重要方面。

分析学生们的写作，可以看出他们往往缺乏理解，不明白执行学术任务需要怎样去运用语言（Aguirre-Munoz et al.，2006）。在一项针对这种不足的研究中，安奎尔-穆尼奥斯（Aguirre-Munoz）等人（2006）培训教师们用一种全面的功能语言学方法来分析学术语言，这种方法可以强化学生自己对于人物和事件的解读（Christie，1986，2002）。他们发现，教师们相信这种方法在改善英语语言学习者写作发展上很有潜力。它的教学更加明确且可以对特定体裁的学术语言特征进行表现性评价，有利于提高阅读理解能力和写作技能。

用表现性评价结果引导教学对于英语语言学习者的价值更大，因为这可以帮助他们的老师提高教学质量。例如，阿布代和赫尔曼（2001）发现即便是在同一个教室里，相比以英语为母语的同学们，ELL 学生汇报的学习机会（此处定义为内容覆盖程度）要少很多。这些发现意味着可能就是语言问题使得 ELL 学生未能从教师的教学中充分受益。

用表现性评价指导教学

一个所有 ELL 学生都共有的内在特征就是他们都需要语言支持。因此，那些提供了有关学生英语能力完整信息的表现性评价对于指导课程和制订教学计划都极其有益。表现性评价结果中那些聚焦英语语言学科内容的部分可以提供信息，帮助我们理解不必要的语言复杂度是如何影响着对英语语言学习者的评价的。表现性评价使得学生们不会受到语言复杂度的搅扰，可以自由地展示他们的知识。

评价英语语言能力

在大多数学校里，ELL 学生都要接受英语语言知识评价。NCLB 第三编（Title Ⅲ）要求确定 ELL 学生的英语能力水平，第一编（Title Ⅰ）则要求测量他们的英语素养水平。这两项测量都会影响到 ELL 学生的学术生涯。然而，很少有学校有便利的工具可以全面检查 ELL 学生的所知所能，或者能够提供充分的诊断信息来指导教学。

202　　　NCLB 第三编要求从听、说、读、写四个领域来评价 ELL 学生的英语水平。这些评价应该基于学术语言，并且与各州的英语语言能力标准和学科标准相匹配。在 NCLB 之前就已经有很多考试测量 ELL 学生的英语能力。这些考试大部分由选择题构成，它们内容各异，所测的语言建构各不相同，考试形式和心理测量属性也多种多样（Abedi，2007，2008；Parker et al.，2009）。NCLB 出现以后，好几个州级协作组织也开发了多套英语语言水平考试（ELP）并进行了试测。

评阅者们指出了这些新近评价需要改进的地方（Abedi，2008）。这些考试的听力和阅读部分采用了传统的选择题；口语和写作部分则采用了基于表现的任务类题型，并按各自的评分准则评分。口语考试任务以单独面试的方式进行，写作题目是以简答题或者写作的方式统一进行（Bauman，Boals，Cranley，Gottlieb，& Kenyon，2007）。表现性评价形式显然是这类评价的最佳方法。

我相信用表现性评价程序来评价 ELL 学生的英语能力相比传统的挑选答案的考试形式可以提供更全面、更有意义的结果，包括为教学提供更有价值的信息。例如，我们可以这样来设计表现性评价，让 ELL 学生直接参与课堂对话，并鼓励他们汇报自己对于教师教学，尤其是复杂的语言教学的理解。通过教师观察和学生发言，这类表现性评价结果可以帮助教师们评估一个学生的听力和口语知识。

另一个有潜力的教学工具是有声思维原案分析（think-aloud protocol）。例如波斯卡第（Boscardin）等人（2004）设计了语言艺术表现性评价，要求学生们针对开放式的文学作品问题构建自己的答案，此处要融合大量基于文本的信息。学生创造了不容易通过选择题或者简答题而获得的成果。贝斯等人（2002）利用一份有声思维原案研究了四年级和八年级学生的思维和推理过程，这些学生参加了两项 NAEP 的科学实践任务。有声思维原案分析对于 ELL 学生很有价值，因为通过这个方法，教师以及其他参与 ELL 学生教育的人可以更清楚地了解学科知识和语言能力可能会在哪儿混为一谈。

正在实施的课堂表现性评价

本小节呈现了一位既有教学经验也有评价经验的教育者所开发的两个应用于 ELL 学生的表现性评价例子。第一个例子聚焦于阅读和写作的表现性评价，第二个例子展示了如何将表现性评价应用于社会科学研究。前者与本章尤为相关，因为语言评价是 ELL 学生学术生涯中最重要的方面之一。

在这两个例子中，学生们都在语言运用上获得了帮助，因而可以在真正理解口头和书面内容的同时习得语言和学科知识。这些机会不仅提高了学生的能力，而且为他们的教师提供了丰富的数据，这些数据表明学生知道什么以及教师可以如何引导他们的学习。

阅读和写作

阿黛尔·费德勒（Adele Fiderer）是一名四年级教师，也是一名语言艺术课程开发者，她便将表现性评价融入了自己的课堂。在阿黛尔的阅读课上，她经常鼓励学生们 203 自己选择读物并独立阅读，然后让学生们谈论正在阅读的书并围绕其写作。在整个学年中，她制作了每个学生的最佳作业档案袋，但她觉得这还不能完全准确地测量学生们的学习。她在寻找能综合评价自然状态下的小说阅读和回应行为的技术时，发现了表现性评价。研究告诉她，表现性评价可以更好地反映她想了解的学生在阅读方面的表现。

阿黛尔采用了一个表现性评价，要求全班完成一个同样的阅读和写作任务。她先选择一个同学们都没有读过的文本，例如一本讨论了某个重要主题的故事书。该主题要适合她的学生，有可以清楚识别出的问题和解决方案，人物丰满，非常有趣。然后她设计出一个写作任务，鼓励学生们就这个故事进行思考。在他们创作终稿之前，她会给学生们一些写前思维导图，例如网络（web）、地图（map）以及维恩图（Venn Diagram）等，让他们记下自己的想法并有充分的时间来完成该表现性评价。与此类似的、适宜于小学生的写作提示还可以要求学生们思考如何向一个朋友复述一个刚看完的故事。在写作前，同学们先用一个故事图描绘出关键部分的框架，然后再书面写出终稿。

阿黛尔开发了一个分值为 0～3 的评分准则来评价孩子们围绕该故事的作文。在该评分准则中，她还为每一个分数等级提供了详细的相关表现水平描述。例如，要得到一个完美的 3 分，学生们的书面回答必须很完整，体现出他们对于故事及问题的准确理解。此外，该回答用到的细节、信息和支撑性论证都必须准确贴切。

社会科学研究

阿黛尔坚信用于开发阅读和写作的表现性评价程序也可以用于其他学科。在社会科学领域，她先寻找与学生们在历史和社会科学课堂中正在学习的内容有直接关系的有趣的非虚构类故事和文章。然后，她设计出一个写作题要求他们深入思考该话题。她引用了一个例子，因为这个例子和她所在学校六年级课程中的移民话题有关：

> 这些六年级学生阅读了以"一个新南威尔士州罪犯罗茜·欧布莱恩的信"（《鹅卵石》①，1987 年 4—5 月）为基础修改过的表现性评价任务。在草稿纸的一边，学生们列出他们认为可以描述罗茜的单词和词组。在草稿纸的另一边，他们则提供故事中的证据来支持他们的观点。然后他们按要求，根据自己理解的罗茜的性格，替她写一封信给妹妹（Fiderer，2009）。

结论

评价结果对于 ELL 学生的学术生涯影响巨大，因为它们会影响学生的分类、升级和毕业。这些评价结果还被用于问责目的，对学术表现也可能产生影响。不幸的是，研究已经发现传统的州级评价给这些学生们带来了大问题。由于语言复杂程度和文化

---

① 译者注：一本历史杂志。

偏见有可能会影响评价结果，因此目前的评价或许并不是评价这些学生所知所能的有效方法（Solano-Flores & Li，2006；Solano-Flores & Trumbull，2003；Solano-Flores，2008）。

表现性评价是传统标准化成就测试的一个有力的替代物。它们可以让 ELL 学生参与到评价任务中来，更全面地展示他们的学科领域知识。这些评价也提供了更深入的学术需求信息，并创造了条件让学生们参与到更具认知挑战性的活动中来。

此外，表现性评价的结果还可以帮助我们理解 ELL 学生和非 ELL 学生表现差距的本质，帮助我们看清这些差距是缘自学科知识的不足还是英语能力的不足。表现性评价往往对学生更有吸引力，更能反映课堂内的活动，因此可以提高所有学生的积极性和努力程度，特别是 ELL 学生。这些学生在参加标准化成就测试时经常面临挑战，他们在学术道路上非常需要鼓励和支持。表现性评价要求学生们评估并解决复杂的问题、开展研究、大量写作，并且通过项目来展示所学，它们可以调动学生的积极性，实现更高水平的学习。

表现性评价还可以提供诊断信息来评判学生掌握了些什么。它们激发了学习活动，²⁰⁵可以帮助教师们决定从何开始教学或者判断哪些学生亚群需要特别关注。这些策略可以用来监测处理技能和问题解决技能以及特定领域的能力。这对于 ELL 学生也很有益，因为他们很可能由于语言障碍而从未获得过平等的教育机会（Abedi & Herman，2010）。ELL 学生在课堂上往往表现出更浓厚的兴趣，当被要求围绕主要概念组织事实并且在一系列丰富的环境下积极建构自己对于那些概念的理解时，他们也学得更多。

表现性评价可以引导教学，并且为高质量的教与学提供支持。它们可以借此对学生的学术生涯做出贡献，特别是那些面临学业挑战的学生们。这些任务也颇具教学意义，因为它们使得学生可以积极参与到课堂内有价值的学习活动中去。在表现性评价环境下，学生们也可能会被鼓励去寻求更多信息或者尝试多种方法，有时候还有团队活动。这些评价策略对于 ELL 学生很有益，因为许多影响大规模州级和全国性评价的变量对于课堂学习环境的影响并不大。

对于许多现存的标准化成就考试而言，表现性评价任务可能会有语言负荷过重的问题。例如，学生们需要阅读并理解考试说明以及它们所处的背景，还要写作支持自己的回答。但正如本章所示，表现性评价任务可以用更友好的语言来编写而不损伤评价项目的内容和丰富性，同时保证语言复杂度不成为建构无关方差的来源之一。

207 第七章　表现性评价助力教师学习

琳达·达令-哈蒙德　贝弗利·福尔克

随着基于国际标准的《共同核心州立标准》（CCSS）为美国 45 个州采纳，教育者们开始寻找方法以帮助日益多元的学生人群达到该标准所提出的更高要求。学生们能否达到这些标准所设定的目标在很大程度上将取决于老师，即老师们能在多大程度上教授这些更具挑战性的学术技能，能采用什么方法来支持更多学生。老师们对于标准的理解以及他们对于教学方法的掌握也将决定该新型评价能否提供有价值的洞见，而不会带来有害的负面影响，尤其是对于那些一贯从学校受益甚少的学生们。

从前面的几个章节我们得知：要评估《共同核心州立标准》所关注的大学和职业准备技能，表现性评价不可或缺。确实，就表现性评价本身而言，它给了教师们重要 *208* 的学习机会来体会如何培养此类技能。经验和研究表明，让教师们参与到学生表现性评价的开发、评分和结果分析中来，可以帮助他们了解相关标准，了解自己的学生和自己的教学实践。这种专业性的学习也可以帮助他们习得一些工具来教授更为复杂的技能和知识，这些复杂的技能和知识才是美国人民适应全球劳动力要求的关键所在。

针对更宏伟的教学目标设计出能够提高教师能力并由此强化全体学生学习的专业培训是一项充满挑战的任务。众所周知，短期培训模式存在短板。比如在常见的一次性工作坊中，参会者往往是被动地接受信息（Lieberman & Miller，2001；McLaughlin，2005；Wei，Darling-Hammond，Andree，Richardson，& Orphanos，2009）。事实上，研究表明，教师称之为"路过"（drive-by）式的专业培训尽管在美国学校里随处可见，但对于教学实践影响很小，对于学生的学业也基本没有效果（Yoon，Duncan，Lee，Scarloss，& Shapley，2007）。与此相对，以下策略，即让教师参与到有具体内容的活动中来（一般与合作分析学生作业有关）以及延长学习时间，所带来的教学成长却是可圈可点的（Wei，Darling-Hammond，& Adamson，2010）。

本章将介绍世界各地是如何让教师通过参与学生表现性评价而实现深入学习的，我们尤其关注那些因高水平教育系统而闻名的国家。我们将探讨教师在表现性评价的参与过程中是如何受到影响，从而在教学标准和学生能力认识上产生变化的。本章的讨论将包括教师对于自己所经历的表现性评价的汇报以及公开发表的相关研究结果。最后我们针对《共同核心州立标准》在各州各地区实施的背景，就如何创造此类表现性评价机会，大规模推广此类评价，以及如何继续深化 21 世纪所需的技能的教学提出了一些建议。

高学业成就国家的教师参与评价活动

美国目前已经在努力提高学业标准，这是因为全世界都对学生提出了更高预期，要求他们有更具竞争力的学习成果。教育成就高的国家和地区，如芬兰、日本、新加坡和中国香港，都在减少教学话题的同时增加了教学深度。他们更关注推理技能和知识运用，并且已经基于学生掌握具体技能的典型过程，细致完善了一套教学预期（Schmidt，Wang，& McKnight，2005）。在《共同核心州立标准》中，和其他国家的标准一样，这些预期被称作学习进阶（learning progressions），可以指导教师们确定下一步的教学计划。

如我们在第四章中所描述的，高成就国家越来越频繁地利用开放式表现性任务，给学生机会以培养和展示 21 世纪所需的技能。这些技能包括：搜集并整理信息以解决问题，设计并展开探究活动，分析并综合评估数据以及将所学应用于全新的环境。在数学和科学领域，学生们也要解决拓展性的问题，展现并解释他们是如何执行任务的，他们要比较和分析来自不同数据和文本的证据，还要撰文解释并论证自己的想法。

在高学业成就的国家里，由于以项目为基础、以探究为导向的学习越来越受到重视，许多国家将校本任务也引入了各自的评价系统中。这些任务包括研究项目、科学探究以及从软件方案到工程设计的各种产品开发。这些任务被广泛纳入了英国、加拿大、新加坡、澳大利亚、新西兰和国际文凭项目（IB）的考试成绩之中，其教学重点都是要培养高阶技能以及学习如何运用知识来解决问题。

这些系统没有把测试和教与学分割开来，而是将课程、教学和评价结合起来，在改善教学的同时也提高了学习质量。教师们全程参与到学生评价的开发、审核、评分以及结果分析中，从而能够理解课程标准，设计出更高质量的课程。测试不再遥远而神秘，评价的开发、审核和评分——包括那些用于终结性问责目的的评价——成了教学工作的常见组成部分。

对嵌入课程的评价的运用给教师们提供了优质的课程和评价实践模型，提高了校内、校际间的课程公平度，使得教师们在观察和评估学生时可以有效了解学生的学习，指导自己的教学和课程。这些嵌入课程的评价同时也锻炼了学生们评估并引导自身学习的能力。

教师们通过一个称作"协调"（moderation）的程序来对这些开放式的任务评分。他们接受一定的训练，然后根据标准答案来评分并讨论，直至他们的评判达到较高的信度水平，即他们的评价准确反映了标准且彼此一致。有时候，这些协调仅限于校内，有时候，则是将整个地区的教师召集到一起。教师们利用不同层次的学生作品基准样例，配合一份评分准则或者一套评分标准，做出自己的判断。他们在学着寻找标准中所描述的关键作品特征时，就能更好地明白什么才是优异表现的要素。之后，随着评分的继续和进一步的讨论，教师们的能力得以精雕细琢，最终达到较高的信度水平。

评分过程以及围绕学生作品的讨论也很重要，它们能帮助教师们反思自己的课程、教学和评价策略，从而更加有效地按照课程标准进行教学（Darling-Hammond，2010）。通过这样的参与，教师们——作为促进教育转变的关键成员——才更有可能理解和支持这些标准，也才有能力运用这些新评价所提供的数据。匹兹堡大学学习研究所（Institute for Learning）教授兼主管之一的劳伦·雷斯尼克（Lauren Resnick，1995）在她关于教师使用课标的一系列文章中强调了这个事实：

> 课标文件，即便是给出了基准和注释的优质文件，唯有在被教师和学生视为个人目标时才能对学业产生影响……这也只有在齐心协力吸引教师和学生参与大量持续的对话，探讨学生应该学什么、完成什么任务以及完成任务的质量预期的前提下，才有可能发生。

让教师们参与到评价评分中来是一种有效的专业发展方法，因为它将教师的学习和他们对于学生学习的考查直接联系起来，并且让教师们有机会来共同思考如何改善学习。这个过程也发出了一个重要的信号，暗示教师们可能成为塑造学校改革方向的积极参与者。这种专业发展肯定了教师在支持学生学习中的重要角色，将教师摆放到了一个正确的位置，即学校改进进程舞台的中央。

美国教师参与表现性评价

就像驾照考试中的路考一样，表现性评价要求人们在行动中演示技能，从而体现所学。体现在教育上，表现性评价可谓多种多样，从拓展的书面回应和口头研究报告以及交流技能，到用图表或者其他方式展示问题解决过程，再到实施和汇报科学实验，甚或是音乐和艺术呈现，等等。

如前面几章所述，在 20 世纪 90 年代，许多州在《不让一个孩子掉队》法案还未通过之前就已经使用了表现性评价。虽然由于美国教育部的规定以及每个孩子、每年评价所带来的高额费用，这类评估在很多地区没有继续下去；但有些州和地区还在使用着表现性评价，因为他们决心致力于教授和评价更高层次的技能（见本书第三章）。而今，由于《共同核心州立标准》以及增加机会培养 21 世纪所需技能的运动思潮的影响，新的举措开始出现。我们将描述这些举措如何影响了教师并支持了他们的学习。

在研究了加利福尼亚、康涅狄格、肯塔基、缅因、马里兰、密苏里、新罕布什尔、纽约、俄亥俄、罗得岛、佛蒙特以及华盛顿这些州所实施的表现性评价后，我们发现教师最终都能对档案袋项目和表现性任务做出相当可靠的评分。而且，这些评价都为改善教与学提供了支持（Darling-Hammond & Rustique-Forrester，2005）。尤其是当各州和地方培养教师们掌握了评价设计、评分实施和结果评估的专业技能之后，其效果最为积极和明显（Borko，Elliott，& Uchiyama，2002；Falk & Ort，1998；Darling-Hammond，2004；Sheingold，Heller，& Paulukonis，1995；Wolf，Borko，McIver，& Elliott，1999）。

研究者们还发现，评价打分引导了教师们的教学。考查学生作业能够帮助教师们更好地了解他们的学生知道些什么、能做些什么以及他们的思路。结合了标准和设计优良的表现性任务的环境也能激发出教师自己对于课程和教学的思考。而作为一个集体，教师们还可以分享具体的教学方法，为学生的优势和需求提供支持。

"静坐"评分

评分环节通常从上岗培训开始，这个过程将帮助教师们学习如何参照标准来评价学生的回答。上岗培训的做法大多如下所述。教师们以小组为单位活动，他们在协调员的帮助下，仔细审阅评价任务，然后讨论评价该任务的具体标准。之后，教师们审查每个任务标准并讨论学生需要做些什么才能完成该项任务。教师们共同检查学生样本答案，并参照评分指南——也叫作评分准则——描述出不同能力水平的完整作品应该呈现出的样子。接下来，教师们一点点地仔细讨论学生作品，并将每个答案与评分准则的指标进行比对，直到所有教师就得分达成一致意见。

教师们的不同观点和角度可以通过评分准则里明确阐释的表现标准和要求来进行协调，同时教师们被规定要始终引用学生作品中的证据来论证自己的评价结果。虽然教师们起初的意见可能有所不同，但是在评阅完几份样本回答后，他们的评分会开始趋同。共识的重复出现标志着培训过程的结束，也只有在这个时候，教师们才能开始下一步的工作——独立地对任务进行正式的评分。

用标准指导评价

学会使用评分准则有助于教师们以证据为基础来评价学生作品，而不是只凭个人感觉或者主观臆测。在评分过程中，教师们学习运用统一的规则和标准来评价所有学生的作品，而不是将一个学生的作品与另一个学生的作品做比较。由于参加了基于标准的评分，教师们学会了使用证据，这往往会改变他们评估学生作业的方式。就像一名参加了一项州级表现性评价项目的小学教师所说的："我不再以 A、B、C、D 的方式来思考作业，而是转向思考评价表现的标准以及支持我的评价判断的证据。"（Falk & Ort，1998）

在评分过程中，随着教师们对学科标准、评分准则以及基准学生样卷的使用，他们开始深入思考自己的教学。学科标准为学科领域本身提供了一套大概念，因为它们指明了该领域的重要方面；评分细则规定了学生作品的重要特征并引导着教师们寻找这些特征；不同层次的学生作品的实际样例则提供了参考点，方便了解作品在多大程度上达到了相应的标准。从这些角度来说，参与评分工作能够帮助教师们明确有关自己教学和学生学习方面的目标和期望。除此以外，这些还可以加深他们对于自己学科的认识，揭示有关学生所知所能的重要信息。教师们也得以形成自己的见解，可以用来改善教学。

学会用清晰客观的视角来评估学生作业也有助于防范教师对于学生能力的偏见。当教师带着这种方法回到课堂的时候，他们可以更好地识别出不同学习者的优势。反过来，这样的认识也避免了教师轻易给学生贴标签以及做出随意的判断，这些做法经常会导致并非本意的后果，成为学生自我应验的预言。除了防止偏见以外，对学生及其学业成果的更深刻的观察也有助于教师们做出更明智的决策，为学生提供更好的学习支持（Falk，2001）。

参与评分会议还可以增强教师的专业性，提高教师对所处系统运作的认识，并再一次肯定教师在评估过程中的核心地位。不依赖测试公司来判断学生的作业成果，而是让教师直接参与评分的做法，将评价环节退回到了教学当中，使得评价便利易懂并且可以直接用来引导学习并提供支持。下面就将围绕这个过程的几个重要方面进行讨论。

标准对话

评分会议的一个重要价值就是提供了集体对话的契机。这些发生在评分开始前、进行中和结束后的讨论使得教师们能够知悉各州和各地区对于各自学生学习的预期，倾听其他教师对标准的理解，并观察标准所体现的宏观理念在实际的学生作业中的体现。就标准开展工作有利于帮助教师了解在更广阔的专业共同体中，什么是被看重的，什么是有价值的（Falk & Ort，1998）。此外，评分经历也可以帮助他们就所教授学科的核心内容形成共同的理解和表述，这将可以打造出一种专业团队感并且提高不同课堂间的教学连贯性。

审视高质量任务的表现

对有价值的任务评分可以为教师们打开一扇窗户，看到他们学生的具体能力和思考方式。设计精良的任务通常会结合真实世界的具体情境，要求学生呈现并解释自己的作品，并且允许学生们用多种多样的方式来展示自己的能力（Darling-Hammond & Wood，2008）。基于此类材料，教师们能了解学生们在研究和解决问题的过程中所采取的各种方法。

除此以外，因为所有的教学期待都被公开表达出来了，学生们就更有可能实现这

214

些目标；对不同学习者进行的评价也会变得更加公平也更加容易（Abedi & Herman，2010）。对教师而言，这些评价特征可以帮助他们拓宽认识，了解优秀成果可能呈现的样子，尤其是当这些成果来自不同地区、不同背景的多样的学生的时候。正如一位实施过数学/科学/技术任务并对其评分的小学教师所说的："查看学生们在评价任务中的回答强化了一个观点，即好的作品可以有不同的表象，也可以采用不同的形式。"（Falk & Ort，1998）

教学探索

许多教师认为，参与评分促使他们去加强实践，不仅仅去帮助学生为考试做好准备，还要改善课堂上的教与学。下列言论来自纽约公立学校的教师们，从这些言论中我们可以看到教师们在参加了纽约一项近期表现性评价项目后，准备在各自的教学实践中做出的各种改变：

> "我打算给孩子们评分准则，详细说明什么是'高质量'的作品。"
>
> ——小学教师

> "我将［为学生］提供更多机会来进行修改、自我分析和评估。"
>
> ——小学教师

> "我想让自己提出的开放式问题足够清晰，以从学生那里获得我想获得的信息。我会将评分准则制定得非常清楚，与问题密切相关，并提前告知学生们。"
>
> ——中学教师

> "我会增加要求论证的考试，以帮助学生们更加自如地解释他们的理解。"
>
> ——高中数学老师

教师们在评分会议上讨论学生作品，这就为他们提供了机会交流学习新的教学措施和教育方法，同时还可以借机检验自身作为职业能手的知识水平（Little，Curry，Gearhart，& Kafka，2003）。参与过州级表现性评价评分的教师们就指出了他们对于这个机会的高度赞赏：

> "对于我来说，能与全心全意、重视教育的老师们面对面极其可贵。从他们的积极态度中，从与他们就我的学生和我们学科未来发展的讨论中，我受益匪浅。"
>
> ——高中科学老师

"我想，把一群人聚集在一起然后高效地利用一段时间来反思我们学校里所发生的各种变化，这种活动的必要性是绝不可低估的。"

——高中社科研究老师

"评分会议提供了宝贵的专业对话机会，这十分有利于在职教师的成长。"

——高中英语老师

目前的表现性评价项目

在各州都采用《共同核心州立标准》的背景下，表现性评价再次在全国各地开展起来。这套标准要求测量传统的选择考试所未能测量到的高阶思维技能。至少有十几个州有着州级或地区级别的某种形式的表现性评价活动[1]，其他一些州也在准备实施计划。在本小节中，我们将讨论加利福尼亚州、俄亥俄州、纽约州以及新英格兰地区的特殊举措，并将提供一系列关于教师参与表现性评价可以如何改善教与学的经验教训。

硅谷数学评价合作

从 1998 年起，加州硅谷地区就有很多学区使用了一套共同的表现性评价任务作为加州测试系统的补充（Foster，Noyce，& Spiegel，2007）。数学评价合作（Mathematics Assessment Collaborative，MAC）项目从二年级到高中都采用了由数学评价资源服务中心（Mathematics Assessment Resource Service，MARS）所设计的任务。MARS 评价任务是由数学教师和研究者共同开发的，这些任务强调考察已经汇编到《共同核心州立标准》内的关键数学概念，包括问题解决、建模、推理分析和沟通交流等。下面这个例子就能说明这一点：

216

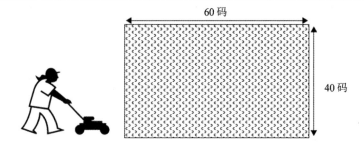

60 码

40 码

该问题让你有机会：

• 解决关于比例的一道实际问题

• 运用比例推理

丹（Dan）和艾伦（Alan）轮流割草。

他们的草坪长 60 码（约 54.9 米），宽 40 码（约 36.6 米）。

1. 院子的面积有多大？

丹用一台旧的割草机花了 1 个小时才修完整个草坪。

2. 丹每分钟割草的面积为多少？演示你的运算过程。

艾伦用一台新的割草机只花了 40 分钟就修完整个草坪。

3. 艾伦每分钟割草的面积为多少？演示你的计算。

4. 有一天他们一起割草。

他们需要多久？

演示你是如何算出答案的。

————————

来源：http：//www. corestandards. org/Math/PracticeL. Reprinted with Creative Commons lincense http：//creativecommons. org/licenses/by-nc-nd/3. 0/legalcode

　　教师用于评分的规则考虑了学生们如何探索该问题、他们的解决方案以及他们论证或者推广各自解决方案的能力。同时，MAC 也为教师们提供专业培训，为各地区提供数据支持。虽然 MAC 现在仍然以加州为中心，但它已经发展到了分布于好几个州的90 多个校区和特许学校网络。每年有四万至八万的学生考卷以人工批改的方式进行评分（Paek & Foster，2012）。

217　　这个项目所提供的持续的专业发展和辅导从专业培训日开始。在这段时间里，同

一个区的教师们汇聚一堂，参与 MARS 考试的评分活动。教师们会接受培训和标定帮助，以便按照标准给出稳定的评分。值得一提的是，每年对随机抽取的 5％ 的学生问卷的审计结果表明其评分信度都非常高：最近的一项分析发现，原始成绩和复审成绩的平均差仅为 0.01 分（Foster et al.，2007）。

评分日结束时，教师们会花一些时间来思考学生们已经取得的成就和所面临的挑战，并反思它们对于教学的启示。教师、监督员和教练都认为，该项目中的这个方面对于教师的学习有着非常珍贵的价值：

"给 MARS 考试评分是我们提供给数学教师的最有价值的职业培训了。这一整天的评分引发了关于我们对于学生的期望以及我们的学生如何用数学进行思维的丰富对话。我们看到了教师们的真心认可。"

——助理教学主管，来自郊区学区

"我们加入了硅谷数学计划项目，并决定采用 MARS 考试。一开始我们其实对所签署参加的项目并不了解，也不知道工作量有多大。有一段时间，这项工作让我感觉力不从心，但是我们坚持完成了评分培训。现在我不得不承认，这是我的教育事业里最有价值的一段日子了。我们完成了所有的评分，老师们都很棒，他们真心感受到自己有了机会探索学生大脑中发生的一切。当他们离开时，他们相信这种学生作业评分方法已经彻底改变了他们未来的教学方式。"

——数学教练，来自低收入市区学校

"起初，当我们接受训练学习 MARS 任务评分时，我对整个过程其实都抱着怀疑态度，老师们都有很多顾虑，一些人甚至和协调员真的对抗起来。但讨论了基准校标考卷，特别是经过了一整天的考卷评分后，事情变得非常明了：我们正在关注着学生的真实所学以及他们能真正解释的知识。我们似乎都发现了学生们在真实运用数学时所遇到的共同的问题。"

——六年级教师

对 MARS 流程进行评估的研究者们解释了这种学习是如何产生的：

218

为了能准确地给 MARS 测试进行评分，教师们必须充分钻研测试任务中的数学知识点。通过分析学生们基于每个任务内容可能会采取的不同途径，评分员们得以评估并改进自己的理论认识。评分过程可以揭示学生的思维方法，也可以揭露学生常见的错误和误解。正如一位教师所说的："我学会了如何用一种完全不同的方法来看待学生作业，从而可以真正地说，'这一页的这些分数告诉了我［这个学生］到底理解得怎么样'。"如果一个教师的目标定位于帮助学生理清思路从而增强理解，那么识别出错误的理解就至关重要。无论使用什么课程，强调理解核心概念都可以帮助教师们安排合理的课程顺序。(Foster et al.，2007)。

教师学习并不止步于此。评分完成之后，考卷会送还给各个学校，并附带评分模板副本，以便教师们在日后的教学中参照反思并指导教学。必须指出的是，教师们会收到任务和评分准则以及真实的学生作品，而不仅仅是抽象的分数。各个地区还将得到 MARS 测试和州级考试的数据结果以及一套报告，可以用来指导专业培训、地区政策以及教学。

这些报告包括了每年制作的一份文件——《教师工具》。该文件深入研究了各项评价任务，涵盖了从中得出的有关学生思维、理解、错误以及不正确的概念的具体分析。这些研究结果和学生作业样本以及一系列建议、策略和问题，都一起提供给了教师们，引导并帮助他们改善教学。围绕这些工具，MAC 还为教师、骨干教师和教练们提供训练与辅导。这种将评价材料、学生作业和专业支持结合起来的做法有助于改进课程开发，改善教学。正如参与者所解释的：

219　　　"我们相信 MARS 任务的价值在于它们是一种形成性评价。作为教练，我们和我们的教师们在提前放学的那几天聚集到一起。他们在自己的课堂里完成了 MARS 测试，并把学生的作业带过来。我们和教师们一起评分、分析并展开讨论，然后我们设计出补救课程，这些课程旨在解决学生的误解和错误。这个过程已经流行起来了，教师们正在成功地帮助着学生们加深他们的理解。"

——数学教练

"我们年级的团队经常使用 MARS，我们使用 MARS 来确保学生能够完成现实生活中的数学问题。我们也很喜欢阅读学生们所给的解释。一开始学生们不知道如何解释，他们基本上写不出什么，于是我们就频繁使用这种测试。到了 12 月份，他们就越写越多了，而对于我们大伙来说，翻阅他们的解答可以收获的见解也更多了。"

——三年级教师

历时 13 年的探究表明，教师和学校参与到评分过程中后，无论是在 MAC 任务还是在一些非常传统的州级考试项目上，学生的数学表现都有很显著的提高（Paek & Foster，2012）。而当教师们学习如何评估学生的需求以及如何设计教学来加强数学理解之后，他们的学生提高得更快。最近一项涉及 35 个区的研究表明，各个年级的任课教师参与数学评价合作项目评分、辅导以及职业培训的时间越长，他们的学生（三年级到十年级）的学习成果越好。此外，接受过对任务进行形成性评价强化辅导的教师带出来的学生成就也更高（Paek & Foster，2012）。

这些成果是多种因素共同作用的结果，这些因素包括：表现性评价本身、评分会议、表现报告以及将 MARS 评价和评分准则用于形成性评价、教学、辅导和专业发展培训。研究者们指出：

> 这些有评分的测试本身就可以作为有价值的课程材料用于教师们的课堂中。MAC 鼓励其教师和学生们一起回顾这些任务。教师跟他们的学生们分享评分信息，然后根据他们在考试中表现出的错误和解题方法继续努力……数学评价合作项目通过毫无保留地分享它所获得的有关学生学习的理解来减轻教师们的孤立感和无助感。它识别出普遍存在的问题，同时探索潜在的解决方法。它帮助教师们理解各自特定年级段的学习在整体数学理解发展过程中应处的位置，推动了不同课堂、学校以及年级间的交流。它同时也激励教师们用更长远、深入的眼光来看待自己的工作，和学生们共同进步。（Foster et al.，2007）

总之，就是这些支持造就了课堂、学校和地区内外有力的教学和更强的学习。

俄亥俄州表现性评价项目

俄亥俄表现性评价试验项目（OPAPP）（见本书第三章）以嵌于课程的拓展性表现性任务为基础。2008 年，俄亥俄州在斯坦福评价、学习与公平中心（SCALE）的协助下开展了一个面向全州的项目，研发并试验基于表现的一系列评价（Wei，Schultz，& Pecheone，2012）。其中的英语语言艺术、数学以及科学评价与《共同核心州立标准》和意料中的《新一代科学标准》（Next Generation Science Standards）相呼应。这些评价旨在促进并评估学生们学习并掌握为大学和职业成功做准备的内容和技能。俄亥俄州的政策规定，这种评价可以作为课程考核的组成部分，以基于能力的学分取代上课时间来衡量学生能力，或者作为俄亥俄州学校所鼓励的高级项目的替代方案。这些评价的设置不仅是为了推动新的多元评价系统的发展，更是为了支持教学实践的改善。

该项目邀请了 30 个学校的教育者参与构建并测试了一整套评价任务。这些任务嵌入课程，与多项持续一到四个星期的形成性学习任务中的概念密切相关，但却只需更短的时间（一至三天）来评价。俄亥俄州教育部门目前正在扩大该项目的使用范围，计划添加历史/社会科学和职业技术教育学科，并将建设一个任务题库。此外，该部门还计划：拓宽这一实验项目所覆盖的网络区域；帮助提高地方教育者、管理者、辅导员和区域协助中心的能力，让这项工作在未来得以继续；同时建设技术平台，为基于表现的评价系统的大规模推广和实施提供支持。

221　　嵌入课程的表现性任务有随堂与合作两个要素。一系列教案和中期成果为这两个要素提供了保障，但是之后每个学生还将独立完成一个作品并获得相应的分数。以英语语言艺术任务为例，学生们需要阅读指定或者自选的文本并做笔记。他们将有机会先和同班同学讨论这些文章，然后再将这些文本应用到独立完成的作文终稿之中。一些任务还要求小组合作，任务进行的同时伴随有同伴和老师对草稿提出的反馈意见。下面的例子，"你有瑞利维特（Relieve IT①）吗?"就是这样的一个任务：

> 在科学任务"你有瑞利维特吗?"中，学生们将扮演一家名为"嚏必除"（Achoo-B-Gone）公司的员工。学生们被告知自己所在的团队在过去一年里一直致力于研发一种新型药物，这种药可以迅速缓解各种感冒症状。
>
> 新产品"瑞利维特"正处于最后测试阶段。之后，它将送往食品药品监督管理局（FDA）进行人体实验。FDA 的审批有部分规定要求研发团队公开其现有的酸性和碱性物质的相关信息，并提供瑞利维特酸碱度（pH）水平的实验数据。FDA 随后会提供一份初步报告，指出该产品的酸碱度水平可能会对人体产生的副作用。FDA 想知道在启动人体实验之前，研发部门准备如何"修正"该产品。

---

① 译者注：虚拟药物名。

学生们必须综合分析并运用有关酸、碱以及中和反应的已有知识，然后作为一个团队，设计并实施实验来确定瑞利维特的酸碱度，以及确定使用哪一种未知溶液（溶液1、2、3、4）或者溶液混合物来中和掉多余的酸碱度。最后，学生们各自独立准备一份正式的实验报告，其中要包括如何"修正"瑞利维特产品酸碱度水平的建议。

这些任务在多个方面都有标准化的规定，包括在不降低任务强度和挑战性的前提下，可以提供哪些类别的支持，允许怎样的教学帮助，以及教师们可以给予学生怎样的反馈意见。在相应的学习任务中有一些灵活处理的空间，比如教师可以选择实施这些任务的具体时间。学生和老师在任务内也有一定的自主选择权，比如选择什么文本。这些相比更简短的评价任务，更明显聚焦于测量目的，标准化程度也更高。

教师们最开始要接受两天的专业培训，以便更好地理解如何使用这些任务。在这个过程中，教师们有机会独立完成任务中的核心要素，然后再一起反思各自的方法或者解决策略。除此以外，俄亥俄州教育厅和各地区还将全年提供持续辅导，支持任务的施行。教师们接受评分训练，参与评分标定，直到他们的评分达到稳定状态。评分结束之后，教师们还有一定的时间来分析学生的作业，反思自己的经历，并思考这些活动对未来教学的启发。

OPAPP 表现性评价采用的是分析性评分方法，评分准则基于具体的任务类别，并给出了四个级别的描述。在学生执行任务之前，这些准则就已介绍给了他们。任务完成之后，这些准则又可以用来就学生的表现给出详细的反馈意见。此外，OPAPP 评价项目的开发者们解释道：

既然评分准则是按任务类别而不是按具体任务来制作，不同的任务都将按同样的维度来评分。这样一来，我们就能够连续多年在某一学科内，沿着同样的维度跟踪学生在不同课程中的发展情况（比如，科学探究和数学问题解决）。（Wei et al.，2012）。

许多教师都参加了 OPAPP 评价任务及其评分准则的开发和完善工作，他们也参与了任务的试验与评分。问卷表明，基本上所有教师都对他们所获得的专业培训——包括亲身参与到任务中以及共同计划任务的实施——持有非常积极的态度（Wei et al.，2012）。另外，教师们也报告说实施任务和任务评分都让他们获益匪浅。以科学学科为例，许多科学教师之前从未参与过基于探究的教学，这个项目让他们眼界大开，看到了学生们的能力以及如何设计更有意思的教学。以下是一些教师的心里话：

> 我明白了我需要对学生们保持更高的期待，并且要做更多的基于探究的实验。我的学生们大大超过了我的想象。我没有给他们很多指导，他们也一样完成了任务。

> 我看到学生们在设计自己的汽车时十分入迷，非常投入。对于要在汽车上做出何种修改，他们展开了基于证据的精彩讨论。我问孩子们是否喜欢手头的这件事情，他们响亮地回答说"是"。

> 许多学生主动在午饭时间和放学后过来，研究每一个诊断测试的正常值域，并探索这些结果对于这个"医学疑难任务"的意义……这在我20年的教学生涯中还是第一次见到。（Wei et al.，2012）

223   一些学生也表达了对于允许他们进行批判性思考、做决定以及完成自主学习类任务的浓厚兴趣，就像一个学生所说的："这个任务比我老师经常做的要好，因为我们能够自己做决定，想出解决方法，而不是不加思考地听从老师的指导。"（Wei et al.，2012）

与其他表现性评价的情况类似，评分会议被频繁地认为"对于改善教学以及了解学生学习实际与学习预期之间的差距非常有意义"。超过97%的教师认为，有机会和其他教师探讨各自的教学经验很有意义。按教师们的说法，评分会议成就了多种多样的学习：

> 通过弄清评分准则预期在学生范例中"长什么样子"，我学会了如何更好地在我的教学中应用这些预期。

> 我明白了完成项目所要求的反思部分对于学生来说有多难。我会努力构建一些模板和活动来帮助学生们更好地完成这个任务。

> 学生们完成了很多很棒的工作，但不会贴标签（labeling）并做出解释。［我］需要在课堂上多强调这些。

> 我将在日常教学中加入易消化的"小块"的沟通技巧，并且在作业中加入一些较小但"内容丰富"的问题。（Wei et al.，2012）

研究者们还指出，为了支持教师们的专业学习，改善教学实践，还应给予他们下列重要机会：

　　· 学习和操练成功实施表现性任务所必需的内容和技能的机会，以及管理方面的协助

　　· 便利的渠道去了解一些从事表现性评价工作的实践团体，而且有机会合作制订计划并反思实施过程

　　· 有机会分析学生作业样本和分数，学习使用通用评估标准，与同行就分数调整进行对话，以及为了分析学生间的表现性模式而对至少一个所带班级的全套学生作业进行评分

优质表现性评价计划

224

　　优质表现性评价计划（Quality Performance Assessment，QPA）是由合作教育中心（Center for Collaborative Education，CCE）发起的。该中心坐落于波士顿，是一家非营利性机构，与新英格兰地区各州的很多公立学校和地区开展了合作，致力于打造并维护有效且公平的学校教育。[2]CCE 的宗旨在于通过推广普适性任务和协调评分来加强并记录当地的表现性评价系统。而借由 QPA，很多和《共同核心州立标准》（CCSS）相匹配的表现性任务得以创造出来。随同这些任务的教师指南和学生作品样本都已经通过了多个学校的试测检验，其结果都被记录在《优质表现性评价：学校和地区指南》（CCE，2012）一书当中。除了 CCSS 关注的学科，该计划还明确强调要重视学生的"思维习惯"。这个术语特指那些学生在大学和职场以及公民生活中所必需的复杂技能，包括批判性思维、问题解决能力和沟通能力。

　　起初，优质表现性评价计划是在那些只在个别课堂和学校层面实施表现性评价的学校里开始的。这些学校开发了 QPA 模式并通过各自的表现性评价对整个流程进行了试测。自此以后，QPA 的做法逐渐传开，原来的网络渐渐延伸到了更多的学校、地区和州。QPA 还为这些地方提供专业培训和实施资源。合作者们不仅开发和使用着各自独特的评价，也同时协作开发并评价可以通用的任务，以辅助建设各自可信的高质量大规模表现性评价系统。QPA 不仅对任务的开发和评分过程提出了严格的要求，对学生作业的分析和教学分析的要求也很严格。

波士顿艺术学院的表现性评价

表现性评价长久以来都是波士顿艺术学院教学过程中的核心要素，档案袋评价和展览会是所有科目的主要评价方式。在院长安·克拉克（Anne Clark）——一位曾经的资深教师——看来，表现性评价因为其"要求学生展现出一段较长时间的深入理解，而不只是从给定选项里挑选答案，所以我们能够真正理解学生的思考。学生必须要分享、展示甚至要传授他们知晓的内容"。

该学校高年级学业的顶点就是毕业要求，这是一个专家组对一个项目及其配套展示进行评估的典型例子，就和校外世界的做法一样。

学校教职工先咨询艺术家和社区团体以确定艺术从业者们需要了解什么知识，具备什么实践技能。然后他们设计出评价任务，要求学生们写出一份社区服务艺术项目申请书。这个项目必须跨学科，表达出艺术家的想象力，并应用真实世界需要的技能，如做预算、规划和理论推理等。每个学生都必须将自己的提议提交给由艺术家、公司和社区合作伙伴以及学生家属组成的外审小组来评阅，这些评审人员与到场听取口头报告的社区成员（有时这个团队可达上百号人）共同给提议评分。获得最高评分的学生将会被邀请进入终极环节，获胜者的项目还会得到实际资金赞助。不过，所有的学生都必须不断完善各自的项目，直至他们的得分达到评分说明中 3 分的标准。克拉克说：

> 这是我们学生长久以来获得的最重要的经历之一，不仅仅指校内，也包括他们的生活经历。这个措施影响着我的教学实践，对于我的同事们来说也是一个内部问责机制。在我们楼里，我们一直合作教学并交换孩子来教——我教他们一个学期，你教另一个学期。

> 但在这个［共同］评价环节上，我们一道做计划，在计划中关注形成性评价并一起交叉评分。这帮助我们进步，达成对于我们身份以及我们想要教学的内容的共识。这种做法也强化了我们的职业认同。

> 如果只是实施别人的课程，你就享受不到自己设计教学所能带来的所有权和责任感。我们制作出自己的评价和指南，然后与我们的大学/社区伙伴们分享这些标准。日复一日，我们都不得不盯着彼此并且问道："为什么某人和某人不能那样做？我们需采用什么不同的做法？"这样的工作方式可以确保我们的评价能够指导我们的教学，也确保了学生们能真正学有所得。

225

除了独特的校本评价，克拉克和她波士顿艺术学院的同事们也和 QPA 网络中的其他学校分享一系列共同评价框架和评分准则。他们与这些学校的同行一起用同样的评分准则来为自己的评价打分。克拉克早就发现这种校际评分措施很强大：

> 替外校考卷评分以及让外校教师给我们的考卷评分使得我们开始对话，讨论"一名十年级学生应该有能力做些什么"。这给我们的工作提供了更深入的信息，［考虑］其他学校的孩子在做什么，我们是如何按标准教学的，以及教师们是从哪里知道结果的。

从评分中学习

226

许多参与过 QPA 评分会议的教师们指出这个经历加深了他们的认识，他们知道了如何去教授 21 世纪所需的技能。其中一名教师的话反映了这些教师们的感受："［这项工作］让我思考如何在我的评价中使用 21 世纪的技能，以及怎么给作品评分而不是给孩子打分。"[3]

马萨诸塞州蓬塔吉特（Pentucket）地方校区的助理主管威廉·哈特（William Hart）解释说：

> 教师们现在正使用这套共同的评分准则来指导开发可以将概念/内容习得与 21 世纪的技能结合起来的项目或者任务类型。他们开始会问这样的问题："我该怎样改变教学环境以同时达到这两个目标？我在培养学生合作方面做得怎么样？"

> 用这种方式来测量有价值的技能和知识也营造出了相应的课堂氛围。

教师们在定义这些有价值的技能的同时，也学会了凭证据而不是主观直觉来衡量这些技能。QPA 的主管劳里·加尼翁（Laurie Gagnon）指出：

> 基于证据的对话非常有力……特别是在讨论"我所说的选择有论据支持的恰当引用是什么意思？写好一个观点陈述是什么意思？这些到底应该是什么样子？"的时候。教师们从围绕这些问题的讨论中获益匪浅。[4]

QPA 主要驻地网络（Principal Residency Network）的主管克里斯蒂娜·布朗（Christina Brown），将学习评价作业的过程比作裁判学校的学习："［正如］一名准裁判学着分清坏球和好球并且弄懂它们各自的含义和标准，［评分员们］具体学习着能力实际上看起来的样子。"[5]

使用通用的评价项目和评分准则并且对学生作业进行集体评分有助于建立起校内不同年级之间的教学连贯性。珍妮·斯特奇斯（Jeanne Sturgess），新罕布什尔州艾摩斯特市（Amherst）苏赫根高中（Souhegan High School）的一名员工培训师解释道：

227

> 在［参加 QPA 计划］之前，我们各个团队和班级之间不是常常能形成一致的学习结果。教师们的评分准则可能都与标准相契合，但不同班级之间的作业不一定有可比性。在过去两年里，我们在 QPA 中所做的事就是重点关注并努力确保这一点：假若九年级的科学教师们都在做着同样的项目并且使用着同样的评分准则，那么他们对于学生作业也将做出相似的判断。共同的评分准则和表现性任务给教师们创造了很多机会，促使他们思考我们对学生提出的高标准的要求以及我们可以提供的平等的教育。虽然这项工作挑战很大，但是我们工作的相通之处——共同承担的责任——将标准能带来的好处发挥到了极致。[6]

应对机会鸿沟

除了在学校和地区之间建立起连贯性，使用共同任务和评分准则的另一个结果就是教师们开始了解自己的学生与普遍期望的必备知识和技能之间的吻合度。对于工作环境不断变化的教师们来说，这种经历可能会让他们大开眼界。他们有时会发现一个社区里被视为熟练的水平与人口组成不同的另一个社区认同的熟练水平有差异。同样，QPA 主管加尼翁解释说："这些差异的浮现会带来教育者们在公平性问题上的犀利交锋。这种对话可能很艰难，但却不得不去思考。提出这个挑战，并用证据佐证之，可以带来积极的交流和转变。"[7]

QPA 主要网络总管布朗强调了这种对话的重要性，认为它可以作为一种途径，让未能获得公平教育机会的学生迈向卓越：

> 从长远来说，孩子的学习水平与他是否来自一个艰苦的生活环境并无关

系。如果我们不对学生提出较高的标准，我们就是在害学生。这是个公平性问题。我们必须用同样的高标准来要求每一个人，我们必须给出准确的反馈意见，在他们没有达到标准时要告知，并且帮助他们明白我们在实际作业中看重的是什么以及我们在找寻怎样的证据。我们一定要避免心软或者不清不楚。当教师们一起这样做时，他们就是在建设业界公认的标准。这不仅是在对学生负责，也是在对自己负责。[8]

228

建设实践共同体

有关公平性的对话艰难而必要，这个对话只有得到了目标一致的业界从业人员的支持，才最富成效。而这种专业共同体的成长离不开资源和评价共享，也离不开学校间的交叉评分举措。

托德·沃林福德（Todd Wallingford）是马萨诸塞州哈德逊区公立学校高中英语语言艺术和社会研究课程的主管。这些公立学校也是 QPA 网络的成员。托德强调说："三年来，哈德逊学校和 QPA 的合作引领着我们向着建设一个更强大的专业文化而前行。这种文化以开发和评价与《共同核心州立标准》一致的表现性评价为基础。"同样，来自马萨诸塞州切尔西高中的改建负责人普丽缇·约哈里（Priti Johari）也指出，在该校使用通用表现性评价和评分准则不仅培养了教师之间的合作，也培育出了一种探究文化：

我们设计通用评价任务和评分准则并且在班级间进行交叉评分的工作营造出了探究与合作的文化氛围。四年前，各教室的门都紧闭着，没有合作，学校只有四分之一的教师聚在一起搞专业学习。而现在，我相信，百分之百的教师都这么做了。这个结果来源于我们参与学习《共同核心州立标准》的过程。在这个过程中，我们将标准拆开来一一分析，制作教案并设计任务，分享教学和测试计划，互相提反馈意见，制作通用的评分准则，然后集体讨论学生作业。[9]

从考试文化到教学文化

参与表现性评价有可能改变教育者们对于教与学含义的讨论。在马萨诸塞州蓬

塔吉特地方校区，每个学校的每个学生都有一个档案袋，这个档案袋中的作业体现

229 了该校区认可的学习习惯。其中四年级、六年级、八年级以及十一年级的档案袋将在公共论坛上展示而且都将按该地区通用的评分准则来评估。时值该项工作的第六个年头，助理主管威廉·哈特指出了这项工作的效力：

> 和其他许多地区一样，多年来，标准化测试已经主宰了我们这一片区教师们的思想，也决定了他们认为学生们应该了解什么以及做什么的相关教学实践。教师和管理人员将他们的注意力集中在如何找到权宜之计来帮助学生准备考试。这样的做法会带来一些意料之外的影响，比如说更多的教学灌输。但是当我们在进行表现性评价开发与评分时，一种新的平衡产生了。现在我们评价的不仅是州立标准，而且还有学生的思考、合作、独立性以及创造性探索。[10]

这项工作的公开性也帮助孩子父母和其他家庭成员更加理解和支持孩子的学习。哈特解释道：

> 我们让家长参与到孩子们的展示中，让他们看到我们所做的一切。家长们含着眼泪离开这些场合的情景并不少见，因为他们被深深地震撼了，他们看到了旧的考试作业中从未出现过的那种更深层次的学习，更广泛的技能、属性和习惯。[11]

改善教师的教学以及学生的学习

教师们投入设计通用评价任务然后通过共同的评分准则进行评分的精力和时间为他们的教学工作和学生的学习成果都带来了红利。艾米·伍兹（Amy Woods），马萨诸塞州东哈里奇（East Harwich）鳕角灯塔特许学校（Cape Cod Lighthouse Charter School）的一名八年级英语教师，就说到了这一点：

> 从一开始，我们学校就一直在使用表现性评价。起初每个教师设计自己的评价和评分准则，用不同的方式搭建教学支持并评价学生，因此每个班
>
> *230* 级从预备阶段就各不相同。现在，我们采用同样的评价并在不同年级的评分准则间建立起连续性。集体评分给了我们共同语言，使得我们在学校里能更加首尾一致地帮助孩子，为每个阶段的发展做好准备。[12]

马萨诸塞州蓬塔吉特地方校区的经验类似。对此，助理主管威廉·哈特说道：

　　采用通用的表现性评价和评分准则对于我们的教师和学生都产生了积极的影响。教师们现在正在使用这套共同的评分准则来指导开发可以将概念/内容习得与 21 世纪的技能结合起来的项目或者任务类型。他们开始会问这样的问题："我该怎样改变教学环境以同时达到这两个目标？我在培养学生合作方面做得怎么样？"用这种方式来测量有价值的技能和知识也营造出了相应的课堂氛围。这项工作会很耗费时间也讲究合作，但它所带来的巨大福利在学生作业中体现得明明白白。我们州的高中考试表现尤其让人振奋。有趣的是，考试表现最佳的学校也是最忠实地实施了表现性评价的学校。我们的一所高中被州长肯定，评为典范，而我们的小学教育在本州更是顶尖的。从这些事实中我得出一个结论：只要你把表现性评价做好，那么你就做好了教与学，孩子们自然就会取得成就。[13]

表现性评价中的合作部分，如果管理得当，可以对教育系统的所有层面都产生影响。QPA 主管劳里·加尼翁如此解释道：

　　这是一个系统的工作，它给了孩子们机会来学习并展示所学，而这一切则嵌于循环往复的教师学习中以及教师所处地区和团体所提供的必要支持上。它触及了系统内的方方面面，并且带来了教师之间和管理者之间关于评分准则和如何与学生就下一步计划进行沟通的思考。

　　在［开展我们这种表现性评价］之前，教师们习惯于教完一些东西然后就继续下一个话题。现在，他们会思考如何回炉重教以及如何在一个来源内部或不同学科之间建立联系。他们开始判断不同学科所体现出的通用技能并且帮助学生学会如何阅读和使用评分准则。教师研究孩子们的行为，从中学习并帮助孩子们进一步成长。这是一个循环往复的探究过程，既在学科之内也在学科之间。做好这件事情需要很长时间，但它对学生产生的影响也是显而易见的。[14]

231

有一份研究简报极大地影响了新罕布什尔州教育厅的政策。这份简报说，让教师和领导者们广泛参与到表现性评价中去可以系统地强化学生和教师的学习和成长。新罕布什尔州正在努力建设一个既有纸笔测验也有表现性评价的教育问责系统，目标就是让所有学生都参与到可以测量更深入持久学习的复杂的表现性任务中来。他们希望教师们能参与这些任务的设计和评分工作，还为此建设了任务题库，供教师们选择使用。新罕布什尔州教育部门代理行政长官保罗·莱瑟（Paul Leather）解释道：

> 多年来，我们一直从事表现性评价，也不断地观察着学生们的学习，但我们的发现却零星散乱。有些人做得非常好但另外一些人都不知道我们在讲些什么。这些现实让我们开始思考该如何才能做得更好。我们渐渐发现问题在于准备工作没有做好，他们［老师们］没有获得必要的支持来帮助学生达到预期的学习水平。而且学校的设置也不利于鼓励个性化学习的深入发展。因此，我们努力解构并重建了整个系统，让老师们感受到更多的支持。我们要朝着更深层次的评价发展前进，这对于学生和教师也更具挑战性。而我们的最终目标是要建设成功一个这样的系统：在这个系统中，学生们能自己设计任务，教师们能用通用的评分准则来对之评分。不过，目前都是教师们在设计任务并开发通用的评分准则。他们用这些准则来评价已经定型的能力[15]。

232　　莱瑟相信，这样的表现性任务开发和合作评分工作对于教师学习和学生成果都产生了积极作用。作为这个观点的证据，他指出，新罕布什尔州的高中辍学率在下降，毕业率在上升，进入大学深造的学生人数也在增多。莱瑟将这些都归功于更加个性化的教学。而这些个性化教学之所以产生，就是因为教师们参与了合作开发并评价复杂的表现性任务的缘故。莱瑟是这样解释的：

> 他们越来越关注学习过程中的知识深度问题。他们审视着评价问题——我们是否在让学生做着他们在现实生活中要做的事情？我们鼓励教师和学生都深入学习。我们也希望确保我们所使用的评价手段能够引出我们想要的教学。这［整个过程］对我们的教师和学生来说，都如一股清新的空气。[16]

总结

安东尼·阿尔瓦拉多（Anthony Alvarado）是一位著名的教育家和管理者，他在纽约市和加州圣地亚哥市进行的改革吸引了很多人研究（Elmore & Burney，1999；

Darling-Hammond et al.，2005）。他提醒我们，要帮助改善学生的学习，教育者们就需要"想办法深入研究帮助学生掌握课程知识的具体做法……并且要营造环境来支持教师这一方改变自己的思维和教学法"（Alvarado，1998）。阿尔瓦拉多睿智地了解到，重视如何更好地支持教师成长对于改善学生的学习至关重要。而且，他也深知，一所学校能否教会学生们适应未来苛刻的要求也取决于教师们。教师要对学习要素了如指掌，也要能采取必要的策略将这些要素与多元化学生的理解结合起来。让教师们参与基于标准和表现的评价任务的设计、使用和评分是一种有力的方法，可以帮助教师们发展相应的知识，习得相应的技能。

因此，使用由教师设计并集体评估的基于标准的通用表现性评价有很多好处，*233*
包括：

　　• 与传统评价方式相比，能给教师们提供更多关于学生进展的直接有效的信息，尤其是有关《共同核心州立标准》因之而闻名的深度学习技能

　　• 教师们能参与基于证据的工作，能更清楚、更有逻辑性地反思学生作品并指导自己的教学决策

　　• 可以产生信息，加强教师们对于学生、标准、课程以及教学的认识，特别是当评分、汇报以及与其他教师就接下来的步骤进行讨论这三者结合起来的时候

通过研究自己学生的作业，教师们增强了对于不同学生个体的认识，他们对于学生的能力了解更多，并且可以获得明确指导——下一步应该做些什么以支持学生的发展。参与到评价过程中可以帮助教师们明辨自己的教学目标和目的，更清楚自己对于学生的期望，创造出将知识运用于真实生活情境的经历经验，并为学生提供多样的途径来展现他们的能力和技术。这也支持了教师对于州立标准、自身学科、所教学生以及个人教学实践的学习和认识。这种做法还为教师们提供了一个合作的平台和学习机会。换句话说，让教师们参与到基于标准和表现的评价中去可以为更好的教与学奠定基础。正如数学评价合作项目的领导者们所说的：

　　在这个过程中，教师和学生一样受益颇多……教师们在为改善学生在高利害考试中的表现而兢兢业业时，可能会产生孤立感和挫败感，并对如何去改善困惑不解……考题保密的严酷现实意味着教师们往往得不到具体的信息，对于学生的表现哪儿有进步或退步一无所知。而当高利害考试的结

果在考试结束几个月后返回到教师手中时，他们也不能拿这些结果做些什么，只能将其视作一个最终的得分，标志着彼此的成功或失败。

234

　　　　这种要求学生展示他们作业的评价……是一个教学共同体可以用来培养能力、改善教学的有力工具。一起探索我们想要学生知道些［什么］，以及什么证明了他们的所知，这个要求本身就既让人惶恐也让人振奋。知道自己一直在学习，一直在进步，教育者之间才能营造出健康、充实的氛围，在这样的环境下改变才有可能。要改善教学，教师就要对所教学科和学生的学习方法有更清楚的了解。表现性评价因为给教师们提供了详细的形成性反馈意见并配以目标明确的专业培训，所以能够帮助获得我们需要的智慧（Foster et al.，2007）。

虽然标准和评价为教师和学生们揭示了什么是卓越的表现以及了解卓越表现的机会，但仅有这样的认识是不够的。一份公开且通用的教学指南可以为此前在机会、资源以及支持力度上遭遇过大量不公平待遇的学生们扫平障碍，创设一个公平的学习环境。不过，要提供足够的支持，还要提高所有教师和学生的能力，以便满足这些新的、更有挑战性的标准的要求。要特别关注并分配资源给教师和学生们，尤其是那些历史上屡被忽视的群体，要给他们以恰当的学习机会。这样他们才能做好充分准备，获得更高水准的成功。

此外，测试要支持系统学习的话，就必须成为信息的来源而不是作为惩罚的手段。评价要有教育意义，就不能用来选择要制裁的教师或者学校，在本需合作的地方制造竞争。评价更不能让教师们因为恐惧而放弃学习，或者诱导出不良动机，为了提高分数而将有困难的学生拦在校外或者踢出学校。

根据此处我们回顾的证据，我们对州、地方机构以及评价开发人员提出如下建议：

　　　　•确保评价嵌于一个学习系统中。在州以及地区层面上，评价均应视为师生双方学习系统的一部分，与课程、教学和专业发展紧密结合

235

　　　　•表现性任务要成为评价的组成部分。各州以及多个州的联盟应该把表现性任务作为它们评价系统中的一部分，并让教师们参与这些任务的设计、使用和评分

　　　　•确保任务的标准和评分准则对于教师和学生来说都清清楚楚，明白无

误。用于评估关键标准的任务样本必须公开，以便用于课堂内的形成性目的

　　• 让教师参与合作评分会议。各州和地区应该把教师们集中起来接受培训和协调，以学习如何进行可信的评分；还应给教师们机会，让他们讨论该评价标准和结果对于他们教学的意义

　　• 增加机会让教师们参与分析学生作品。虽然为了总结性评价，教师可能要给其他学生而不是自己学生的成果打分，但在适宜的时机，也要给他们机会查看自己学生的成果（完成的任务和评分准则），以便获取信息指导自己的教学实践

　　• 给教师们提供辅导以及专业培训，以发展基于标准的教学。除了让教师们参与审视学生作品和评分以外，还必须补充相关辅导和专业培训，重点针对贯彻实施新标准的教学策略

　　• 建设实践共同体。各州、地区以及学校应建立起使用表现性评价的业界共同体。这个共同体里有许多机会来创建任务，合作制订教学计划，分析学生作业和分数，并不断优化实践

　　教师参与表现性评价的设计、使用和评分的做法有可能将教学、评价、学生学习以及教师的专业发展有效连接起来。如果运用巧妙，它可以通过一项集中的投资来满足好几个重要的目标。它在提供一种强大的方法来评估学生所知所能的同时，也可以验证教师们的知识从而支持他们的学习。

　　有证据表明，坚持连续持久地使用高质量的标准和表现性评价可以改善教与学。随着教师们在教学上变得更加专业，学生这一方的持续提高和进步也会水到渠成。不但教师们的整体教学能力将增强，而且教学和评价也将紧紧围绕教学的核心目的，即为所有人的学习提供支持。

第三部分

政策与表现性评价：
开发一个有效系统

第八章　一个全新的成本分析框架 *239*

劳伦斯·O. 皮卡斯　弗兰克·亚当森　威廉·蒙塔古　玛格丽特·欧文斯

校内评价随着我们对学龄儿童日益增长的期望而持续扩张着，我们对于孩子们毕业时需要知道什么、必须能做什么，不断地做着各种预测。基于标准的教育改革一直关注着标准化考试的作用，并给学生和为学生服务的各类教育专业工作者带来了更加沉重的压力。与此同时，人们要求学生的学业不断进步，而这些进步又是通过州立学习标准和表现性标准来衡量的。因此，学校越来越依赖评价工具以做出基于数据的决策。虽然评价在我们的教育系统中越来越重要，但人们对在每个学生的教育经历中占据如此重要地位的评价的经济成本和收益问题却知之甚少。

不过，显而易见的是，随着 2001 年《不让一个孩子掉队》（NCLB）法规的通过，每个州都被要求测量学生朝着这些目标发展的情况。校内考试的数量和级别飞 *240* 速增长，评价的成本也日益攀升。美国审计总署（US Government Accountability Office，GAO，2009）估计，在回复了他们调查问卷的 40 个州里，2007—2008 年付给测试开发商用于按 NCLB 的要求来开发、实施、评分和汇报评价结果的费用就已经超过了 6.4 亿美元。这个数字还不包括其他 10 个州用于 NCLB 的考试成本以及所有 50 个州自己开发和实施的考试的成本。近期一项估计认为美国按 NCLB 要求用于考试的费用总额每年约为 17 亿美元（Chingos，2012），而且使用的开放式题目和表现性评价任务越多，考试成本就越高。

因为考试成本与所用题目和任务的类别密切相关，而且因为这些任务显著影响着考试的认知要求以及它们对于教学的潜在效应，评估表现性评价（alternative assessments）的成本和收益就显得尤为重要。本章在已有文献的基础上，结合当下的政策环境，更新了替代评价的成本估算（Picus，1994；Picus，Tralli，& Tasheny，1996；Picus & Tralli，1998），尤其关注表现性评价的开发、实施、评分以及结果汇报。和以往研究一样，我们尽可能地区分了经济或者机会成本（即合同中已经给教师们"付过费"用于评价过程而不是其他活动或者用处的时间）与评价所产生的直接成本。

就如本章将展示的，对于任何一个评价系统来说，成本的主体部分都是教师和学校以及地区其他人员在评价开发、实施、评分以及结果使用过程中所产生的时间成本，而不是评价活动本身的成本。同样，正如所料，评价的效益多寡也取决于这同一批人将评价数据用于改善学生学习或者表现的能力水平。

确定一个学校或者学区在评价工具以及考试成绩汇报上的支出相对容易，但是要确定有多少时间用在了考试准备和实施上就困难得多了，更难的是确定学校教职工如何使用评价结果来改善学习和教学以及其成本如何。这些估算被搞得越来越复杂，因为人们越来越意识到教师们通过专业学习共同体来展开合作（DuFour，DuFour，Eaker，& Many，2006）或者其他类似努力，对于改进学生的学习至关重要。

241　　　许多改进学生表现的文献材料都描述了基于合作的、以数据为驱动的方法，这种方法极其仰赖于对学生评价的分析和使用。对于学校教职工来说，这些方法费时颇多，而且往往需要密集的培训才能完整实施。不过若能用作改进学生学习策略的一部分，它们可以给这些系统带来多方面的效益。分析评价系统成本的一个关键就是要明白表现性评价是如何通过更好识别学生需求以及更合理的教学带来更好的学生表现的。

表现性评价一个经常被提起的话题就是相比选择题考试中的机器评分而言，对拓展性开放式问题进行评分的成本更高。然而，许多州和国家都成功地维护了一个既易于管理又负担得起的表现性评价系统的运转。这个问题至少有两个方面要从成本—收益的角度来探索并估算：其一是评价是以何种方式并入（或未并入）教师的工作量的——评分被规定为教师的核心工作还是其职业培训的部分（这一点对于成本和收益都有影响）；其二，教师参与此类活动的益处在多大程度上转化成了教学改进和学生进步。

在估算表现性评价的成本和收益时，需要考虑的另一个话题就是收益识别。传统文献对于成本—收益的分析（Mishan & Quah，2007）大多聚焦于成本和收益的货币化表现。虽然这种分析为评价实践提供了一个框架和一些初步的估算，但评价收益要通过学生表现来衡量，而表现是很难用美元来解释的。成本—效果分析（Levin & McEwan，2000）则提供了一个不同的框架，我们决定采用这个分析框架。

本章重点讨论如何运用评价改进学习。我们为表现性评价的部分成本与收益估算提供了一个框架，包括不同评分模型对成本和收益两方面的影响（例如，作为教师日常工作和职业发展的一部分，对他们进行广泛培训，要求他们深度参与；使用与课堂无关的外部评分人员；使用技术平台辅助评分）。

本章首先介绍了一个框架，通过给出形成性评价、基准评价以及终结性评价的工作定义，来讨论各种评价。这些定义将贯穿本章。第二部分通过对比校内评价的直接支出，拓展了以往研究中评价成本的概念。第三部分重点关注学生表现意义上的收效，并用一个表格总结了不同类别评价的成本、支出和收益。最后一部分总结了该框架，并就改进表现性评价成本与收益的分析提出了意见和建议。

242

评价分类框架

在当今社会以标准为基础的环境下，对学生表现做出评价已被广泛接受，成为所有学校预期的常见组成部分，学生们对于年度标准化考试的传统也习以为常。一般每个州都有规定，在每学年春季举行考试，测量学生和学校的表现水平。家长和媒体，甚至是房地产中介都热切地期待着这些考试数据以"了解他们学校的水平如何"。在许多州，你都可以访问某个网页，比较不同学校和学区间校级层面的考试结果（以及相关学生人口信息）。一些州，比如加利福尼亚州，甚至曾经将考试结果（以及其他测量学校"成功"的结果）压缩成一个单一的指标数字。此外，学校和地区政府面临巨大的压力要达到年度进展（Annual Yearly Progress，AYP）目标，以避免受到联邦政府 NCLB 法规中定下的惩罚。为此，所有学校都在努力，尽力帮助学生们在这些标准化考试中取得更好的表现。

然而，州级标准化考试只是评价学生表现的整个系统中的一个部分而已，各个学校还有其他评价。许多人主张，要想全面了解学生的需求，提供满足这些需求的教学项目，以及评价这些项目的有效性，就需要一个有梯度的评价结构（Boudett，City，& Murnane，2008；另参看本书第十章）。要判断评价项目的成本，对于那些被称为形成性评价、基准评价以及终结性评价的评价进行区分就显得极为重要。不幸的是，教育者们对于这三种不同级别的评价没有做出清晰一致的区分。因此，在估算成本与收益之前，有必要建立一个有关评价类型的框架。

在本章中，形成性评价是诊断性的，包括教师为了了解学生已经知道什么、还需要知道什么而自主开发的策略和工具。基准评价是定期举行的考试，目的是检查理解，确保学生们掌握已经教过的内容。终结性评价用于判断学生们已经学到了什么，包括几乎每个公立学校都有的年度标准化考试。这些标准化评价被越来越多地用来衡量学校的水平。

形成性评价

奥顿（Odden，2009）描述说，形成性评价的本质就是诊断，评价相对频繁，有时甚至频繁到一周一次或者每天一次。教师用这些评价来决定怎样教授具体的课程单元并监测学生的日常进步。波德特等人（Boudett et al.，2008）指出，当教师用学生的常规作业（作业和考试）来评价进步、诊断理解问题并调整教学以聚焦学生需要额外帮助或者要重点关注的领域时，短期数据就会持续不断地产生。这不局限于简单地批改论文、小测验或者考试而已，它让教师们通过检查作业、观察学生的参与度以及有规律地与学生交谈而得以将作业与每个单元的学习目标联系起来（Boudett et al.，2008）。

形成性评价得出的信息往往不容易直接转化成教学实践，教师们需要花费大量时间才行。怀利（Wylie）和莱昂（Lyon）（2009）认为要确保教师们能够开发和使用形成性评价并从中受益，就必须在职业培训上做足准备。他们论证说形成性评价要求给教师提供校本职业培训（Professional Development，PD），这些培训还需得到地区连贯一致的支持。

有力的形成性评价及其工具的优势在于它们允许教师依据他们班上学生的确切学习程度或者需要来聚焦教学活动。奥顿（2009）声明说，有力的形成性评价可以让教师重视学生需要学习的内容，而更快地跳过学生已经掌握的内容也可以被视为更有效率。这也是成本和效益分析中的一个关键概念。

基准评价

教师和学校需要定期评价学生的进步和学习。在这一章里，基准评价就给教育者们提供了这样的路标，可以更频繁地衡量学生的进步而不是像标准化州级测试那样一年才有一次。这些评价的目的是跟踪学生在整个学年的进步，其中可能还包括了本地开发的测评工具或者是已有的商业考试（Boudett et al.，2008）。基准评价工具 *244* 的价值就在于它们有规律而且频繁地给教师们提供了学生的学习进阶报告，使得教师们可以调整他们的教学策略和节奏，确保学生的确掌握了教材。这一点和形成性评价截然不同。形成性评价帮助教师了解学生们已经知道了什么，而基准评价是有规律地定期提供信息来了解学生们从已经讲过的教材中学到了什么。

因为每个学期的教材都是以前面一个学期的教材——或者是在时间上任意但却与目前主题有关的部分——为基础，基准考试让教育者们知晓学生们是否为新的学习做好了准备。如果没有，那么回炉重教那些内容可能比为那些跟不上的学生设计干预措施更为有效。这又是一个可以归功于评价的潜在益处。

终结性评价

终结性评价可以包括任何测量手段，只要这些手段是用来评价学生们在某个时刻的知识和技能，目的是推断他或者她的成就以及用于决策，就都可以算作终结性评价。现在，大部分有关学生表现和学校成就的政策讨论都很强调年度州级标准化考试的分数，虽然这些并不是各州使用的唯一终结性考试。州级考试数据往往被用于地区以及州一级的问责目的，它们为一个学校的表现提供了一份快照。学校可以用它们来聚焦需要花时间改进的领域，也可以更好地了解本校或者本地区不同学生亚群之间的成就差距。不过，这些考试经常是在春季举行，而结果却要到暑假或者秋季才能拿到，使得它们在关注学生需要方面的作用不大。

总结

总而言之，针对下文提出的成本框架目的，我们提出以下几点：

- 形成性评价往往因教师而异，因为教师们会频繁而且采用多种方式来确认学生们需要学什么才能掌握正在教授的材料。大规模评价也可以提供形成性信息，前提是它们足够丰富且其数据能详尽、及时地发送给教师们

- 基准评价在每学年内定期、有规律地举行。它们是用来测量学生们对于已经呈现过内容的掌握程度。它们使得教师们可以调整教学，确保学生 *245*

拥有必备的前期知识以便学习高级课程单元中难度更大的技能和知识

　　• 总结性评价在当前美国的政策体系中一般体现为年度标准化考试。这些考试的目的是展示学校在不同时间里多大程度上达到了州立标准，同时将该校与本州或本地区其他学校进行对比

测量评价成本

在建设用来测量表现性评价成本的概念框架之前，我们有必要给出成本与支出的定义及两者之间的差异。

支出

一个常用于比较教育机构不同项目之间成本的方法，就是确定每一个项目实施中必要资源的货币成本，然后比较不同项目的总支出。经济学家们指出，这种做法实际上是在假设这两个被比较的项目计划要达到的目标一致，并且两者在各自的操作中效能一样高或者一样低。如果这些前提假设不成立——事实上这些假设没有什么道理成立——那么对支出进行比较就没有意义而且会将我们带入歧途（Monk，1990；Belfield，2000）。

就如教育界经常见到的一样，如果一个评价项目要满足多个目标，那么对这个项目的成本估算就应包括实现所有这些目标所必需的资源。困难就在于项目的众多目标很难量化，甚至彼此对立。例如，被认为属于表现性评价的目标有很多：改变校内教与学的内容，更多关注问题解决和批判性思维；提高对于学生的要求；调动学生的学习兴趣和学习积极性。往好里说，确定实现这其中每个目标所需的资源本身就是件复杂的任务。由于有这些困难，许多分析师却步不前，不去分析一个项目的真正成本而把重点放在了实施任务的支出上。

在 K-12 阶段的基础教育机构中，即便要确定某个特定项目的实际支出也是不容易的。大部分州的问责系统要求各地区按对象（如薪水、福利、用品等）汇报支出，有些按功能（如教学、行政、教学支持、维修和运转、交通等）。奥顿和皮卡斯（2014）指出这些支出数据一般以区为单位汇报，因此有关学校或者班级层面的经费

使用信息贫乏。此外，一个地区特定项目的详细信息很难与校区的财务报告区分开来。在以对象为导向的系统中，要估算学生评价支出就必须确定为这个项目工作的教职员工的薪水和福利，估算他们的时间有多大部分专门投入了该评价项目，然后确定各地区的用品和教材支出中哪些是属于这个项目的开支。这些支出在地区财务报告中往往被编入不同栏目，使得它们的估算更加困难（Hartman，2002）。

即便各地区能够提供各自评价项目的详细支出信息，这些信息也只是描述了整个评价项目的部分经济成本而已。下文将讨论在估算项目全部成本时还必须考虑的那些其他因素。

成本

教材上对于项目成本的定义是：基于最佳选择而放弃的未能实现的收益。因此，如果一个资源投入某个用途，与这个资源的其他最佳可能用途有关的收益就构成了该项目的机会成本。不过，这些资源的最佳其他用途往往无法确定。此外，即便可以找到其他选择，判断它的收益也可能是个大难题。例如，如果一个地区要考虑实施一个新的评价项目，这个项目的机会成本就相当于任何一个可以想到但并未实施的备选改革的收益。

在分析表现性评价成本时，机会成本的值域可以被认为是一个地区可以建设来提高学生表现的所有可能项目的收益。在这里，某一个表现性评价获得的收益应该与该地区面对的除了这个项目以外的最好选项的收益来比较。被放弃的备选方案的收益越高，投资于表现性评价的成本就越高（Monk，1995）。然而，在衡量一个项目的收益之前，必须要就已放弃活动的目标达成一致。 *247*

在有些情况下，可能要限制一下可以考虑的选项。例如，在分析一个评价项目时，要做出的决策可能是是否用一项全新的评价来替代一个已有的传统评价项目。在这种情况下，有关选项就被限制在已有评价项目中了，新评价项目的成本将以旧评价项目被放弃的收益为基础来衡量。

一项成本分析要对决策者有用，分析师就需要开发出一个通用的量尺来测量各类选项的收益。不幸的是，没有哪种简单的方法可以用来比较目标各异的不同项目的收益。既然对收益的范围达成一致可能很难，而估算一个被放弃的选项的收益既费时间又没有什么价值（毕竟，计算一件你不打算做的事情的收益有什么必要呢？），许多分析师就将问题简化为估算该替代项目的运行支出而已。一种方法就是用实际的或者预期的支出来衡量项目成本，这种方法一般被称为成分构成分析法（ingredients method）（Levin & McEwan, 2000），它完全依赖支出来衡量成本；但正如蒙克（Monk, 1995）所论述的，它混淆了支出与成本之间的差别。

如果我们认为一项替代项目的收益远远大于被替换系统的收益，或者我们期待新的评价项目会改善学生学习（这显然是当下评价范畴中的理想结果），那么事实上使用该表现性评价的专用支出可能会夸大该项目的真正成本，因为它所带来的好处超过了它所替代的一个或者多个项目。然而，我们没有办法去估算这个夸大的程度。要解决这个问题，我们需要首先明确哪些因素可能会导致这样的夸大其词，然后估算对这个问题进行调整或不调整后的成本。在本章提出的框架中，我们采用了成分构成分析方法。必要时，我们找出这种方法可能导致的潜在的过高估算，并考虑可能的调整方法。

248　**表现性评价的收益**

评估表现性评价的收益非常复杂。虽然无人质疑评价学生表现的价值所在，但教育者中有风向开始争辩说用于评价的活动正在抢占用于教授学生知识的时间。评估这些言论的准确性很困难，因为结论取决于评价的质量以及它们的用途。下面是几种看待评价收益（正面和负面）的思路：

• 如果评价与州或者地方标准相匹配，那么它们就是一个有用的工具，可以帮助评估学生的学习进阶和学习需求，它们也能帮助学校和地区发现自己的优点和不足

• 标准化考试只能提供一个时间点的数据，且其结果往往要等到下一年才知道，而这个时候学生们已经换到了另一个教室，甚至常常是换到了另一个学校。当学生流动变化很大时，标准化的考试也无法测量其进展

• 基准考试可以定期为学校和教师们提供信息，了解学生们在该学年的进展并帮助他们集中精力［弥补不足］

• 设计良好的形成性评价可以作为工具，让教学聚焦于学生的需求，带

来学生们的持久进步

　　·评价结果可以形成教师合作的基础，可以帮助教师们设计直接聚焦于学生学习所需的、协调一致的教学项目，以改善学生学习结果

　　·一个有力的评价系统可以帮助教师们更早关注学生学习中的问题，减少昂贵的干预

　　·评价会占据教学时间，限制学生的学习

　　·标准化评价经常被误用，而且它们也不能体现课堂所学，对于教师和学生们没什么价值

　　衡量这所有潜在收益的问题有太多收益需要衡量，而且大部分收益取决于如何实施、分析这些评价以及之后如何用它们来推动（人们希望如此）并改进教学。因此，除非评价成为学校改进教学整体策略的组成部分，任何一个评价项目本身都不太可能带来很大收益。这自然使得这些收益的衡量也变得更加复杂。

　　例如，我们在怀俄明州和小石城的研究（Odden，Picus，Archibald，& Smith，2009；Picus and Associates，2010）发现，投入初次教学的时间相对较少，更多时间花在了学生掉队之后的干预（interventions）中。在我们访问的大部分学校里，人们认定学生需要额外辅导，于是每天都有一些特定时间被用来给所有学生干预。这些时间都是以挤压核心课程——如数学、科学、语言艺术、社会研究以及世界语言等的教学时间为代价的。

　　更好的形成性评价，再加上从一开始就强调的高质量教学，似乎可以减少不必要的昂贵干预。如果能设计出优良的形成性评价和基准评价，在早期就很快识别出并解决了学生的学习问题，那么，虽然拆分出只归功于评价的收益不太可能，但很明显，这样设计的模型可以给所有学生带来更高质量的教学。如果学生们在学习教材时真有困难，我们也可以提供更少但更及时的干预。

　　这样看来，表现性评价的收益可以分为好几个类别。它们可以给教师提供更多信息，很早就识别出并纠正学生学习中的不足。它们可以给教师和当地领导者们信息，让他们了解自己学生在学习州立标准规定的材料时掌握得如何。它们还可以提供长期的信息，了解不同学校和地区的学生整体表现的变化情况。所有这些信息都可以用来聚焦并设计教学以改进学生的学习。显而易见，这些都是表现性评价的收益。

建设一个确定成本与支出的框架

在早期的评价成本研究中（Picus，1994；Picus et al.，1996；Picus & Tralli，1998），皮卡斯提出了评价成本或评价支出三个维度的概念，分别称作构成（components）、种类（kinds）和级别（levels）。表 8.1 中列出了这三个类别中的各种因素。

表 8.1　表现性评价的成本与支出的维度

维度		
种类	构成	级别
人员	开发	全国
材料	产品	州
用品、交通和实物	培训	地区
	教学	学校
	考试实施	课堂
	管理	私人市场
	评分	
	汇报	
	项目评估	

表 8.1 列出的成本与支出因素可以视为一个三维矩阵，成本与支出可以放在与这三个维度有关的任何一个区间里。例如，人员的成本与支出很可能在所有级别和大部分构成中都会出现（如管理和评分）。

该表中的基本成本和支出种类在过去 15 年里变化不大，但它们的分配比例发生了很大变化。例如，在线测试功能已经改变了很多考试的评分方法，教师们在第二天就可以拿到这些基准考试的结果。在制订下一步的教学计划时，这些数据就可以用来调整他们的教学。此外，许多基于计算机的评价系统采用了自适应的测试方法，根据学生们的回答调整考题难易度，因此可以更准确地测量学生的知识和技能。

与此同时，要求频繁使用形成性评价甚至是基准评价的呼声也将使表 8.1 中的更多资源因素（相比过去）被用上。对于政策制定者、校区管理者、学校基地的带

头人、教师甚至是家长们而言，需要回答的问题就是：使用多种评价策略所带来的
收益，换算成强化或者改善了的学生成就，到底有多大？考虑到实施这些评价会涉
及多个重要变量（下文将会列出），判定评价项目的成本和支出有多大的直接收益的
确不太可能。然而，大量证据表明，整体学校改革策略中思虑周全的学生评价项目
有可能是一个整体项目能有效改善学生表现的原因之一（Odden & Picus，2014；
Odden & Archibald，2009；Odden，2009）。 *251*

　　在附录 C 中，我们提供了一些表格，说明了学校、地区和各州在开发、实施以
及分析表现性评价项目时可能会面临的成本、支出和收益的本质。我们用表 8.1 中
间一栏列出的构成来分别组织对形成性评价、基准评价以及终结性评价的分析。这
一栏的构成包括：开发、产品、培训、教学、考试实施、管理、评分、汇报以及项
目评估。这些表格表明大部分成本与人员时间运用有关，而他们的时间可以有多种
分配方式。因此，人员支出变化可能不大，但教师、辅导员、基地领导人以及其他
校内人员集中精力所做的事情发生了重大变化。相比而言，用在材料和用品上的实
际支出往往比较少。

分析评价支出

　　大部分对评价成本的分析只是考虑了州、地区和学校层面的评价项目支出。汉
密尔顿（Hamilton）、斯特克以及克莱恩在 2002 年做了一个基于考试的问责研究，
他们指出，虽然要改进测试系统极有可能需要花费更多的钱，但没有几个人准确估
算过相比收益而言改进问责系统的成本到底是多少。10 多年过去了，事实依然如此。

　　在这一小节里，我们将回顾表现性评价的成本和支出估算，并就未来如何形成
更完善的分析提出意见和建议。

美国审计总署的成本分析

　　美国审计总署已经做过很多评价分析和考试研究。1993 年，它们的一个研究估
算了一项全国评价的成本，认为它包含两个部分：采购成本和时间成本。这个研究
将采购成本定义为为考试相关商品和服务付出的货币费用，与我们所说的支出这个
类别近似。美国审计总署也估算了时间成本，包括教师、行政管理人员以及其他校
内人员花在所有与考试有关活动上的时间，涵盖了考题开发、帮助学生备考、对教

师进行考试管理培训以及所有的考试实施、评分、分析以及结果汇报等活动。之后，

252　美国审计总署将时间成本换算成美元金额：将考试相关活动的时间总量乘以每个地区的平均薪酬。不过，将这些不同类型的时间合并会掩盖他们之间的差异。在 NCLB 时代，它们之间的差异非常重要，比起过去几十年，对它们的考虑必须更加慎重。值得一提的是，学生们的备考时间已经成了全国的话题，大家都在辩论教师们将多少课堂时间用在了应试教学上。

将这些人员成本考虑进去后，这项研究表明：一份纯粹的选择题考试的费用约为每个学生 15 美元，一份既有选择题又有基于表现的题目的考试费用约为生均 20 美元，而一份纯粹的表现性评价的生均费用则为大约 30 美元（US GAO，1993）。考虑到通货膨胀，这些估算在 2009 年分别接近于 24 美元、32 美元和 53 美元。[1] 虽然美国审计总署估计的表现性评价比选择题考试贵 65％，但这也只是 1991 年生均支出的 0.7％ 而已（US GAO，1993）。[2]

美国审计总署（1993）做了好几项说明，强调了潜在的可以节约成本的效益。首先，它报告说表现性评价成本的值域很宽，从 16 美元到 64 美元（均值为 33 美元）。这个值域表明表现性评价的开发和实施从规模和经验角度看，有潜力可以更经济。该研究发现，如果增加考生人数，成本就会降低，因为固定成本可以分摊到更多的学生头上。此外，如果一个考试有多个目的，比如从多个学科领域来考同一批学生，那么考试科目的平均成本也会降低，因为固定成本被分摊到了更多的科目上。最后，美国审计总署的研究人员发现，实施表现性评价最久的几个州以及加拿大各省的表现性评价成本最低。这表明在表现性评价的效率上可能存在一个学习曲线（US GAO，1993）。在这两种地区，表现性评价成本的均值只有每生 22 美元（约为 2009 年的 35 美元），比平均成本少了约 33％。

各州的评价成本研究

如托普（Topol）及其同事在本书第九章所讲，美国审计总署报告的这些美元估算及其目前在教育经费中所占的比例与最新各州经费研究的结果一致，其他如评价间的成本差异以及可能节约成本的因素等也一样。

253　多个研究发现基于表现的评价费用与选择题考试费用的比率也很稳定。如果将考试中的绝大部分改为以表现为基础的话，考试成本似乎会增加约 50％；而当整个

考试都变成以表现为基础的评价时，成本基本会翻一番。不过，即便如此，它们在整个教育经费中所占的比例依然很小，没有超过 1%。

举个例子，在 20 世纪 90 年代早期到中期，皮卡斯等人（1996）研究了肯塔基州和北卡罗来纳州的考试支出。他们发现使用更传统的选择题考试的北卡罗来纳州费用为每次人均 4.59 美元；肯塔基州采用了更多基于表现的评价，人均考试费用为 7.51 美元（关于肯塔基州教育结果信息系统的描述，请参看本书第二章）。这分别占北卡罗来纳州和肯塔基州用于"K-12"教育总支出的 0.26% 和 0.45%。

另一个研究中，皮卡斯和特拉里（1998）增加了之前研究中没有包含的各地区的支出和人员费用。他们发现，衡量了地区支出以及教师和区其他雇员用于 KIRIS 相关活动的所有时间以后，1995—1996 年肯塔基州评价系统每次考试的生均费用变成了最高 140 美元。

然而，这些支出估算高估了 KIRIS 的真实成本，因为教师们报告用于 KIRIS 相关活动的时间实际上就是一个收益的来源。教师们将这些时间用在了教学、职业发展和备课上，和学生以及同事们一起工作，改善了写作和数学教学。教师们花在系统所规定的档案袋评价和表现性任务上的时间就是用来帮助学生培养和学习这些评价所要求的高阶思维技能运用的时间。

新英格兰共同评价项目（NECAP）服务于新罕布什尔、罗得岛、佛蒙特和缅因等州，它既展现了高质量评价的益处，也展示了更能让这些评价负担得起的策略。[3] NECAP 的阅读和数学测试都有占了一半分数的开放式题型，此外还有一个写作评价（细节请参看本书第三章）。2009—2010 学年用于评价开发、实施、评分以及汇报的总成本大约为每份考试 12 美元，被测试的学生人均费用为 29 美元。[4] 254

来自 NECAP 的证据表明这些支出所带来的收益抵消了所需的成本。例如，佛蒙特州的评价主管相信，NECAP 考试不仅没有耽误教学，相反，它已经成了"嵌于课程的一部分"，给教师们提供了有价值的数据以识别学生遗漏或者欠缺的知识。佛蒙特州鼓励教师们以公布的 NECAP 题目为模板，制作自己的评价。该州官员们认为这种做法带来了高质量的课堂评价，产生了更有意义的结果。这种教师职业培训和实践的改善就代表了表现性评价的一种可能收益，这个收益足以抵消各州极有可能因转换评价而带来的边际价格增长。

除了分担约占项目总额 20% 的固定成本以外，如美国审计总署在 1993 年的成本研究中所预测的那样，NECAP 成员各州通过实现一系列规模效益节约了成本。事实上，新罕布什尔州的评价主管相信开放式题目的评分过程中有规模效益。开放式的题目使得州评分成本大大超过了选择题的评分成本，它们也是导致表现性评价价格偏高的重要因素之一。用新罕布什尔州评价主管的话来说："最初的 1000 道建构—应答题比最后的 1000 道建构—应答题要贵得多。"因为随着评分者经验越来越丰富，他们的效率和信度也在提高。

构成成本

哈迪（Hardy，1995）从开发、实施和评分三个领域分析了各州用于表现性评价的支出。开发包括设计任务并开展质量监控活动，质量监控活动有助于做好评价练习，从而为大规模的评价和解读做好准备。开发活动可能包括：识别并描述学习和评价的目标，编写练习题，编辑、审阅及其他质量监控程序，小范围试测，开发评分指南和解读说明，以及可能需要的规范化处理（norming）。如果这些都交由外部机构开发，那么表现性评价的价格就是指这些支出。不过，如果是交由目前在职员工内部来开发的话，确定这些支出就难多了。州教育厅和测试公司（testing agencies）开发并试测表现性评价任务的成本为每个任务 5000～7500 美元。

255　　表现性评价的实施费用包括评价学生们一次所需的全体教职工的时间和材料，以及培训教师、考试协调员和其他参与评价实施的校内人员所需的费用。最复杂的情况就是经过特别培训的考官带着特别的考试材料，例如科学设备及其他操作材料，下到学校里去，这时的施考成本为每个学生 3～5 美元。较高的成本与道具使用有关。

在评分上，该研究包括了对教师、其他专业人员以及办公室人员（有些情况下）的培训，培训他们打分、写意见或者以其他形式评估学生们的回答。由于是人工评分，这个方面的成本非常高。然而在我们的新框架下，教师评分的成本和其他同类要素一样，应该从成本—收益的角度来评估，即要考虑到支出可能如何改善了教学。

哈迪（1995）提供了一个表现性评价的评分要素清单，包括从招聘并培训评分人员到付钱让他们评估每一份回答。这个成本从生均 0.54 美元到高至 5.88 美元不等。成本大小取决于多个因素：所需评分员的数目和学科专业程度，学生回答的长度和复杂度，评分方案（总体性评分还是分析性评分），诊断性汇报，以及任课教师

的参与度，等等。表现性评价成本中多达 60％的部分与教师或者其他评分员参与了
评分有关。评分员是教师时，这些表现性评价的成本应该归于教师专业发展和培训
的栏目下，其收益也一样要明确并计算出来。

一种基于证据的学校财务模型

　　一个可以深入了解表现性评价成本的模型就是奥顿和皮卡斯（2014）提出的基
于证据的学校财务充足度（finance adequacy）模型。他们的模型描述了一种以研究为
基础的学校管理方法，时时改变有证书的员工们的职责并提供教学用品和材料经费。
总的来说，这个模型使得学校可以施行奥顿（2009）列出的十项策略。这些策略被
认为往往能带来学生表现的巨大进步。与有力的表现性评价实践最一致的策略包括：　*256*
强调给教师们时间备课并合作；加大专业发展的投入，包括给教师们额外付费的暑
假工作日，让他们碰面以制订教学计划并计划如何衡量教学成功与否；提供经费让
教研员帮助教师们分析评价数据并改进教学；出资购买学校或者地区认可的专家协
议服务。

　　一个基于证据的系统的实际成本在州与州之间差异很大，它取决于每个地区和
学校目前的费用水准以及有资质的人员的数量。有些州有足够的员工来承担这个模
型识别出的角色，其他的州则需要额外的员工。此外，该模型的评价部分只是学校
改进系统观（Odden & Archibald，2009；Odden，2009）中的一个组成部分，因此很
难分辨出该评价系统本身的成本。

　　说到这儿，学校和地区在实施任何评价项目时都会有一些必需的直接支出。我
们研究了好几个州，估计这部分的费用为每个学生 25 美元。这个数字对于目前各州
的生均费用水平来说，算不上什么大的支出（Odden，Picus，& Goetz，2006；Odden
et al.，2007；Picus，Odden，Aportela，Mangan，& Goetz，2008）。这个支出应该包括
测试材料的费用以及足以购买一个在线系统的经费，但不包括运行一个评价系统的
员工成本（不管是设立新职位还是替换员工的工作）。

结论

有关美国表现性评价成本的研究可以给新型评价系统提供信息，特别是如果我们想要用一个框架来区分支出与成本，并将多种评价系统带给学生和课堂的效益兼收并蓄的时候。

想彻底明确评价项目的成本与收益，关键是要理解人员的时间在评价开发、设计、准备、实施以及评估中是如何用掉的。成本中最大的一项就是用于这些评价步骤的人员时间，而这些评价帮助教育者们支持并改进学生学习的程度就是其累积的收益。因此，研究评价成本的总额就需要关注人员的时间是如何重新分配到不同的评价策略中去的，而收益也应该通过教学质量的改善以及评价的结果来衡量。

如果我们只是看专门用于各类表现性评价的支出，就会发现作为学区预算中的组成部分，这些支出其实相当少。不过一项全面的，包括了形成性评价、基准评价以及终结性评价的系统需要教师、学校领导以及中心办公室的大量时间。人们往往认为目前的标准化考试减少了学习时间，因为它们只是实际学生作业的一个缥缈的替代品；而嵌于课程的表现性评价则提供了学习机会，教育者们通常认为它们可以强化而不是妨碍教学。研究也表明事实往往如此。虽然任何评价项目的成本都有相当部分是投入实施、评估、汇报以及使用评价结果所需的人员时间，但是那些关于学生们知道什么、能做什么的有意义的信息，以及为教师们理解标准、课程、教学以及学习提供的支持等等，都是高质量评价项目的重要收益。

第九章 投资深度学习评价：助力学习的考试的成本和收益 *259*

巴里·托普 约翰·奥尔森 艾德·勒贝尔 琳达·达令-哈蒙德 弗兰克·亚当森

当今世界的工作和整个社会都在不断变化，这种本质要求学生们不仅要高度重视信息的获取，还要有能力分析、评估、设计以及创造新的解决方案和产品。例如，在 21 世纪到来之际，财富 500 强公司要求的首要技能已经从阅读、写作和数学转向了团队合作、问题解决以及人际沟通能力（Cassel & Kolstad，1998；Creativity in Action，1990）。用人单位对于常规技能的需求逐渐减弱，取而代之的是急速增长的对复杂思维和沟通能力的要求（Murnane & Levy，1996）。

为了响应这些社会需求，几乎每个州的政策制定者们都采用了新的《共同核心州立标准》（CCSS），希望确保所有学生在高中毕业时拥有新经济所要求的技能，为大学和职场做好准备。这些技能包括分析、综合并运用他们已经学到的知识去应对 *260* 新的问题，设计解决方案，开展有效的合作并进行有说服力的沟通。

与这些新期望相关的课程和评价变化在美国会更加明显，因为美国目前的考试偏重测量低级别的知识和技能（参看本书第一章至第三章）。美国常用的选择题考试与许多其他国家的表现性评价形成了鲜明对比。在其他国家，学生们要设计并开展探究活动、分析数据、做出有效的结论、汇报结果并为自己的想法辩护（见本书第四章）。这些国家并没有那么频繁地去测试学生，但评价质量却要高很多。高中之前，外部考试最多只有一次或者两次。有些国家，如芬兰，甚至在十二年级之前没有任何外部考试，除了在几个年级抽取小部分学生样本来获取大致的信息以外。

像其他国家所用的那些表现性评价在 20 世纪 90 年代的许多州其实比现在更常见。研究者们发现它们可以支持更有力的教学，帮助学生们在高阶技能测量中获得更好的成绩。当教师们参与了评价打分，一起反思如何改善课程与教学时，这一点尤为明显（见本书第二、三、七章）。不幸的是，由于《不让一个孩子掉队》的对立性的规定，这些评价中的大部分都终止了。该法律要求每年都要考试，从而增加了成本，它还限制了可用的评价形式。

解决成本问题是开发更好评价的关键，而开发更好的评价是支持更雄伟的学习目标的关键。NCLB 时代的经验表明，考试测量什么以及怎么测非常重要，因为当它们被用于决策时，它们将极大地决定课堂上的一切。美国的政策已经越来越依赖考试做出决定：学生参与什么样的课程以及他们是否可以升级或者毕业；教师是否获得终生教职、被续聘或者被开除；学校是否获得奖励或惩罚，甚至是否要重组或关闭。这些做法的结果就是教师们进行应试教学的动机越来越强（Amrein & Berliner，2002）。

许多分析人员发现高强度地针对狭隘的考试进行教学带来了很多问题：不考试的话题和重要学科的教学时间大大减少；教学只关注考试中出现的领域以及选择题和简答题的考试形式，而不是支持更有智力强度的分析；不再那么强调写作、口头交流、拓展性问题解决、研究与探究等对于大学和职业准备至关重要的能力（Darling-Hammond & Rustique-Forrester，2005）。

全美研究协会（National Research Council）的一个近期报告指出，由于评价对于美国教学的巨大影响，"教育环境中［深度学习的］目标实现的程度将会因其是否出现在地区、州以及全国评价之中而受到显著影响"（Pellegrino & Hilton，2012）。

人们都在讨论在学习目标改变的情况下，什么样的评价比较理想，但这些讨论却都没有考虑到美国用于考试的有形支出以及教学成本。基于第八章皮卡斯和他的同事所提出的成本—收益框架，本章将列举一些最新的数据和分析，用以说明怎样可以负担起更高质量的评价。

新评价的挑战

美国已经做好了准备，要采取重大举措，向着这种深度学习的课程和评价而努力。40 多个州都采纳了《共同核心州立标准》，而两个州际协作组织——大学与职业准备评价协作组织（PARCC）和益智平衡评价协作组织（SBAC）——也已开发出了配套的评价系列，在 2014—2015 年推出。这些评价默认包含一些基于表现的评价任务。好几个州都明白评价对于高阶技能教学的重要性，因而也计划在协作组织评价之外再补充一些 NCLB 之前就用过的那些拓展性评价。一些州和地区采取了如全美各州教育主管理事会（CCSSO）协理的创新实验室网络（ILN）这样的举措，想办法设计更富学术雄心和国际可比性的评价（见本书第十章）。这些表现性评价可以作为形成性工具引导课堂教学、成为州级评价系统的组成部分、用于能力评价以取代课时期望、作为课程结业考试的要素，或者放入毕业档案袋。

下面的挑战就是各州和各地区为实施新评价所做的准备，毕竟这些评价会带来众多变化。一方面，美国的评价必须与时俱进已成为高度共识，这样才能满足学生学习的新期望。另一方面，来自经费、时间和传统的压力可能会阻碍评价改革的发展。

特别是由于最近许多州缩减了教育经费，人们担忧新评价的设计可能只能在尽量节约成本的同时，尽可能地高效。与此同时，这些评价还必须激发富有成效的教与学。高质量的评价一般比低质量评价成本高，主要原因是表现性任务和写作需要人工评分。低级技能可以用选择题来测量，评分的成本比较低。

262

对评价投资进行评估

尽管美国的教育政策在很大程度上倚重考试来指导与学生、教师以及学校有关的决定，但对于提高考试质量的投资却极为低下。许多州对于 NCLB 所要求的阅读和数学考试的投资预算仅为每个学生 10～15 美元，这样的结果就是他们不得不将考试方法限定为选择题。考虑到每个学生的教育经费为人均 1 万美元，用于这两个考试的 20 美元的总成本还不到"K-12"教育成本的千分之二，比半箱汽油的价格还低。要更好地理解这个投入的相对大小，可以想象一下，我们大多数人每年花在汽车上的常规检查至少也有 300 美元。

然而，由于问责政策非常倚重分数结果，这么微薄的投入却会对教学产生巨大的影响。选择题考试虽然成本低，但不能激励教学去关注高阶思维和表现技能。开放式评价，如短文考试和表现性任务虽然评分成本更高，但它们却可以支持更富雄心的教学。

为了理解成本之间的差异，评价解决方案集团（Assessment Solutions Group，ASG）估算了一个中等面积的州目前实施高质量评价的成本（Topol，Olson，& Roeber，2010）。这个"高质量"评价没有主要使用选择题，而是将大约一半选择题替换成了或短或长的建构—应答题，此外还补充了或短或长的表现性任务。较短的任务要求学生们在一节课内完成，内容涉及一个写作活动或者其他作品。较长的任务则要求学生们参与更大的研究或者探究活动，并最终提供一篇论文、一个完成的项目或者做一次演示。受过培训的评分员（也可能是老师）对这些作品进行评分。

263 这项高质量评价的成本大约为每个学生 55 美元，包括英语语言艺术和数学两个学科。与之相比，各州用于以选择题为主的考试的成本大致为每个学生 20 美元（见图 9.1）。NCLB 规定大部分年级的每个学生每年都要被测试，这意味着考试总量翻了一倍还多，大部分州放弃表现性评价和开放式题型的原因也就不言而喻了。这个规定取代了先前《中小学教育法》（Elementary and Secondary Education Act，ESEA）的期望。以前各州只需在小学、初中和高中分别汇报一次评价结果，而且还允许取样而不是每个学生都必须测到。马里兰州以前就是利用了取样的规定才负担得起丰富的表现性任务（见本书第五章）。

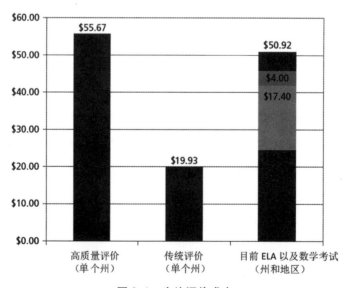

图 9.1　生均评价成本

来源：Topol et al.（2010，2013）；Darling-Hammond and Adamson（2013）.

虽然联邦政府承担了部分评价费用，国会选择的投资水准却只是基于美国审计总署所估算的选择题考试的成本（GAO，2003）。那些致力于采用更多表现性评价的州，例如康涅狄格州，评价中包含了拓展性写作任务、科学探究以及其他更有智力挑战性的任务，在 NCLB 要求特定年级每个学生每年都被测试后，它们就再也无法承受评价成本中的大部分费用了。康涅狄格州因而起诉美国教育部，要求后者为该州提供按 NCLB 规定采用丰富的评价任务的成本。然而协商过程中，教育部建议康涅狄格州回归到选择题考试（Blumenthal，2006）。

264

不幸的是，虽然目前各州考试成本表面上看起来很低，但它忽视了不利于教学的动机的巨大机会成本，也不能为教学提供有价值的信息（见本书第八章）。成本计算中都没有考虑到错过评价和培养高阶思维技能的机会，而这些机会对于提升学生的学习和能力都有影响。这些成本标签也没有体现出中期评价和基准评价的隐形支出以及各州、地区和学校在当下系统中用于备考的材料和活动。由于目前终结性考试的本质，所有这些材料都只关注低级技能，对它们的测量也极其有限。

从成本—收益的角度来看，目前的做法可能会因小失大。将我们的评价限制在那些只能测量低级学习的工具上，然后根据它们做出决策，会导致所有的教学目标都极力接近这些工具想要测量的东西。无疑，这就是低质教育的"秘方"。虽然大部分州目前的考试系统看起来经济划算，但它们的结构却无法产出高水平国家所鼓励的那种学习。

决策者们最终希望知道表现性评价的收益（如，更有效的学生表现评价以及对课堂实践所带来的正面影响）是否配得上它们所带来的负担（开发成本、课堂时间、评分成本，等等）。第八章的数据表明，表现性评价特别是档案袋以及拓展性科学操作任务等的支出和实施负担，的确要比选择题考试高。不过，事实并非仅此而已。

首先，从教育的角度来说，这些收益可以抵消其负担。例如，佛蒙特州的教师和校长们就认为，他们的档案袋评价项目是一个"值得的负担"。实际上，在最初几年里，许多学校就将他们的档案袋评价项目推广应用到了更多科目上（Koretz，Stecher，Klein，& McCaffrey，1994）。即便是最近几年，佛蒙特州大部分地区都还在继续使用写作和数学档案袋，虽然它们没有用于州里的问责目的。同样，肯塔基州的校长们报告说，虽然他们发现肯塔基教学结果信息系统很烦琐，但其收益远远超过了负担（Koretz，Barron，Mitchell，& Stecher，1996）。其次，就如我们在本章中所

265

解释的，与表现性评价有关的成本在过去十年里已经下降了，这让它以某种程度融入州级考试项目的吸引力越来越大。

我们目前的实际考试成本是多少？

虽然成本考虑限制了大部分州的考试设计，但各地区和学校目前都加大了投入以提高考试成绩。近期有两项独立的研究，分别来自评价解决方案集团和布鲁金斯研究所（Brookings Institution）。它们估算了各州英语语言艺术和数学考试两者合起来的成本，估计其平均总成本为每个学生 25～27 美元。这个估算的值域很宽：有几个州汇报其费用为人均 10～15 美元，有的州则汇报说人均超过 50 美元（Chingos，2012；Topol，Olson，Roeber，& Hennon，2013）。布鲁金斯研究所的研究发现费用最低的是俄勒冈州、佐治亚州以及加利福尼亚州。居于费用较高一端的马萨诸塞州使用了更多开放式问题，费用为生均 64 美元；而小小的夏威夷州则达到了生均 100 美元（Chingos，2012）。

布鲁金斯研究所的研究估计，NCLB 规定的考试每年需向负责考试的商业机构支付 7.23 亿美元。[1] 加上其他学科和各州内部费用，成本还要再增加一倍多，估计每年达到 17 亿美元。虽然这是个大数目，但它也不过是每年全国"K-12"教育费用的四百分之一而已。

除了这些成本之外，一些州以及州内绝大部分地区都投入了大量经费，用于中期评价和基准评价、备考材料和项目以及为提高分数而开展的干预活动。近期，评价问题解决集团（Topol et al.，2013）和美国研究院（American Institutes of Research，AIR）（Heppen et al.，2012）分别实施了两项地区调研，他们发现所有调研地区都使用了中期考试或者基准考试，这些考试往往由一个供应商负责开发或者是与一个供应商合作开发。

266　　这些考试的成本也很受瞩目。例如，有一个广泛使用的在线中期考试，其年度生均成本为 12.5 美元（伊利诺伊州教育厅，2011）。各地区还要为数据管理系统以及往往是为提高分数而设计的备考材料支付费用，备考项目的成本从生均 2 美元到 8 美元不等。[2]

ASG 发现，基于 189 个地区以及一个资助了全州中期考试的州的数据，2011 年的中期考试成本从生均 6 美元到 60 美元不等，均值为每个学生 17～18 美元。根据 ASG 的估算，州级考试和地区基准考试中的英语语言艺术和数学考试的平均成本为生均 42 美元左右。这些估算还都没有包括备考材料和员工们用于开发、实施以及进行数据分析的时间，也没有包括与评价有关的专业培训时间。托普和他的同事们（2013）指出：

> 总的来说，大部分州和地区用于每个学生考试［英语语言艺术和数学］上的费用为 35～55 美元，不包括任何相关人力资源或者其他用于考试和备考的时间、专业培训、数据分析，以及为提高分数而设计的干预措施和额外教育服务等。这些活动的目标都是相对狭隘的学习，这种学习与目前要求学生们习得的技术和能力之间的关系令人怀疑。总而言之，这些总数达到几十亿美元的教育投资可能并没有充分利用《共同核心标准》和 21 世纪技能所要求的教学方式。

附录 D 展示了三个州的相关成本。选择这些州是因为它们反映了当下考试费用的值域范围。加利福尼亚州是目前费用最低的州之一，肯塔基州的费用居中，而马萨诸塞州是费用最高的州之一。简而言之，如表 9.1 所示，这三个州以及当地用于 NCLB 要求的英语语言艺术和数学考试的费用总额为每个学生 30 美元到 87 美元不等，其中肯塔基州为 40 美元，接近全国平均水平。肯塔基州提供的数据没有包括中期考试的额外成本（如数据系统、材料、教师评分等），其他两个州的调研中汇报了这些内容。基于那些计算了这些成本的地区报告，一个保守的估计是，在付给了考试供应商的中期考试成本之上，另外还有 20% 的成本。这就将肯塔基州以及地方英语语言艺术和数学考试的成本提高到了大约生均 43 美元，与 ASG 估算的全国生均 4 美元非常接近①。

---

① 译者注：疑为笔误，前文称 42 美元。

表 9.1　州级测试以及地方中期考试的成本估算

	加利福尼亚州		肯塔基州		马萨诸塞州	
中期考试 成本	14.71 美元		15.04 美元[a]		23.39 美元	
	所有考试	ELA 及数学	所有考试	ELA 及数学	所有考试	ELA 及数学
州测试成本	19.64 美元	16.63 美元	51.68 美元	24.95 美元	NA	63.75 美元
州和地方成本	34.35 美元	31.45 美元	66.72 美元	39.99 美元	NA	87.39 美元

[a] 肯塔基州的中期考试估算来自该州一个数据库，没有包括直接付给供应商的费用之外的部分（例如数据管理系统、教师评分等）。

这些估算都没有包括各州以及地方政府用于考试准备的材料（生均 4 美元左右）以及与考试实施和评分有关的人员成本（至少生均 5 美元）。加上这些成本以后，各州和地区用于英语语言艺术和数学科目的平均成本就超过了生均 50 美元。（见表 9.1）

高利害问责系统带来的应试教学压力，使得这些额外的中期考试和基准考试成了必不可少的部分。让人倍感讽刺的是，这些备考、中期考试以及终结性考试加起来的成本与运行一个更高质量的、让学生们参与到更有挑战性的表现之中的形成性评价的成本非常接近。然而，大部分情况下，目前的考试支出却没能提高评价质量或者推动更高质量的教学，因为它们关注提高当下州级考试中的分数，而这些州级考试测量的大多是非常低级的技能而已。

这就提出了一系列很重要的问题：我们的学校有没有能力提高考试质量？可不可以通过一个更加整合的、质量更高的评价系统，更好地经营有价值的资源？特别是当前那些缺乏协调、散乱琐碎的资源可以不可以协调起来，互为补充，共同聚焦于高阶技能的评价活动？

268
让高质量评价的收益成为现实

为了让高质量评价的收益成为现实，就必须清楚了解如何才能让各州和地区学校系统都能负担得起这些评价，使它们真正可行。要做到这一点需要：

　　• 有高质量评价系统的视角，明白它可以如何运作以强化学习

- 利用协作组织和科技来节约成本

- 采用有利于教师学习和教学改进的方式让教师们参与评价评分

- 有策略地综合州以及地方资源，合理、连贯地投资高质量评价

培养高质量评价系统的视角

多年以来，全美各州教育主管理事会（CCSSO）一直在和关键利益团体合作开发一系列学生评价原则。这些原则建议学生评价程序应该被视为一个系统，为不同目的提供支持，例如提供教学信息、判断进展、测量成就以及提供问责所需的信息等。CCSSO 的一份报告列出了高质量评价系统的关键要素：

- 用标准来引导一个整合了课程、评价、教学以及教师发展的系统。形成性工具和中期评价以及终结性评价一起，与一个共同的课程观相联系并与职业学习紧密结合。这样，所有与学校工作有关的信息都彼此一致，指向同样的方向。

- 州级评价和地方评价相互合作并取得平衡，为学生在挑战性任务上的表现提供证据，评估他们运用知识和技能的能力。州级评价和地方评价一起，评估一系列广泛的、可以推广到高等教育和职场去的能力。该评价系统应该评估学生的下列能力：寻找、分析并且使用资源，采用多种形式交流，使用科学技术，与他人合作，以及界定并解决复杂的问题。

- 教师们作为重要成员参与课程开发以及评价开发与评分。这些评价系统能够提高教师们的能力，来帮助学生们做好准备应对大学和职场的要求。它们通过让教师们参与协调评分过程来帮助教师们深入理解标准，并开发出更强的课程与教学。

269

- 评价都是为了改善教与学。成功的系统都强调评价的质量而不是数量。它们投资一系列形成性和终结性的方法，支持在课堂里学习更复杂的智力技能。评价要"作为学习"、"关于学习"以及"为了学习"，就必须做到以下几点：（1）使用嵌入课程的评价，提供好的课程设计和评价模板，推动不同班级课程的平等性，使得教师们可以通过评估学生的学习来辅助制定教学决策；（2）仔细研究学生作业以及评分成了职业发展持续进行的源泉；（3）使用学习进阶，让教师们看到学生在不同学习维度上的状况，

并为他们的发展提供策略支持。

　　•问责系统的设计可以用来评估并鼓励不同维度的学生成就。学生评价和学校问责评估都要基于多种方法。除了考试数据以外，学校指标可能还包括学生参与过的有挑战性的课程、在校期间的进步、毕业率、大学入学率、公民素质、安全友善的环境以及校园改善等。在对学校进行评估时，许多国家都会考虑去学校视察的结果。专家们会仔细检查教师上课、学生学习以及学校的运行情况，判断学校的需求，并提出目标明确的改善计划（Darling-Hammond，2010）。

让高质量的评价负担得起

　　由于一些领域的近期发展，全新的方法让基于表现的评价在经济上更加可行。例如，基于计算机的开放式问题和任务评分取得了新进展，教师评分出现了更加经济的办法，电脑实施评价以及各州通过加入协作组织得以实现的规模效益都可以节约成本。

270　　在一项近期研究中，ASG 发现高质量评价（即那些用开放式题目和表现性任务替换掉一半常规选择题的评价）的成本可以通过下列方法大大降低（Topol et al.，2010）：

　　•加入一个州际评价协作组织

　　•使用在线评价

　　•基于计算机来对开放式问题和任务评分，或者付给教师们职业培训补贴来使他们参加评分

　　基于 ASG 在 2010 年收集的数据，如果将所有节约成本的方法都用上的话，一个州用于实施高质量评价的原本 55 美元的成本估算可以降低近一半（Topol et al.，2010）。这样看来，提高评价质量就是一个可以实现的目标了。图 9.2 显示了所分析的不同模型下的生均总成本。可以看出，高质量评价的生均总成本几乎是传统评价的三倍（差不多是 56 美元对 20 美元）。这主要是因为高质量评价中对建构—应答题和表现性题目的评分增加了成本。然而，这些题目可以由教师而不是商家来评分。如果是采取付给教师津贴的方式，那么总成本可以降低大约 25%；如果教师用于此处的时间已经计入了其他已付费的职业培训时间中，成本可以降低一半。

　　加入一个评价协作组织可以极大地降低总成本。相比 10 个州来说，更大的协作组织可以实现更大的节约。不过获得节约的程度与州数目增加之间并不是线性关系。有人分析过多种不同的在线评价策略，发现它们对于降低高质量评价的成本还有一些额外的效益。一个包括 30 个州的协作组织综合运用所有降低成本的策略后，尽管还支付了教师们每日 125 美元的表现性任务评分津贴，生均成本却只有 21 美元，和一个典型的州目前花费在以选择题为主的评价上的费用接近。

　　在这些估算中，最大的节约来自两个部分：成为一个跨州协作组织的一分子，通过让教师们评分来分担部分固定成本；提供在线评价的方法而不是纸笔评价的形式（就如上述两个新评价协作组织计划要做的一样）。

271

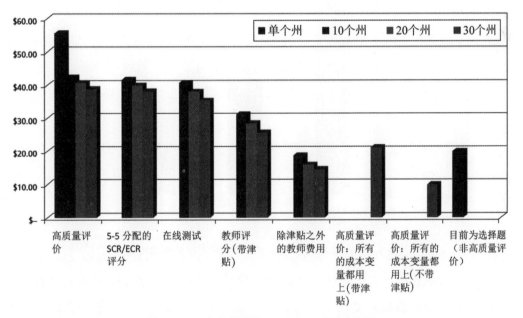

图 9.2　一项高质量评价（HQA）的生均开销

　　对部分题目采用电脑评分方法（机评）也可以节约成本，最近几年这类软件已被全面研究过。研究发现，对部分题目进行机评的结果可以与人工评分的结果相媲美（见本书第五章）。目前，基于电脑的人工智能评分（AI scoring）在以语言学特征为主要评分要素的拓展类建构—应答题和短文写作上的效果要好过其他题型。后者包括简短的开放式问答题、要求评估所给概念之间关系的题、要求评估具体而复杂的信息正确性的题，以及那些用不同方式呈现想法的题（如数学建模任务要求用图形、书面以及公式作答）。开发每道题的评分计算程序，成本相当高。这个过程往往

272

需要大量的人力参与评分，然后分析评分要素，最后"训练"评分机器。如果使用得当，基于人工智能引擎的计算机评分比培训教师进行人工评分要便宜。不过，这两种方法都比让商业机构来评分更便宜（Topol et al.，2010）。

的确，我们有望实现成本节约，以比每个州单独行动要低得多的价格来实施高质量评价了。最近，益智平衡评价协作组织和PARCC向各州公布了一些评价系统的成本预算。这些系统中既有形成性评价和中期评价工具，还有更多基于表现的题目，它们的预算比大部分州目前用于低质量考试的成本要低廉很多（图 9.3）。

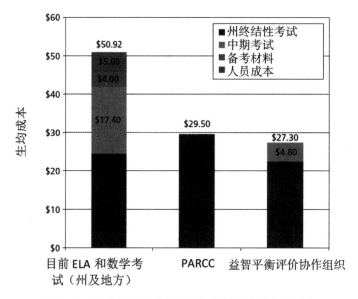

图 9.3　州以及地方 ELA 考试和数学考试的生均成本

随着时间的推移，人工智能评分的成本效益会更上一层楼，同时还能兼容足够复杂的题目来测量课标的要求。要达到这一步尚需更多研究，而且要紧密结合人类评阅复杂任务的丰富经验。毕竟，就是对这些评分经验的分析提供了训练 AI 引擎的方法。当时以及事后，让教师们参与表现性评价评分，益处多多。

确保高质量评价的可行性

如果我们认为评价系统应该鼓励采用学生日后成功所必需的学习类型，那么弄清楚如何开发并使用劳伦·瑞斯尼克（1987）称为"值得一教的考试"就非常重要了。要实现高质量评价的收益并使它们在美国行得通，起码需要两个东西。

273　　第一，必须设计策略让教师参与评分，以增加收益，降低高质量系统的成本。

许多国家那些高成就的系统都是通过让教师参与评价开发、审核、评分以及使用评价结果来提高表现性评价的收益，抵消部分成本。评分可比性则可以通过使用标准化的规则来实现，培训、协调以及审计系统也为评分的一致性提供了支持。在协调过程中，教师们学着按标准标定各自的评分，这是一个非常有意义的专业学习经历，使得教师可以深入理解课标以及课标要求的学生表现。这些可以激发有关课程和教学调整的讨论。随着教师在使用新评价方法以及设计课程上变得越来越熟练，他们在按标准教学时也会越来越高效。这样一来，评价系统就可以提高教师的能力，他们才可以帮助学生为这个新世纪和全球化社会的大学和职业要求做好准备。

　　这些教师评分策略与美国目前使用的大学课程先修项目（Advanced Placement，AP）和国际文凭项目（International Baccalaureate，IB）的策略相似。其他类似的还有如康涅狄格州、肯塔基州、缅因州、马里兰州、纽约州以及佛蒙特州在 20 世纪 90 年代所用的一些前沿评价系统中的策略。研究这些系统的结果发现，它们都支持了教学发展以及学生们在高阶技能评价结果中的进步（见本书第七章）。 *274*

　　同欧洲和亚洲的国家采取的做法一样，纽约州长期以来一直都在使用含有开放式写作和任务的高中毕业会考（Regents Examination），并且留出工作日专门用于教师评分。其他州的职业培训时段也都含有让教师评分的部分，他们都知道教师在评分和汇报的过程中可以了解自己的学生和自身教学情况。

　　表 9.2 展示了三种评分假设下的评价成本：传统的让考试机构评分的方法，以每小时 125 美元的价格给培训过的教师们付费评分，以及作为计划中的职业培训部分让教师们参与评价。该表显示如果请各州的教师们来评分，而且如果这些评分的成本与职业培训预算关联起来，那么评价项目的成本就可以大大降低。这些成本在成员更多的协作组织中还可以进一步降低。请教师们对表现类题目评分，不论是计入薪酬职责或者是归于职业培训要求，都会带来显著不同：对于有 10 个成员州的协作组织来说，生均成本可以降低至 18.17 美元；对于有 30 个成员州的协作组织来说，可以降低至 14.57 美元。即便付给教师们每日 125 美元的津贴，成本也大大降低：有 10 个成员的协作组织生均评价成本为 31.17 美元，而 30 个成员的协作组织成本为 25.71 美元。对于超大协作组织来说，25.71 美元的生均评价成本是目前高利害评价中比较居中的数值。

表 9.2　不同教师评分假设下的评价成本

协作组织大小	签约商成本（现场评分）	教师津贴（125 美元）	教师职业培训评分
10 个州	42.41 美元	31.17 美元	18.17 美元
30 个州	38.83 美元	25.71 美元	14.57 美元

各州可以通过有创意地利用已有的职业培训日或者激励措施，来负担起开放式评价的评分。激励措施可以如：作为继续教育的规定，要求教师参与评分和课程与教学的讨论，计入学分。这就将职业培训和评价预算统一到一个连贯的项目中，可以帮助教师们改进教学、评价以及标准实施。

如前面已经提到过的，我们可以用科技手段实施评价，让新评价更加高效且低廉；有时候也可以借助科技手段来评分；还可以在线将回答呈现给接受过评分培训的教师，这样他们就可以在电子平台上进行评估。这个平台还可以为评分员的标定和分数协调提供支持。这些技术都已经用到了国际文凭项目以及中国香港的评价系统中，这两者的考试系统中都含有开放式考试以及课内论文和项目。

为了同时获得机器评分的成本效益以及教师实施评分的学习效益，我们可以开发出一种混合系统。恰当的时候，建构—应答题可以采用基于计算机的评分，而教师们则可以出于定锚（anchoring）或者学习的目的，对其中部分任务进行人工评分。与此同时，教师们还可以参与评价那些需要更细微的专业判断的任务，这也有助于支持那些关注更有挑战性的学习形式的教学。

第二，要实现高质量评价的效益并且让它们在美国可行，还需要采取策略将资源合并起来，建设一个既有形成性评价又有终结性评价，还能体现出高阶技能的综合性系统。

虽然目前有大量州以及地方资源投入到了考试之中，但由于他们几乎都是关注如何提高低级技能考试中的分数，这些投资普遍没能促成更高质量的教学或者评价。此外，州、地区以及学校的投资散乱无章，各自为战，因此没有带来协调一致的努力或者规模效益。

各州的目标应该是创建一种类似其他国家已经建设成功的教学系统，为课程、教学、评价和教师发展提供一种综合手段。PARCC 和益智平衡评价协作组织这两个新的评价协作组织可以算是朝着这个方向迈出了第一步，因为它们旨在建设一个连贯的体系，不仅有形成性的证据，还有中期评价和总结性评价，而且更多地关注高阶技能。

　　为了好好利用这些可能性，提高学习质量，各州不能仅仅将他们在课程标准上的投资视为本州预算中的一个项目而已。他们需要联合不同部门共同计划，将课程、 *276* 评价以及职业培训的资源整合起来，让它们互相促进。

结论

　　美国考试被频繁和廉价的要求与压力推动着，研究已经发现大部分州的考试几乎完全是那些测量着低级技术的选择题而已。教育者和决策者们明白，评价必须与时俱进，以便为大学和职场准备提供支持。为了满足知识经济的要求以及新的《共同核心州立标准》所体现出的新期望，评价必须更好地体现出多种更为复杂的能力。

　　目前，就平均而言，各州的考试系统用于英语语言艺术和数学考试的生均成本为 25～27 美元。然而，满足问责要求的压力使得各州以及地方政府都增加了中期考试和基准考试，用于数据系统以及考试准备方面的费用也在提高。综合起来，这些支出目前的生均值接近 50 美元。

　　这些资源其实也还不到生均总费用的 1％，却足以支持包括了批判性思维和问题解决技能的更高质量的表现性任务评价，如果它们重新调整一下的话。为了调整我们目前的评价系统，各州以及各地区需要综合使用下列策略来助力高质量的评价：

　　　　·成本节约，例如由州际协作组织、在线实施以及采用教师和计算机对开放式任务高效评分所带来的规模效益

　　　　·资源的战略性再分配，尤其是对那些目前由州和地方考试零散地使用着、因而未能用于改进评价质量的资源进行重新分配

　　　　·利用职业学习时间和激励措施来鼓励教师们参与评价评分、开发和使用。这些可以带来双重收益，既能改善教学又能更有效地利用资源

　　决策者们要面临的问题从"我们能否负担得起针对深度学习的高质量评价"变成了"我们能否承受得起不提供高质量评价的后果"。答案是：我们需要评价深度学习，以激励学生们培养知识经济所需的技能，这是我们国家具备全球竞争力以及长治久安的前提。

277 ## 第十章　建设深度学习评价系统

大卫·康利　琳达·达令-哈蒙德

教育标准和评价改革是世界各国一个经久不衰的主题。为了跟上那些在此方面似乎无休止地领先于美国的国家，作为其中一个举措，美国政府和各州学校的主要管理者们一起颁布了《共同核心州立标准》以明确现代社会成功所必需的素养和数理技能。这个目标对于教学和考试都产生了深远影响。正如奥巴马所说，切切实实做好大学与职场准备并融入当今民主社会需要的绝不仅仅是能在考卷上"圈出"答案来。学生们必须有能力在新的环境中发现、评估、整合并运用知识，要界定并解决非常规的问题，还要能够提出研究成果以及解决方案。日新月异的工作环境越来越要求学生们展示出成熟的思维技能、解决问题的能力、制订策略的能力以及沟通能力。

278　　高校教师们还发现，新生刚入校时在批判性思维和问题解决方面显得非常不足（Conley，2005，2014）。这些技能无比重要，然而教育政策系统以及更上层的政治系统却没能有效推动它们在美国学校的发展和应用。十多年来，基于考试的问责制将目标狭隘地锁在了阅读和数学上，这的确使得学校非常强调这些科目的重要性，然而在这个过程中，从学习基础技能到更复杂地应用技能的那种自然而且必要的发展被中断了。很遗憾，目前政策系统中还没有多少教育激励措施可以帮助学生们培养这些技能。我们需要新的课程、评价以及问责系统来确保学生有机会学习他们必须学习的技能，以便真正为进入大学和职场做好准备。

评价我们的过去和未来

前面几章已经讨论论过，由于高利害考试广泛使用了选择题，其结果就是课程被窄化。因为集中注意力于备考，一些技能更加不受重视了，比如写作、口头交流、复杂问题解决以及需要评估证据并且应用知识的探索活动等（Darling-Hammond & Rustique-Forrester，2005）。

不过，此后出现的《共同核心州立标准》给了州立法官员、州长以及教育领袖们动力，促使他们重新思考对于公立学校的期望。这是一个公开讨论如何评判学校的时代，也带来了很多新机会去思考学生应该知道什么、可以做些什么以及怎样才能测量这些东西。

美国教育部支持灵活处理《不让一个孩子掉队》的关键部分，教育部的这个努力可能能增加上述机会。这种灵活政策为那些含有更富雄心的学习目标和新型问责架构的评价系统打开了大门。44 个州申请了灵活政策，而截至 2014 年 1 月，其中 42 个州的申请已经获得了批准。分析这些豁免和灵活政策的申请，可见各州的首要目标都发生了转移，其中一个新目标就是强调要将大学和职业准备作为州教育系统工作的重中之重。

与实施《共同核心州立标准》同步进行的是那些用来测量它们的评价的设计开发工作。两个正在设计新评价系统的协作组织承担了这个颇具挑战性的任务：他们正在尝试用一套考试来测量所有的共同核心标准，包括 113 条英语语言艺术/素养标准以及 200 条数学标准。考虑到这些标准的认知复杂度，这个任务尤显艰巨。何况这些标准中有很多只能结合表现性标准才能定义，而这些表现性标准还要描述出最终用以教授它们的课程作业的必要挑战级别。 *279*

《共同核心州立标准》旨在描述学生们为做好大学和职场准备所必需的大部分阅读、写作、语言以及数学知识和技能。然而，它们并没有宣称能应对高等教育成功所必需的一切，比如人际交往能力、毅力、韧性以及学术思维等那些被发现与学术技能一样重要的东西。此外，协作组织设计的评价也不能评价共同核心标准中的很多重要标准，包括口头沟通、合作以及开展拓展性探究和解决问题的能力。最后，它们也不打算测试英语和数学技能在其他学科领域的应用，或者明确其他核心学术课程的标准。因此，我们需要更多的评价方法来度量大学和职业准备所涵盖的全部知识和技能。

定义大学和职业准备

大学和职业准备是一个复杂的构念。康利（2014）提出过一个模型，其中包含
17 个方面共 41 个要素，可以归纳为四个"关键"：关键认知策略，关键学科知识，
关键学习技能和技巧，以及关键过渡知识和技能（图 10.1）。

图 10.1　大学和职业准备的四个"关键"

无论题型如何新颖，没有哪一个考试可以应对这些变量中的全部或者大部分。
更重要的是，它们中有许多应该在低风险的环境下来测量：学生们应该获得反馈，
知道自己所对应的大学和职业准备目标的相对位置；考试的目的不是将他们分类或
者阻断某种益处，如参与某个项目、课程或者获得证书等。下面这些重要的共同核
心标准的本质就决定了协作组织的评价无法直接测量它们：

- 开展拓展性研究，使用多种形式的证据
- 交流想法——使用口头或者多媒体形式来讨论或呈现
- 与他人合作解释或者解决一个问题
- 计划、评估以及修改解决策略
- 在科学、技术以及工程环境中运用数学工具和模型

从这些例子中，我们可以看出，对于一个计划攻读学士学位或者获得某个职业证书的学生来说，这里的许多标准对于他们做好充分准备都非常重要。显而易见的是，这些标准需要更多的评价技术来测量，而且其中很多技术只有在课堂环境中使用才最有效。例如，要评价学生实施研究以及综合分析信息的能力，最好的途径是写一篇研究论文。计划、评估以及修改解决策略的标准要求有一套包含了多个步骤的流程，证据会在这个流程的多个阶段产生。设计和使用数学模型类的任务自然最容易出现在其他学科领域，例如自然科学、社会科学以及工程学等。这些学科里的复杂问题往往立足于真实的生活情境。

这些做法所产生的丰富的教学经历和成果应该可以为教学和学生进步提供有用信息。它们不是仅仅提供了一个从校外发回校内的两位数的分数而已，这种数字几乎不能解释学生们的实际收获。虽然上述成果可以用于终结性判断，它们应该也可以用于形成性的目的，帮助教师们理解学生的思维和表现，帮助学生们理解可以如何继续修改并完善自己的成果。

这些新兴评价在提供许多机会的同时也带来了挑战。以这种规模来开发和实施评价的过程本身就提供了一个千载难逢的机会，让我们重新思考各州应该如何支持和评估本州学生的学习。每个州都可以考虑跨越那种由大量重叠、繁重或者散乱无章的考试组成的评价系统，去采纳一个基于多种方法、能够服务于多个目的、提供了全面有效的关键数据的评价系统。而所有这些目标当中，最关键的就是要能让教师们改进教学，让学生们获得学业进步。

开发评价系统

评价系统的设计也要有策略，以便为不同的对象提供目的不同的信息。这些对象包括：学生、家长、教师、管理人员以及课堂、学校、地区和州级政策制定者们。一个评价系统可能会包括为决策者们提供信息的大规模评价（这些评价有时以取样为基础，而不是每个学生都测到），也可以包括更丰富的校内评价和课堂评价。后者提供了更多更细致的信息，可以指导教师们编写课程和教学计划，引导学生们修改自己的作业并确定学习目标。

大学和用人单位既可以从终结性数据（例如平均绩点或者考试分数）中获益，有些情况下也能得益于更复杂也更真实的学生作品样本，如短文或者其他写作样本、学生设计或者制作的成品以及彰显他们思维的展示。

282

在描述它们的新型评价框架时，新罕布什尔州教育厅提道：

> 综合评价系统一般定义为多层级的评价，目的是给不同的用户提供信息，满足不同的要求。最重要的是，课堂和校本评价中收集的信息要能补充州层面的问责信息，而州级评价应该提供有价值的信息来评估地方教育项目并指导教学实践。此外，大规模评价应该能指明与标准目标一致的那类学习预期并展示我们希望在课堂中见到的学习。

新罕布什尔州方法的一个核心观点就是：大规模评价应该点明重要的学习目标，与理想的课堂教学类型和谐相容，并且要和地方评价一起提供必要的信息。

目前许多州的考试管理缺乏这样的连贯性和纽带，因而未能测量更深层次的学习技能。然而，有一些州在 20 世纪 90 年代就已经开发出了周全的评价系统，世界上更有许多国家有这类稳健的系统案例而且已经运行了很长时间。

州级系统样例

第二章以及第三章已经描述过，在 20 世纪 90 年代一些州就曾经开发过基于标准的课程和评价系统。这些系统中既有大规模的定制考试，也有基于课堂的要学生们完成表现性任务的评价。前者涉及好几个学科，通常是每个学段考一次（三年级至五年级，六年级至八年级，以及九年级至十二年级）；后者包括科学探究，研究、写作和艺术项目，以及长期收集的用以展示具体能力的学生作业档案袋。

这些系统计划给不同的利益人群提供不同种类的信息。定制考试通常包括选择

283

题和简短的建构—应答题，以及用来评估写作能力的较长的论文。这些分数可以知会州以及地方决策者们，使他们了解学生在关键领域里的表现。

除了这些成分以外，康涅狄格、缅因、马里兰、纽约以及佛蒙特等州还让学生们参与到历时更久（一节课到几节课）的课堂评价任务中来。这些任务由州里设计，地方管理和评分，并辅以评分协调过程以确保一致性。马里兰州通过矩阵取样得以

使用大量任务：不同学生完成不同的任务，然后全区或全州的结果合并起来，用以汇报不同方面的学习情况。这些信息可以从所有任务中采集而来。

明尼苏达、俄勒冈、威斯康星以及怀俄明等州采用了更加个性化的学生学习档案，允许学生通过地方设计的表现性评价来展示具体能力。明尼苏达州的学习档案从十个方面规定了毕业就绪的预期，这些都没有在州基础技能考试中考到。例如，在社会研究领域，有关探究的标准可以通过分析一个问题来达到：学生们需要研究一个问题并评估所提议的立场或者解决方案。他们需要收集有关信息，分析所提方案的可行性和实际可能，比较其他选择以及它们各自的预期后果。俄勒冈州的初级和高级合格证也包括了类似任务，学生们可以完成这些任务以展示他们在不同领域的能力。之后，这些可以记录在毕业证上。学生们可以通过这些展示方式来满足俄勒冈州公立大学基于能力的有关入学要求。

罗得岛州和纽约州的毕业档案袋则在这个想法的基础上更前进了一步。例如，纽约州表现性标准协作组织由几十所高中组成（目前已经推广到了其他州），他们获得了州里的豁免许可，学生们可以完成一个毕业档案袋来替代部分毕业会考。这个档案袋包括了一套庞大的表现性任务：一次科学调研，一个数学模型，一份文学分析，以及一篇历史/社会科学研究论文。有时候还会补充其他任务，如一次艺术展示或者分析一次社区服务或实习经历等。这些都符合共同标准的要求并采用通用的评分准则来评估。最近，新罕布什尔州的毕业要求里增加了一个技术档案袋，允许学生们收集材料证明他们达到了该领域的标准。佛蒙特州和肯塔基州在全州低年级写作和数学学科上也使用了档案袋，也是由教师们协调评分。

284

国际系统样例

拥有高效教育系统的其他国家一般都混合使用了多种测量方法，既有基于课堂并采用较复杂的学术任务的评价，也有开放式写作及其他题目类型，可以了解学生是如何完整应用多种知识和技能的（见本书第四章）。

例如，英国、新加坡和澳大利亚的考试系统有一个共同特征，这个特征在全世界100多个国家通用的国际文凭项目系统中也可以看到。学生们一般会根据他们的兴趣和强项选择学科或者选修课程，他们会参加相应的考试来展示自己的能力或者"资格"。这些资格考试既包括职业科目也包括传统的学术科目。考试成绩一部分来自外部开发的"静坐"考试，特色是开放式写作和答题；其余的是符合大纲要求的具体课内任务，占总分的 25%～60%。

这些基于课堂的评价一般是由考试委员会制作，由当地教师按照统一的评分准则进行评分。评分过程包含一个协调步骤以保证其一致性。这些基于课堂的评价形式各异，有的是类似档案袋收集的作业，就像英国普通中等教育证书英语考试所要求的任务一样；有的是用来补充"静坐"考试的一个大项目，就如新加坡高中科学考试所要求的科学调研部分一样（见第四章）。

澳大利亚昆士兰州在三年级、五年级、七年级和九年级举行全国考试，州里则只在十二年级时举行一个参考考试。大部分评价采用全州通用但由地方管理的表现性任务，加上一个丰富的由学校开发的地方表现性评价系统。不过这个系统还需接受州评审团的质量监测和评分协调管理。昆士兰州课程、评价和汇报框架以该州的课程标准为基础，以确保学校之间的一致性。这个名为"关键学术学习要求"（Essential Learnings）的课程标准含有每个学科的单元模板和评价指导，包括不同领域的拓展性研究项目、分析以及问题解决等（见表 10.1）。

表 10.1　昆士兰州的评价系统

	高中前水平	高年级水平（十一至十二年级）
课程指南	关键学术学习要求：范围和顺序指南、单元模板以及可评价要素和质量描述语（规则）	规定每个学科内容和评价的教学大纲
外部考试	全国素养和数理知识测试，三、五、七、九年级举行；集中评分	昆士兰核心技能测试，十二年级举行
地方管理的表现性任务	昆士兰州可比性评价任务：四、六、九年级的通用表现性任务；地方评分	教学大纲中规定的课程评价；地方评分，外部协调
地方开发的评价	地方表现性评价系统；地方评分，外部协调	毕业档案袋；地方评分，外部协调

这类评价任务的目的是培养学生们自主规划学习的能力。随着一次次参与复杂任务的机会，老师们也将学会将这种作业融入课程之中，学生们的学习就会越来越深入。人们期望并且支持学生们逐步发展出日益复杂的、标志着做好了大学准备的技能。例

如，有两项科学通用任务，一项适用于七年级，另一项是为高年级学生们准备的，就清楚地说明了人们是如何期待学生们随着时间的推移而更加独立地进行科学探究。

昆士兰州科学评价：七年级和高年级水平

七年级科学

1～2 天，共 90 分钟。

根据一些给定的背景信息，学生们必须分析并建构两种环境下的食物链。在多个提示帮助下，他们要展示对于食物链的理解以及理解环境变化对于种群的影响。

高年级拓展性实验研究（十一至十二年级）

在四个星期或更长的时间里，学生们必须设计并开展一项拓展性实验研究来验证一个假设或者回答一个实际的研究问题。实验可以在实验室内进行，也可以是田野的。该研究结果要求是一份 1500～2000 字的书面科学报告。

该生必须：

- 设计一个行动计划
- 清楚地表达研究问题并陈述研究目的
- 描述该实验
- 提供设计证据
- 提供收集和选择一手和二手数据的证据
- 执行（一个或多个）实验
- 分析数据
- 讨论实验结果
- 评估并论证结论

在学校内部，教师们一组组按照国家课程指南和州教学大纲（同样由教师开发）来开发和实施评价并对之评分。高中阶段每个学生的作品被收集到一个档案袋里，作为大学准备的首要测量手段。档案袋由评审团来协调评分，评审成员包括来自其他学校的教师和高等教育系统的教授们。有一个州级考试将提供一个外部效度验证，但不作为学生个体的问责测量手段（见本书第四章；Tung & Stazesky，2010）。

这种评价是一种信度和效度兼备的测量手段，因为教育者们已经取得了相当一致的意见，知道在这些论文以及任务中合格的表现看起来是什么样子的。在像荷兰和新加坡这样完全不同的国家里，这种大家脑海里公认的学生任务表现模板也影响着教师们的判断。这些判断从最初的教师教育阶段开始发展，在高质量的课程内评价和评分实践中得以巩固。这些评分实践则以与标准严格匹配的评分指南为基础。

由于综合使用了培训、评分协调和审计，这种系统使得表现性评价的评分信度较高，同时还提供了一个更有效度的方法来评估高阶思维和表现技能（Darling-Hammond & Adamson，2010）。凡是学校系统对课堂层面的评价投入了资源并对课堂表现评价人员有所投入的地方，教师们都练就了更精深的专业技能。这些技能转化成了相同的判断和共同的思维模板，以分辨在复杂的学习活动中，什么是可以接受的学生表现。

这些重视深度学习的评价可以用来指导教学，丰富教学活动。教师们可以通过制订课程和评价计划、对学生作业评分以及集体反思如何改进教学来提高深度教学的能力。学生们可以集中精力执行这些评价任务，修改它们以满足标准要求，并向家长、同学、教师甚至未来的教授和用人单位展示自己的学识。政策制定者们则可以用不同的方式收集、汇报以及分析数据，以此追踪总体趋势。

评价系统为何重要？

学生们必须掌握广泛的技能才能在高职院校以及未来生活中获得成功，而探测这些技能需要有一个评价系统。这个系统的重要性体现在多个方面，比如高质量的评价系统要能提供多种信息来满足不同的目的需求且不扭曲课堂教学。评价会或好或坏地影响教学，然而目前大部分州的考试都倾向忽视这些效应或者只是期待着好的结果。虽然不是所有考题都能模拟高质量的学习经历，但是一个既有传统"静坐"评价又有课堂评价的系统应该可以给教学带来更多正面效应。

此外，研究发现，随着教师们设计和评估高质量评价的经验越来越丰富，他们也越来越有能力设计并提供高质量的学习体验。这是因为他们能够更准确地理解什么样的任务可以诱导出有思想的作品，学生们在完成这些任务时是如何思考的，以及质量标准是什么样子的（见本书第七章）。许多州在数学和英语语言艺术学科使用了表现性评价。研究发现，在这些州里，教师们将更多的时间用在了问题解决、数学沟通、写作以及要求复杂思维的作业上（Stecher，Barron，Kaganoff，& Goodwin，1998）。

丰富的表现性评价给了教师们工具以研究学生们的作业，教师（以及他们的学生们）因此可以洞察学生在具体的学科领域是如何学习的，以及可以怎样帮助学生改善这种学习。使用表现性评价可以改进教学，因为它们可以示范有价值的任务和预期，将评价融入课程，并且培养教师理解如何解读并回应学生的学习。 *288*

不过，就目前来说，美国的考试还发挥不了这些功效。由于它们一般局限于选择题和简答题，因此它们不能给教师提供有关学生如何思考以及他们懂得什么的有价值的信息。它们不能给高等教育机构多少依据，判断学生为大学学业准备得如何，也不能给潜在的用人单位提供有关职场工作的准备情况或者具体的技术技能信息。

目前比较有名的测量工具，如学术能力评估测试（Scholastic Assessment Test，SAT）和美国大学入学考试（ACT），有一定的预测价值但却不能提供很多可以付诸行动的信息。这些考试在明确与特定分数有关的知识和技能方面已经有所改善，然而，它们不能诊断学生们在考试前后应该做什么以便更好地为进入大学学习做好准备。而且由于它们不测量研究、沟通或者解决复杂问题这类技能，因而也无法表明学生们在大学取得成功所必需的这些关键领域准备得如何。就如世界其他地方所做的那样，在可以直接用一流方法衡量学生作业的时候，我们的目标就不应该只是编出一些较好的二流方法。虽然 SAT 和 ACT 可以为评价系统出力，但教育者们应该将更多精力放在测量那些可以直接体现学生具备在大学获得成功所必需的技能的表现上。

协作组织评价计划要更直接匹配高等教育对于英语和数学预备的期望。不过，由于《共同核心州立标准》只体现了完整的大学和职业准备预期中的一小部分，那些只依赖入学考试和新的 CCSS 评价的州实际上是拥有了两套重复测量同一领域的考试。它们一起使用也不能检测所谓准备就绪的所有重要方面，我们也无法对之采取行动来指导教学。

一套评价模型系统可以让我们更深入地了解大学和职业准备情况，这样也更灵活，因为它允许各州集中他们认为能衡量更多更复杂的知识和技能的最佳工具，并可以用更接近高等教育环境的方式来应用它们。

这样的系统可能始自一套为新的共同核心标准制订的评价，该评价可能是由一个 *289* 跨州协作组织，比如大学与职业准备评价协作组织（PARCC）或者是益智平衡评价协作组织（SBAC）来设计。之后，这些协作组织可以采取策略设计出多种方式来开发、强调或者审视整套共同核心标准。除此以外，如图 10.2 所示，他们还需要关注许多其他大学和职业准备所需的技能，这包括除英语和数学以外的其他学科知识、关键认知策略、关键学习技能和技巧以及过渡性知识和技能等。

图 10.2　待培养和评价的能力

戈登未来教育评价委员会最近公布了一份报告（2013），该报告由美国课程、教学和评价领域的顶级专家们执笔，它是这样来描述新评价的关键目标的：

> 为了达到共同核心所确定的学习目标，评价必须涵盖日益复杂且变幻的世界要求的所有能力。好的评价可以引导教师行动，帮助学生们衡量自己的进步，从而加速习得这些能力。为此，评价涉及的任务和活动应该是值得师生们关注并投入精力的典型范例。委员会呼吁各个层面的决策者们积极参与，以实现目前评价实践所急需的转型……评价系统［必须］能稳健推动教学改革以达到这些标准要求……并为教师提供有关学生学习的有用证据……最后，评价的重要性还体现在它们不仅仅是要记录学生们能做什么以及知道什么。为了让它们尽可能有用，评价还应该提供线索以了解学生们为什么会这样想、他们学得怎么样以及产生错误理解的原因。

这份报告之后，一个由 20 人组成的评价专家团还提出了一套高质量评价的标准（见本书第一章）。专家们指出没有哪一个评价可以评估我们所看重的所有类型的学习，也没有哪一个工具可以满足家长、教育实践者和政策制定者们的所有目标，因此他们建议采用一个协调评价系统，针对不同的目的使用不同的工具。如，形成性和终结性工具一起，以及诊断性和大规模汇报用的工具一起，等等（图 10.3）。这些评价应该通过在真实生活中的运用，而不是通过虚拟情景来评价高阶认知技能；它们应该以其他教育领先的国家为基准；应该使用有教学敏感性和教育价值的题目。此外，它们还必须具备信度、效度和公平性，包括对学生学习和教学质量能带来正面效应的使用方法。

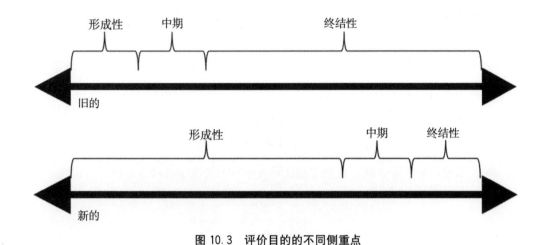

图 10.3 评价目的的不同侧重点

来源：保罗·莱瑟，私下交流，2013 年 9 月 3 日。

各州可以如何开发评价系统？

291

各州在探索开发评价系统时，必将要考虑如何满足不同利益人群对于有价值信息的需求，首先是学生，其次是为他们的学习提供支持的教师和家人们，最后还有政策制定者们。政策制定者需要了解如何在学校、地区以及州级层面投资以改善教学。除此以外，用人单位和高等教育机构需要了解学生在高中毕业后以及进入大学或职场时所掌握的知识和能力情况。最重要的是，这些信息应该是对这些目标而不是某个遥远的近似目标有意义；它们应该鼓励那些有成效的、的确可以支持学生们将其转化用于新情况下的深度学习的教学。

在探索开发新评价系统时，各州应该：

- 定义大学和职业准备
- 评估现有系统和理想系统之间的差距
- 明确州以及地方评价政策的目的
- 考虑一系列应对不同目的的评价
- 明确评价需要为不同用户生成的信息种类：

- 决策者（州以及地方）

- 学生和家长

- 教师

- 高等教育机构和用人单位

- 开发能够描述学生能力和成就轮廓的评价

- 用一个富有成效的教学系统将评价与课程、教学和职业培训联系起来

- 创造一种问责系统，鼓励那些做好大学和职业准备所必需的学习与实践

新罕布什尔州就是这样一个例子，该州目前就有一个开发评价系统的周到计划。

292

新罕布什尔州新评价系统的设计

为了确保学生为大学和职场做好准备，新罕布什尔州已经着手设计一个将课程、教学和职业学习紧密联系起来的评价系统。除了益智平衡评价里的英语语言艺术和数学考试以外，这个系统还将包括：各个核心学科的一套高质量的通用表现性任务、地方设计的评价以及质量保证建议，确保问责系统合理性和评分员信度的区域评分会议以及地区同行评议审计，基于网络的地方和通用表现性任务题库，以及为各校提供支持的评价实践专家网络。

该州认为一个与传统考试互补的成熟的表现性评价系统可以促进教学的改善，因为它们"鼓励使用真实、基于探究的教学，复杂思维以及知识应用……〔而且〕刺激了那些有利于学生学习丰富的知识和技能的教学与评价类型"。该系统还围绕评价的设计、实施和评分来组织专业培训，借此提高全州教育者的专业技术水平。这些做法也提供了良好的教学示范以及教学上的深刻见解。

人们希望地方评价系统收集的信息，包括通用的以及地方开发的表现性任务，可以用到学校、教育者和学生的问责制度中。与此同时，大规模评价系统可以提供信息支持学校的问责决定，或者可以增补教育者的问责决定。为了实现这一点，在三年（2013—2015）的时间里，该州计划：

续

293

> • 开发大学和职业准备能力，体现出英语语言艺术、数学、科学、社会科学以及艺术等核心学科的高阶思维技能和表现技能
>
> • 用这些能力来指导开发这些学科在每个年级段（幼儿园至五年级，六至八年级，以及九至十二年级）的全州通用的表现性任务，且辅以指南、工具、评分准则、学生作业锚题以及数据报告等。每个任务都被设计成嵌入课程的多步骤复杂作业，用以测量学生学习的深度及其应用能力
>
> • 设计一套流程、工具和方案来支持地区和学校的高质量地方评价任务的开发和效度验证，同时指导教师们如何用这些来增强课程与教学
>
> • 收集通用以及地方开发的任务，形成一个基于网络的题库，题库中的表现性任务都需通过效度验证，可以用在形成性以及终结性评价之中
>
> • 为学校团体组织职业发展学院，重点关注任务的设计、效度检验和评分信度，同时强调利用数据分析来追踪学生的进步，为教学提供有用信息
>
> • 创设由评价实践专家领导的区域支持网络，提高学校效率，辅助区域任务的效度验证和基准评分会议。地方任务评分的人际信度目标应该在80%以上
>
> • 通过地区同行评议维护评价系统的技术质量和一致性。在同行评议过程中，各地区需要向外部实践小组提交各自表现性评价系统的证据。外部小组将用统一的标准审阅这些证据，包括判断该地区是否有进步
>
> 这些审计措施是问责系统的一个关键部分，它们将检查各地区如何实施通用任务和地方性任务，如何管理质量监督流程，怎样培养教育者的技能，以及如何设计政策和实践来支持本州的表现性评价系统（如基于表现的毕业规定）。
>
> ———————
>
> 来源：新罕布什尔州教育厅（2013）.

在新罕布什尔州以及其他致力于制作更有意义且信息量更大的评价的州，人们在努力将评价与教学结合起来。由于越开放的任务越可以提供更多的信息来了解学生的思维和表现情况，它们因此也更有益于形成性目的，虽然它们也可以而且应该提供终结性判断所需的信息。在一个全新的评价系统中，我们应该从过分强调完全来自外部的终结性评价转向更多地关注那些可以塑造学习并且为学习提供有用信息的评价。

一个评价连续统

评价系统的一个重要特征就是有一系列的选择和方法来确定学生们知道什么以及能做什么（图 10.4）。[1] 这种方式的好处就是不同信息类型可以用于不同的目的，而不是试图用一个评价满足所有要求。就像毕业档案袋项目那样，表现性评价可以用来衡量学生们在学习进阶上的长进，可以融入能力判断或者结业考试之中，也可以累积合并使用。

294

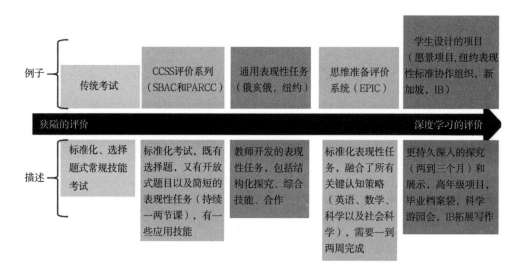

图 10.4 评价连续统

这些评价可以想象成沿着一个连续统排列。[2] 连续统的一端是选择题和封闭式题目，就像目前的传统考试一样。它们测量的是回忆和识别，而不是更高级的思维技能或者应用。沿着这个连续统每向前一步，任务就变得更加复杂，也需要更长时间来完成。它们测量的知识和技能更加庞大，也需要融合更多知识和技能。当然，它们也可以深入了解认知复杂度更高的学习方面，以及知识是如何应用于新形式和环境中的。由于越难的任务越需要学生发起设计、想法和表现，它们所鼓励和利用的制订计划的能力和管理技能对于大学和职业生涯尤其重要。

评价系统中那些有用的表现性任务类型或方法的时间跨度很大，从一节课到一个学期不等。它们一般由教师评分（评价自己的学生或者是由一个系统协调评价他校学生），可以提供多种信息辅助广泛的决策。表现性任务在一定程度上也可以接受外部质量监测，这一般是通过下列活动来实现的：明确任务内容，包括设计州或者地区级通用任务；规定任务实施的环境；管理任务的评分方式；以及决定如何汇报结果。 *295*

　　最基础的表现性评价可以只要求学生们解决一个有几个组成部分的问题并解释自己的思路，写几段话分析一个文本或其他材料，或者分析信息并将它们重新组织为一个连贯的整体。但即便是这样简单的任务也能评价那些选择题所无法衡量的知识和技能。教师们可以自己设计任务，从课程材料中找任务或者去网上搜寻。它们往往与手头的教学内容关系密切，只需简单的外延或应用一些课堂上正在学习的名词、观点或者概念。这种任务的一个例子可以是要求学生们给一个故事写一个体裁不同的新结尾。更复杂的课内任务可以是要求学生们分析哪个手机套餐对于他们和家人最划算，他们可以依据自家的使用习惯（学生们可以估计或者是按要求提前将已有数据带到课堂），或者是自行从网上搜集使用数据均值然后解读。

十年级的简短课内评价任务：文学分析

　　阅读奥维德（Ovid）的《代达罗斯和伊卡洛斯》（*Daedalus and Icarus*）以及安妮·塞克斯顿（Anne Sexton）的《致我事业非凡的友人》（*To a Friend Whose Work Has Come to Triumph*），根据你的阅读心得写一篇短文，分析安妮·塞克斯顿是如何改写《代达罗斯和伊卡洛斯》的。

　　作为一个开头，你可以考虑一下两个文本分别强调了什么，省去了什么或者有什么其他不同，不过你可以自由发挥，选择一个中心来展开分析。

　　请使用两个文本中的材料展开写作。请确保遵循标准英语规范。

来源：大学与职业准备评价协作组织（PARCC，年份未知）。

　　表现性评价连续统的下一个类别是那些至少要求一份课外作业的任务，这些任务之所以更加复杂是因为教师们还要验证所有的作业的确是学生自己完成的。这种类别的任务可能会要求学生去美国人口普查数据库收集信息来回答有关当地的具体问题。该任务可以测量英语语言艺术（ELA）知识和技能与数学知识和技能其中之一，或者两者都测。部分要求还可以包括一份草稿以及经过几次编辑和修改后的终稿。这种类型的任务可以由教师们独立或者集体制作，也可以由州提供，或者从在线题库中获取。 *296* 虽然有些任务是由教师开发的，也不一定检查过内容效度或者其他心理计量属性，但越来越多的短任务都是被精心设计并且全面检查过，确保可以测量计划要测量的目标

并进行一致的评分。下面这个任务来自俄亥俄州表现性评价试验项目。

历时多日的表现性评价及课外作业：俄亥俄州的供暖温度

学生们收到一份背景介绍：一位业主，约翰逊夫人（凯文和莎娜的妈妈），刚刚安装了绝缘设备想要节省供暖费用，但她发现之后这个冬天的账单上费用并没有降低多少。她给供应商打电话抱怨，但对方指出前面一个月比往常冷很多，所以费用就上去了。为了弄清约翰逊夫人的绝缘材料到底有没有替她省钱，学生们必须评估供暖成本是如何随着温度、燃料成本以及绝缘材料带来的节约而改变的。

以这个情况为基础，加上一些引导学生们上网搜寻"供暖温度日"的初步信息，学生们将完成两项任务：

1. 评估凯文和莎娜妈妈的新绝缘材料和窗户密封材料的成本—收益。评估时，你必须：

- 比较约翰逊夫人在2007年1月和2008年1月的燃气账单
- 解释约翰逊夫人在安装了绝缘材料和窗户密封材料后节省下的费用
- 判断在哪些情况下，约翰逊夫人2008年1月的燃气账单会比她2007年1月的账单低至少10%
- 约翰逊夫人房子上的绝缘材料和密封材料划不划算，做出结论并提供证据

2. 为燃气公司的顾客制作一份简短的宣传手册，指导他们如何提高家用能源的使用效率。宣传手册必须包括以下内容：

- 列出顾客需要考虑的各类数据来评价节能措施的成本与收益
- 从对比约翰逊夫人燃气账单的方法中得出一系列可以通用的公式，并解释这些公式
- 向燃气用户解释如何权衡提高能源效率的成本与省下的燃气费之间的得失

另一个表现性任务的例子可以是要求初中数学课上的学生们使用有关交通容积和流量的信息，识别去往不同地方的最佳路线，然后提议如何改进整体交通状况，或者提议新医院应该建在哪里才能既方便又躲开交通特别拥挤的地段。前面部分可以在课内独立完成，后面部分可能需要通过额外的课外讨论和课内小组活动来完成。评分可以由几个部分组成，一个是正确应用数学的得分，一个是问题解决的技巧得分，还有

一个得分评价的是所提解决方案的全面性。

第三种类型的例子就是那种可能需要好几个星期甚至一个学期中的好几个月来完成的任务。学生们往往需要确定项目重点，并且自行决定如何管理任务并收集所有必要信息来完成任务。在完成项目的过程中，该生可能需要遵循某个纲要，或者满足一系列要求。该项目可以由一个教师来评判，或者由一个或多个教师遵循一个协调流程和基准标准来校正各自的评分。

耗时一两个月的跨学科任务：海湾灾难

2010 年 4 月，英国石油公司（BP）发生了"深水地平线"（Deepwater Horizon）钻井平台事故。作为回应，愿景学校（Envision Schools）的高年级学生们通过一个跨学科的项目来探索这次事件的结果和影响：

·AP 政府：写一份研究论文，讨论我们政府在处理这种灾难中的角色，包括各类联邦机构以及国家紧急事故管理系统的角色。

·世界文学：运用修辞技巧准备一份 3～4 分钟的演讲稿，并在一次模拟国会听证会上发言。

·AP 环境科学：探索漏油对环境造成的影响。思考清理受污染地区的不同办法，同时考虑这些石油本身及其清理过程的有关社会、经济以及环境影响。

·高级视觉艺术：用以石油为原料的材料制作雕像或者其他形式的艺术品。

这个项目总共耗时 9 个星期，由学科教师按照"大学成功学生表现性评价系统"（College Success Student Performance Assessment System）的评分准则来审阅。

来源：愿景学校（2010）。

在这种类型的项目中，一名学生或者一个小组可能要调研源自当地的各种食物。　*298*
他们要研究：他们的食物来自哪里；食物价格中运输费用的比例为多少；他们在多大程度上需要依赖其他地区的食物；如果他们希望多吃本地产的食物，可以如何选择；这样做的经济影响是什么；以及这样做会不会无意中破坏了其他地区的经济。该项目可以呈现给全班，并由教师按照评分指南中的下列要求来评分：数学和经济学知识运用，论证质量，引用以及参考信息来源的合理性，结论的质量和逻辑性，总体精确性、准确性以及对于细节的关注程度。

最后，第四类的表现性评价可以被归为终结性项目。这种展现方法是为了衡量学生知识和技能的积累情况。再前进一步，学生们就可以用一整个学期或者一整年来研究一个话题，并将他们在专业课堂上学到的东西应用到该项目中来。项目的成果将展示给由教师、该领域的专家以及同学们组成的评审团。这个累积项目可以跨学科，且一般都包括一篇终期论文以及相关文件记录，反映了总体认知发展状况以及一系列的学术技能。

这种团体展示在其他国家的一些考试系统中以及美国都有使用。美国国外的例子包括第四章所描述的国际文凭项目中规定的项目作业任务以及新加坡的 A 水平考试系列；美国国内的例子则有来自纽约州表现性标准协作组织的成员学校以及其他几个网络组织。[3] 这种项目让学生们用书面、口头或者其他方式（如使用多媒体技术或者他们制作的成果）来交流想法。通过回答他人的题目，他们还可以展现自己的深度理解，就像毕业论文答辩那样。在新加坡，这个项目还要求合作，于是又融入了另一项技能。

将这种模型稍稍变换一下，就可以用作业档案袋的方式，而不是仅仅用一个项目来展示积累。在这个模型中，学生们将多个项目、任务或者作业中的发现和观察融合起来，围绕一个话题组织成一个最终展示。这些话题可以是可持续性问题、社区的公众心理健康服务或者是学生选定的某个企业创办计划。

299

丰富的表现性任务可以用来深入了解有关学生学习技能和策略的其他方面。例如，教师可以汇报学生的各个方面：在遇到困难任务时能否坚持，能否管理时间来完成复杂、多步骤的作业，以及能否与他人合作以提高个人和小组的表现。这些有关高等教育机会和职业道路准备的材料可以和考试分数一起使用，提供一个有关学生能力的更加平衡的判断，包括那些成功所需的关键能力——如有效的学习习惯、良好的合作技能以及应变能力。

表现性任务可以带来更多样的信息，因为教师可以观察学生所采用的学习技巧、技术和策略。评分指南可以结合这一类学习技能和学科知识一起评分。这种表现性任务评分可以用来识别那些在考试中没有充分展现出能力但确有高等教育潜力的学生。他们在表现性任务上的反应可能可以体现出他们的知识和技能、他们的独立学习能力以及在必要时找到资源的能力。

评价怎样才能对学生和成人都有用？

评价系统要考虑周全就要注意下列各种使用评价数据的人员和机构的不同需求：学生、家长和教师，校长、督导和教育董事会，专利培训项目的高等教育官员和管理者，州教育厅员工、州立法者以及州长，美国教育部以及众议院的员工，教育宣传团成员，商业界人士，以及其他人员。评价系统可以整理不同渠道的信息来满足五花八门的要求，这样它们就可以呈现出有关学生、学校和教育系统的全局画面。这种方法既不会浪费或者重复信息和作为，也不会不恰当地仅仅依赖单一的数据来源。

评价用以指导学习

每个人原则上都赞同评价应该富有教育意义，但实践中我们却倾向于将教学与测试区分开来。实际上，学生们可以通过评价了解自己与其他同学的差距或者是体现在分数上的教师的期望。高质量评价的一个经常被遗忘的首要目标就是帮助学生们学会如何改进自己的做法和学习策略。特别是在这个"学会学习"的技能日益重要的时代，评价可以从以下方面给学生重要帮助，例如：将标准内化，越来越会反思并评估自己的作业，既有积极性也有能力修改并完善作业，以及寻找更多资源（人员或者其他资源）回答新出现的问题。

要达到这些目标，评价必须满足下列要求：评价与体现在评分准则中的标准联系紧密；这些标准在学生准备作品的过程中就提供给了他们；此外，学生们还有机会用这些工具来参与自评和同伴互评活动。当评价要求学生们将他们的作品展示给他人看时，就可以培养这些技能：他们既要解释自己的想法和解决方案，也要回答追根究底的询问，然后还要修改作品以回应这些进一步的提问。

通过使用评分准则以及公开展示，学生们可以获得简洁、精准并且可以类推使用的反馈意见。尤其是与其他情况比起来，例如相比拿到一次标准化考试中的一道题目分析或者是教师对一篇论文给出的宽泛的评语如"作业质量高""观点不错"的时候，学生们可以更清楚下一次应该怎么改。学生从不同渠道获得多种反馈意见后，就可以开始交叉验证这些信息来识别自己的强项和不足，而不是仅仅局限于自己做对或者做

300

错的那几道题而已。这些更全面、完整的知识感和技能感可以鼓舞学习者，培养他们的自我意识和自我效能。

这种评价方法假设学生是这些信息的主要消费者，设计出的评价步骤明确要培养学生的元认知技能，并给他们机会反思、修改以达到标准要求。自然，这些程序也可以通过加深教师们的理解来支持学生的学习。教师们可以独立或者和同事们一起，学习一件高质量的作品由什么构成以及如何辅助它的产生。

评价用以构建学生档案

除此以外，评价可以通过总览学生已经取得的成就来支持学生们的学习，比如指出学生们引以为豪的领域并继续发展他们的强项——目标是大学或者职业爱好——也可以指出他们需要关注并继续培养的领域。

301　　　不同渠道的信息可以整合到学生档案（prefile）中来，档案记录还可以提供额外信息，如教师对学生的观察和等级评定、学生的自我汇报以及实习和公共服务经历。这个档案与成绩单有所不同，因为它包含了更广泛的信息。此外，在条件允许时，它还可以提供有关学生志向和兴趣的信息。换言之，那些想从事卫生职业的学生档案里就有相关材料，表明他们在多大程度上掌握或者正在形成进入这个领域以及追求该领域事业所必需的知识和技能。对学生兴趣和志向的了解给了我们一个棱镜，可以更精准地解读档案数据并判断他们是否做好了准备。对于那些不知道高中毕业后想做什么的学生来说，一个默认的档案可以继续用来判断他们对于四年制教育机构的总体课程要求来说，是否做好了准备。

为什么档案潜力巨大？因为学生们的志向将决定他们最终可以达到的高度。他们要投入到有挑战性的学习任务中就必须要有动力或者理由去这样做。与他们兴趣和志向相关联的档案可以帮助他们看到为什么争取学术成就很重要，并帮助他们培养职业生涯始终需要的学习技能和技巧。档案也是超越了目前大学入学程序的更先进的一步。目前的入学程序主要还是依赖日常成绩和入学考试分数，但那些竞争更激烈的学校都已经开始审阅更广泛的、从很多方面看都像是一份档案的数据。这种入学程序，一般叫作档案袋评阅，旨在更好地了解学生的兴趣和志向以及它们与所做准备之间的关系。我们完全不明白为什么人们只是鼓励成绩好的学生去确定和追求目标并准备档案袋，特别是在当下，当所有学生都在被推动着要提高期望并更深入参与到有认知挑战性的学习中去的时候。

　　用这种方式收集和汇报信息与一个基于研究的大学和职业准备模型是一致的，它可以全面描述学生们在高中毕业后要获取成功就必须具备的知识、技能和品性。这种档案让学生们更加清楚他们在多大程度上为高等教育做好了准备，也向教师和学校发出了广泛的信号，了解学生尚需从哪些方面准备。虽然这些信息对于高利害问责的用处不大，但对于学生来说，在他们努力为自己的未来做准备的时候，这些信息至关重要。

　　下面这个描述只是个例子而不是唯一一种档案系统设计蓝图。这些资源中有一些 *302* 适合作为补充信息，但任何一项都不应该作为判断学生是否做好准备的唯一证据来源。研究正在不断识别有益于学生档案发挥作用的方法，它们将不同来源的数据合并起来，从而得以深入了解某指定项目中的学生有多大可能在高等教育或职场中成功。

　　一个档案样本可能包含以下类别的测量：

　　　　• 基于《共同核心州立标准》的协作组织考试

　　　　• 平均绩点（按学科累积以及分类列出）

　　　　• 入学考试（如 SAT、ACT）、共同核心序列考试或者与入学考试相匹配的考试（如 EPAS、Aspire、Pathways）

　　　　• 课堂表现性任务（如研究论文）

　　　　• 协作组织要求之外的口头展示以及要打分的讨论

　　　　• 教师评分，包括：学生记笔记的技能，遵循指令的能力，在有挑战性任务上的毅力，以及其他关于学习技能和学习自主性的证据

　　　　• 学生自我汇报完成一项活动的努力程度、个人目标以及为了达到个人目标所采取的行动

　　　　• 学生自我汇报的志向和目标

　　　　• 学生的高等教育计划

　　这个清单列举了从高强度考试直到自我汇报。虽然这些测量方法没有可比性，也不能合并成一个单一的分数，但是它们都有用，因为它们可以让我们从不同角度了解学生的能力和目标。

　　此外，除却经过挑选后形成档案的精准测量以外，档案的优势就是学生们可以得到清楚的指导，知道他们相对于大学和职业准备所处的位置，因此可以将自己的行为

与目标相匹配。由于学生的目标、志向和高等教育计划等更多行为和技能受到了重视，学生的学习自主性得以加强。此外，学校和高等教育机构获得了更多可以付诸行动的

303

信息，可以用来提高学生成就；州级部门和其他利益攸关者则能更真实地了解学校在帮助学生做好大学和职业准备方面的效果如何。

评价用以辅助有效决策

在对一个学生做出决定时，必须使用有效信息。换言之，评价如果不是设计用于某个目的，它就不能用于这个目的。例如，将评价结果简化为几个分数线的措施趋势虽然是满足某些问责要求的便利选择（例如，记录多少个学生达到了某个级别的表现），但对于针对每个学生做出决定来说，就不是个好办法。当一个分数线被用来做出有关某个学生的重要决定时，它就违反了《教育和心理测量标准》（*Standards on Educational and Psychological Testing*）（American Educational Research Association，American Psychological Association，& National Council on Measurement in Education，1999）所规定的有关设计高质量考试以及合理使用分数的多个原则。这在对学生做出高利害决定时尤其如此。总的来说，分数线，特别是仅一个分数线，不能作为学生个人高利害决定的有效依据。在学生个人层面上越重要的决定就越需要更多的信息以了解他们的知识和能力。例如，如果要为毕业、辅导、项目分班、入学或者经济资助提供信息的话，需要的就不只是一个分数。那些其他有关准备和成功的知识和技能信息可以让我们基于个体证据做出的解读更准确。这些数据，包括基于课堂的表现性证据非常重要，因为它们可以减少对现状做出错误判断的机率。

一套系统的评价可以提供既有信度又有效度的信息，用于不同的目的，包括重要的教育决定。实际上，美国大部分四年制院校的大学入学决策都已经考虑了多种数据来源，既有平均成绩积点，也有其他信息如该生的课程选择、课外经历、考试分数、写作水平以及某些情况下的面试等。有时，当学生处在边界状态时，学校会先查看申请中的其他信息或者作业档案再做决定。

304

评价系统也为更多的测量工具和方法打开了一扇门。目前各州的评价选择很有限，因为几乎所有评价都是从高利害问责的视角来审视的，其技术要求也受到了这些视角的限制。这些看起来合情合理，但问题是目前的评价不足以改善现状，不能帮助学生们做好大学和职业准备——做好这种准备所需的远超过高利害考试所测量的。一套

系统的评价则可以提供更为广泛的可以付诸行动的信息。这些信息大部分是低利害的，而学生和任课教师们却可以用它来培养那些在高等教育中获取成功所必需的知识和技能。

例如，教师汇报的课程成绩越来越不可信，因为 30 年来平均成绩积点一直在提高。成绩本来应该是测量学科知识掌握程度的，然而事实上，它们很少如此。它们是各种信息的混合物，包括了表现、态度以及与规则系统的博弈等。它们没有包含与学生学习直接相关的重要能力：在遇到有难度的任务时有没有能力坚持，会不会管理时间来完成步骤繁多的复杂任务，或者是能不能和其他人合作以提高个人和团队的表现。我们需要其他测量手段来捕获这一类信息。一个"评价系统"模型可以兼容那些与课程成绩分离的、教师对学生学习能力进行评价的附加信息。可以想象，这些附加信息可以提供有价值的材料，证明为高等教育机会和职业路径业已做好的准备，或者反过来，指出那些需要改进而课程成绩不能清楚反映的领域。

新的问责系统

各州在开发新评价系统的同时，也必须开发新的问责系统。在这个过程中，既要将新评价结合起来有效使用，还要明白虽然学生表现评价可以为问责系统提供信息，但评价本身不是问责。

问责制要名副其实，就应该包含有意义的程序，方便学校和教师使用相关信息，为了学生而改进各自的做法（Darling-Hammond，1992—1993）。评价和成果标准本身并不能保证学校知道如何改进，或者他们有能力做出改变以帮助学生更有效地学习。　*305*
事实上，设计不合理的标准会从根本上破坏问责制度。

问责制的含义

当学校、学校系统以及州里的政策和运行措施既能提供高质量的教育又能纠正出现的问题时，教育问责才算落实。此外，还应该有办法去改变学校的实践——甚至是彻底反思教育的某些方面——如果它们没有起到作用的话。评价数据是否有用取决于它们能否提供相关、有效以及及时的信息来了解每个学生学得如何以及学校对他们的帮助有多大，但是这些数据只是整个程序当中一个小小的部分。

一个责任系统就是一套承诺、政策和措施，它们的目的是：

- 提高学校使用有益学生的优良措施的概率
- 降低学校参与有害做法的可能性
- 鼓励对学校和教育者们进行持续评估，以识别、诊断并改变有害或者

无效的行动方案

因此，除了那些依赖多种数据的成果标准以外，问责系统还应该包括专业实践标准，如：一个学校、教育系统或者州如何聘用、支持并评估它的员工；如何制定课程政策来确保所学所用的都是现有最先进的知识；如何管理成人和孩子之间的关系以知悉并响应学习者的需求；如何创造动力和保障，确保教师和学生的努力得到支持，他们的问题得到有效处理；如何建设教师、学生和家长之间的沟通机制；如何评估自我功效以及学生们的进步；以及如何激励持续改进；等等。这些都是问责的核心基石。它们可以揭示教育机构是否有能力有效服务于自己的学生。

即便是随着更具挑战性的真实学生表现评价的到来，让学校和教育系统承担起责任也包括要求他们采取措施创造平等获取适宜学习的机会，只有这样，所有学生才能达到这些学习目标。一个完整的问责观必须考虑学校和学区在支持当地学校达标的努力中所承担的恰当角色，这包括实施标准以及资源问责。

306

问责工具必须处理好高质量教育的障碍问题，不仅仅是那些校内和课堂内的障碍，还有地区、州以及国家层面的问题。虽然学校本身可以视为教育改革单位，但在学校之外的政府单位却会使学习机会不平等，因为就是这些地方在制定着经费方案、资源分配以及其他教育政策。总而言之，在我们要求校内教育者和学生达到某些实践和学习标准的同时，联邦、州以及地方教育部门自己也必须达到某些实施标准。

问责系统的要素

这个三维的问责概念至少应该包括以下内容：

1. 资源问责（以实施标准为基础），包括：

- 充足而公平的学校资源（经费、教学材料、设备以及技术），以学生需求为基础进行分配
- 有政策保证的公平的课程机会。这些政策不会无理由地拒绝学生进入

那些他们能从中受益的学习项目

•所有学生都能接触到准备充分的教师和其他专业人员。这将基于相关政策，如扩展专业技术、采取激励措施平等分配教育工作者

2. 专业实践问责，要确保：

•教师有能力可以教授深度学习，管理者能够理解这样的教学并从学校和州层面为这样的教学提供支持，包括：

　•高质量的准备、入职以及专业培训

　•基于支持多元学习者达到挑战性标准的有关表现性证据，颁发教师和管理者的资格证书

　•基于下列内容开展有利于持续学习的评估——多项实践指标、对 *307* 学生学习的贡献以及对同事的贡献

•学校的设计可以支持学生们的个性化学习和深度学习

•有可以为学习者、教师以及学校提供持续支持的流程，包括循环探究、目标制定以及学习分享

3. 学习问责，建立在下列基础之上：

•多种互补的方法。这些方法有利于了解课堂、学校、学校系统以及各州学习质量的全局面貌

•可以鼓励并反映深度学习的高质量评价。这些评价还要提供真实的证据，鼓励并了解学生们是否为大学和职业成功做好了准备

•有关学生、教师、学校以及地区的信息档案。该档案不局限于一个分数线，而是提供了一套更丰富的数据，能够标示成就并且有助于持续完善

在一个完整的问责系统中，评价系统应该努力认识到教育是一个复杂的过程，要满足学生、教师以及学校的目的需要收集多种指标，而这些指标应该来自与后续成功直接相关的实际知识和技能的测量。最重要的是，评价系统里的所有要素都应该是可以付诸行动的，是教育者可以控制并改善的。教育者越能直接运用问责测量、有效改变学生行为，他们越有可能会这样做。

结论和建议

各州若有意寻求富有成效的问责评价体系，就应该考虑下列措施和步骤：

1. 完整定义大学和职业准备，并说明如果要测量这个定义里的所有要素并帮助学生们达到这些目标，必将涉及什么：

308
　　•将其他方面的政策、项目要求以及经费都调整到这些目标上来，这样该州就有了一系列朝着一个统一方向努力的措施

　　•按照这个定义识别必需信息，以确定学生们是否做好了大学和职业准备。确保识别出那些可以有针对地采取行动的信息来源，换句话说，就是那些学生和教师们可以拿来指导行动、改善准备措施的信息

　　•确定大学和职业准备的定义与学校问责需求之间的关系。换言之，就是确定该定义中的哪些方面对于学校承担其责任最重要因而必须处理，哪些很重要但不一定非要包括在一个问责系统当中

2. 确定学校和教育者所需的专业学习、课程以及资源支持。有了这些支持他们才可以为学生提供高质量的个性化教育，使学生为大学和职业生涯做好准备：

　　•思考哪些学习机会和教育措施对于达到成果标准是必要的。制订并启动旨在改变学校经费资助系统、课程框架以及职业发展扶助的计划就是在告诉外界——该州对于他们所应该承担的责任的态度是严肃而认真的

　　•开发、传播并实施全面的标准（CCSS 范围之外的学科领域）、课程框架、学习进阶、教学工具和模块、学生作业范本以及其他与大学和职业准备目标相匹配的材料，为课堂实践提供支持，推动实现更深入的学习成果。开发教师教育和教师发展标准以及相关项目，使教育者们可以学习这些措施

　　•支持学校探索新途径，给所有学生学习新内容的机会并帮助他们培养大学和职业所需的技能，给教师们机会学习如何按照新的标准开展教学。考虑如何改变使用时间和技术，让它们成为新途径的组成要素

309
3. 为一个全面的评价系统制订清晰的框架，与 CCSS 以及大学和职业准备结果保持一致：

·评估可以满足信息需求和问责需求的多种手段，包括表现性评价，并将它们合理地融入课程开发和职业学习机会之中

·确保教师们有机会设计、评阅并讨论丰富的学生学习评价

·考虑如何交叉验证不同方法。即考虑如何整合多个渠道的信息，以对某个表现性方面做出更准确或更全面的判断。例如，许多重要元认知学习技能的最佳测量手段是既考虑其过程也考虑其结果

·建设一个含有多种方法的评价系统，以便做出关于学生、教育者和学校的决定。在倡议使用或者一直使用分数线的地方，识别补充数据，结合基准分数，以降低错误分类的比例。建立信息档案以评估学生和学校，并传达有关见解

4. 和高等教育和职场代表们合作，开发新的测量手段并创设问责系统，确保该系统以及它所测量的大学和职业准备的结果得到认可。预测该系统的数据如何会被高等教育机构以及用人单位所使用，并采取安全保障措施，防止数据特别是分数线被误用。和高等教育的利益攸关者们一起，确定学生学习的丰富成果最好用什么方式呈现和使用（例如，电子档案袋或者一系列作业样品提供的终结性数据），以及哪些有关学生档案的信息最有用且最好用：

5. 开发系统学习的方法，为该系统所有层面的改善提供持续的支持。这将包括：让教育者们参与到评价开发与评分中来，这样他们就能深入地学习标准并且有机会分享实际做法；使用在线平台分享研究、指出模范案例，以此来记录最佳做法并传播知识；去学校参观学习；举办开发和实践分享专题会议；给学生、教育者以及学校提供与他们有关的反馈信息环路（例如，通过展览、教育者评估系统以及学校质量评审等）；创造学校和网络内部以及相互之间的合作机会。

310

研究和经验清楚地表明，教育系统要实现我们所面对的深入学习的目标，就必须包含尊重并且体现了这些目标的评价。新评价系统必须与恰当的资源、学习机会以及有成效的问责观紧密结合。有了这些重要基石，学生们才有能力去面对 21 世纪大学和职场将带来的挑战。

311 **第十一章 结束语：创造持久的新一代评价**

琳达·达令-哈蒙德 弗兰克·亚当森 托马斯·托克

　　询问那些精英们（职场专家、劳工经济学家以及大学教授）学校应该向学生们教什么，他们都会提到同样的内容：问题解决能力、信息分析和综合能力、创意思维以及顺畅沟通的能力。这些都是高薪工作日益要求的技能类别。20 世纪 80 年代早期，美国教育部曾经资助过一次对于美国教育的批判。这次批判引发了一场学校改革运动，该运动持续至今。上述技能就是各行各业的改革者从那时开始就一直在督促公立教育要教授的内容。

　　无论是不断变化的工作本质、国际竞争，还是出自最新共同标准的诉求，当今世界强调的都不仅仅是要求学生们能获取信息，还要能识别什么样的信息才重要、为什么重要以及如何将它们与其他信息整合使用。这些技能就是现在许多人所谓的 21 世纪的技能。记住信息已经不是课堂里最紧要的事情了，现在的重点是学生们要弄清楚如

312 何将这些知识应用于新环境。新研究已经发现儿童比过去大家想象中更有能力运用复杂的思维技能，更何况问题解决技能是其他技能发展的基础，因此教学生们如何批判地、有策略地应用所学知识不仅对于高中课堂很重要，对于小学课堂也一样重要。

　　美国国会于 2001 年通过了《不让一个孩子掉队》（NCLB）的联邦法律，目的是让地方教育者们为各自学生的成就担负起责任，从而推动学校的改革。该法律号召"［对］所有公立中小学生的学术成就要有高标准的要求"。它将全体公立教育系统放到了一个新的、基于结果的立场上，清晰地勾勒出了有色人种儿童以及来自不利家庭背景的学生们的"次等"教育水平现状。然而，各州用于满足 NCLB 要求的标准化考试通常都无意衡量学生们是否掌握了专家认为他们应该掌握的思维技能；相反，严格的 NCLB 考试时间表、联邦法律所规定的考试规模以及各州获选官员面临的降低考试成本的压力，都导致了这些考试极度依赖于选择题题型的考试。这些考试测量的大多是

低级别任务，例如短文阅读中的信息记忆等。这些题目的实施和评分都很快，而且成本不高，但它们的本质决定了它们不适合用于判断学生们表达观点和收集证据的能力以及其他高级技能。

一些在 20 世纪 90 年代早期使用过表现性评价的州出于技术担忧、实施压力或者成本问题等方面的考虑，纷纷缩小了它的使用范围，特别是在 NCLB 提高了考试要求，要求每年每个孩子都要被顾及以后。除此以外，美国教育部也常常不肯批准那些有新意的考试系统。

教师倾向于教授那些要考试的内容，尤其是在分数被赋予了高利害的地位以后。因此，随着测量简单技能的选择题考试的蔓延，低成就学生们达到 NCLB 为他们谋求的高标准的机会却缩小了。选择题考试还给很多能力更高的学生设置了"玻璃天花板"，因为他们无法在这样的考试中展现出自己能力的深度和广度。这些考试打击了教师们教授更有挑战性技能的积极性，学生们也失去了进行实验、口头展示、写作研究论文、使用新科技以及其他可以在教授这些技能的同时激发学习兴趣的活动。

NCLB 的学校问责模型以及将其进一步固化的标准化考试或许已经给全国学生奠定了一个学术基线水平，但是它们没能催化出真正意义上的高标准的思考和表现性追求。因此，不出所料，美国学生在国际数学和科学趋势研究（Trends in International Mathematics and Science Study，TIMSS）中胜过了许多国际同伴，但在国际学生评价项目（PISA）中的表现却黯然失色。TIMSS 测量的是已有的知识，PISA 衡量的才是学生们应用知识的能力。今天，在 NCLB 的要求下，除了马萨诸塞州等少数几个州，我们还是在追捧那些产生于 20 世纪 80 年代的基础技能测试。那个时候，政策制定者们才刚刚开始要求学校为学生的表现承担起责任，人们还远未明白，要在一个日新月异、日渐复杂的世界里获得成功，学生要掌握的能力绝对不是识别五选一的答案而已。

313

新契机

《共同核心州立标准》、《新一代科学标准》以及由于 NCLB 豁免许可而出现的新的问责系统，提供了一个潜在的机会可以解决这个根本的错位问题，即我们对于学生的期望与我们用来测量他们是否达到了这些目标的评价并不匹配。美国有机会设计出一套新一代的评价，既建立在 NCLB 的优势之上（包括它决心要为传统上不被重视的学生人群负责），同时测量更广泛的技能，并将问责的定义扩大到这些技能的教学上。

这些新的评价可能要更多地依赖本书所描述的表现性测量手段。这些任务要求学生们针对复杂的问题创造自己的回答，而不仅仅是从多个选项中挑出答案。后者在很多情况下根本不需要太多的思考，而且会鼓励猜测行为。这些任务跨度很大，从构建和解释一个解题思路那样的简答题，到短文写作、投入研究以及开展实验探究这样的拓展作业。就像所有的成人都得参加路考来获取驾照一样，这些表现性评价可以让学生们展示他们在实践中是如何真正应用自己的知识的。

314　　　就如我们已经描述过的，美国以及其他国家和地区有许多大规模表现性评价样例，展示了几乎所有学科领域的任务，例如：肯塔基州悠久的写作档案袋项目，纽约州高中毕业会考中的科学实验操作任务，全国教育进展评估中的计算机模拟任务，康涅狄格州和佛蒙特州的中等科学评价，高校学习评价，英国的普通中等教育证书考试以及新加坡、澳大利亚和中国香港的类似评价。

研究表明，精心设计的表现性评价可以提供有关学生优势和不足的更完整的画面，也可以克服评价英语学习者和残疾学生时的效度难题；测量表现可以提高课堂的智力挑战度且有助于高质量的教学。此外，那些经常需要展示知识应用以及解释并且为自己的答案辩护的学生往往比其他学生的得分高，不管是在传统的考试中还是在更复杂的测量中。

通过让教师参与到写作评分及其他表现测量中来，就像那些高成就国家和美国一些州的评价系统所做的那样，教师们就会更加了解如何评估并教授有较高难度的标准。研究已经发现教师参与评分是一个有效的职业发展机会，并可以转化为更强的能力以设计并实施基于标准的课程。也因此，这些考试与课堂教学改进的关系更加紧密，能辅助更加宽广而有成效的学习。

所有这些因素都推动了表现性评价在全世界的更广泛应用。香港考试及评核局（2009）在将新的校本表现性评价引入其考试系统时，是这样解释的：

　　　　校本评价的主要理论依据是通过涵盖一个一次性公共考试所无法轻易测量的评价结果来增强评价效度。这些一次性的考试不是常常能提供有关考生实际能力的可信指标……校本评价一般要求学生们参与各种活动，如做口头
315　　展示、制作一份作业档案袋、进行实地考察、开展一次探究、执行实验操作

或者完成一份设计项目等。［这些活动］可以帮助学生们获取纸笔考试不容易评价或者促进的重要技能、知识和工作习惯。这些不仅是各领域专业学习的重要结果，也是高等教育机构以及用人单位所看重的结果。

扩大表现性评价的使用规模有许多挑战，例如要确保该测量的严谨性和信度。但是有很多不同渠道的宝贵经验可供学习以应对这些挑战，包括：越来越多成功实施了多年表现性评价的高成就工业化国家，20世纪90年代的一系列州级表现性评价实验，大学先修课程（AP）和国际文凭项目（IB），军事以及其他部门的表现性测量的增长以及考试技术突飞猛进所带来的发展。大量的工作表明，表现性评价给学生、教师和政策制定者都带来了显著的福利，我们可以自信地用这些评价来比较学生个人在一段时间里的表现，或者将不同的学校、学校系统或者州进行对比。

我们这本书的目的是要全面分析大规模引入并维护标准化表现性评价的前景和挑战。我们广泛研究了美国以及其他国家和地区表现性评价的历史及其实施现状，也探讨了已经实现的技术进展和研究者们发现的有关影响。

挑战和教训

大规模使用表现性评价所面临的挑战包括确保考试的严谨性和技术上的信度，同时要控制住成本并管理好时间。越来越多高成就国家使用了大规模的表现性评价，他们的有效经验，IB和AP考试项目的记录，各州使用表现性评价的成功经验，还有军事和其他部门的表现性测量的发展，都清楚地阐释了这些评价可以怎样既可信又划算地融入考试系统之中。研究也已表明，表现性任务可以设计成在准确测量学生成就的 *316* 同时比较不同的学生和学校，还可以比较他们在不同年份之间的差异。这些才是那些旨在让学校对学生结果负责的考试的必要特征。

教训

本书归纳的研究表明，要创造可信、有效、可行且划算的表现性评价需要注意以下话题：

- 任务设计要周到，要建立在对所测具体知识和技能以及对学生认知发展清晰理解的基础之上。前者要能体现出重要的学科内容，这些内容有效代表了关键的概念与能力。要明确什么是合格表现的标准而且要通过严谨的试测，以确保任务清楚易懂，的确是在测量计划中的概念与能力且公平无偏见。研究表明，如果遵循这些原则，评价就具备了可比性和效度，而且无须担忧时间、任务和评分员的不同。

　　·评分系统要可信。以标准化的任务、设计良好的评分准则、评分员培训以及协调评分为基础，确保标准应用的一致性，同时审核整个系统以再次检查并提升可比性。那些具备了上述特征的好的系统，已经可以实现 90％ 及以上的评分员一致性，这个信度水平与 AP 和其他权威考试不相上下。

　　·确保公平。要以通用设计原则为基础，仔细甄选语言以防止与所测内容无关的因素带来混乱，审核题目的文化含义并试测以观察题目与不同考生之间的相互作用。研究表明，设计周到的表现性评价可以更有效地评估英语学习者、特教学生以及那些在传统标准化考试之外面临挑战的学生的知识。

317　　·有效使用科技来呈现并实施评价。科技可以使模拟、研究任务以及其他复杂的评价成为可能，也可以调整评价以更好地测量学生的能力和成长。科技还可以为开放式题目的人工评分和机器评分提供支持，使评分越来越可信，也更加有效。（NAEP 发现对一套物理模拟任务的人工评分和计算机评分在 96％ 的情况下完全一致，这也表明了科技在简化表现性评价上的潜力。）

　　·职业发展可以帮助教育者们学会建设和使用那些可以提供信息引导他们教学的评价，并对之评分。许多系统都已表明假若给予支持，教师们很快就能学会这些知识。成功的系统都会让教师们参与到课程匹配和表现性任务的开发、评分以及数据分析活动中，以利于理解系统并且卓有成效地按照标准组织教学。这些过程中还包括一个同伴互评或者协调系统，形成一个反馈意见环路，在检查质量的同时指引教职工发展的方向。

　　·行政支持，特别是来自州以及联邦层面的教育部门的官员和议员的支持，可以为教师、管理者以及学校系统提供目标清晰的帮助，使他们有效参与到新的评价系统中来，带动教学进步。除了职业培训以外，行政支持还包括：信息普及；大量有关评价使用与评分的培训；重新设计课程材料以确保与新评价一致并为之提供支持；重新安排学校的时刻表，给学生们课内时间用于更有深度的作业，给教师们安排校外时间用于计划和分析学生作业并对作业评分。这些在其他国家都非常常见。

·合理使用评价以揭示那些需要改进的领域，并给课程和专业学习提供支持。要开发出各类工具如任务蓝图、评分说明以及培训方案和评分方案等，帮助人们正确使用表现性评价。用评价来提供信息而不是决定惩罚，才能培育出更富雄心的高标准的任务，减少评价系统的腐败。这种评价框架已经促成了其他许多国家的更优质的学习和更高的成就。

成本

成本，特别是评分成本，是另一个问题。研究已经表明，基于表现的考试比那些完全依赖选择题的考试往往会贵上一倍。但是，一个基于真实物价的详细的成本建模研究表明，我们完全有可能建构一个综合了选择题和表现性测量的大规模评价，其成本不会超过目前那些信息含量更低的考试。这个成本大约是生均 25 美元，包括英语语言艺术和数学考试。这个目标可以通过以下做法实现：各州以协作组织的方式团结合作，利用它产生规模效益；运用科技提高考试实施和评分的效率；以及有策略地请教师来对表现性题目进行评分。

我们必须开发出合理、价廉且有教育支撑作用的评分模型。在大多数欧洲和亚洲国家的系统以及美国几个州的系统中，评价是由教师来打分的，教师有专门的时间来完成这部分的工作和学习。虽然教师们用在评价设计以及评分上的时间很多，但这些活动提高了教师们的技能，也使他们更加投入。教师们经常汇报说，他们职业生涯中最好的职业培训往往发生在他们有机会审查、评阅以及讨论学生作业的时候。更重要的是，国际评价项目巧妙利用了教师的职业培训时间来评估并验证学生作业。利用好这些时间不仅可以降低成本，还可以建立起一套有关课程标准和评价的通用语言。

虽然表现性评价任务的确需要时间和专业技术，高成就国家的教育者和政策制定者们都相信，这些丰富的表现性评价的价值远远超过了它们的成本。许多国家都已经推广使用表现性任务了，因为这些任务让师生们更加投入学习，使得严格、有认知难度的教学成为常态。而且，就像先锋们所论证的那样，这些任务提高了学生们的成就水平，让他们为大学和职场做好了更好的准备。即便是要考虑节约，也应该正确看待高质量评价的成本，因为即使各州每年为每个学生付出 50 美元的评价费用（这是一个均衡评价系统成本估算的两倍），其总量也还远远不到美国教育总成本的 1%。

政策建议

表现性评价要成为一个均衡评价系统的关键要素才能回应快节奏的变化给美国及其他国家的教育和知识发展带来的更大挑战。关于学生用知识去做什么的问题将会影响国家、州以及地方层面的课程、教学以及评价政策的规划。为了开发新版评价，作为起点，政策制定者们必须这样来看待年轻的一代：他们是终身的学习者，他们能深刻理解各个学科的核心概念和探究模式，能够跨学科地评估证据，界定并解决问题，表达并维护自己的想法；此外，他们还能创造出新的想法、技术和解决办法。

我们已经说过，州际协作组织已经着手修改了学习标准，使它们与国际基准接轨，更少、更高、更深入。为了确保新评价能够全面反映新标准，联邦和州的政策应该：

1. 资助一项全面的开发尝试，让各州和州际协作组织与政府中心部门、非营利性组织以及大学合作以开展以下活动：

· 开发、检验并测试高质量的表现性评价。使其成为均衡评价系统的组成部分，并以全面、连贯的标准和课程框架为指导

· 培训全体实践工作者，从心理计量专家到新一代的州以及地方课程和评价专家，还有教师们。可以用一些有效且可信的方法，有策略地让他们参与到这些评价的开发、实施和评分中来

· 开展高质量的研究。研究这些评价的效度、信度、教学后效以及平权效果

2. 鼓励改善联邦、州以及地方的评价措施：

· 为各州提供动力和经费，鼓励将表现性成分引入到高质量的州级评价中，同时引入地方管理的表现性评价，来评估批判性思维和技能应用。鼓励各州通过教师职业发展与评分员培训、评分协调与审计系统、标定系统以及相关研究，来确保这些评价的信度、效度和实际可行性

· 作为上述措施的组成部分，为特教儿童和英语语言学习者开发更加合理的评价和兼容方案。拨款资助那些旨在改善现有表现性评价对于这些人群的效度和信度的努力，可以合理调整正在建设中的新评价，或者在必要时为

319

320

这些学生编制新的表现性评价。后者要以专业测试标准为基础，既要考虑通用设计的原则，也要考虑具体的要求，以便有效评价这些学生

• 示范高质量的题目，更好地测量目标标准，鼓励因 NAEP 而在建的新蓝图的进一步开发和实施。该蓝图包括了更多表现导向的题目，可以评估学生们评估证据、解决问题、解释自己的想法并为其辩护的能力。这类任务在 20 世纪 60 年代 NAEP 启动时就曾是它的一部分，现在它们在其他国家的大规模评价以及 PISA 中也很常见。将它们引进来需要时间，还必须很小心。它们的目标明确，既要维护现有的趋势数据，也要能继续用于各州之间的比较

3. 补充新评价，添加到《中小学教育法》的问责系统中去：

• 替换掉目前的"现状模型"（status model），代之以一个持续进展模型来测量学校的进展。给学校（以及校内的学生亚群）制订预期目标，用一系列测量手段来体现进步，包括多种学习评价（含表现性评价）以及学校的发展和毕业率等。在这种用多种指标汇报信息的模型中，各州可以选择超出阅读与数学之外的学科领域，例如写作、科学和历史。这些课程本身就很重要，而且对于鼓励以及评估学生将素养技能应用于学科领域也很必要。在一个给定学科里，一个指标可能能兼容那些测量更多技能的学生学习评价，包括那些 21 世纪大学和就业所需的更复杂的探究能力和问题解决技能

结论

目前的问责改革是建立在这样一个观点之上，那就是：标准可以作为一种催化剂，促使各州明确学习目标，而为了衡量向着这些标准进步而采取的测量也是一种重要力量，可以推动全体学生取得更高水平的成就。然而，一份在某天某段有限的时间里完成的定制考试并不能测量那些重要的、学生们必须知道或者有能力去做的事情。就如 "成就"（Achieve）——一个由州长、商业领袖以及教育领袖们组成的全国性机构——所描述的（2004），传统的定制考试的局限性在于它们不能测量在职场和高等教育中取得成功最需要的众多技能：

321

各州……不能在大规模考试这儿停滞不前，虽然它们非常重要，但是它

们不能测量一个年轻人教育中会涉及的所有重要内容。用人单位和高等教育
者都认为，能有效进行口头辩论以及实施重大的研究项目是基本的技能，但
这两个技能都很难用纸笔考试来评价。

含有表现性评价的均衡评价系统有强化课程与教学的潜力。它们可以对整套标准
进行合理有效的评估，任课教师可以获得丰富且有用的学生学习信息，学生可以采用
多样化方式来展现所学。如果设计仔细并且使用合理的话，这样的评价可以激发出更
加深思熟虑的教学，成为不断进步的引擎和职业发展的动力。它们也能造就坚守标准
的决心，从而塑造出更强的学习。

各州表现性任务实例

>>

A1　康涅狄格州，学术表现测试——科学任务　*324*

此学术表现测试——科学任务发布于 2007 年。

酸雨

酸雨一直是整个康涅狄格州以及美国大部分地区的主要环境问题。来自燃煤发电厂的二氧化硫和汽车尾气的二氧化氮等污染物同空气中的湿气结合产生硫酸和硝酸，就会出现酸雨。当降水的 pH 小于 5.6 时，我们就认为这是酸雨。

酸雨不仅会影响河流湖泊中的野生动植物，也会对石质材料的建筑物和纪念碑造成极大破坏，每年用于清理和修补被酸雨损坏的建筑物都要花费数百万美元。

任务

你们镇的理事会正准备制作一座新雕塑放在城镇中心。你和你的实验室伙伴将要进行一个实验，调查酸雨对于不同建筑材料的影响，并据此向镇理事会建议制作该雕塑的最佳材料。在你们的试验中，酸雨将用醋来替代。

材料

以下材料和器材已经提供给你。所提供的器材并不一定都要用上。　*325*

拟用器材和建筑材料

几个有盖容器	石灰岩碎片
量筒	大理石碎片
醋（替代酸雨）	红色砂岩碎片
pH 试纸/酸碱度计	豆石
几个防护镜	天平

设计并实施试验

1. 用自己的话陈述你准备研究的问题。用"如果……那么……因为……"这样的句式写出一个假设，描述你的预期发现以及理由。明确指出将要研究的自变量和因变量。

2. 设计实验解决上述问题。你的实验设计应当与所陈述的问题相匹配，并且要足够清晰，以便他人重复此实验。在适当的情况下，加入对照组，并说明哪些变量必须设为常量。

3. 在实验开始前，和老师一起检查你的实验设计。

4. 进行实验。在进行实验的同时记录并整理数据，制成表格。

安全守则：学生必须佩戴合格的护目镜并遵守所有的安全指令。

实验完成后，老师将会告知清理程序，包括如何正确处理所有废弃材料。

交流实验发现

独立完成一份实验报告，总结下列研究结果：

1. 一份对于你所研究问题的陈述，包括你的预期发现以及做此假设的原因（表述为"如果……那么……因为……"）。明确指出自变量和因变量。

2. 一份实验描述。内容必须清晰完整，便于他人重复此实验。

3. 实验数据。以表格、图表等合适的方式整理数据。

4. 实验结论。你的结论必须有数据的全面支持，并回答了你所提出的假设。

5. 讨论所得数据的可靠性以及任何影响结论有效性的因素。同时阐述如果再次进行实验，你会怎么改进。

A2　新英格兰共同评价项目（NECAP）　*327*

此新英格兰共同评价项目信息类作文提示语发布于 2008 年。

上个冰河时期末的日常生活

信息写作（报告）

一名学生写下了一份有关距今 12000 年上个冰河时期末人类生活的情况说明。阅读此说明，根据提示写一篇文章。

上个冰河时期末的日常生活：

- 人们过着群居生活，25 人左右为一群

- 主要以狩猎和采集为生

- 群里的成员共同、平等参与决策

- 每个人对各类工作都十分擅长

- 饮食：大小哺乳类动物、鱼类、贝类、水果、蔬菜、谷物、植物根茎
以及坚果

- 大约 10000 年前长毛猛犸象灭绝了

- 人们根据每年的时节或动物的迁徙而移居

- 使用叉子在明火上烤肉或将肉放在用枝条固定好的皮革里煮

- 收集草药

- 自制各种物品：工具、房子、衣物和药品等

- 每天花 2~3 小时获取食物

- 每天花 2~3 小时制作并修补工具和衣物　　　　　　　　　　*328*

- 剩余的时间与亲朋好友一起休息度过

- 讲故事、跳舞、唱歌以及做游戏
- 拥有极少的资产
- 没有贫富概念
- 通过艺术（如画作或雕塑）以及口头语言进行交流
- 安葬尸体，有宗教和来世的概念
- 有时用装饰品打扮自己，比如首饰、文身、人体彩绘以及精致的发型

一个从 12000 年前来的人可能会认为现代生活和以前的生活有什么异同之处？从上面的情况说明里选择相关的信息，结合自身知识写一份报告。

评分标准

分数	标准
6	全文目的明确；写作紧紧围绕主题/中心思想或者明确表达的目的 为达到效果，有意识地组织行文结构 完全展开细节；用丰富和/或有深度的阐述来支撑写作目的 用独特的语态、语气及风格来增强含义 能正确应用相应年级的语法规则、用法及写作规范
5	目的明确；全文围绕主题/中心思想 文章组织合理且连贯 细节与写作目的有关且起到了支撑作用；细节展开较充分 句子结构把握较好；能运用语言增强含义 能正确应用相应年级的语法规则、用法及写作规范
4	目的清晰；可能未围绕主题/中心思想写作 有大致的结构，文章较连贯 细节与主题有关，且大部分能支撑写作目的 句子结构较好；语言运用良好 可能在语法、用法以及写作规范上有一些错误
3	文章有一个大致的目的 有一定结构，但可能在连贯性上存在一些问题 有一些相关细节可以支撑写作目的 语言使用较好；句式可能缺乏变化 可能在语法、用法及写作规范上存在一些错误

续表

分数	标准
2	试图表达写作目的（未果），或者目的模糊不清
	试图组织文本（未果）；总体连贯上有问题
	细节太宽泛，只是单纯的列清单或者未能展开论述
	对句子掌控不够好或者语言使用上有欠缺
	在语法、用法及写作规范上有一些错误，影响了意义的表达
1	目的证据匮乏
	结构松散或者无结构
	细节随意或者数量稀少
	语言使用粗浅或者不足
	在语法、用法以及写作规范上有一些错误，影响了意义的表达
0	文章完全错误或者不合题意
空白	无作答

330 A3 新泽西州，HSPA /特别审核评价

此高中能力评价（HPSA）/特别审核评价题目发布于 2003 年。

写作表现性评价任务

写作背景：在近期一个工作面试中，你被问到自己的一个目标以及你是如何实现这一目标的。当时你没能够做出回答，所以你现在十分担心得不到这份工作。

你决定给招聘方写封信来完成你的面试。

写作说明：给招聘方写封信，描述一个你自己的目标并阐述你是如何实现这个目标的。说服对方你是这份工作的合适人选。

材料 /资源

纸，铅笔或钢笔

如有需要，可使用文字处理设备或者电脑

写作提示

评分方法：新泽西州注册总体性评分准则（1～6 分等级量表）

写作提示 1：2 分作文标准

该回答表明作者对于书面用语的掌握有限。这一等级的范文：

内容/组织	可能没有开头和/或结尾。文章体现了一定的组织结构。换言之，有一些迹象表明作者试图控制细节。文章大体与主题相关，但有些文章在某些部分渐渐偏离基本主题或突然改变了主题。还有些文章有且仅有一个中心，文中即使有过渡，也非常少，以至于观点与观点之间的衔接不流畅。没有细节或者缺乏详细的说明来突出文章重点

331

续表

语言运用	可能在语言运用上存在许多问题，但还处于可控范围内
句子结构	句法结构和/或修辞手法可能十分单调，句子结构可能存在许多错误
写作规范	写作规范方面可能存在许多严重错误

写作提示 2：3 分作文标准

该回答表明作者部分掌握了书面用语。这一等级的范文：

内容/组织	可能没有开头和/或结尾。文章与题目相关且通常只有一个主题。有些文章可能会逐渐偏离基本观点或者突然改变观点，但至少有一个主题得以延续，符合 3 分文章的标准。比如，有些 3 分的文章内容贫乏——文章中有一些细节但阐述不够，但所用细节的组织良好，控制得当；有些 3 分文章存在漫谈的问题，观点重复以至于冗长烦琐，是另一种形式的贫乏；其他的 3 分文章有详细的观点和细节，但是文章在组织结构上有缺陷/不足或者缺乏过渡，使得观点和观点或者观点群之间的衔接不流畅。
语言运用	在语言运用上也许存在（一些）问题
句子结构	句法结构和/或修辞手法变化较少。句子结构可能存在错误
写作规范	写作规范方面存在（一些）错误

写作提示 3：4 分作文标准

332

该回答表明作者较好地掌握了书面用语。这一等级的范文：

内容/组织	通常有开头和结尾。回答与题目相关，只有一个观点且结构组织良好。几乎没有观点之间的衔接问题。可能有一些漫谈问题，观点之间关联性可能较弱，但整体推进的脉络较明显。一些文章发展不均衡，有详细阐述的细节，也掺杂有空洞、尚未展开的细节
语言运用	在语言运用上也许存在一些问题，但没有明显的顽固的规律
句子结构	体现出大致正确的句法意识，没有句法结构和/或修辞手法过度单一的情况。文中可能有少许句子结构上的错误
写作规范	写作规范方面可能有一些错误，但这些错误没有形成顽固的规律，也不妨碍对文章的理解

333 **A4　纽约州，高中毕业会考**

此任务选自纽约州高中毕业会考，发布于 2000 年。

美国历史和政府：基于文献的写作

提示：使用所提供文献中的信息以及自身掌握的美国历史知识，写一篇有条理的文章。文章要包括一个导论、几个段落和一个结论。

历史背景

内战之后，美国社会工业化程度大大加深。在 1865 年到 1920 年间，由于工业化的发展，美国人的生活在很多方面都得到了改善，然而工业化同样也给美国社会带来了问题。

任务

使用文中的信息以及你所掌握的美国历史，写一篇短文。文章要包含以下内容：

讨论 1865 年到 1920 年间，工业化给美国社会带来的利与弊。在你的文章中请讨论工业化如何影响了美国社会的不同群体。

建议

请确保：

- 准确分析并解读至少四份文献，全面回答"任务"所提及的各个方面

- 文章的主体部分包含文献所给信息
- 全文包含其他外部相关信息
- 使用相关事实、例子和细节信息等丰富的资料来支撑主题
- 文章富有条理，逻辑连贯，结构清晰
- 通过构建框架来介绍主题，而非简单地重复"任务"或者"历史背景"

中的内容；文章最后要对主题进行总结

334

具体评分准则

"1865—1920 年间美国社会工业化"的评分准则

工业化的好处	工业化的弊端	工业化是如何影响不同群体的
国民生产总值增加（1） 城市化的发展（1） 婴儿死亡率降低（1） 高中毕业人数增多（1） 电话使用增多（1） 钢铁产量增加（1） 产业联合有益于消费者、股东以及劳工（6） 大商人获得可用于慈善事业的财富（7）	童工（1） 工薪劳动者和工作环境急需保障（2） 工业社会中恶劣的生活条件（3） 血汗工厂恶劣的工作环境（4） 产业联合对"竞争者"造成的不良影响（6）	童工（1，4） 农民（1） 工会及其目标（2） 女性工人（4） 工人的不良生活方式（3，5） 富有的商人（5，6，7） 富人的生活方式（5，7）

5 分

- 全面讨论以下三个任务，时间范围为 1865—1920 年。

1. 至少两个工业化的优点。（见上表）

2. 至少两个工业化的弊端。（见上表）

3. 工业化是如何影响两个或多个特定群体的。（见上表）

335

群体如何受影响的例子

劳动群众/劳工

- 低收入，工作环境不安全

・需要工会的保护

・需要法律来禁防不安全的工作环境

童工

・缺乏教育

・虐待

・不安全的工作环境

注意：关于工业化如何影响了美国社会不同群体的讨论可以不限于 1865—1920 年，只要所使用的例子源于这段时间即可。

・讨论中要准确解读至少四份文献（见上表）

・文章的主体部分需包含文献所给信息

・全文还包含其他外部相关信息

可能使用的例子

・具体的工会名称，如美国劳工联合会（American Federation of Labor，AFL）

・美国最高法院相关案件的名称，如：北方证券公司诉美国案（*Northern Securities Co. v. U. S.*）以及洛克纳诉纽约州案（*Lochner v. NY*）

・新机器/新技术的影响

・建造摩天大厦、桥梁及战舰

・各种具体信托和垄断企业的名称，如：洛克菲勒的标准石油公司（J. D. Rockefeller's Standard Oil Trust）和/或其横向和纵向的联合产业

・使用丰富的相关事实、具体例子和细节信息来支撑主题

・文章富有条理，逻辑连贯，结构清晰

336

・文章结构通常采取以下两种方法之一：

1. 学生先阐述工业化的优点然后说明缺点，最后讨论对两个群体的影响。

2. 学生先阐述工业化给一个群体带来的利与弊，然后讨论工业化给第二个群体带来的利与弊。

·通过构建框架来介绍主题而非简单地重复"任务"或者"历史背景"中的内容；文章最后对主题进行了总结

4 分

·论述了全部三个任务，虽然对其中一个任务的阐述比起其他两个较为简略

·主体讨论部分包含了来自至少四份文献的准确信息

·包含了外部相关信息

·使用相关事实、具体案例以及细节信息进行阐述，但语言风格偏描述而非分析

·文章富有条理，逻辑连贯，结构清晰

·通过构建框架来介绍主题而非简单地重复"任务"或"历史背景"中的内容；文章最后对主题进行了总结

3 分

·探讨了"任务"中的大部分要点，或者探讨了"任务"中的所有要点但有局限性；可能只探讨了两项任务，即工业化的优点、工业化的弊端和工业化是如何影响特定群体的三个问题中的任意两个

·文章主体使用或参考了部分文献

·包含极少或者没有包含外部相关信息

·使用了一些事实、案例以及细节进行阐述，但其讨论偏描述而非分析

·行文较好，有一个大致的组织结构。可能未能区分工业化的利与弊或者未区分 *337* 不同群体之间的差异

·只是通过复述"任务"或者"历史背景"中的内容来介绍主题，最后也是以简单重复主题的方式结尾

2 分

·试图探讨"任务"中的部分要点，例如只阐述了工业化的缺点

·文献使用有局限性——只是简单重复了文献内容

·没有呈现相关外部信息

·使用极少的事实、案例以及细节进行阐述；讨论中有不准确的地方

- 文章结构混乱，中心不明确；偏题或有无关信息
- 没有导入或总结主题

1 分

- 对"任务"的理解有限，文献参考模糊不清
- 没有呈现外部相关信息
- 缺乏事实、细节和案例，或者所用事实、细节和案例不准确或不相关
- 没有导入或总结主题

0 分

- 未能成功完成"任务"，字迹难辨或者为空白卷

A5　佛特蒙州，信息技术表现性评价任务　*338*

此题来自信息技术表现性评价任务。

九年级至十二年级段：任务 5

年级段和任务序号：	九年级至十二年级，任务 5
成果：	用以支持结论的图形和图表
组成部分：	电子表格，图形计算器

任务

学生使用图形计算器模拟或者建立一个模型。他们用数字化工具收集数据（比如荧光灯管发射的光，不同时段各种液体的温度，等等），然后分析数据，录入电子表格中。学生对数据进行恰当的处理，制作图表以证明结论，并直观展示成果。

原理：真实世界的科学流程最适合用真实世界的工具来完成。有了技术工具来收集并处理数据，学生们就可以集中精力来理解数据而不单单是记录数据。测量出结果并理解了情境之后，学生们就将开始展示他们的发现。对于所学能给予明确的解释时，真正的学习才出现。

信息技术 1——基础操作和概念

使用数字化工具收集图像和其他信息（如温度、光、声音等）并录入电脑中。

信息技术 2——社会、伦理及人文问题　*339*

此任务中未评价。

信息技术 3——生产工具

在空白页中建立电子表格，其中包含公式及函数（最小值，最大值，四舍五入），设置单元格（如数字、货币、百分比、赋值等）。

命名单元格，做出注释，保存电子表格：

制作合适的图形来呈现数据（比如散点图，x-y）。

格式处理（比如调整行高和列宽、字体、颜色、隐藏网格等）。

引用其他工作表中的公式：

使用图形计算器以及适宜于该年龄段的应用/功能（如绘图、统计、表格、方程式、矩阵等）。

信息技术 4——交流

此任务中未评价。

信息技术 5——研究，问题解决及决策

论证决策的合理性，比如呈现数据、处理格式、建立方程式、选择研究标准。

建立和使用模拟或模型（如使用电子表格来设计"如果……就……"的情境分析）。

A6　华盛顿州，公民学课堂评价　*340*

以下为五项基于课堂的评价（CBA）：

• 一项公民学课堂评价（2008 年发布），高中，建议用于十一年级

• 一项经济学课堂评价（2008 年发布）

• 一项卫生与健康课堂评价，信件格式，收信人为出版商（2009 年发布）

• 两项视觉艺术课堂评价（一份发布于 2009 年，另一份发布于 2008 年）

宪法问题 CBA

民主国家的公民有权利和责任做出明智的决策。在对同一问题从不同角度进行研究和讨论之后，你将对一项公共议题做出有见地的决策。

给学生的指令[1]

你要用一篇连贯的文章或者一次演示[2]：

• 陈述你在这个议题上的立场，要考虑到个人权利和共同利益的相互作用，并分析如何宣传你的立场

• 提供支持个人立场的理由，包括：

• 分析宪法如何倡导了某个具体理想或原则，逻辑上与你在该议题上的立场有关

• 评估一桩与你的立场有关的法庭判例或者政府决策在多大程度上维护了宪法

• 对与你个人意见相悖的观点做出公正的解读

• 在论文或演示中明确引用至少三个有相关信息的可靠文献，并在论文、演示或　*343*
者参考文献中标明来源

高中——宪法问题CBA评分规则（适用于十一年级）

		←———及格	不及格———→	
该年级预期（关键学术学习要求）	4—优秀	3—熟练	2—片面	1—极少
A 1.4.1 分析评估可以影响地方、州以及国家政府部门的方法，以此保护个人权利，提升公共利益（十一年级）（EALR 1.4. 理解公民参与）	阐述了自身在该问题上的立场： • 含有一个平衡个人权利和公共利益的提案 • 对如何倡导这个观点进行了分析	阐述了自身在该问题上的立场： • 评估或者考虑了个人权利和公共利益之间的相互作用 • 对如何倡导这个观点进行了分析	阐述了自身在该问题上的立场： • 评估或者考虑了个人权利和公共利益之间的相互作用，但没有分析如何倡导这个观点	阐述了自身在此问题上有关个人权利或者公共利益的立场
B 1.1.1 分析评估美国宪法和其他基本文件采用了哪些方法来倡导其核心理念和原则（十一年级）（EALR 1.1. 理解核心理念和原则……）	为自身立场提供理由和证据。证据包含： • 分析宪法如何倡导了两个或多个与此议题有逻辑关系的具体理念或原则	为自身立场提供理由和证据。证据包含： • 分析宪法如何倡导了一个与此议题有逻辑关系的具体理念或原则	为自身立场提供理由和证据。证据包含： • 参考了宪法，但没有分析它与此议题的逻辑关系	为自身立场提供理由。证据包含： • 只是部分参考了宪法或者引用模糊不清
C 1.1.2 评估法院判决和政府决策在多大程度上维护了美国的民主理想和原则（十一年级）（EALR 1.1 理解核心理念和原则……）	支持所选立场的证据包括： • 仔细评估一桩法庭判例或者某项政策在多大程度上维护了与本议题有关的宪法原则 • 讨论有关这个判例或政策的反方观点	支持所选立场的证据包括： • 评估一桩法庭判例或者某项政策在多大程度上维护了与本议题有关的宪法原则	支持所选立场的证据包括： • 描述了一桩法庭判例或者一份政策但没有评估它如何维护了与本议题有关的宪法原则	支持所选立场的证据包括： • 片面或模糊地描述了一桩法庭判例或者政府政策

续表

D 5.4.1 在文章或演示中评估并解读某个问题的其他观点（EALR 5.4. 创作成果……）	为自身立场提供的证据包括： ·对与自身在该议题上相左的立场给予公平的解读和反驳	为自身立场提供的证据包括： ·对与自身在该议题上相左的立场给予公平的解读	为自身立场提供的证据包括： ·对该议题的一个（或多个）立场进行描述但没有评估	为自身立场提供的证据包括： ·片面或模糊地描述该议题的另一个立场	*342*
E 5.4.2 在准备论文或者演示的过程中，运用策略，避免剽窃，尊重知识产权（十年级）（EALR 5.4. 创作成果……） 5.2.2 研究问题或事件时，评估信息来源的效度、信度和可靠性（EALR 5.2. 使用探究性研究）	·在论文或者演示中明确引用四个及以上有相关信息的可靠文献 ·在论文、演示或者参考文献中标明来源	·在论文或者演示中明确引用三个有相关信息的可靠文献 ·在论文、演示或者参考文献中标明来源	·在论文或者演示中明确引用两个有相关信息的可靠文献 ·在论文、演示或者参考文献中标明来源	·在论文或者演示中明确引用了一个有相关信息的可靠文献 ·在论文、演示或参考文献中标明了来源	

* 公立教学督导办公室（OSPI）建议这项 CBA 用于特定的年级，因此，准则中的年级预期只适用于该年级。如果这项 CBA 用于其他年级段（三年级至五年级，六年级至八年级或九年级至十二年级），年级预期可能需要修改以匹配相应阶段的学习内容。

**评估学生作业时，请参考"中学社会科学 CBA 评分说明"。

经济学基于课堂的评价：你和经济　　　　　　*343*

公民责任要求周到考虑人们在地方、国家或全球经济中所扮演的角色。评估你的职业选择以及它们对于地方、国家和国际经济以及对你自己的影响。

给学生的指令[1]

你需要用一篇连贯的文章或者一次演示：[2]

·陈述立场，阐述哪一个职业选择对你最有利

·为你的立场提供理由，包括：

·使用一个或多个例子，分析你的职业选择会对地方、国家和/或国际经济造成什么影响

·使用两个或更多的例子说明经济体制如何影响你的经济选择

·在论文或者演示中明确引用至少三个有相关信息的可靠文献来源，并在论文、演示或参考文献中标出引用来源

344

高中——你和经济 CBA 评分准则（适用于十二年级）

该年级预期（关键学术学习要求）	←————及格		不及格———→	
	4—优秀	3—熟练	2—片面	1—极少
5.4.1 评估立场和证据，以便在文章或展示中做出自己的决定 5.1.1 分析所做决定对全球共同体产生的短期和长期影响	陈述立场，论证哪些是学生们的最佳职业选择，阐述应包含： ·分析学生的职业选择反映了怎样的全球经济	陈述立场，论证哪些是学生们的最佳职业选择	陈述职场选择立场，但没有说明哪些是学生们的最佳职业选择	描述了职业选择但没有阐述立场
2.1.1 分析在全球经济环境下群体和个人的决定可能如何增加成本与收益 5.2.1 分析各种决策对于全球共同体的影响，并评估该分析的合理性	为自身立场提供理由和证据 证据包含： ·使用至少两个例子，分析学生职业选择会对地方、国家和/或国际经济造成什么影响	为自身立场提供理由和证据 证据包含： ·使用一个例子，分析学生职业选择会对地方、国家和/或国际经济造成什么影响	为自身立场提供理由和证据。证据包含： ·分析了学生职业选择会对地方、国家和/或国际经济造成什么影响，但没有使用具体例子	提及但是没有分析学生职业选择会对地方、国家和/或国际经济造成什么影响
345 2.2.1 分析并评估国家和群体的不同经济体系的利弊 2.4.1 分析并评估个体如何影响资源配置及其可持续性，并将如何反受其影响	该立场的证据包括： ·使用至少两个例子说明经济体系如何影响学生的经济选择 ·分析全球经济下的资源分配或可持续问题如何影响学生的职业选择	该立场的证据包括： 使用至少两个例子说明经济体系如何影响学生的经济选择	该立场的证据包括： 使用一个例子说明经济体系如何影响学生的经济选择	该立场的证据包括： 分析了经济体系如何影响学生的经济选择，但没有使用具体例子

续表

5.4.2 准备论文或者演示的过程中，采取策略，避免剽窃，尊重知识产权（十年级）（EALR 5.4. 创作成果……）	·在论文或者演示中明确引用至少四个有相关信息的可靠文献 ·在论文、演示或者参考文献中标明来源	·在论文或者演示中明确引用三个有相关信息的可靠文献 ·在论文、演示或者参考文献中标明来源	·在论文或者演示中明确引用两个有相关信息的可靠文献 ·在论文、演示或参考文献中标明来源	·在论文或者演示中明确引用一个有相关信息的可靠文献 ·在论文、演示或参考文献中标明来源
5.2.2 研究问题或事件时，评估信息来源的效度、信度和可靠性（EALR 5.2. 使用探究性研究）				

*公立教学督导办公室（OSPI）建议这项 CBA 用于特定的年级，因此，准则中的年级预期只适用于该年级。如果这项 CBA 用于其他年级段（三年级至五年级，六年级至八年级或九年级至十二年级），年级预期可能需要修改以匹配相应阶段的学习内容。

**评估学生的作业时，请参考"中学社会科学 CBA 评分说明"。

卫生与健康 CBA：给出版商的一封信

总分：8 分

学校的图书馆管理员邀请你加入了一个学生组织，研究他从学校的杂志收藏中摘抄出的一些令人忧心的广告。作为这个组织的活动内容之一，你将分析四则让你非常担忧的杂志广告，然后写一封信给出版商。这项任务的结果是要说服出版商在杂志中少投放传递消极信息的广告。

第一部分　广告与负面效果：写前阶段

346

写前阶段不计分。

针对四则广告，指出每则广告中存在的一个对青少年的不良影响，你必须列出四条不同的负面影响。然后，确认广告中哪一部分产生了这一不良影响。

对青少年的不良影响	广告中的不良部分
1.	1.
2.	2.
3.	3.
4.	4.

第二部分　广告与积极效果：写前阶段

写前阶段不计分。

对四则广告进行改写，并描述能对青少年产生积极而非消极影响的一处改动。然后阐述这些改动如何可以达到预期的积极效果。

广告修改	预期积极效果
1.	1.
2.	2.
3.	3.
4.	4.

第三部分　给出版商的一封信：学生的最终回答

347

使用你第一部分和第二部分的知识，在答题处写一封信。要想获得满分 8 分，你必须确保信中包含了写前阶段（第一部分和第二部分）的每一个答案。

亲爱的出版商：

<table>
<tr><td></td></tr>
<tr><td></td></tr>
<tr><td></td></tr>
<tr><td></td></tr>
<tr><td></td></tr>
<tr><td></td></tr>
<tr><td></td></tr>
<tr><td></td></tr>
<tr><td></td></tr>
<tr><td></td></tr>
<tr><td></td></tr>
<tr><td></td></tr>
<tr><td></td></tr>
</table>

评分准则 1：对《给出版商的一封信》的第一部分评分

（EALR 3）学生分析和评估现实生活环境对健康的影响。

4　4分的回答：该生累积得分为 7～8 分。

该生：

- 针对四则广告中的每一则各提出了一个对于青少年的不良影响（每个影响 1 分，最高可得 4 分）。

- 指出每则广告中的相关部分，就是这些部分可能导致四个不良影响或者健康问题中的某一个问题（每个例子 1 分，最高可得 4 分）。

例子：有一则广告展现了一名苗条的少女由好几个高挑而健硕的少年陪伴着。这则广告展现的身材或者形象可能会导致进食障碍，如贪食症。

3　3分的回答：学生获得了 5～6 分。

2　2分的回答：学生获得了 3～4 分。

1　1分的回答：学生获得了 1～2 分。

0　0分的回答：学生对任务理解有限或没有显示出理解。

评分准则 2：对《给出版商的一封信》的第二部分评分

（EALR 3）学生分析和评估现实生活对健康的影响。

---

4 4 分回答：该生累积得分为 7～8 分。

该生：

- 对这四则广告中的每一则各提出一个修改意见，使其对青少年产生积极影响（每个修改 1 分，最高可得 4 分）。
- 阐述这四个建议的每一个将如何产生预期的积极效果（每个描述 1 分，最高可得 4 分）。

例子：有则广告原来的版本是只有穿特定品牌牛仔服装的苗条的青少年在派对上玩得开心，可以将其修改成穿着特定品牌牛仔服装的各种身材的青少年在派对上都玩得很开心。这则广告传递出的信息是各种身材的青少年都可以玩得开心。

3 3 分的回答：学生获得了 5～6 分。

2 2 分的回答：学生获得了 3～4 分。

1 1 分的回答：学生获得了 1～2 分。

0 0 分的回答：学生对任务理解有限或没有显示出理解。

视觉艺术 CBA：动物园马克杯

一家地方动物园正在征集有创意的马克杯设计来宣传该动物园。他们希望这些马克杯既有趣又实用还能有装饰效果。他们邀请高中美术学生们各自提交一个马克杯设计样品。这个马克杯要有功能手柄，至少有两个层次的浮雕以及至少两种装饰纹理。

动物园要求每位设计者上交一张详细的马克杯设计样品的铅笔草稿。马克杯的设计主题要体现出动物园的动物和环境，但不能用文字或版式来表达。

动物园的工作人员要求你在设计马克杯原型时必须遵循以下要求：

设计

1. 马克杯的整体设计必须以宣传动物园为主题（比如涉及哺乳动物、爬行动物、昆虫、鸟类，或者有关自然环境）。

2. 在制作实物之前，你必须提供至少一张马克杯设计草稿图，用箭头标注出主题、手柄以及雕塑和浮雕构成。

3. 最终的成品马克杯要含有三个层次的浮雕以全面突出动物园主题。其中两个层次的浮雕应当分别用嵌花、造型和雕刻等塑形方式凸显在杯体表面，并用雕刻、冲压和压印等塑形技巧凹嵌入表面或背景。

4. 成品马克杯的表面要光滑或平整，同时还有至少两种纹理。

5. 至少使用两种不同的制作方法，比如拉胚、盘泥条、手捏、泥板塑形、团块塑形等。

实施

1. 做出一个标准大小，既实用又有装饰性的马克杯，大约高 4 英寸，直径为 3 英寸，手柄 2 英寸，由黏土制成，用来宣传动物园。

2. 根据设计选择一种主要成型方法，比如拉胚、盘泥条、手捏、泥板塑形、团块塑形等。

3. 马克杯杯壁与其大小成比例且整体均匀。

4. 手柄必须同马克杯的大小和厚度成比例。手柄和杯盖应当让使用者觉得光滑舒适。

5. 边缝连接（边、底、手柄）精致，马克杯实用不漏水。

视觉艺术 CBA：点心时间

你们学校的校报记者正在寻找一张美食图片来给一篇关于青少年食物选择的专题文章配图。你是校报的摄影师，编辑要求你拍摄一张受青少年欢迎的一种或多种食物的照片。所选照片必须对焦准确，以吸引读者。同时这张照片要有明显的对焦重心，要使用三分法构图并且能够运用景深。另外，你需要使用明暗对比来强调食物，让目标受众关注该食物。

350　新闻编辑要求你拍摄的实物照片有以下几个要素：

1. 拍摄对象明显是焦点

2. 用三分法构造焦点

3. 运用景深

4. 一系列亮度；通过定向照明技术来制作阴影、高光和/或倒影

5. 在 4 英寸×6 英寸大小的或更大的纸上打印/冲洗出彩色或黑白图像

完成拍摄后，校报编辑要求你：

6. 详细描述你是如何使用和/或创造：

　　（1）三分法来强调重点

　　（2）景深

7. 举一个例子说明你是如何使用室内定向照明技术或者电脑软件技术/工具来制造出对比和一系列亮度以拍摄阴影、高亮和/或倒影

8. 详细描述所拍摄食物以及为什么这样安排食物的位置

9. 正确使用视觉艺术摄影/创作的相关词汇

艺术编辑给了你足够时间完成照片创作。你将有 20～30 分钟的时间完成书面描述。

答题纸

你必须在书面描述中正确使用设计/艺术以及摄影有关词汇。当你在文中描述你在创作过程中所使用的技术时，务必直接联系你的实际照片：

1. 举出一个例子说明你是如何使用定向照明技术或者电脑软件技术/工具来制造出对比和一系列亮度以拍摄阴影、高亮和/或倒影。

2. 详细描述你是如何使用三分法来突出焦点的。

3. 详细描述你是如何使用景深技术的。

4. 详细描述所使用的食物以及为什么这样安排食物的位置。

评分指南

创作部分评分准则：要素和原则（1.1.1，1.1.2，2.1，2.2，3.1，3.2 和 4.5）

4　4 分回答：学生在 4 英寸×6 英寸大小的或更大的纸上综合使用了以下四项摄影设计要素和原则来描述食物：

　　1. 对食物对焦准确

　　2. 使用了三分法来凸显食物这个焦点

　　3. 运用景深技巧来凸显重点

　　4. 使用定向室内照明和/或者电脑软件技术/工具来制造出对比和一系列亮度以拍摄阴影、高光和/或投影

3　3 分文章：学生综合使用了上述四项摄影设计要素和原则中的三项。

2　2 分文章：学生综合使用了上述四项摄影设计要素和原则中的两项。

1　1 分文章：学生综合使用了上述四项摄影设计要素和原则中的一项。

0　0 分文章：学生未能使用上述四项摄影设计要素和原则中的任意一项。

回答部分评分准则（2.1，2.2，2.3，3.2 和 4.5）

4　4 分文章：学生正确运用摄影/创作视觉艺术词汇对以下四点做出了详细说明：

　　1. 给出了一个例子说明如何使用定向室内灯光和/或电脑软件技术/工具来制造出对比和一系列亮度以拍摄深度阴影、对比和/或倒影

　　2. 描述了如何运用三分法来创造焦点

　　3. 说明了如何使用并/或设计出景深

　　4. 详细描述了所用食物以及如此摆放的原因

3　3 分文章：学生详细描述了上述四项要点中的三项。

2　2 分文章：学生详细描述了上述四项要点中的两项。

1　1 分文章：学生详细描述了上述四项要点中的一项。

0　0 分文章：学生未能详细描述上述四项要点中的任意一项。

351

表现性评价新方法 >>

B1　高校学习评价表现性任务 [1]　*354*

戴拿科技（Dyna Tech）是一家制造精密电子仪器和导航设备的公司，你是该公司董事长帕特·威廉斯（Pat Williams）的助理。萨丽·埃文斯（Sally Evans）是销售部的一名员工，她提议公司买架斯威夫特-235（SwiftAir‑235）私人飞机以便她和其他销售部员工拜访客户时使用。就在帕特快同意这个提议的时候，斯威夫特-235 出了事故。

你将获得以下资料：

1. 关于该事故的新闻报道

2. 关于单引擎飞机飞行过程中解体问题的联邦事故调查报告

3. 帕特发给你的邮件以及萨丽发给帕特的邮件

4. 斯威夫特-235 性能特征图表

5. 《业余飞行员》中斯威夫特-235 同其他相似飞机的比较

6. 斯威夫特-235 和斯威夫特-180 型号的图片和描述

请准备一份备忘录，包括下列内容：支持或者反驳斯威夫特-235 的机翼是导致飞机空中解体原因的有关数据，其他应当考虑的可能导致意外的因素，以及你对戴拿科技是否应该购买该飞机的整体建议。

355　**B2　俄亥俄州表现性评价试验项目**

此物理学（春季/后期）表现性任务发布于 2009 年[2]。

工作原理

介绍

我们的世界依赖于各种设备、工具和仪器，它们影响着我们如何生活。每一种设备、工具或仪器的设计都基于科学原理和概念，它们可以解释我们日常生活中的物理现象。想想你们每天使用的设备、工具和仪器，你们有没有认真思考过它们的工作原理？

你的任务

你是一个工程组的成员，你将采用逆向工程确定一些设备的工作原理。逆向工程是通过分析结构、功能和工作原理来了解工具、设备或仪器的技术原理的过程。这个过程涉及分解研究对象以及分析其零件，以此来了解每个部分是如何相互作用从而成功运作的。在这个任务中，你们小组要基于项目经理（你们的老师）给出的标准，选择你们感兴趣的设备、工具或仪器来研究。你们小组要写一段文字，在不透露所选物件名称的前提下，描述你们所选的设备、工具或仪器，看看你们的同班同学能否猜出你们探究的是什么。经过一些初步研究以后，你们小组要拆分所选物件来确定它是如何运作的。在解释该物件的工作原理时，你们要分析其工作时所发生的至少一种能量转化并说明你们可以如何将今年所学的至少三则物理学原理应用于该物件。你们小组

356　要研究有同样基本目的的设备、工具或仪器的早期版本，并比较两个版本（过去和现在的）的特征、技术进步类型和所使用的物理学原理。最后，每个小组成员要独立完成一篇研究报告，描述你学到的所选设备、工具或仪器工作原理的知识。

任务概要

任务组成	任务详述	成果
1	选定待探究的设备、工具或仪器	研究报告
2	用 100 个字描述你们的研究对象	

续表

任务组成	任务详述	成果
3	拆分、标识并说明所选对象的部件是如何相互作用从而运作的	
4	研究学习所选对象的工作原理，并解释至少一个在其工作中产生的能量转换	
5	明确至少三则帮助解释该物件工作原理的物理学原理和/或概念	
6	比较现在和过去有相同使用目的的设备、工具或仪器	
7	在上述所学知识的基础上，独立完成一篇研究论文	
8	反思学习	文章
9	集体演示	可选*

* 你们的老师将决定你们是否要完成该表现性评价任务中的这个部分。

第一部分：选定你们小组有兴趣去探究的设备、工具或仪器（小组任务）。作为一个小组，选定一个有多个组成部分的系统作为研究对象。一个好的研究对象将有助于你们：

1. 通过拆分和分析其运作来学习该物件（逆向工程）。

2. 安全展开探究工作，且符合老师的要求。

3. 明确至少一种在该物件正常工作时会产生的能量转换。

4. 联系至少三则有关的物理学原理和/或概念。

第二部分：向全班描述所选的设备、工具或仪器，但不透露物件名称（个人任务）。用 100 个字描述你们的研究对象，不透露物件名称。你要完整描述该物件的外观、功能或作用，它是如何运作的，以及为什么人们要使用它。你要面临的挑战在于你的同班同学能否根据你的描述猜出你描述的设备、工具或者仪器是什么。

第三部分：拆分和标识所选设备、工具或仪器的部件（小组任务）。使用老师提供的工具拆分该物件并研究各部件。你要识别出所有部件，将它们粘在海报纸板上并标识出来。

第四部分：通过多种渠道（专家、网络、课本、出厂说明书等）来研究所选设备、工具或仪器的运作（小组任务）。在研究该物件时：

1. 明确每个部件或零件的目的和/或功能。

2. 阐述这些部件是如何一起运作的。

3. 解释其运作时各部分的作业顺序。

4. 解释其在运作时，能量是如何转换的。特别是要明确能量来自哪里，发生了什么变化。

第五部分：联系并描述与所选设备、工具或仪器运作有关的至少三则物理学原理和/或概念（个人任务）。描述这些可以解释所选物件怎样以及为什么运作的物理学原理和/或概念。想象你是在向一个目前没上物理课的同龄人解释这些，你要充分解释你所用的每个词语，让他们能理解你的意思。

358
第六部分：确定并研究一个有相同使用目的的早期设备、工具或仪器（小组任务）。比较这个早期版本与你选定的物件，尤其是：

1. 描述每个系统的特征。

2. 识别任何独特的部件以及每个部件或零件的功能。

3. 列出每一物件运作时的作业顺序。

4. 说明每个物件工作时能量是如何转换的。

5. 阐述在物件中所使用的技术和/或材料的变化。

6. 比较说明每个系统中所使用的物理学原理和/或概念。

第七部分：完成一份个人研究报告，解释说明你从选定的设备、工具或仪器中学到的知识（个人任务）。这份报告要包括你在任务第二部分至第六部分的所有研究和发现的总结。尤其是：

1. 包括一份对所选设备、工具或仪器的简要描述（第二部分）。

2. 提供一张已拆分的物件的图解、图像或照片，并在上面标识好所有部件和/或零件（第三部分）。

3. 说明所选对象如何运作以及当物件运作时能量是如何转换的（第四部分）。

4. 运用至少三则物理学原理和/或概念解释所选对象是怎样以及为什么可以运作（第五部分）。

5. 将早期版本系统与你选定的物件进行比较，阐述技术和使用材料上的变化（第六部分）。

6. 查阅书面材料和视觉资料，确保你使用了正确的词汇和科学规范。

7. 使用老师选定的格式，列出你的所有参考文献。

第八部分：反思学习（个人任务）。写一篇文章反思你在完成这项表现性评价过程中的学习，尤其要说明：

359
1. 所选设备、工具或仪器的工作原理，以及它如何运用了三则物理学原则和/或概念。

2. 你所发现的能量转化知识。

3. 在学习、思考和产出作业中用到的有效策略和无效策略。

4. 你学到的研究技巧和/或你对科学探究的理解。

5. 你对小组的贡献、所在小组的优势以及可以怎样改进未来小组内部的沟通。

第九部分：展示你们的发现——可选（小组任务）。你们会被要求口头展示从这次探究中学到了什么。在准备展示的过程中，要：

1. 考虑到听众，估计他们在此话题上的已有知识水平，并准备相应的材料以便听众能理解你们的发现。

2. 提供一份清晰的调查概要（目的、步骤、分析以及发现）以便对听众产生影响并帮助他们了解你们的发现。

3. 用恰当的图画、图表和视觉手段等来展示数据。

4. 查阅书面材料和视觉资料，确保你使用了正确的公式和科学规范。

5. 使用老师选定的格式，列出你的所有参考文献。

360　**B3　大学准备表现性评价系统思维准备任务** [3]

解读社科统计数据

任务概述

近期，新闻谈及了许多关于美国监狱人数增加的问题。这个增长有多快？国家需要能够预测将来处于矫正监督的人数。这些数字对预算、一般人群及其他社会服务将会造成什么影响？

最终成果：学生们要完成一份报告，清晰阐述他们提议的解决方法，并用数学证明支持这一结论。

关键认知策略

学生们要使用以下关键认知策略，每个关键认知策略包括三部分，如下所述：

问题解决

理解问题

假设可能的结果

制订如何应对问题的策略

研究

确认所需的数据和信息

收集数据和信息

评估数据和信息的质量

361　#### 解读

整合数据和信息以备分析用

分析数据和信息的特征与规律

通过联系和下结论进行综合分析

推论

建构一个论点并用证据支持

组织论点

批判研究工作以期改进

精确性/准确性

检查研究工作中的错误

完成任务中的所有指定部分

恰当展示终稿

一个测量表现性评价成本、支出和收益的框架

>>

表 C.1 一个测量表现性评价成本、支出和收益的框架——形成性评价

364

形成性因素	成本	支出	收益
开发	*这部分成本主要是指当地教师开发工具以及建设学生进步监测系统所花的时间。这部分被归为成本而非支出是因为教师时间在合同中已经支付过了	在预算范围外还可能产生一些材料和用品方面的支出，但这一部分会很少	评价（形成性评价、基准评价或终结性评价）开发的收益来自如何有效评价学生学习的相关见解，这有助于教师们改进教学，改善学生的学习。用美元衡量这样的收益不太可能
生产		这些就是复制教师选用的考试/小测试等的成本。如果使用更复杂的材料，这部分支出就会更高一些	
培训	*奥顿和皮卡斯（2014）提供了一种职业培训（PD）模式，其中有 10 天无学生打扰的教师专业发展时间，包括对形成性评价的开发和使用。该模型还要求广泛使用教练，帮助教师分析形成性评价的结果。考虑到地区预算中包含了这些职业培训资源，这些就构成了成本；考虑到教师需要额外的职业培训时间（如合同上的额外天数）或者需要其他工作人员承担教练一职，就产生了额外支出 *教师还需要合作时间，可以以无学生打扰的职业培训时间组成部分的方式来支付，或者计入现有教师合同的校内备课和合作时间中	下列情况中支出会增加：教师合同中增加了职业培训天数，或者增加了每学年的代课时间，以及给培训人员付费与教师一起研究评价问题等。评估这些支出的难度在于如何将评价支出与其他职业培训支出明确区分开来	*培训部分的收益来自教师从职业培训中获得的额外知识、技能和教学策略。用于和教练一起改进教学的时间也可以带来学生学习方面的收益
教学	*这里的概念不是指教学生或教老师，而是指以形成性评价结果为基础来调整教学。在这个假设前提下，这方面的努力应该归为成本，因为教师们会以评价结果为基础，利用备课时间来修改教学	理论上，假设教师使用同一教学时间，就没有额外支出，他们只是以形成性评价中获得的信息为基础做着不同的事而已	*此处收益来自学生学习的改善和教师技能的提升，以及如人们所期望的，可以提高教师对于工作的满意度

365

注：该部分有星号的表格文字代表比较重要的成本和支出构成，其余表格文字代表在整体支出中影响较小的部分。

续表

形成性因素	成本	支出	收益
施测	*这部分主要为成本，因为评价是在课堂时间进行，替代了其他课堂活动。支出极有可能会很少，因为大部分形成性评价可以以课堂活动组成部分的形式来完成	如果学校或地区选择使用需付费的形成性评价或者使用某个特别网站的材料，那么也许需要一些实际支出	
管理	*这部分成本主要是指迁移教师以及其他基地骨干活动到形成性评价的设计、实施和结果分析等工作中来。这些成本由现有合同支付		潜在收益指教职员工之间以及基地领导和教师之间的沟通更顺畅，学校运作得以改善
评分	*这部分主要是指教师花费在评分及评价结果分析上的时间，同上述教学类别联系紧密。这个过程中会出现教学活动调整和策略调整	*考虑到要额外支付个人对考试（如写作考试）进行评分，这个类别中同样存在直接支出	*收益是指教师获得了有关学生知识和技能的更多知识，从而得以聚焦有需要的领域，使课堂学习时间更富成效和效率
汇报	因为形成性评价主要为教师个人使用，所以成本极低且所耗时间属于合同内的教师工作时间	支出仅指实施评价时的材料成本	*收益是类似上述评分中的，特别是教师获得的有关学生知识和技能的知识。这使他们可以在教学时集中关注有需要的领域，使课堂学习时间有效且高效。形成性评价的另一个潜在收益就是能在首次教学中就满足学生需求来确保学生掌握重要材料而不是回头使用大量干预措施
项目评估	*这体现的是教师花在评估形成性评价对于辅助教学、改善学生学习的作用上的时间。形成性评价工具可以基于它们能在多大程度上帮助教师更好理解学生需求而进行修改，以提高预测学生需求的能力。后者根据教师们花费在任务中的时间长短，既可能是收益，也可能是"成本"		*基于它们能在多大程度上帮助教师更好地理解学生需求，形成性评价工具可以修改，以提高教师预测学生需求的能力。后者根据教师在任务中所用时间的长短，既是收益，也可能是"成本"

366

367

表 C.2 一个测量表现性评价成本、支出和收益的框架——基准评价

368

基准因素	成本	支出	收益
开发	*基准评价一般是商业产品。在这种情况下，可以认为那些开发这些评价工具的私人公司会将开发成本计入地区的评价价格中。此处的分析重点是地方/学校成本，因此可以认为这些成本主要是指用来选择具体评价工具的时间 *如果一个地方自己开发基准评价工具（Boudett，City，& Murnane，2008。其中描述过这样做的挑战），极有可能会出现大量与开发基准评价有关的人力成本	支出与评价类型、使用频率以及所用评价的规模有关。相比使用现成的，由协作组织、州、几个州组成的团队或者全国供应商开发的基准评价的各州而言，那些自主开发基准评价工具的州生均费用一般更高	学校/地区有关学生学习的一致性数据可以带来有效的教学设计等收益。教师和基地领导可以据此评估学生的表现，可能还可以评估教师的表现
生产	*如果是自主开发，成本就是指从其他学习以及学校/地方的管理活动中抽走的时间。如果是商业开发，出版商将承担该成本，之后转加给购买这些评价的地区和学校	*如果是从商业公司购买，这些支出将由出版商承担，然后由所有客户分担。如果是自主开发，支出一般相当高	*369*
培训	*为了正确管理、评估和使用任何基准评价结果，教师们需要时间（并且可能需要培训员帮助，起码在最开始时）学习如何用基准测试来提高学生的表现	下列情况下支出会增加：教师合同中增加了职业培训天数，或者增加了每学年的代课时间，以及给培训人员付费与教师一起研究评价问题等。评估这些支出的难度在于将评价支出与其他职业培训支出明确区分开来	*如果和之前假设的一样，培训带来了教学改善，增加了学生接触高质量教学的机会，这些成本就也可能成为收益
教学	*同上，此成本指依据基准评价结果调整教学所用的时间		*同上，此处收益来自学生学习的改善和教师技能的提升，以及如人们所期望的，提高教师的工作满意度 *370*
施测	*成本和支出将取决于评价形式。测试时间是成本，而实施评价用到的材料（如纸、笔、考卷或者在线权限）为支出	*成本和支出将取决于评价形式。测试时间是成本，而实施评价用到的材料（如纸、笔、考卷或者在线权限）为支出	

续表

基准因素	成本	支出	收益
管理	＊这可能是成本，因为教师、基地和地区领导要花时间来确保评价在需要时可以按计划实施	区级评价和评估工作人员会带来支出，尤其是当基准评价需要额外的员工时。如果学校有评价协调员，那么学校的支出也会增加。学校要付给他们费用或者用某种形式的教学减负措施来支持他们的评价协调工作	
评分	＊取决于评价形式，评分可能很耗时。这可能是一种人员时间成本（因为替代了他们可能去做的其他事情）或者是付给教师（或其他人）进行评分的支出。这些成本差异很大，取决于该测试是在线的还是要使用可扫描的电脑阅卷卡（Scantron），以及评价中是否包含了需要单独评阅的作文，是否需要检查评分的信度和一致性	＊取决于评价形式，评分可能很耗时。这可能是一种人员时间成本（因为替代了他们可能去做的其他事情）或者是付给教师（或其他人）进行评分的支出。这些成本差异很大，取决于该测试是在线的还是要使用可扫描的电脑阅卷卡，以及评价中是否包含了需要单独评阅的作文，是否需要检查评分的信度和一致性	收益取决于评价结果用于评估教学实践以改善教学以及用于课程评估的程度
汇报	＊成本和支出多少的差异取决于基准评价结果的发布范围。如果结果只局限于校内，汇报成本就主要是少量的生产成本和用来向每个教师讲解结果含义以及视情况而定向学生和家长做出说明的时间成本	成本和支出多少的差异取决于基准评价结果的发布范围。如果结果只局限于校内，汇报成本就主要是少量的生产成本和用来向每个教师讲解结果含义以及视情况而定向学生和家长做出说明的时间成本	收益来自对评价结果的讨论以及学生、家长、教师和基地领导如何使用数据来改善教与学
项目评估	＊和其他项目一样，关键是评估其满足目标的价值。领导和教师们需要时间来审视持续的基准评价所带来的影响。这些影响是指怎样聚焦教学以提高学生表现	如果对替代性基准评价工具进行正式评估，就会产生第三方评估支出或者当地人员承担评估职责所需的支出。由地区/基地人员实施的不太正式的评估更可能成为评估时间所带来的机会成本	此处收益是指评价得以改进以及可以更好理解评价数据如何带来教学改善

371

372

表 C.3 一个测量表现性评价成本、支出和收益的框架——终结性评价

终结性因素	成本	支出	收益	
开发	*如果地区参与帮助评价公司或者各州来开发测试，试测考试题目，审阅题目和考试程序，而不要求开发方给予补偿（由州开发的测试极有可能如此），这就将成为学校或者地区要面对的机会成本	*终结性或者标准化的评价一般是在某个州独立开发的商业化产品或工具。一般认为开发这些评价工具的私人公司会将开发成本计入地方评价的价格中。那些自主研发测试系统的州必须考虑到开发成本，以及因为替换考题以维护该工具的效度和信度而不断产生的成本	就学校/地区参与评价开发而言。他们收获的益处是加强了对于测试内容的理解以及更加明白考试内容与州标准之间的关系	*373*
生产		*就纸笔形式的标准化测试而言，考卷、监考指南、考题包装以及交还已经完成的试卷都会产生大量支出		
培训	*成本与用来学习如何实施测试的时间有关，更重要的还有教师花在教授考试策略这类事情上的时间	*培训个体来实施评价会产生支出		*374*
教学	*此处成本是指针对考试的直接教学时间。就评价与州标准有关而言，这可能不是一笔大的"成本"，或者更正确地说，收益可能大于支出		*就评价与州标准有关而言，因为教学关注了要评价的对象，可能会产生可观的收益	
施测	*成本和支出包括准备、实施以及归还考试材料的时间，而且可能耗时较长。如果每个学校都有一名评价协调人员，在他或她的学校/地区实施考试期间使其免于教学或者其他职责，这一点就更加明显。如果学校/地区为此职能设置专门的岗位，就会产生一笔支出	*成本和支出包括准备、实施以及归还考试材料的时间，而且可能耗时较长。如果每个学校都有一名评价协调人员，在他或她的学校/地区实施考试期间使其免于教学或者其他职责，这一点就更加明显。如果学校/地区为此职能设置专门的岗位，就会产生一笔支出		
管理	*同上述施测中的成本类似	*同上述施测中的成本类似		*375*
评分		*这部分支出可以是合同中规定的考试本身的一部分，或者是由于州、地区评分而产生的支出		

续表

终结性因素	成本	支出	收益
汇报	＊尽管可以预料终结性评价在学校、地区甚至州一级层面广泛使用，其成本和支出都将因评价结果发布的范围而大有不同 ＊汇报成本主要是少量的生产成本以及用来向每个教师讲解评价结果含义以及视情况而定向学生和家长做出说明的时间成本 ＊在媒体上汇报考试结果也会产生一定的成本，因为学校领导需要对已发布的新闻做出回应	＊尽管可以预料终结性评价在学校、地区甚至州一级层面广泛使用，其成本和支出都将因评价结果发布的范围而大有不同	有关学生表现的信息可以帮助学校/地区聚焦其教学，也有利于每位教师更好地调整他或者她的教学重点
项目评估	＊此处成本主要是时间，用于评估该考试的价值，以及假设评价与州标准相匹配时，明确该评价是否给决策者提供了有用的数据		

376

地区中期考试支出

为了估算地方校区的中期考试支出，评价解决方案集团（ASG）在加利福尼亚州 *377* 和马萨诸塞州的一小部分地方校区取样完成了一份调研（Topol, Olson, Roeber, & Hennon, 2013）。该样本选取了分布于两州各地的小、中、大型地区，且涵盖了代表城市、郊区以及农村的三种不同社区。该问卷调研以访谈的形式进行，条件允许时也收集了管理记录数据。在此之前，ASG 已经取得肯塔基州所有地区的中期评价数据，此处按其地区十分位分布进行了分析。虽然 ASG 问卷询问的是形成性评价和职业发展以及中期考试的成本，但该数据被认为不够准确，也不具备这个分析所需的地区可比性。因此，该分析只包括了以下几个类别的成本：

- 付给考试供应商的中期考试和基准考试的支出
- 地区内部中期考试的开发和评分成本
- 评价材料和数据说明书
- 用于储存和分析考试数据的数据管理系统的支出
- 为中期考试项目起支撑作用的题库以及其他支出

下面的图表展示了这些取样地区的中期考试数据以及一项早期 ASG 研究中的州级考试成本（Topol, Olson, & Roeber, 2010；Topol et al., 2013）。凡可能处，总的州级 *378* 考试成本与《不让一个孩子掉队》中所规定的英语语言艺术以及数学考试的成本将分类呈现。

加利福尼亚州

加利福尼亚州的考试项目是全美国最便宜的项目之一：2012 年，如果只考虑英语语言艺术和数学考试的话，生均成本大约为 17 美元，如果考虑到自然科学和社会科学的话，整个州立考试项目的生均成本也不到 20 美元。除了州立项目，ASG 还调查了 7 个小、中、大地区，发现他们都有以提高州级考试分数为目标的中期考试。这些考试范围广泛，既有西北教育评价和培生等公司开发的评价，也有地方开发的备考考题和材料。除去教职员工用于考试管理、结果分析以及专业发展的时间成本，这些考试的成本生均从 7 美元到 29 美元不等。因其平均生均成本接近 15 美元，这些中期考试的成本和州立考试的成本本身几乎不相上下。

肯塔基州

2012 年，肯塔基州的考试项目中按 NCLB 规定部分的英语语言艺术和数学考试的成本正好处在全国平均水平——大约生均 25 美元。因为还有其他补充考试，包括一个全面的课程结业考试系统，该州的考试总成本就提高到了生均 63 美元。

除了州立考试项目，肯塔基州教育厅收集了所有 174 个区的数据，其中显示 93％的区汇报了 2011 年中期考试的成本。除去教职工用于考试管理、结果分析以及专业发展的时间成本，这些考试的成本生均从 1 美元到 57 美元不等。因其生均值为 15 美元，这些地方成本与加州的情况基本类似。不过，这些估算没有包括 ASG 问卷中收集到的其他成本，例如数据管理系统和教师评分的成本。因此，相比其他两个州的数据，这个数字低估了当地的成本。

378

使用这个保守的估算，肯塔基州用于测试英语语言艺术和数学的州和地方成本总额大约为生均 87 美元。

马萨诸塞州

382

马萨诸塞州的评价项目是全国最贵的之一。按照布鲁金斯研究院收集的一份有关该州供应商成本研究的数据，NCLB 规定的英语语言艺术和数学考试的成本大约为生均 64 美元，其中阅读和数学部分都用到了开放式题目（Chingos，2012）。

除了州立考试以外，ASG 对该州 9 个小、中、大地区的调研表明它们几乎都有以提高州立考试分数为目标的中期考试。除去教职工用于考试管理、结果分析以及专业发展的时间成本，这些考试的成本生均从 8 美元到 51 美元不等。因其生均值约为 23 美元，马萨诸塞州的州立考试以及中期考试的成本总额看起来比加州和肯塔基州都高。

　　州以及地方的英语语言艺术和数学考试的总成本大约为生均 40 美元。加上该州其他英语和数学考试，总成本大约为生均 79 美元。我们没有这个州除了英语语言艺术和数学以外的其他考试的总成本数据。

379

表 D.1   加州：州测试、地方中期考试和基准考试成本

	总人数	被测人数[a]	评价成本/美元	其他成本/美元	总成本/美元	生均成本/美元
州测试	6217002	5233539	78554442	24234000[c]	102788442	19.64
英语语言艺术（ELA）和数学[b]	6217002	5233539	66029442	21010000[c]	87039442	16.63
A 区	5472	3952	88248	4250	92498	23.41
B 区	17427	15519	292987	153800＋	446787	28.88
C 区	664233	597810	3900000	NA	3900000	6.52
D 区	34472	19193	134000	15000	149000	7.76
E 区	131784	105490	222025	517500	739525	7.01
F 区	42000	42000	511000	270000	781000	18.60
G 区	18500	18500	160000	40000	200000	10.81
7 区平均[d]						14.71
州及地方成本估算（所有科目）						34.35
州及地方成本（仅 ELA 和数学）						31.34

[a] 凡无法估算中期考试人数时，就以全体学生的人数为被测学生人数。

[b] 包括 STAR 的 ELA 和数学考试、加州高中毕业考试、加州英语语言发展考试。

[c] 地区分摊，包括中期写作评价的地方评分成本。

[d] 未加权重的地区成本均值。

表 D.2　肯塔基州：州考试、地区中期考试和基准考试成本

380

	被测人数	评价成本[a]/美元	其他成本[b]/美元	总成本/美元	生均成本/美元
州测试[c]	392260	24724148	NA	24724148	51.68
ELA 和数学	392260	9786887	NA	9786887	24.95
第 10 十分位	21260	851737	NA	851737	40.06
第 9 十分位	40738	1217646	NA	1217646	29.89
第 8 十分位	29851	652459	NA	652459	21.86
第 7 十分位	59904	1095338	NA	1095338	18.28
第 6 十分位	81588	1083203	NA	1083203	13.28
第 5 十分位	25555	270293	NA	270293	10.58
第 4 十分位	31436	236871	NA	236871	7.54
第 3 十分位	27435	139955	NA	139955	5.10
第 2 十分位	33222	92977	NA	92977	2.80
第 1 十分位	26236	33684	NA	33684	1.28
成本均值	377195	5674163	NA	5674163	15.04
州以及地方成本估算（所有科目）					66.72
州以及地方成本（ELA 和数学）					39.99

[a]包括了肯塔基州 174 个地区中的 161 个（占 93%）汇报了中期考试成本的区。

[b]无肯塔基州或者各地区的相关成本数据。许多地区都对评价进行了人工评分，也有管理数据的数据支持系统，但这些数据都不在制作这张表的数据库中。

[c]包括了英语语言艺术、数学以及科学考试（总体生均成本为 27.29 美元），以及五个学科的课程结业考试、ACT 探索（ACT Explore）、ACT 和职场匙（WorkKey）。这些估算不包括肯塔基州写作档案袋项目的评分成本，该项目最近已停止。

表 D.3　马萨诸塞州：地区中期考试和基准考试成本

	总人数	被测人数 /美元	评价成本 /美元	其他成本 /美元	总成本 /美元	生均成本 /美元
州立阅读和数学 测试[a]		509312	32469904	—	32469904	63.75
A 区	24200	24000	1233000	NA	1233000	50.95
B 区	2530	2530	37100	19000	56100	22.17
C 区	12355	9000	154500	43500	198100	22.01
D 区	55000	55000	1090685	NA	1090685	19.83
E 区	5398	5398	87455	NA	87455	16.10
F 区	22787	22787	274242	67750	341992	15.01
G 区	5600	5600	14200	54585	68785	12.28
H 区	4900	4900	18987	30000	38987	10.00
I 区	6222	6222	48000	NA	48000	7.71
9 区平均	138992	135637	2958269	214835	3173104	23.39
州及地方成本估 算（ELA 和数学）						87.39

[a] 成本估算是基于辛格思（2012）的研究，估算的是三年级到九年级的考试供应商支出。这些成本不包括马萨诸塞州高中毕业考试或者任何其他高中考试。

注释 *383*

第一章　介绍

1. 2001 年《不让一个孩子掉队》，sec. 1111B2c（1），http：//www2ed. gov/policy/elsec/leg/es-ear02/pg2. html。

第二章　回顾

1. 许多州都有体育课程标准。

2. 这些提示材料也可以用于选择题考试，但没那么普遍，复杂的提示材料在大规模选择题考试中也不常见。

3. 改编自比弗和卡特（Beaver & Carter, 2001）。

4. KIRIS 在起初几年里有过很多细微的修改（如，考试从十二年级移到了十一年级，数学档案袋项目从四年级移到了五年级）；我们此处不汇报所有变化。

5. 包括有残疾的学生。

6. 丹尼尔·科瑞兹（Daniel Koretz），私人交流，2009。

7. 起初几年，数学档案袋项目的分数没有包括在成绩问责指标当中。

8. 判断两项任务是否"相似"可能比较困难。斯特克和克莱恩（Stecher & Klein, 1997）发现，按同一个模板或者任务框架制作的两项科学任务，其分数之间的相关度并不比按完全不同的任务框架制作的两项任务得分之间的相关度高。

9. 在 1992 年 NAEP 的写作档案袋项目尝试中，这两项写作分数之间的相关度基本处于机会概率水平。

10. 赫特尔（1999）指出除了考试以外，还有一些其他因素导致人们强调课程中的基本技能构成，包括行为主义的教育哲学观，它呼吁将复杂的技能拆分成各自的构成成分。

11. 然而，这种方法不能满足当下 NCLB 汇报学生个人得分的要求。

第七章　表现性评价助力教师学习

384

1. 表现性评价项目正在下列各州或其地方层面进行：加利福尼亚、科罗拉多、康涅狄格、缅因、马萨诸塞、新罕布什尔、新墨西哥、纽约、俄亥俄、罗得岛、佛蒙特以及华盛顿。

2. 更多信息请参看 http://www. qualityperformanceassessment. org。

3. 除非特别注明，本节的引用都来自 http://www. qualityperformanceassessment. org/mission/testimonials-and-clients。

4. 与劳里·加尼翁的私人交流，2012 年 12 月 17 日。

5. 与克里斯蒂娜·布朗的私人交流，2012 年 10 月 23 日。

6. 与珍妮·斯特奇斯的私人交流，2012 年 12 月 17 日。

7. 与加尼翁的私人交流，2012 年 12 月 17 日。

8. 与布朗的私人交流，2012 年 10 月 23 日。

9. 与普丽缇·约哈里的私人交流，2012 年 11 月 14 日。

10. 与威廉·哈特的私人交流，2012 年 11 月 6 日。

11. 同上。

12. 与艾米·伍兹的私人交流，2012 年 12 月 17 日。

13. 与哈特的私人交流，2012 年 11 月 6 日。

14. 与加尼翁的私人交流，2012 年 12 月 17 日。

15. 与保罗·莱瑟的私人交流，2012 年 11 月 20 日。

16. 同上。

第八章　一个全新的成本分析概念框架

1. 所有换算成 2009 年美元价值的成本都是用美国劳工统计局的 CPI 计算器来计算的。该计算器的网址是 http://data. bls. gov/cgi-bin/cpicalc. pl。本章内美元后面括号内的数字都是按 CPI 调整过后的 2009 年的价值。

2. 按斯奈德和迪洛（Snyder & Dillow，2010）的研究，1991 年美国在册学生的生均支出为 4902 美元。

3. 这些解释都来自 2009 年 11 月 23 日的电话访谈。当天我们访谈了佛蒙特州和新罕布什尔州评价办公室的两位官员：迈克尔·霍克（Michael Hock）和提姆·库尔兹（Tim Kurtz）。

4. 这个估算是基于大约 325000 名被测学生以及实施过的总共 780600 项考试。

第九章　投资深度学习的评价

1. 本章作者得出的数据与 ASG 部分分析中的数据几乎一模一样：7.19 亿美元。

2. 霍尔特·麦克杜格尔（Holt McDougal）编写的一个非常受欢迎的得克萨斯州级评价指南，每本收费 7.15 美元；《练习园地》（*Practice Planet*）收费为生均 2～8 美元；《学习岛》（*Study Island*）

的最低收费为生均 3.70 美元；MCAS 达标训练（MCAS Pass）针对马萨诸塞州的考试，取决于学生人数，它的收费为生均 4~6 美元。霍尔特·麦克杜格尔所编《霍尔特·麦克杜格尔：为 STAAR 做好 *385* 准备》（2010），下载自 http://www. hmheducation. com/tx/ws612/pdf/WS _ STAAR. pdf；《学习园地：考试成功的在线旅途！》（2013）参见 http://www. practiceplanet. com/docs/PPFlyer. pdf；《学习岛》（2013）参见 http://info. edmentum. com/StudyIslandQuoteRequest. html；MCAS 达标训练的《学校网点基础报价》（2013）可参见 http://johanglozman. com/testmastery/mcas/basicsite. html。

第十章　建设深度学习的评价系统

1. 本节以康利（2014）为标准，进行了部分调整。

2. "评价连续统"（Assessment Continuum）是由琳达·达令-哈蒙德（2013）为坐落于加州斯坦福大学的斯坦福评价、学习与公平中心（SCALE）制作的。

3. 这些包括了下列组织的合作学校：波士顿合作教育中心（Center for Collaborative Education in Boston）、纽约表现性标准协作组织（New York Performance Standards Consortium）、国际高中网络（Internationals High School Network）、新技术高中（New Tech High Schools）、愿景学校（Envision Schools）、遇见学校（the Met Schools）及其他。

4. 有关这个系统的完整讨论请参达令-哈蒙德（1992—1993）。

附录 A　各州表现性任务实例

1. 这是说明页，旨在引导学生达到这项 CBA 任务的"熟练"水平（第 3 级）。要想帮助学生达到"优秀"水平（第 4 级），请查看评分准则，或者思维导图（graphic organizer），如果有的话。

2. 学生们可以选择用论文或者展示的方式来回答这项 CBA 任务，条件是不管采用哪种形式，都要做记录（如展示的视频录像或其书面文件的电子版），方便其他班的人轻松看懂并可以依据评分准则来审阅。

附录 B　表现性评价的新方法

1. 本小节来自教育协助委员会高校学习评价（Council for Aid to Education Collegiate Learning Assessment）（2013）。http://www. cae. org/content/pro _ collegiate _ sample _ measures. htm。

2. 本小节来自斯坦福评价、学习与公平中心（SCALE）（2009）。

3. 本小节来自教育政策改进中心（EPIC）（年份未知）。

参考文献

Abedi, J. (1996). The Interrater/Test Reliability System (ITRS). *Multivariate Behavioral Research, 31*(4), 409–417.

Abedi, J. (2006). Language issues in item-development. In S. M. Downing & T. M. Haladyna (Eds.), *Handbook of test development* (pp. 377–398). Mahwah, NJ: Erlbaum.

Abedi, J. (2007). English language proficiency assessment and accountability under NCLB Title III: An overview. In J. Abedi (Ed.), *English language proficiency assessment in the nation: Current status and future practice* (pp. 3–10). Davis: University of California at Davis.

Abedi, J. (2008). Measuring students' level of English proficiency: Educational significance and assessment requirements. *Educational Assessment, 13*(2), 193–214.

Abedi, J. (2010). *Performance assessments for English language learners.* Stanford, CA: Stanford Center for Opportunity Policy in Education.

Abedi, J., Bayley, R., Ewers, N., Herman, J., Kao, J., Leon, S., . . . Herman, J. (2010). *Accessible reading assessments for students with disabilities: The role of cognitive, linguistic, and textual features.* ERIC Educational Resources Information Center.

Abedi, J., & Herman, J. L. (2010). Assessing English language learners' opportunity to learn mathematics: Issues and limitations. *Teachers College Record, 112*(3), 723–746.

Abedi, J., Leon, S., & Kao, J. (2008). *Examining differential distracter functioning in reading assessments for students with disabilities* (CSE Report No. 743). Los Angeles: University of California, National Center for Research on Evaluation, Standards, and Student Testing.

Abedi, J., Leon, S., & Mirocha, J. (2003). *Impact of students' language background on content-based data: Analyses of extant data* (CSE Report No. 603). Los Angeles: Los Angeles: University of California, National Center for Research on Evaluation, Standards, and Student Testing.

Abedi, J., & Lord, C. (2001). The language factor in mathematics tests. *Applied Measurement in Education, 14*(3), 219–234.

Abedi, J., Lord, C., Hofstetter, C., & Baker, E. (2000). Impact of accommodation strategies on English language learners' test performance. *Educational Measurement: Issues and Practice, 19*(3), 16–26.

Abedi, J., Lord, C., & Plummer, J. (1997). *Language background as a variable in NAEP mathematics performance* (CSE Technical Report No. 429). Los Angeles: University of California, National Center for Research on Evaluation, Standards, and Student Testing.

Achieve. (2004). *Do graduation tests measure up? A closer look at state high school exit exams. Executive summary*. Washington, DC: Author.

Aguirre-Munoz, Z., Boscardin, C. K., Jones, B., Park, J. E., Chinen, M., Shin, H. S., . . . Benner, A. (2006). *Consequences and validity of performance assessment for English language learners: Integrating academic language and ELL instructional needs into opportunity to learn measures* (CSE Report No. 678). Los Angeles: University of California, National Center for Research on Evaluation, Standards, and Student Testing.

Allen, D. (1998). *Assessing student learning: From grading to understanding*. New York, NY: Teachers College Press.

Allen, M. J., & Yen, W. M. (1979). *Introduction to measurement theory*. Prospect Heights, IL: Waveland Press.

Allen, N. L., Johnson, E. G., Mislevy, R. J., & Thomas, N. (1994). Scaling procedures. In N. J. Allen, D. L. Kline, & C. A. Zelenak (Eds.), *The NAEP 1994 technical report* (pp. 247–266). Washington, DC: US Department of Education.

Alliance for Excellent Education. (2009). *The high cost of high school dropouts: What the nation pays for inadequate high schools* (Issue Brief). Washington, DC: Author.

Alvarado, A. (1998). Professional development is the job. *American Educator, 22*(4), 18–23.

American Educational Research Association (AERA), American Psychological Association (APA), & National Council on Measurement in Education (NCME). (1999). *Standards for educational and psychological testing*. Washington, DC: American Educational Research Association.

Amrein, A. L., & Berliner, D. C. (2002). *High-stakes testing, uncertainty, and student learning. Education Policy Analysis Archives, 10*(18). Retrieved from http://epaa.asu.edu/epaa/v10n18/

Appalachia Educational Laboratory. (1996, February). Five years of reform in rural Kentucky. *Notes from the field: Educational Reform in Rural Kentucky, 5*(1). Charleston, WV: Author.

Archbald, D. A., & Newmann, F. M. (1988). *Beyond standardized testing: Assessing authentic academic achievement in the secondary school*. Reston, VA: National Association of Secondary School Principals.

Archer, J. (2006, December 19). Wales eliminates national exams for many students. *Education Week*. Retrieved from http://www.edweek.org/ew/articles/2006/12/20/16wales.h26.html?qs=Wales

Aschbacher, P. (1991). Performance assessment: State activity, interest and concerns. *Applied Measurement in Education, 4*(1), 275–288.

Association of Test Publishers & Council of Chief State School Officers. (2010). *Operational best practices*. Washington, DC: Authors.

Attali, Y., & Burstein, J. (2005). *Automated essay scoring with E-Rater v. 2.0* (ETS Research Report No. RR-04–45). Princeton, NJ: Educational Testing Service.

Ayala, C. C., Shavelson, R., & Ayala, M. A. (2001). *On the cognitive interpretation of performance assessment scores* (CSE Report No. 546). Los Angeles: University of California, National Center for Research on Evaluation, Standards, and Student Testing.

Bachman, L. F., & Palmer, A. S. (1996). *Language testing in practice: Designing and developing useful language tests.* Oxford: Oxford University Press.

Badger, E., Thomas, B., & McCormack, E. (1990). *Background summary: Beyond paper and pencil.* Malden: Massachusetts Department of Education.

Baker, E. L. (1997). Model-based performance assessments. *Theory into Practice, 36*(4), 247–254.

Baker, E. L. (2007). Model-based assessments to support learning and accountability: The evolution of CRESST's research on multiple-purpose measures. *Educational Assessment, 12*(3&4), 179–194.

Baker, E. L., O'Neil, H. F., & Linn, R. L. (1993). Policy and validity prospects for performance-based assessment. *American Psychologist, 48*(12), 1210–1218.

Baron, J. B. (1984). Writing assessment in Connecticut: A holistic eye toward identification and an analytic eye toward instruction. In *Educational Measurement: Issues and Practice, 3*, 27–28.

Baron, J. B. (1991). Strategies for the development of effective performance exercises. *Applied Measurement in Education, 4*(4), 305–318.

Barrs, M., Ellis, S., Hester, H., & Thomas, A. (1989). *The primary language record: Handbook for teachers.* London: Centre for Language in Primary Education.

Bass, K. M., Glaser, R., & Magone, M. E. (2002). *Informing the design of performance assessments using a content-process analysis of two NAEP science tasks* (CSE Technical Report No. 564). Los Angeles: University of California, National Center for Research on Evaluation, Standards, and Student Testing.

Bauman, J., Boals, T., Cranley, E., Gottlieb, M., & Kenyon D. (2007). Assessing comprehension and communication in English state to state for English language learners (ACCESS for ELLs). In J. Abedi (Ed.), *English language proficiency assessment in the nation: Current status and future practice* (pp. 81–91). Davis: University of California.

Baxter, G. P., & Glaser, R. (1998). Investigating the cognitive complexity of science assessments. *Educational Measurement: Issues and Practice, 17*(3), 37–45.

Baxter, G. P., Shavelson, R. J., Herman, S. J., Brown, K. A., Valdadez J. R. Brown, K. A., . . . Valdadez J. R. (1993). Mathematics performance assessment: Technical quality and diverse student impact. *Journal for Research in Mathematics Education, 24*, 190–216.

Beaver, J., & Carter, M. A. (2001). *Developmental reading assessment.* Parsippany, NJ: Celebration Press.

Bejar, I. I., Williamson, D. M., & Mislevy, R. J. (2006). Human scoring (pp. 49–82). In D. M. Williamson, R. J. Mislevy, & I. I. Bejar (Eds.), *Automated scoring of complex tasks in computer-based testing* (pp. 49–82). Hillside, NJ: Erlbaum.

Belfield, C. (2000). *Economic principles for education: Theory and evidence*. Cheltenham, UK: Edward Elgar.

Benjamin, R., Chun, M., Hardison, C., Hong, E., Jackson, C., Kugelmass, H., . . . Shavelson, R. (2009). *Returning to learning in an age of assessment: Introducing the rationale of the collegiate learning assessment*.

Bennett, R. E. (2006). Moving the field forward: Some thoughts on validity and automated scoring. In D. M. Williamson, R. J. Mislevy, & I. I. Bejar (Eds.), *Automated scoring of complex tasks in computer-based testing* (pp. 403–412). Hillside, NJ: Erlbaum.

Bennett, R. E., & Bejar, I. (1997). *Validity and automated scoring: It's not only the scoring* (ETS No. RR-97–13). Princeton, NJ: Educational Testing Service.

Bennett, R. E., & Gitomer, D. H. (2009). Transforming K–12 assessment: Integrating accountability testing, formative assessment and professional support. In C. Wyatt-Smith & J. Cumming (Eds.), *Educational assessment in the 21st century* (pp. 43–61). New York, NY: Springer.

Bennett, R. E., Persky, H., Weiss, A. R., & Jenkins, F. (2007). *Problem solving in technology-rich environments: A report from the NAEP Technology-Based Assessment Project* (NCES No. 2007–466). Washington, DC: National Center for Education Statistics, US Department of Education. Retrieved from http://nces.ed.gov/pubsearch/pubsinfo.asp?pubid=2007466

Ben-Simon, A., & Bennett, R. E. (2007). Toward more substantively meaningful essay scoring. *Journal of Technology, Learning and Assessment, 6*(1). Retrieved from http://escholarship.bc.edu/jtla/

Black, P., & Wiliam, D. (1998). Inside the black box: Raising standards through classroom assessment. *Phi Delta Kappan, 80*, 139–148.

Black, P., & Wiliam, D. (2007). Large scale assessment systems: Design principles drawn from international comparisons. *Measurement: Interdisciplinary Research and Perspectives, 5*(1), 1–53.

Black, P., & Wiliam, D. (2010). Kappan classic: Inside the black box: Raising standards through classroom assessment formative assessment is an essential component of classroom work and can raise student achievement. *Phi Delta Kappan, 92*(1), 81–90.

Blumberg, F., Epstein, M., MacDonald, W., & Mullis, I. (1986, November). *A pilot study of higher-order thinking skills assessment techniques in science and mathematics. Final report—part I*. Princeton, NJ: National Assessment of Educational Progress.

Blumenthal, R. (2006). Why Connecticut sued the federal government over No Child Left Behind. *Harvard Educational Review, 76*(4).

Bock, R. D. (1995). Open-ended exercise in large-scale educational assessment. In L. B. Resnick & J. G. Wirt (Eds.), *Linking school and work: Roles for standards and assessment* (pp. 305–338). San Francisco, CA: Jossey-Bass.

Booher-Jennings, J. (2005). Below the bubble: "Educational triage" and the Texas accountability system. *American Educational Research Journal, 42*(2), 231–268.

Borko, H., Elliott, R., & Uchiyama, K. (2002). Professional development: A key to Kentucky's educational reform effort. *Teaching and Teacher Education, 18*, 969–987.

Borko, H. H., & Stecher, B. M. (2001, April). *Looking at reform through different methodological lenses: Survey and case studies of the Washington state education reform*. Paper presented as part of the symposium, Testing Policy and Teaching Practice: A Multi-Method Examination of Two States at the annual meeting of the American Educational Research Association, Seattle, WA.

Boscardin, C. K., Aguirre-Munoz, Z., Chinen, M., Leon, S., & Shin, H. S. (2004). *Consequences and validity of performance assessment for English learners: Assessing opportunity to learn (OTL) in grade 6 language arts* (CSE Report No. 635). Los Angeles: University of California, National Center for Research on Evaluation, Standards, and Student Testing.

Boudett, K. P., City, E. A., & Murnane, R. J. (Eds.). (2008). *Data wise*. Cambridge, MA: Harvard Education Press.

Bransford, J. D., & Schwartz, D. L. (2001). Rethinking Transfer: A simple proposal with multiple implications. *Review of Research in Education, 24*, 61–100.

Breland, H. M., Camp, R., Jones, R. J., Morris, M. M., & Rock, D. A. (1987). *Assessing writing skill*. New York, NY: College Entrance Examination Board.

Breland, H., Danos, D., Kahn, H., Kubota, M., & Bonner, M. (1994). Performance versus objective testing and gender: An exploratory study of an Advanced Placement History Examination. *Journal of Educational Measurement, 31*(4), 275–293.

Breland, H. M., & Jones, R. J. (1982). *Perceptions of writing skills* (College Board Report No. 82–4 and ETS Research Report No. 82–47). New York, NY: College Entrance Examination Board.

Brennan, R. L. (1996). Generalizability of performance assessments. In G. W. Phillips (Ed.), *Technical issues in large-scale performance assessment* (NCES 96–802). Washington, DC: National Center for Education Statistics.

Brennan, R. L. (2000). Performance assessments from the perspective of generalizability theory. *Applied Psychological Measurement, 24*, 339–353.

Brennan, R. L. (2001). *Generalizability theory*. New York, NY: Springer-Verlag.

Bridgeman, B., Trapani, C., & Attali, Y. (2009). *Considering fairness and validity in evaluating automated scoring*. Paper presented at the annual meeting of the National Council on Measurement in Education, San Diego, CA.

Brown, J. S., & Burton, R. R. (1978). Diagnostic models for procedural bugs in basic mathematical skills. *Cognitive Science, 2*, 155–192.

Buchberger, F., & Buchberger, I. (2004). Problem solving capacity of a teacher education system as a condition of success? An analysis of the "Finnish case." In F. Buchberger & S. Berghammer (Eds.), *Education policy analysis in a comparative perspective* (pp. 222–237). Linz: Trauner.

Burger, S. E., & Burger, D. L. (1994). Determining the validity of performance-based assessment. *Educational Measurement: Issues and Practice, 13*(1), 9–15.

Burstall, C. (1986). Innovative forms of measurement: A United Kingdom perspective. *Educational Measurement: Issues and Practices, 5*(1), 17–22.

Burstall, C., Baron, J., & Stiggins, R. (1987). *The use of performance testing in large-scale student assessment programs.* Paper presented at the Education Commission of the States' 17th Annual Assessment Conference, Denver, CO.

Burstein, J. (2003). The E-rater scoring engine: Automated essay scoring with natural language processing. In M. D. Shermis & J. C. Burstein (Eds.), *Automated essay scoring* (pp. 113–122). Mahwah, NJ: Erlbaum.

Bushaw, W. J., & Gallup, A. M. (2008, September). Americans speak out—Are educators and policy makers listening? The 40th annual Phi Delta Kappa/Gallup Poll of the public's attitudes toward the public schools. *Phi Delta Kappan, 90*(10), 8–20.

Campbell, D. T. (1979). Assessing the impact of planned social change. *Evaluation and Program Planning, 2,* 67–90.

Campbell, D. T., & Stanley, J. C. (1963). Experimental designs for research on teaching. In N. L. Gage (Ed.), *Handbook of research on teaching* (pp. 171–246). Chicago, IL: Rand McNally.

Cassel, R. N., & Kolstad, R. (1998). The critical job-skills requirements for the 21st century: Living and working with people. *Journal of Instructional Psychology, 25*(3), 176–180.

Catterall, J., Mehrens, W., Flores, R. G., & Rubin, P. (1998, January). *The Kentucky instructional results information system: A technical review.* Frankfort: Kentucky Legislative Research Commission.

Center for Collaborative Education. (2012). *Quality performance assessment: A guide for schools and districts.* Boston, MA: Author.

Chan, J. K., Kennedy, K. J., Yu, F. W., & Fok, P. (2008). *Assessment policy in Hong Kong: Implementation issues for new forms of assessment.* Hong Kong: Hong Kong Institute of Education. Retrieved from http://www.iaea.info/papers.aspx?id=68

Chapman, C. (1991). *What have we learned from writing assessment that can be applied to performance assessment?* Presentation at ECS/CDE Alternative Assessment Conference, Breckenbridge, CO.

Chi, M.T.H., Feltovich, P. J., & Glaser, R. (1981). Categorization and representation of physics problems of experts and novices. *Cognitive Science, 5,* 121–152.

Chi, M.T.H., Glaser, R., & Farr, M. (Eds.). (1988). *The nature of expertise.* Hillsdale, NJ: Erlbaum.

Chingos, M. (2012). *Strength in numbers: State spending on K–12 assessment systems.* Washington, DC: Brookings Institution.

Christie, F. (1986). Writing in schools: Generic structures as ways of meaning. In B. Couture (Ed.), *Functional approaches to writing: Research perspectives* (pp. 221–239). London: Frances Pinter.

Christie, F. (2002). The development of abstraction in adolescence in subject English. In M. Schleppegrell & M. C. Colobi (Eds.), *Developing advanced literacy in first and second language: Meaning with power* (pp. 45–66). London: Routledge.

Chung, G.K.W.K., Delacruz, G. C., & Bewley, W. L. (2006). *Performance assessment models and tools for complex tasks* (CSE Report No. 682). Los Angeles: University of California, National Center for Research on Evaluation, Standards, and Student Testing.

Cizek, G. J. (2001, Winter). More unintended consequences of high-stakes testing. *Educational Measurement, Issues and Practice, 20*(4), 19–28.

Clauser, B. E. (2000). Recurrent issues and recent advances in scoring performance assessments. *Applied Psychological Measurement, 24*(4), 310–324.

Clay, M. (2002/2006). *Running records for classroom teachers.* Portsmouth, NH: Heinemann.

Clyman, S. G., Melnick, D. E., & Clauser, B. E. (1995). Computer-based case simulations. In E. L. Mancall & P. G. Bashook (Eds.), *Assessing clinical reasoning: The oral examination and alternative methods* (pp. 139–149). Evanston, IL: American Board of Medical Specialties.

Coe, P., Leopold, G., Simon, K., Stowers, P., & Williams, J. (1994). *Perceptions of school change: Interviews with Kentucky students.* Charleston, WV: Appalachia Educational Laboratory.

Coelen, S., Rende, S., & Fulton, D. (2008, April). *Next steps: Preparing a quality workforce.* Storrs, CT: Department of Economics and Connecticut Center for Economic Analysis, University of Connecticut.

Cohen, D., Stern, V., & Balaban, N. (2008). O*bserving and recording the behavior of young children.* New York, NY: Teachers College Press.

Cole, N. S., & Moss, P. A. (1989). Bias in test use. In R. L. Linn (Ed.), *Educational measurement* (3rd ed., pp. 201–220). New York, NY: American Council on Education and Macmillan.

Collegiate Learning Assessment. (2009). Retrieved from http://www.collegiatelearning assessment.org/

Colorado. House. (2003). Bill 03–1108. Retrieved from http://www.state.co.us/gov_dir /leg_dir/olls/sl2003a/sl_153.htm

Common Core State Standards Initiative. (2012). *In the states.* Retrieved from http://www .corestandards.org/

Conley, D. T. (2005). *College knowledge: What it really takes for students to succeed and what we can do to get them ready.* San Francisco, CA: Jossey-Bass.

Conley, D. T. (2007). *Redefining college readiness.* Eugene, OR: Educational Policy Improvement Center.

Conley, D. T. (2010). *College and career ready: Helping all students succeed beyond high school.* San Francisco, CA: Jossey-Bass.

Conley, D. (2014). *Getting ready for college, careers, and the Common Core: What every educator needs to know.* San Francisco, CA: Jossey-Bass.

Connecticut State Board of Education. (2009). *Connecticut Academic Performance Test, Third Generation Program overview.* Retrieved from http://www.csde.state.ct.us /public/cedar/assessment/capt/resources/misc_capt/2009%20CAPT%20Program%20 Overview.pdf

Connecticut State Department of Education. (2006). *CAPT third generation handbook for reading and writing across the disciplines*. Retrieved from http://www.sde.ct.gov/sde/cwp/view.asp?a=2618&q=320866

Connecticut State Department of Education. (2007a). *CAPT high school science assessment handbook—third generation*. Retrieved from http://www.sde.ct.gov/sde/cwp/view.asp?a=2618&q=320890

Connecticut State Department of Education. (2007b, August 28). *Science curriculum-embedded tasks, CAPT: Generation III*. Retrieved from http://www.sde.ct.gov/sde/cwp/view.asp?a=2618&q=320892

Connecticut State Department of Education. (2009). *Student assessment*. Retrieved from http://www.csde.state.ct.us/public/cedar/assessment/index.htm

Council for Aid to Education. (2013). *Collegiate learning assessment*. Retrieved from http://www.cae.org/content/pro_collegiate_sample_measures.htm

Council of Chief State School Officers. (2009). *Statewide student assessment 2007–08 SY: Math, ELA, science*. Retrieved from http://www.ccsso.org/content/pdfs/2007–08_Math-ELAR-Sci_Assessments.pdf

Council for the Curriculum Examinations and Assessment. (2008a). *Curriculum, key stage 3, post-primary assessment*. Retrieved from http://www.ccea.org.uk/

Council for the Curriculum Examinations and Assessment. (2008b). *Qualifications*. Retrieved from http://www.ccea.org.uk/

Creativity in Action. (1990). *Skills desired by Fortune 500 companies*. Buffalo, NY: Creative Education Foundation.

Crocker, L. (1997). Assessing content representativeness of performance assessment exercises. *Applied Measurement in Education, 10*(1), 83–95.

Cronbach, L. J. (1971). Test validation. In E. L. Thorndike (Ed.), *Educational measurement* (2nd ed., pp. 443–507). Washington, DC: American Council on Education.

Cronbach, L. J., Gleser, G. C., Nanda, H., & Rajaratnam, N. (1972). *The dependability of behavioral measurements: Theory of generalizability of scores and profiles*. New York, NY: Wiley.

Cronbach, L. J., Linn, R. L., Brennan, R. L., & Haertel, E. H. (1997). Generalizability analysis for performance assessments of student achievement or school effectiveness. *Educational and Psychological Measurement, 57*(3), 373–399.

Darling-Hammond, L. (1992–1993). Creating standards of practice and delivery for learner-centered schools. *Stanford Law and Policy Review, 4*, 37–52.

Darling-Hammond, L. (2004). Standards, accountability, and school reform. *Teachers College Record, 106*(6), 1047–1085.

Darling-Hammond, L. (2006). No Child Left Behind and high school reform. *Harvard Educational Review, 76*(4), 642–667.

Darling-Hammond, L. (2007). Race, inequality and educational accountability: The irony of No Child Left Behind. *Race, Ethnicity and Education, 10*(3), 245–260.

Darling-Hammond, L. (2010). *Performance counts: Assessment systems that support high-quality learning*. Washington, DC: Council of Chief State School Officers.

Darling-Hammond, L. (2012). The right start: Creating a strong foundation for the teaching career. *Phi Delta Kappan*, *94*(3), 8–13. Retrieved from http://www.kappanmagazine.org/content/94/3/8.full

Darling-Hammond, L., & Adamson, F. (2010). *Beyond basic skills: The role of performance assessment in achieving 21st century standards of learning.* Stanford, CA: Stanford University, Stanford Center for Opportunity Policy in Education.

Darling-Hammond, L., & Adamson, F. (2013). *Developing assessments of deeper learning: The costs and benefits of using tests that help students learn.* Stanford, CA: Stanford University, Stanford Center for Opportunity Policy in Education.

Darling-Hammond, L., & Ancess, J. (1994). *Authentic assessment and school development.* New York, NY: National Center for Restructuring Education, Schools, and Teaching, Teachers College, Columbia University.

Darling-Hammond, L., Ancess, J., & Falk, B. (1995). *Authentic assessment in action: Studies of school and students at work.* New York, NY: Teachers College Press.

Darling-Hammond, L., & Falk, B. (1997). Using standards and assessments to support student learning. *Phi Delta Kappan*, *79*(3), 190–199.

Darling-Hammond, L., Hightower, A. M., Husbands, J. L., LaFors, J. R., Young, V. M., & Christopher, C. (2005). *Instructional leadership for systemic change: The story of San Diego's reform.* Lanham, MD: Scarecrow Education Press.

Darling-Hammond, L., Newton, S. P., & Wei, R. C. (2013). Developing and assessing beginning teacher effectiveness: The potential of performance assessment. *Educational Assessment, Evaluation and Accountability*, *25*(1).

Darling-Hammond, L., & Pecheone, R. (2010, March). *Developing an internationally comparable balanced assessment system that supports high-quality learning.* Paper presented at the National Conference on Next Generation K–12 Assessment Systems, Washington, DC. Retrieved from http://www.k12center.org/rsc/pdf/Darling-HammondPechoneSystemModel.pdf

Darling-Hammond, L., & Rustique-Forrester, E. (2005). The consequences of student testing for teaching and teacher quality. In J. Herman & E. Haertel (Eds.), *The uses and misuses of data in accountability testing* (pp. 289–319). Malden, MA: Blackwell.

Darling-Hammond, L., & Wentworth, L. (2010). *Benchmarking learning systems: Student performance assessment in international context.* Stanford, CA: Stanford Center for Opportunity Policy in Education, Stanford University.

Darling-Hammond, L., & Wood, G. (2008). *Assessment for the 21st century: Using performance assessments to measure student learning more effectively.* Washington, DC: Forum for Education and Democracy.

Deane, P. (2006). Strategies for evidence identification through linguistic assessment of textual responses. In D. M. Williamson, R. J. Mislevy, & I. I. Bejar (Eds.), *Automated scoring of complex tasks in computer-based testing* (pp. 313–362). Mahwah, NJ: Erlbaum.

Deane, P., & Gurevich, O. (2008). *Applying content similarity metrics to corpus data: Differences between native and non-native speaker response to a TOEFL integrated writing prompt* (ETS Research Report No. RR-08–5). Princeton, NJ: ETS.

Delaware Department of Education. (2000, November). *Delaware student testing Program Special Writing Study Report.* Retrieved July 5, 2009, from http://www.doe.k12.de.us /aab/report_special_writing%20study.pdf

Delaware Department of Education. (2005). *Text-based writing item sampler.* Retrieved from http://www.doe.k12.de.us/AAB/files/Grade%208%20TBW%20-%20Greaseaters.pdf

DeVore, R. N. (2002). *Considerations in the development of accounting simulations* (Technical Report No. 13). Ewing, NJ: AICPA.

Dixon, Q. L. (2005). Bilingual education policy in Singapore: An analysis of its socio-historical roots and current academic outcomes. *International Journal of Bilingual Education and Bilingualism, 8*(1), 25–47.

Doolittle, A. (1995). *The cost of performance assessment in science: The SCASS perspective.* Paper presented at the annual meeting of the National Council on Measurement in Education, San Francisco, CA.

Dorfman, A. (1997). *Teachers' understanding of performance assessment.* Paper presented at the annual meeting of the American Educational Research Association, Chicago, IL.

Dowling, M. (n.d.). *Examining the exams.* Retrieved from http://www.hkeaa.edu.hk/files /pdf/markdowling_e.pdf

DuFour, R., DuFour, R., Eaker, R., & Many, T. (2006). *Learning by doing: A handbook for professional learning communities at work.* Bloomington, IN: Solution Tree.

Dunbar, S. B., Koretz, D. M., & Hoover, H. D. (1991). Quality control in the development and use of performance assessments. *Applied Measurement in Education, 4*(4), 289–304.

Duncan, T., and others. (2007). *Reviewing the evidence on how teacher professional development affects student achievement.* Washington, DC: National Center for Educational Evaluation and Regional Assistance, Institute of Education Sciences, US Department of Education.

Eckes, T. (2008). Rater types in writing performance assessments: A classification approach to rater variability. *Language Testing, 25*(2), 155–185.

Eckstein, M. A., & Noah, H. J. (1993). *Secondary school examinations: International perspectives on policies and practice.* New Haven, CT: Yale University Press.

Education Bureau. Quality Assurance Division. (2008). *Performance indicators for Hong Kong schools, 2008 with evidence of performance.* Retrieved from http://www.edb.gov .hk/FileManager/EN/Content_6456/pi2008%20eng%205_5.pdf

Educational Policy Improvement Center. (n.d.). *ThinkReady: College career ready system.* Retrieved from https://collegeready.epiconline.org/info/thinkready.dot

Educational Testing Service. (1987, May). *Learning by doing: A manual for teaching and assessing higher-order thinking in science and mathematics* (Report No. 17-HOS-80). Princeton, NJ: Author.

Educational Testing Service. (2004, July 4). *Pretesting plan for SAT essay topics.* [internal communication]. Princeton, NJ: Author.

Elliott, S. (2003). Intellimetric: From here to validity. In M. D. Shermis & J. C. Burstein (Eds.), *Automated essay scoring* (pp. 71–86). Mahwah, NJ: Erlbaum.

Elmore, R., & Burney, D. (1999). Investing in teacher learning: Staff development and instructional improvement in Community School District #2, New York City.

In L. Darling-Hammond & G. Sykes (Eds.), *Teaching as the learning profession*. San Francisco, CA: Jossey-Bass.

Embretson, S. E. (1985). *Test design: Developments in psychology and psychometrics*. Orlando, FL: Academic Press.

Embretson, S. E., & Reise, S. P. (2000). *Item response theory for psychologists*. Mahwah, NJ: Erlbaum.

Engelhard, G. (2002). Monitoring raters in performance assessments. In G. Tindal & T. M. Haladyna (Eds.), *Large-scale assessment programs for all students: Validity, technical adequacy, and implementation* (pp. 261–287). Mahwah, NJ: Erlbaum.

Engelhard, G., Jr., Gordon, B., Walker, E. V., & Gabrielson, S. (1994). Writing tasks and gender: Influences on writing quality of black and white students. *Journal of Educational Research, 87*, 197–209.

Engeström, Y. (1999). Activity theory and individual and social transformation. In Y. Engeström, R. Miettinen, & R. Punämaki (Eds.), *Perspectives on activity theory* (pp. 19–38). Cambridge: Cambridge University Press.

Envision Schools. (2010). *"Disaster in the Gulf" performance task*. Oakland, CA: Author.

Ericikan, K. (2002). Disentangling sources of differential item functioning in multi-language assessments. *International Journal of Testing, 2*, 199–215.

Ericsson, K. A., & Simon, H. A. (1984). *Protocol analysis: Verbal reports as data*. Cambridge, MA: MIT Press.

Ericsson, K. A., & Smith, J. (1991). Prospects and limits of the empirical study of expertise: An introduction. In K. A. Ericsson & J. Smith (Eds.), *Toward a general theory of expertise: Prospects and limits* (pp. 1–38). Cambridge: Cambridge University Press.

European Commission. (2006/2007). *The education system in Sweden*. Eurybase, Information Database on Education Systems in Europe.

European Commission. (2007/2008). *The education system in Finland*. Eurybase, Information Database on Education Systems in Europe.

Falk, B. (2001). Professional learning through assessment. In A. Lieberman & L. Miller (Eds.), *Teachers caught in the action: The work of professional development*. New York, NY: Teachers College Press.

Falk, B., & Darling-Hammond, L. (1993). *The primary language record at P.S. 261: How assessment transforms teaching and learning*. New York, NY: National Center for Restructuring Education, Schools, and Teaching.

Falk, B., & Darling-Hammond, L. (2010). Documentation and democratic education. *Theory into Practice, 49*(1), 72–81.

Falk, B. B., MacMurdy, S., & Darling-Hammond, L. (1995). *Taking a different look: How the primary language record supports teaching for diverse learners*. New York, NY: National Center for Restructuring Education, Schools, and Teaching.

Falk, B., & Ort, S. (1998). Sitting down to score: Teacher learning through assessment. *Phi Delta Kappan, 80*(1), 59–64.

Falk, B., and Associates. (1999). *The early literacy profile: An assessment instrument*. New York, NY: New York State Education Department.

Fenster, M. (1996, April). *An assessment of "middle" stakes educational accountability: The case of Kentucky.* Paper presented at the annual meeting of the Educational Research Association, New York, NY.

Ferrara, S. F. (1987, April). *Practical considerations in equating a direct writing assessment required for high school graduation.* Paper presented at the annual meeting of the American Educational Research Association, Washington, DC.

Ferrara, S. (2009, December 10–11). *The Maryland school performance assessment program (MSPAP) 1991–2002: Political considerations.* Presentation at the National Research Council workshop, Best Practices in State Assessment. Retrieved from http://www7 .nationalacademies.org/bota/Workshop_1_Presentations.html

Fiderer, A. (1993). *Teaching writing: A workshop approach.* Scholastic Professional Books. New York, NY: Scholastic.

Fiderer, A. (1995). *Practical assessments for literature-based reading classrooms.* New York, NY: Scholastic.

Fiderer, A. (2009). *Performance assessment for reading.* In *Cobblestone*, April–May 1987. Performance Task Item, Modified. Retrieved from http://www.teacher.scholastic.com /professional/assessment/readingassess.htm

Finnish Matriculation Examination. (2008). Retrieved from http://www.ylioppilastutkinto .fi/en/index.html

Finnish National Board of Education. (2007, November 12). *Background for Finnish PISA success.* Retrieved from http://www.oph.fi/english/SubPage.asp?path=447,65535,77331

Finnish National Board of Education. (2008a, April 30). *Teachers.* Retrieved from http:// www.oph.fi/english/page.asp?path=447,4699,84383

Finnish National Board of Education. (2008b, June 10). *Basic education.* Retrieved from http://www.oph.fi/english/page.asp?path=447,4699,4847

Finnish National Board of Education. (n.d.). *Background for Finnish PISA success.* http:// www.oph.fi/english/SubPage.asp?path=447,65535,77331

Fiore, L., & Suárez, S. C. (Eds.). (2010). Observation, documentation, and reflection to create a culture of inquiry. *Theory into Practice, 49*(1).

Firestone, W. A., Mayrowetz, D., & Fairman, J. (1998). Performance-based assessment and instructional change: The effects of testing in Maine and Maryland. *Educational Evaluation and Policy Analysis, 20*(2), 95–113.

Flexer, R. J. (1991, April). *Comparisons of student mathematics performance on standardized and alternate measures in high-stakes contexts.* Paper presented at the annual meeting of the American Educational Research Association, Chicago, IL.

Foster, D., Noyce, P., & Spiegel, S. (2007). When assessment guides instruction: Silicon Valley's Mathematics Assessment Collaborative. *Assessing Mathematical Proficiency, 53*, 137–154.

Fredericksen, J. R., & Collins, A. (1989). A systems approach to educational testing. *Educational Researcher, 18*(9), 27–32.

Fredericksen, J. R., & Collins, A. (1996). Designing an assessment system for the workplace of the future. In L. B. Resnick, J. Wirt, & D. Jenkins (Eds.), *Linking school and work: Roles for standards and assessment* (pp. 193–221). San Francisco, CA: Jossey-Bass.

Fredericksen, J. R., & White, B. Y. (1997). Cognitive facilitation: A method for promoting reflective collaboration. In *Proceedings of the Second International Conference on Computer Support for Collaborative Learning* (pp. 53–62). Toronto: University of Toronto.

Frederiksen, N. (1984). The real test bias. *American Psychologist, 39*(3), 193–202.

Freedman, S. W., & Calfee, R. C. (1983). Holistic assessment of writing: Experimental design and cognitive theory. In P. Mosenthal, L. Tamor, & S. A. Walmsley (Eds.), *Research on writing: Principles and methods* (pp. 75–98). New York, NY: Longman.

Gabrielson, S., Gordon, B., & Engelhard, G. (1995). The effects of task choice on the quality of writing obtained in a statewide assessment. *Applied Measurement in Education, 8*(4), 273–290.

Gao, X., Shavelson, R. J., & Baxter, G. P. (1994). Generalizability of large-scale performance assessments in science: Promises and problems. *Applied Measurement in Education, 7*, 323–334.

Gearhart, M., Herman, J. L., Baker, E. L., & Whittaker, A. (1993). *Whose work is it? A question for the validity of large-scale portfolio assessment* (CSE Technical Report No. 363). Los Angeles: University of California, National Center for Research on Evaluation, Standards, and Student Testing.

General Accounting Office. (2003). *Title I—Characteristics of tests will influence expenses: Information sharing may help state realize efficiencies.* Washington, DC: Author. 2003.

Glaser, R. (1990a, October). *Testing and assessment: O tempora! O mores!* Paper presented at the 31st Horace Mann Lecture at the University of Pittsburgh, Pittsburgh, PA.

Glaser, R. (1990b). Toward new models for assessment. *International Journal of Educational Research, 14*(5), 475–483.

Glaser, R., Lesgold, A., & Lajoie, S. (1987). Toward a cognitive theory for the measurement of achievement. In R. R. Ronning, J. A. Glover, J. C. Conoley, & J. C. Witt (Eds.), *The influence of cognitive psychology on testing* (pp. 41–85). Hillsdale, NJ: Erlbaum.

Goldberg, G. L., & Roswell, B. S. (2000). From perception to practice: The impact of teachers' scoring experience on the performance based instruction and classroom practice. *Educational Assessment, 6*(4), 257–290.

Goldberg, G. L., & Roswell, B. S. (2001). Are multiple measures meaningful? Lessons learned from a statewide performance assessment. *Applied Measurement in Education, 14*(2), 125–150.

Goldschmidt, P., Martinez, J. F., Niemi, D., & Baker, E. L. (2007). Relationships among measures as empirical evidence of validity: Incorporating multiple indicators of achievement and school context. *Educational Assessment, 12*(3&4), 239–266.

Gong, B. (2009, December 10–11). *Innovative assessment in Kentucky's KIRIS system: Political considerations.* Presentation at the National Research Council Best Practices in State Assessment workshop, Washington, DC.

Gordon Commission on Future Assessment in Education. (2013). *A public policy statement.* Princeton, NJ: Educational Testing Service.

Gotwals, A. W., & Songer, N. B. (2006). *Cognitive predictions: BioKIDS implementation of the PADI assessment system* (PADI Technical Report No. 10). Menlo Park, CA: SRI International.

Greeno, J. G. (1989). A perspective on thinking. *American Psychologist, 44,* 134–141.

Gyagenda, I. S., & Engelhard, G. (2010). Rater, domain, and gender influences on the assessed quality of student writing. In M. Garner, G. Engelhard, M. Wilson, & W. Fisher (Eds.), *Advances in Rasch measurement* (vol. 1, pp. 398–429). Maple Grove, MN: JAM Press.

Haertel, E. H. (1999). Performance assessment and education reform. *Phi Delta Kappan, 80*(9), 662–667.

Haertel, E. H., & Linn, R. L. (1996). Comparability. In G. W. Phillips (Ed.), *Technical issues in large-scale performance assessment* (NCES 96–802). Washington, DC: US Department of Education.

Hambleton, R. K., Impara, J., Mehrens, W., & Plake, B. S. (2000). *Psychometric review of the Maryland School Performance Assessment Program (MSPAP).* Psychometric Review Committee.

Hambleton, R. K., Jaeger, R. M., Koretz, D., Linn, R. L., Millman, J., & Phillips, S. E. (1995). *Review of the measurement quality of the Kentucky Instructional Results Information System, 1991–1994.* Frankfort: Office of Educational Accountability, Kentucky General Assembly.

Hambleton, R. K., & Swaminathan, H. (1985). *Item response theory.* Boston, MA: Kluwer-Nijhoff.

Hamilton, L. S. (1994). *An investigation of students' affective responses to alternative assessment formats.* Paper presented at the annual meeting of the National Council on Measurement in Education, New Orleans, LA.

Hamilton, L. S., & Koretz, D. M. (2002). Tests and their use in test-based accountability systems. In L. S. Hamilton, B. M. Stecher, & S. P. Klein (Eds.), *Making sense of test-based accountability in education* (MR-1554-EDU). Santa Monica, CA: RAND.

Hamilton, L. S., Stecher, B. M., & Klein, S. P. (2002). *Making sense of test-based accountability in education.* Santa Monica, CA: RAND.

Hamilton, L., Stecher, B., & Yuan, K. (2008). *Standards-based reform in the United States: History, research, and future directions.* Washington, DC: Center on Educational Policy, Rand Corporation.

Hardy, R. A. (1995). Examining the cost of performance assessment. *Applied Measurement in Education, 8*(2), 121–134.

Hartman, W. T. (2002). *School district budgeting.* Washington, DC: Association of School Business Officials, International.

Hatch, T. (2013). *Lessons from New York City's Local Measures Project.* New York, NY: National Center for Restructuring Education, Schools, and Teaching.

Heilig, J. V., & Darling-Hammond, L. (2008). Accountability Texas style: The progress and learning of urban minority students in a high-stakes testing context. *Educational Evaluation and Policy Analysis, 30*(2), 75–110.

Heppen, J., Jones, W., Faria, A., Sawyer, K., Lewis, S., Horwitz, A., . . . Casserly, M. (2012). *Using data to improve instruction in the Great City Schools: Documenting current practice*. Washington, DC: American Institutes for Research and The Council of Great City Schools.

Herl, H. E., O'Neil, H. F., Jr., Chung, G.K.W.K., Bianchi, C., Wang, S., Mayer, R., . . . Tu, A. (1999). *Final report for validation of problem solving measures* (CSE Technical Report No. 5). Los Angeles: University of California, National Center for Research on Evaluation, Standards, and Student Testing.

Herman, J. L., & Golan, S. (n.d.). *Effects of standardized testing on teachers and learning— another look* (CSE Technical Report No. 334). Los Angeles: University of California, National Center for Research on Evaluation, Standards, and Student Testing.

Herman, J. L., Klein, D.C.D., Heath, T. M., & Wakai, S. T. (1991). A first look: Are claims for alternative assessment holding up (CSE Technical Report No. 391). Los Angeles: University of California, National Center for Research on Evaluation, Standards, and Student Testing.

Herman, J. L., & Linn, R. L. (2013). *On the road to assessing deeper learning: The status of Smarter Balanced and PARCC assessment consortia* (CRESST Report No. 823). Los Angeles: University of California, National Center for Research on Evaluation, Standards, and Student Testing.

Hersh, R. (2009). *Teaching to a test worth teaching to: In college and high school.* Retrieved December 18, 2009, from http://www.cae.org/content/pro_collegework.htm

Hiebert, E. H. (1991, April). *Comparisons of student reading performance on standardized and alternative measures in high-stakes contexts.* Paper presented at the annual meeting of the American Educational Research Association, Chicago, IL.

Hieronymus, A. N., & Hoover, H. D. (1987). *Iowa tests of basic skills: Writing supplement teacher's guide.* Chicago, IL: Riverside.

Higgins, D., Burstein, J., & Attali, Y. (2006). Identifying off-topic student essays without topic-specific training data. *Natural Language Engineering, 12*(2), 145–159.

Hill, R., & Reidy, E. (1993). *The cost factors: Can performance based assessment be a sound investment?* Manuscript submitted for publication.

Himley, M., & Carini, P. (2000). *From another angle: The Prospect Center's descriptive review of the child.* New York, NY: Teachers College Press.

HKEAA. (2007, January 28). *School-based assessment: Changing the assessment culture.* http://www.hkeaa.edu.hk/en/hkdse/School_based_Assessment/SBA/8ry

Hoff, D. (2002, April 3). Md. to phase out innovative program. *Education Week.* Retrieved from http://www.edweek.org/ew/articles/2002/04/03/29mspap.h21.html

Hong Kong Examinations and Assessment Authority. (2009). *School-based assessment: Changing the assessment culture.* Retrieved from http://www.hkeaa.edu.hk/en/hkdse /School_based_Assessment/SBA/

Hong Kong Examinations and Assessment Authority. (2007). Introduction. In *2007 annual report.* Retrieved September from http://eant01.hkeaa.edu.hk/hkea/redirector.asp

?p_direction=body&p_clickurl=http%3A%2F%2Fwww%2Ehkeaa%2Eedu%2Ehk%2
Fen%2Fannual%5Freport%2Ehtml

Hoover, H. D., & Bray G. B. (1995). *The research and development phase: Can a performance assessment be cost-effective?* Paper presented at the annual meeting of the American Educational Research Association, San Francisco, CA.

Hoxby, C. (2002). *The cost of accountability* (NBER Working Paper No. 8855). Cambridge, MA: National Bureau of Economic Research. Retrieved from http://www.nber.org /papers/w8855

Huot, B. (1990). The literature of direct writing assessments: Major concerns and prevailing trends. *Review of Educational Research, 60*(2), 237–263.

Hymes, D. L. (1991). *The changing face of testing and assessment* (Critical Issues Report Stock No. 021–00338). Arlington, VA: American Association of School Administrators.

Illinois Department of Education. (2011). *Action report 0711–4209: Purchase of NWEA /MAP assessments for grades k-8.* Springfield, IL: Author. Retrieved from http://www .boarddocs.com/il/d365u/Board.nsf/files/8JHLSR57FE4F/$file/Measure%20of%20 Academic%20Progress%20(MAP).pdf

International Baccalaureate Organization. (2005, November). IB *Diploma Programme: English A1—higher level—paper 2.* Retrieved from http://www.ibo.org/diploma /curriculum/examples/samplepapers/documents/gp1_englisha1hl2.pdf

International Baccalaureate Organization. (2006, May). IB *Diploma Programme: Mathematics—standard level—paper 2.* Retrieved from http://www.ibo.org/diploma /curriculum/examples/samplepapers/documents/gp5_mathssl2.pdf

International Baccalaureate Organization. (2008). *Diploma program assessment: Methods.* Retrieved from http://www.ibo.org/diploma/assessment/methods/

Jonsson, A., & Svingby, G. (2007). The use of scoring rubrics: Reliability, validity and educational consequences. *Educational Research Review, 2*(2), 130–144.

Kaftandjieva, F., & Takala, S. (2002). *Relating the Finnish matriculation examination English test results to the CEF scales.* Presented at the Helsinki Seminar, University of Sofia & University of Jyväskylä.

Kahl, S. (2008, June). *The assessment of 21st-century skills: Something old, something new, something borrowed.* Paper presented at the Council of Chief State School Officers 38th National Conference on Student Assessment, Orlando, FL.

Kahl, S., Abeles, S., & Baron, J. (1985, May). *Results of the 1984–85 Connecticut assessment of educational progress in science: Implications for improving local science programs.* Paper presented at the National Science Teachers Association area meeting, Hartford, CT.

Kamata, L., & Tate, R. L. (2005). The performance of a method for the long-term equating of mixed format assessment. *Journal of Educational Measurement, 42,* 193–213.

Kane, M. T. (2006). Validation. In B. Brennan (Ed.), *Educational measurement.* Westport, CT: American Council on Education and Praeger.

Kane, M., Crooks, T., & Cohen, A. (1999). Validating measures of performance. *Educational Measurement: Issues and Practice, 18*(2), 5–17.

Kates, L. (2011). *Toward meaningful assessment: Lessons from five first-grade classroom* (Occasional Paper No. 26). New York, NY: Bank Street College.

Kaur, B. (2005). *Assessment of mathematics in Singapore schools: The present and future.* Singapore: National Institute of Education.

Keiper, S., Sandene, B. A., Persky, H. R., & Kuang, M. (2009). *The nation's report card: Arts 2008 music and visual arts* (NCES 2009–488). Washington, DC: National Center for Education Statistics, Institute of Education Sciences, US Department of Education.

Kentucky Department of Education. (1997). *KIRIS accountability cycle 2 technical manual* (Technical beport). Dover, NH: Author.

Kentucky Department of Education. (2008). *Fact sheet: Reconsidering myths surrounding writing instruction and assessment in Kentucky.* Retrieved from http://www .education.ky.gov/kde/instructional+resources/literacy/kentucky+writing+program /fact+sheet+-+reconsidering+myths+surrounding+writing+instruction+and+assess ment+in+kentucky.htm

Kentucky Department of Education. (2009). *On-demand writing released prompts in grades 5, 8, and 12.* Retrieved from http://www.education.ky.gov/kde/administrative+ resources/testing+and+reporting+/district+support/link+to+released+items/on-de mand+writing+released+prompts.htm

Khattri, N., Kane, M., & Reeve, A. (1995). How performance assessments affect teaching and learning. *Educational Leadership, 53*(3), 80–83.

Kim, S., Walker, M. E., & McHale, F. (2008a, May). *Equating of mixed-format tests in large-scale assessments* (ETS Research Report No. 08–26). Princeton, NJ: ETS.

Kim, S., Walker, M. E., & McHale, F. (2008b, October). *Comparisons among designs for equating constructed-response items* (ETS Research Report No. 08–53). Princeton, NJ: ETS.

Kirst, M., & Mazzeo, C. (1996, April). *The rise, fall and rise of state assessment in California, 1993–1996.* Paper presented at the annual meeting of the American Educational Research Association, New York, NY.

Klein, S. (2008). Characteristics of hand and machine-assigned scores to college students' answers to open-ended tasks. In D. Nolan & T. Speed (Eds.), *Probability and statistics: Essays in honor of David A. Freeman* (vol. 2, pp. 76–89). Institute of Mathematical Statistics.

Klein, S., Benjamin, R., Shavelson, R., & Bolus, R. (2007). The collegiate learning assessment: Facts and fantasies. *Evaluation Review, 31*(5), 415–439.

Klein, S., Freedman, D., Shavelson, R., & Bolus, R. (2008). Assessing school effectiveness. *Evaluation Review, 32,* 511–525.

Klein, S. P., Jovanovic, J., Stecher, B. M., McCaffrey, D., Shavelson, R. J., Haertel, E., . . . Comfort, K. (1997). Gender and racial/ethnic differences on performance assessments in science. *Educational Evaluation and Policy Analysis, 19*(2), 83–97.

Klein, S., Liu, O. L., Sconing, J., Bolus, R., Bridgeman, B., Kugelmass, H., . . . Steedle, J. (2009). Test Validity Study (TVS) Report. Supported by the Fund for the Improvement of Postsecondary Education. Retrieved from http://www.cae.org/content/pdf/TVS _Report.pdf

Klein, S. P., McCaffrey, D., Stecher, B., & Koretz, D. (1995). The reliability of mathematics portfolio scores: Lessons from the Vermont experience. *Applied Measurement in Education, 8*(3), 243–260.

Klein, S. P., Stecher, B. M., Shavelson, R. J., McCaffrey, D., Ormseth, T., Bell, R. M., . . . & Othman, A. R. (1998). Analytic versus holistic scoring of science performance tasks. *Applied Measurement in Education, 11*(2), 121–138.

Klein, S., Steedle, J., & Kugelmass, H. (2009). *CLA Lumina longitudinal study summary findings.* New York: Council for Aid to Education.

Kolen, M. J., & Brennan, R. L. (2004). *Test equating, scaling and linking: Methods and practices* (2nd ed.). New York, NY. Springer.

Koretz, D., & Barron, S. I. (1998). *The validity of gains on the Kentucky Instructional Results Information System (KIRIS).* Santa Monica, CA: RAND.

Koretz, D., Barron, S., Klein, S., & Mitchell, K. (1996). *Perceived effects of the Maryland School Performance Assessment Program* (CSE Technical No. Report). Los Angeles: University of Los Angeles, National Center for Research on Evaluation, Standards, and Student Testing.

Koretz, D., Barron, S., Mitchell, M., & Stecher, B. (1996). *Perceived effects of the Kentucky Instructional Results Information System (KIRIS).* Santa Monica, CA: RAND.

Koretz, D., Klein, S. P., McCaffrey, D. F., & Stecher, B. M. (1993). *Interim report: The reliability of Vermont portfolio scores in the 1992–93 school year.* Santa Monica, CA: RAND. Retrieved from http://www.rand.org/pubs/reprints/RP260

Koretz, D. M., Linn, R. L., Dunbar, S. B., & Shepard, L. A. (1991, April). *The effects of high-stakes testing on achievement: Preliminary findings about generalization across tests.* Paper presented at the annual meeting of the American Educational Research Association, Chicago, IL.

Koretz, D., McCaffrey, D., & Hamilton, L. (2001). *Toward a framework for validating gains under high-stakes conditions* (CSE Technical No. Report 551). Los Angeles: University of California, National Center for Research on Evaluation, Standards, and Student Testing.

Koretz, D., Stecher, B., Klein, S., & McCaffrey, D. (1994). The Vermont Portfolio Assessment Program: Findings and implications. *Educational Measurement: Issues and Practice 13*(3), 5–16.

Korpela, S. (2004, December). *The Finnish school: A source of skills and well-being: A day at Stromberg Lower Comprehensive School.* Retrieved from http://virtual.finland.fi /netcomm/news/showarticle.asp?intNWSAID=30625

Landauer, T. K., Foltz, P. W., & Laham, D. (1998). An introduction to latent semantic analysis. *Discourse Processes, 25*(2–3), 259–284.

Landauer, T. K., Laham, D., & Foltz, P. W. (2003). Automated essay scoring: A cross disciplinary perspective. In M. D. Shermis & J. Burstein (Eds.), *Automated Essay scoring and annotation of essays with the Intelligent Essay Assessor* (pp. 87–112). Mahwah, NJ: Erlbaum.

Lane, S. (1993). The conceptual framework for the development of a mathematics performance assessment instrument. *Educational Measurement: Issues and Practice, 12*(3), 16–23.

Lane, S. (2011). Issues in the design and scoring of performance assessments that assess complex thinking skills. In G. Schraw (Ed.), *Assessment of higher order thinking skills*. Charlotte, NC: Information Age Publishing.

Lane, S., Liu, M., Ankenmann, R. D., & Stone, C. A. (1996). Generalizability and validity of a mathematics performance assessment. *Journal of Educational Measurement, 33*(1), 71–92.

Lane, S., Parke, C. S., & Stone, C. A. (2002). The impact of a state performance-based assessment and accountability program on mathematics instruction and student learning: Evidence from survey data and school performance. *Educational Assessment, 8*(4), 279–315.

Lane, S., Silver, E. A., Ankenmann, R. D., Cai, J., Finseth, C., Liu, M., . . . Zhu, Y. (1995). Q*UASAR Cognitive Assessment Instrument (QCAI)*. Pittsburgh, PA: University of Pittsburgh, Learning Research and Development Center.

Lane, S., & Stone, C. A. (2006). Performance assessments. In B. Brennan (Ed.), *Educational measurement*. Westport, CT: American Council on Education and Praeger.

Lane, S., Stone, C. A., Ankenmann, R. D., & Liu, M. (1995). Examination of the assumptions and properties of the graded item response model: An example using a mathematics performance assessment. *Applied Measurement in Education, 8*, 313–340.

Lane, S., Stone, C. A., Parke, C. S., Hansen, M. A., & Cerrillo, T. L. (2000, April). *Consequential evidence for MSPAP from the teacher, principal and student perspective*. Paper presented at the annual meeting of the National Council on Measurement in Education, New Orleans, LA.

Lane, S., Wang, N., & Magone, M. (1996). Gender related DIF on a middle school mathematics performance assessment. *Educational Measurement: Issues and Practice, 15*, 21–27, 31.

Laukkanen, R. (2008). Finnish strategy for high-level education for all. In N. C. Soguel & P. Jaccard (Eds.), *Governance and performance of education systems*. New York, NY: Springer.

Lavonen, J. (2008). *Reasons behind Finnish students' success in the PISA Scientific Literacy Assessment*. University of Helsinki, Finland. Retrieved from http://www.oph.fi/info /finlandinpisastudies/conference2008/science_results_and_reasons.pdf

Lawrenz, F., Huffman, D., & Welch, W. (2000). Considerations based on a cost analysis of alternative test formats in large scale science assessments. *Journal of Research in Science Teaching, 37*(6), 615–626.

Leacock, C., & Chodorow, M. (2003). C-rater: Automated scoring of short answer questions. *Computers and Humanities, 37*(4), 389–405.

Leacock, C., & Chodorow, M. (2004). *A pilot study of automated scoring of constructed responses*. Paper presented at the 30th Annual International Association of Educational Assessment Conference, Philadelphia, PA.

Lee, V., Smith, J. B., & Croninger, R. G. (1995). Another look at high school restructuring. *Issues in Restructuring Schools, 9* (Fall), 1–10.

Levin, H. M., & McEwan, P. J. (2000). *Cost-effectiveness analysis* (2nd ed.). Thousand Oaks, CA: Sage.

Lieberman, A., & Miller, L. (Eds.). (2001). *Teachers caught in the action: The work of professional development.* New York, NY: Teachers College Press.

Linn, R. L. (1993). Educational assessment: Expanded expectations and challenges. *Educational Evaluation and Policy Analysis, 15,* 1–16.

Linn, R. L. (2000). Assessment and accountability. *Educational Researcher, 29*(2), 4–16.

Linn, R. L., Baker, E. L., & Betebenner, D. W. (2002). Accountability systems: Implications of requirements of the No Child Left Behind Act of 2001. *Educational Researcher, 31*(6), 3–16.

Linn, R. C., Baker, E. L., & Dunbar, S. B. (1991). Complex, performance-based assessments: Expectation and validation criteria. *Educational Researcher, 20*(8), 15–21.

Linn, R. L., & Burton, E. (1994). Performance-based assessment: Implications of task specificity. *Educational Measurement: Issues and Practice, 13*(1), 5–8.

Linn, R. L., Burton, E., DeStafano, L., & Hanson, M. (1996). Generalizability of new standards project 1993 pilot study tasks in mathematics. *Applied Measurement in Education, 9*(3), 201–214.

Little, J. W. (1993). *Teachers' professional development in a climate of educational reform.* New York, NY: National Center for Restructuring Education, Schools, and Teaching.

Little, J. W. (1999). Organizing schools for teacher learning. In L. Darling-Hammond & G. Sykes (Eds.), *Teaching as the learning profession: Handbook of teaching and policy* (pp. 233–262). San Francisco, CA: Jossey-Bass.

Little, J. W., Curry, M., Gearhart, M., & Kafka, J. (2003). Looking at student work for teacher learning, teacher community, and school reform. *Kappan, 85*(5), 184–192.

Liu, O. L., Lee, H. C., Hofstetter, C., & Linn, M. C. (2008). Assessing knowledge integration in science: Constructs, measures, and evidence. *Educational Assessment, 13*(1), 33–55.

Lloyd-Jones, R. (1977). Primary trait scoring. In C. R. Cooper & L. Odell (Eds.), *Evaluating writing: Describing, measuring, and judging* (pp. 33–60). Urbana, IN: National Council for Teachers in Education.

Lumley, T. (2005). *Assessing second language writing: The rater's perspective.* Frankfurt: Lang.

Lyman, P., & Varian, H. R. (2003). *How much information.* Berkeley: School of Information Management and Systems, University of California, Berkeley. Retrieved from http://www.sims.berkeley.edu/how-much-info-2003/

Madaus, G. F., & O'Dwyer, L. M. (1999). A short history of performance assessment: Lessons learned. *Phi Delta Kappan,* 688–695.

Madaus, G. F., West, M. M., Harmon, M. C., Lomax, R. G., & Viator, K. A. (1992). *The influence of testing on teaching mathematics and science in grades 4–12: Executive summary.* Chestnut Hill, MA: Center for the Study of Testing, Evaluation, and Educational Policy, Boston College.

Martinez, M. E., & Katz, I. R. (1996). Cognitive processing requirements of constructed figural response and multiple-choice items in architecture assessment. *Educational Assessment, 3*(1), 83–98.

Maryland State Board of Education. (1995). *Maryland school performance report: State and school systems.* Baltimore, MD: Author.

Maryland State Department of Education. (1990). *Technical report: Maryland Writing Test, Level II.* Baltimore: Author. Retrieved from http://www.marces.org/mdarch/htm/M031987.HTM

Masters, G. N. (1982). A Rasch model for partial credit scoring. *Psychometrika, 47,* 149–174.

Mathematics Assessment Resource Service. (2000). *Balanced assessment for the mathematics curriculum.* Upper Saddle River, NJ: Dale Seymour Publications.

McBee, M. M., & Barnes, L. L. (1998). Generalizability of a performance assessment measuring achievement in eighth-grade mathematics. *Applied Measurement in Education, 11*(2), 179–194.

McCain, T., & Jukes, I. (2001). *Windows on the future: Education in the age of technology.* Thousand Oaks, CA: Corwin Press.

McDonald, J. P. (2001). Students' work and teachers' learning. In A. Lieberman & L. Miller (Eds.), *Teachers caught in the action: Professional development that matters* (pp. 209–35). New York, NY: Teachers College Press.

McDonnell, L. M. (1994). Assessment polity as persuasion and regulation. *American Journal of Education, 102*(4), 394–420.

McDonnell, L. M. (2004). *Politics, persuasion and educational testing.* Cambridge, MA: Harvard University Press.

McDonnell, L. M. (2009). Repositioning politics in education's circle of knowledge. *Educational Researcher, 38*(6), 417–427.

McLaughlin, M. (2005). Listening and learning from the field: Tales of policy implementation and situated practice. In A. Lieberman (Ed.), *The roots of educational change* (pp. 58–72). New York, NY: Teachers College Press.

McNamara, T. F. (1996). *Measuring second language performance.* London: Longman.

Measured Progress. (2009). *New England Common Assessment Program 2008–2009 technical report.* Dover, NH: Retrieved from http://www.ride.ri.gov/assessment/DOCS/NECAP/Tech_Manual/2008–09_TechReport/2008–09_NECAP_TechReport.pdf

Mehrens, W. A. (1992). Using performance assessment for accountability purposes. *Educational Measurement: Issues and Practice, 11,* 3–9, 20.

Meier, S. L., Rich, B. S., & Cady, J. (2006). Teachers' use of rubrics to score non-traditional tasks: Factors related to discrepancies in scoring. *Assessment in Education, 13*(1), 69–95.

Meisels, S. J., Xue, Y., & Shamblott, M. (2008). Assessing language, literacy, and mathematics skills with "Work Sampling for Head Start." *Early Education and Development, 19*(6), 963–981.

Messick, S. (1989). Validity. In R. L. Linn (Ed.), *Educational measurement* (3rd ed., pp. 13–104). New York, NY: American Council on Education and Macmillan.

Messick, S. (1994). The interplay of evidence and consequences in the validation of performance assessment. *Educational Researcher, 23*(2), 12–23.

Messick, S. (1996). Validity of performance assessments. In G. W. Phillips (Ed.), *Technical issues in large-scale performance assessment* (pp. 1–18). Washington, DC: National Center for Educational Statistics.

Miller, M. D., & Crocker, L. (1990). Validation methods for direct writing assessment. *Applied Measurement in Education, 3*(3), 285–296.

Miller, M. D., & Linn, R. L. (2000). Validation of performance-based assessments. *Applied Psychological Measurement, 24*(4), 367–378.

Mishan, E. J., & Quah, E. (2007). *Cost benefit analysis* (5th ed.). New York, NY: Routledge.

Mislevy, R. J. (1993). Foundations of a new theory. In N. Frederiksen, R. J. Mislevy, & I. Bejar (Eds.), *Test theory for a new generation of tests* (pp. 19–39). New York: Routledge.

Mislevy, R. J. (1996). Test theory reconceived. *Journal of Educational Measurement, 33*(4), 379–416.

Mislevy, R. J., & Haertel, G. D. (2006). Implications of evidence-centered design for educational testing. *Educational Measurement: Issues and Practice, 25*(4), 6–20.

Mislevy, R. J., Steinberg, L. S., & Almond, R. G. (2002). *Design and analysis in task-based language assessment* (CSE Report No. 597). Los Angeles: University of California, National Center for Research on Evaluation, Standards, and Student Testing.

Mislevy, R. J., Steinberg, L. S., & Almond, R. G. (2003). On the structure of educational assessments. *Measurement: Interdisciplinary Research and Perspectives, 1*(1), 3–62.

Mislevy, R. J., Steinberg, L. S., Breyer, F. J., Almond, R. G., & Johnson, L. (2002). Making sense of data from complex assessments. *Applied Measurement in Education, 15*(4), 363–390.

Monk, D. H. (1990). *Educational finance: An economic approach*. New York, NY: McGraw-Hill.

Monk, D. H. (1995). The costs of pupil performance assessment: A summary report. *Journal of Education Finance, 20*(4), 363–371.

Moss, P. A., Girard, B., & Haniford, L. (2006). Validity in educational assessment. *Review of Research in Education, 30*, 109–162.

Mullis, I.V.S. (1984). Scoring direct writing assessments: What are the alternatives? *Educational Measurement: Issues and Practice, 3*(1), 16–18.

Murad, L. C. (2008). *Hong Kong's education system: Challenge for the future*. Retrieved from http://www.lehigh.edu/~incntr/publications/perspectives/v20/Murad.pdf

Muraki, E. (1992). A generalized partial credit model: Application of an EM algorithm. *Applied Psychological Measurement, 16*, 159–176.

Murnane, R., & Levy, F. (1996). *Teaching the new basic skills: Principles for educating children to thrive in a changing economy*. New York, NY: Free Press.

Myford, C. M., & Mislevy, R. J. (1995). *Monitoring and improving a portfolio assessment system* (Center for Performance Assessment Research Report). Princeton, NJ: Educational Testing Service.

Nadeau, L., Richard, J.-F., & Godbout, P. (2008). The validity and reliability of a performance assessment procedure in ice hockey. *Physical Education and Sport Pedagogy, 13*(1), 65–83.

National Assessment of Educational Progress. (1987). *Learning by doing: A manual for teaching and assessing higher-order thinking in science and mathematics* (Report No. 17-HOS-80). Princeton, NJ: Educational Testing Service.

National Assessment of Educational Progress. (2009a). *The nation's report card.* Retrieved from http://nces.ed.gov/nationsreportcard/

National Assessment of Educational Progress. (2009b). *Writing framework for the 2011 National Assessment of Educational Progress.* Retrieved from http://www.nagb.org/publications/frameworks.htm

National Association of State Boards of Education. (2009). *Reform at a crossroads: A call for balanced systems of assessment and accountability.* Arlington, VA: Author.

National Center on Education and the Economy. (2007). *Tough choices, tough times: The report of the New Commission on Skills of the American Workforce.* Washington, DC: Author.

National Center for Education Statistics. (1995, January). *Windows into the classroom: NAEP's 1992 writing portfolio study.* Washington, DC: US Department of Education.

National Center for Education Statistics. (2005). *National assessment of educational progress, 2007: Mathematics assessments.* Washington, DC: US Department of Education, Institute of Education Sciences. Retrieved from http://nces.ed.gov/nationsreportcard/itmrlsx/search.aspx?subject=mathematics

National Commission on Testing and Public Policy. (1990). *From gatekeeper to gateway: Transforming testing in America.* Boston: Author.

National Council of Teachers of Mathematics. (2000). *Principles and standards for school mathematics.* Reston, VA: Author.

National Council on Education Standards and Testing. (January 24, 1992). *Raising standards for American education: A report to Congress, the Secretary of Education, the National Education Goals Panel, and the American people.* Washington, DC: Government Printing Office.

National Research Council. (1996). *National science education standards.* Washington, DC: National Academy Press.

National Research Council. (2001). *Knowing what students know: The science and design of educational assessment.* Washington, DC: National Academies Press.

National Research Council. (2006). *Systems for state science assessment.* Washington, DC: National Academies Press.

National Research Council. (2008). *Assessing accomplished teaching: Advanced-level certification programs.* Washington, DC: National Academies Press.

Nelson, N., & Calfee, R. C. (1998). The reading-writing connection. In N. Nelson & R. C. Calfee (Eds.), *The reading-writing connection.* Chicago, IL: University of Chicago Press.

New England Common Assessment Program. (2009). *2009 test administrator manual—Grade 11 science.* Retrieved from http://education.vermont.gov/new/pdfdoc/pgm_assessment/necap/manuals/science/admin_manual_09_grade_11.pdf

New Hampshire. Code of Administrative Rules-Education, 306.27(d) C.F.R. (2005).

New Hampshire Department of Education. (2005). *New Hampshire code of administrative rules: Education,* 306.27(d) C.F.R. (2005).

New Hampshire Department of Education. (2013). *Enriching New Hampshire's assessment and accountability systems through the Quality Performance Assessment Framework*. Retrieved from http://www.education.nh.gov/assessment-systems /documents/executive-summary.pdf

New Jersey Department of Education. (2003). *2002–03 HSPA/SRA Mathematics, Performance Assessment Task*. Trenton: New Jersey Department of Education.

New Jersey Department of Education. (2004). *Mathematics: A rubric scoring handbook* (PT No. 1504.30). Trenton: New Jersey Department of Education.

New Jersey Department of Education. (2005). *October 2005 and March 2006 HSPA cycle I and cycle II score interpretation manual*. Retrieved from http://www.state.nj.us /education/assessment/hs/sim.pdf

New Jersey Department of Education. (2008a). *March 2009 high school proficiency assessment: Student preparation booklet*. Retrieved from http://www.state.nj.us/counties /cumberland/0610/schools/distschools/senior/guidanceimages/HSPA%20 Student%20Prep%20Booklet%20%2708.pdf

New Jersey Department of Education. (2008b). *Special review assessment administration manual 2008–2009 school year*. Retrieved from http://www.state.nj.us/education /assessment/hs/sra/man.pdf

New Jersey Department of Education. (2009). *State board of education adopts revised high school graduation requirements and revised curriculum standards in six content areas*. Retrieved from http://www.state.nj.us/education/news/2009/0617sboe.htm

New Jersey Department of Education. (2013). Alternative High School Assessment (AHSA) Administration Manual, 2013–2014 school year. Trenton, NJ: Author. Retrieved from http://www.state.nj.us/education/assessment/hs/sra/man.pdf

New York Commissioner of Education. (n.d.). *Department-approved alternative examinations acceptable for meeting requirements for a local or Regents diploma*. Retrieved from http://www.emsc.nysed.gov/osa/hsgen/list.pdf

New York State Education Department. (1987). *History of Regents Examinations: 1865 to 1987*. Retrieved from http://www.emsc.nysed.gov/osa/hsinfogen/hsinfogenarch/rehistory.htm

New York State Education Department. (1996, October 10). *Report of the Technical Advisory Group for the New York State Assessment Project*. Albany: Author.

New York State Education Department, Office of State Assessment. (2008). *Regents Examinations, Regents competency tests, and second language proficiency examinations: School administrator's manual*. Retrieved from http://www.emsc.nysed.gov/osa/sam /secondary/sam08-pdf/nysed-sam08.pdf

New York State Education Department, Office of State Assessment. (2009, August 17). *High school general information*. Retrieved from http://www.emsc.nysed.gov/osa/hsgen.html

Newmann, F., Marks, H., & Gamoran, A. (1996). *Authentic achievement: Restructuring schools for intellectual quality*. San Francisco: Jossey-Bass.

Ng, P. T. (2008). Educational reform in Singapore: From quantity to quality. *Education Research on Policy and Practice, 7*, 5–15.

Niemi, D., Baker, E. L., & Sylvester, R. M. (2007). Scaling up, scaling down: Seven years of performance assessments development in the nation's second largest school district. *Educational Assessment, 12*(3&4), 195–214.

Niemi, D., Wang, J., Steinberg, D. H., Baker, E. L., & Wang, H. (2007). Instructional sensitivity of a complex language arts performance assessment. *Educational Assessment, 12*(3&4), 215–238.

No Child Left Behind Act. (2001). PL No. 107–110, sec. 115 Stat. 1425 (2002).

NOCTI. (2009). *Site coordinator guide for student assessment.* Retrieved from http://www.nocti.org/PDFs/Coordinator_Guide_for_Student_Testing.pdf

Odden, A. R. (2009). *Ten strategies for doubling student performance.* Thousand Oaks, CA: Corwin Press.

Odden, A. R., & Archibald, S. J. (2009). *Doubling student performance . . . and finding the resources to do it.* Thousand Oaks, CA: Corwin Press.

Odden, A., Goetz, M., Archibald, S., Gross, B., Weiss, M., & Mangan, M. T. (2008). The cost of instructional improvement: Resource allocation in schools using comprehensive strategies to change classroom practice. *Journal of Education Finance, 33*(4), 381–405.

Odden, A. R., & Picus, L. O. (2014). *School finance: A policy perspective* (5th ed.). New York, NY: McGraw-Hill.

Odden, A., Picus, L. O., Archibald, S., Goetz, M., Mangan, M. T., & Aportela, A. (2007). *Moving from good to great in Wisconsin: Funding schools adequately and doubling student performance.* Madison: University of Wisconsin, Wisconsin Center for Education Research, Consortium for Policy Research in Education. Retrieved from http://www.wcer.wisc.edu/cpre/finance/WI%20March%201%202007%20Adequacy%20Report1.pdf

Odden, A., Picus, L. O., Archibald, S., & Smith, J. (2009). *Wyoming school use of resources 2: Making more progress in identifying how schools use resources in ways that boost student performance on state tests.* Retrieved from http://legisweb.state.wy.us/2008/interim/schoolfinance/Resources.pdf

Odden, A., Picus, L. O., & Goetz, M. (2006). *Recalibrating the Arkansas school funding structure.* North Hollywood, CA: Lawrence O. Picus and Associates.

O'Donnell, S. (2004, December). *International review of curriculum and assessment frameworks: Qualifications and curriculum authority and National Foundation for Educational Research.* Retrieved from http://www.inca.org.uk/pdf/comparative.pdf

Office of the Superintendent of Public Instruction. (2012). *Summary of findings: 2011–12 OSPI-developed assessments social studies, the arts, health, fitness, and educational technology.* Olympia, WA: OSPI. Retrieved from http://www.k12.wa.us/assessment/pubdocs/2011–12SummaryofFindings.pdf

Office of Technology Assessment. (1992). *Testing in America's schools: Asking the right questions* (OTA-SET-519). Washington, DC: US Government Printing Office.

O'Reilly, T., & Sheehan, K. M. (2009, June). *Cognitively-based assessment of, for, and as learning: A framework for assessing reading competency.* Princeton, NJ: Educational Testing Service.

Organization for Economic Cooperation and Development. (2007). *PISA 2006: Science Competencies for Tomorrow's World. Volume 1: Analysis*. Retrieved from http://www.pisa.oecd.org/dataoecd/30/17/39703267.pdf

Organization for Economic Cooperation and Development. (2012). *What students know and can do: Student performance in mathematics, reading, and science*. Paris: OECD.

Paek, P. L., & Foster, D. (2012). *Improved mathematical teaching practices and student learning using complex performance assessment tasks*. Paper presented at the annual meeting of the National Council on Measurement in Education, Vancouver, Canada.

Page, E. B. (1994). Computer grading of student prose, using modern concepts and software. *Journal of Experimental Education, 62*(2), 127–143.

Page, E. B. (2003). Project essay grade: PEG. In M. Shermis & J. Burstein (Eds.), *Automated essay scoring: Across-disciplinary perspective* (pp. 43–54). Mahwah, NJ: Erlbaum.

Palm, T. (2008). Performance assessment and authentic assessment: A conceptual analysis of the literature. *Practical Assessment, Research and Evaluation, 13*(4). Retrieved from http://pareonline.net/getvn.asp?v=13&n=4

Parke, C. S., & Lane, S. (2008). Examining alignment between state performance assessments and mathematics classroom activities. *Journal of Educational Research, 101*(3), 132–146.

Parke, C. S., Lane, S., & Stone, C. A. (2006). Impact of a state performance assessment program in reading and writing. *Educational Research and Evaluation, 12*(3), 239–269.

Parker, C. E., Louie, J., & O'Dwyer, L. (2009). *New measures of English language proficiency and their relationship to performance on large-scale content assessments* (Issues and Answers Report, REL 2009–No. 066). Washington, DC: US Department of Education, Institute of Education Sciences, National Center for Education Evaluation and Regional Assistance, Regional Educational Laboratory Northeast and Islands. Retrieved from http://ies.ed.gov/ncee/edlabs

Partnership for Assessment of Readiness for College and Careers. (n.d.). *Grade 10 prose constructed response—Sample 1 from Literary Analysis Task*. Retrieved from Parcconline.org

Patz, R. J. (1996). *Markov chain Monte Carlo methods for item response theory models with applications for the National Assessment of Educational Progress*. Unpublished manuscript, Carnegie Mellon University, Pittsburgh, PA.

Patz, R. J., Junker, B. W., Johnson, M. S., & Mariano, L. T. (2002). The hierarchical rater model for rated test items and is application to large-scale educational assessment data. *Journal of Educational and Behavioral Statistics, 27*(4), 341–384.

Pearson, P., Calfee, R., Walker Webb, P., & Fleischer, S. (2002). *The role of performance-based assessments in large scale accountability systems: Lessons learned from the inside*. Washington DC: Council of Chief State School Officers.

Pecheone, R. L., & Chung, R. R. (2006). Evidence in teacher education: The performance assessment for California teachers (PACT). *Journal of Teacher Education, 57*(1), 22–36.

Pecheone, R., & Kahl, S. (2010). *Through a looking glass: Lessons learned and future directions for performance assessment*. Stanford: Stanford Center for Opportunity Policy in Education.

Pecheone, R. L., & Kahl, S. (n.d.). *Lessons from the United States for developing performance assessments.* Unpublished manuscript.

Pellegrino, J., Chudowsky, N., & Glaser, R. (Eds.). (2001). *Knowing what students know: The science and design of educational assessment.* Washington, DC: National Academy Press.

Pellegrino, J. W., & Hilton, M. L. (eds.). (2012). *Education for life and work: Developing transferable knowledge and skills in the 21st century.* Washington, DC: National Academies Press.

Peng, S. S., Wright, D., & Hill, S. T. (1995). *Understanding racial-ethnic differences in secondary school science and mathematics achievement* (NCES 95–710). Washington, DC: US Department of Education.

Performance Standards Consortium. (2013). *Educating for the 21st century: Data report on the New York Performance Standards Consortium.* NY: Author. Retrieved from http://performanceassessment.org/articles/DataReport_NY_PSC.pdf

Petterson, A. (2008). *The national tests and national assessment in Sweden.* Stockholm, Sweden: PRIM gruppen. Retrieved from http://www.prim.su.se/artiklar/pdf/Sw_test_ICME.pdf

Pianta, R. C., La Paro, K., & Hamre, B. K. (2007). *The classroom assessment scoring system—CLASS.* Baltimore, MD: Brookes Publishing.

Picus, L. O. (1994). *A conceptual framework for analyzing the costs of alternative assessment* (Technical Report No. 384). Los Angeles: University of California, Center for Research on Student Standards, Evaluation and Testing. Retrieved from http://www.cse.ucla.edu/products/summary.asp?report=384

Picus, L. O., Odden, A., Aportela, A., Mangan, M. T., & Goetz, M. (2008). *Implementing school finance adequacy: School level resource use in Wyoming following adequacy-oriented finance reform.* North Hollywood, CA: Lawrence O. Picus and Associates.

Picus, L. O., & Tralli, A. (1998). *Alternative assessment programs: What are the true costs? An analysis of the total costs of assessment in Kentucky and Vermont.* Los Angeles: University of California, Center for Research on Student Standards, Evaluation and Testing. Retrieved from http://www.cse.ucla.edu/products/Reports/TECH441new.pdf

Picus, L. O., Tralli, A., & Tasheny, S. (1996). *Estimating the costs of student assessment in North Carolina and Kentucky: A state level analysis* (Technical Report No. 408). Los Angeles: University of California, Center for Research on Student Standards, Evaluation and Testing. Retrieved from http://www.cse.ucla.edu/products/summary.asp?report=408.

Picus, L. O., and Associates. (2010). *A strategic plan for the Little Rock schools.*

Pinckney, E., & Taylor, G. (2006). *Standards and assessment memorandum.* Retrieved from http://education.vermont.gov/new/pdfdoc/pgm_curriculum/local_assessment/assessment_guidance_030106.pdf

Polikoff, M. S., Porter, A. C., & Smithson, J. (2011). How well aligned are state assessments of student achievement with state content standards? *American Educational Research Journal, 48*(4), 965–995.

Popham, W. J. (1999). Why standardized test scores don't measure educational quality. *Educational* Leadership, *56*(6), 8–15.

Popham, W. J. (2003). Living (or dying) with your NCLB tests. *School Administrator*, *60*(11), 10–14.

Popham, W. J., Cruse, K. L., Rankin, S. C., Sandifer, P. D., & Williams, P. L. (1985). Measurement-driven instruction: It's on the road. *Phi Delta Kappan*, *66*(9), 628–634.

Powers, D. E., Burstein, J. C., Chodorow, M. S., Fowles, M. E., & Kukich, K. (2002). Stumpinge-rater: Challenging the validity of automated scoring of essays. *Journal of Educational Computing Research*, *26*, 407–425.

Quaglia Institute. (2008). *My voice student report 2008*. Portland, ME: Quaglia Institute for Student Aspirations.

Qualifications and Curriculum Authority. (2008a). *Sweden: Assessment arrangements*. Retrieved from http://www.inca.org.uk/690.html

Qualifications and Curriculum Authority. (2008b). *England: Assessment arrangements*. Retrieved from http://www.inca.org.uk/1315, http://education.qld.gov.au/corporate/newbasics/html/richtasks/richtasks.html

Qualifications and Curriculum Authority. (2009). *Assessing pupils' progress: Assessment at the heart of learning*. Retrieved May 23, 2009, from http://www.qca.org.uk/libraryAssets/media/12707_Assessing_Pupils_Progress_leaflet_-_web.pdf

Queary, P. (2004, March 5). Senate passes WASL changes. *Seattle Times*.

Queensland Government. (2001). *New basics: The why, what, how and when of rich tasks*. Retrieved from http://education.qld.gov.au/corporate/newbasics/pdfs/richtasksbklet.pdf

Raizen, S., Baron, J. B., Champagne, A. B., Haertel, E., Mullis, I.N.V., & Oakes, J. (1989). *Assessment in elementary school science education*. Washington, DC: National Center for Improving Science Education.

Reckase, M. D. (1997). The past and future of multidimensional item response theory. *Applied Psychological Measurement*, *21*, 25–36.

Resnick, L. B. (1987). *Education and learning to think*. Washington, DC: National Academy Press.

Resnick, L. (1995). Standards for education. In D. Ravitch (Ed.), *Debating the future of American standards*. Washington, DC: Brookings Institution.

Resnick, L. B., & Resnick, D. P. (1982). Assessing the thinking curriculum: New tools for educational reform. In B. G. Gifford & M. C. O'Conner (Eds.), *Changing assessment: Alternative views of aptitude, achievement and instruction* (pp. 37–55). Boston, MA: Kluwer.

Resnick, L. B., & Resnick, D. P. (1992). Assessing the thinking curriculum: New tools for educational reform. In B. R. Gifford & M. C. O'Connor (Eds.), *Changing assessments: Alternative views of aptitude, achievement and instruction*. Boston: Kluwer.

Rhode Island Department of Education. (2005). *The Rhode Island high school diploma system: All kids well prepared for high-performing, bright futures*. Retrieved from http://www.ride.ri.gov/HighSchoolReform/DOCS/PDFs/HIGH%20school%20reform/HSDiploma_v071405.pdf

Rhode Island Board of Regents for Elementary and Secondary Education. (2008). Regulations L-6–3.2. Retrieved from www.cps.k12.ri.us

Rhode Island Department of Education & Education Alliance at Brown University. (2005a). *Required elements of an exhibition system*. Retrieved from http://www.ride.ri.gov/HighSchoolReform/DSLAT/pdf/exh_040203.pdf

Rhode Island Department of Education & Education Alliance at Brown University. (2005b). *Required graduation portfolio elements*. Retrieved from http://www.ride.ri.gov/HighSchoolReform/DSLAT/pdf/por_040103.pdf

Rohten, D., Carnoy, M., Chabran, M., & Elmore R. (2003). The conditions and characteristics of assessment and accountability. In M. Carnoy, R. Elomore, & L. Siskin (Eds.), *The new accountability: High schools and high stakes testing*. New York, NY: Taylor & Francis.

Roid, G. H. (1994). Patterns of writing skills derived from cluster analysis of direct-writing assessments. Applied *Measurement in Education, 7*(2), 159–170.

Romberg, T. A., Zarinia, E. A., & Williams, S. R. (1989). *The influence of mandated testing on mathematics instruction: Grade 8 teachers' perceptions*. Madison: National Center for Research in Mathematical Science Education, University of Wisconsin-Madison.

Rudner, L. M., Garcia, V., & Welch, C. (2006). An evaluation of the IntelliMetricSM essay scoring system. *Journal of Technology, Learning, and Assessment, 9*(4), 1–21.

Rustique-Forrester, E. (2005). Accountability and the pressures to exclude: A cautionary tale from England. *Education Policy Analysis Archives*. Retrieved from http://epaa.edu/epaa/v13n26

Salahu-Din, D., Persky, H., & Miller, J. (2008). *The nation's report card: Writing 2007* (NCES 2008–468). Washington DC: National Center for Education Statistics, Institute of Education Sciences, US Department of Education.

Samejima, F. (1969). Estimation of latent ability using a response pattern of graded scores. *Psychometrika* Monograph (No. 17).

Samejima, F. (Ed.). (1996). *The graded response model*. New York, NY: Springer.

Sandene, B., Allen, N., Bennett, Braswell, J. R., Horkay, N., Kaplan, B., & Oranje, A. (2005). *Online assessment in mathematics and writing: Reports from the NAEP technology-based assessment project, research and development series* (NCES 2005–457). Washington, DC: US Department of Education, National Center for Education Statistics.

Schlafly, P. (2001). Dumbing down and developing diversity. *Phyllis Schlafly Report, 34*(8). Retrieved from http://www.eagleforum.org/psr/2005/mar05/psrmar05.html

Schleicher, A. (2009). International assessment of student learning outcomes. In L. Pinkus (Ed.), *Meaningful measurement: The role of assessments in improving high school education in the twenty-first century*. Washington, DC: Alliance for Excellent Education.

Schmidt, W. H., Wang, H. C., & McKnight, C. (2005). Curriculum coherence: An examination of US mathematics and science content standards from an international perspective. *Journal of Curriculum Studies, 37*(5), 525–559.

Seidel, S. S. (1998). Wondering to be done: The Collaborative Assessment Conference. In D. Allen (Ed.), *Assessing student learning: From grading to understanding* (pp. 21–39). New York, NY: Teachers College Press.

Shapley, K. S., & Bush, M. J. (1999). Developing a valid and reliable portfolio assessment in the primary grades: Building on practical experience. *Applied Measurement in Education, 12*(2), 111–132.

Shavelson, R. J. (2008). *The collegiate learning assessment.* Paper presented at the 2007 Ford Policy Forum: Forum for the Future of Higher Education, Aspen, CO. Retrieved from http://net.educause.edu/ir/library/pdf/fp085.pdf

Shavelson, R. J., Baxter, G. P., & Gao, X. (1993). Sampling variability of performance assessments. *Journal of Educational Measurement, 30*(3), 215–232.

Shavelson, R., Baxter, G., & Pine, J. (1991). Performance assessment in science. *Applied Measurement in Education,* 4(4), 347–362.

Shavelson, R. J., Baxter, G. P., & Pine, J. (1992). Performance assessments: Political rhetoric and measurement reality. *Educational Researcher,* 22–27.

Shavelson, R. J., & Ruiz-Primo, M. A. (1998, November). *On the assessment of science achievement conceptual underpinnings for the design of performance assessments: Report of year 2 activities* (CSE Technical Report 481). Los Angeles: University of California, Center for Research on Evaluation, Standards, and Student Testing.

Shavelson, R., Ruiz-Primo, M., & Solano-Flores, G. (1998). Toward a science performance assessment technology. *Evaluation and Program Planning, 21*(2), 171–184.

Shavelson, R. J., Ruiz-Primo, M. A., & Wiley, E. W. (1999). Note on sources of sampling variability. *Journal of Educational Measurement, 36*(1), 61–71.

Shavelson, R. J., Ruiz-Primo, M. A., & Wiley, E. W. (2005). Windows into the mind. *Higher Education, 49,* 413–430.

Sheingold, K., Heller, J. I., & Paulukonis, S. T. (1995). *Actively seeking evidence: Teacher change through assessment development* (Report MS No. 94–04). Princeton, NJ: Educational Testing Service.

Sheingold, K., Heller, J. I., & Storms, B. A. (1997, April). On the mutual influence of teachers' professional development and assessment quality in curricular reform. Paper presented at the annual meeting of the American Educational Research Association, Chicago.

Shepard, L. A. (1991). Psychometricians' beliefs about learning. *Educational Researcher, 20*(7), 2–16.

Shepard, L. A. (2002). The hazards of high stakes testing. *Issues in Science and Technology, 19*(2), 53–58.

Shepard, L. A. (2008). Formative assessment: Caveat emptor. In C. Dwyer (Ed.), *The future of assessment: Shaping teaching and learning* (pp. 279–303). Mahwah, NJ: Erlbaum.

Shepard, L. A., & Dougherty, K. C. (1991). *Effects of high-stakes testing on instruction.* Paper presented at the annual meeting of the American Educational Research Association and the National Council on Measurement in Education, Chicago, IL.

Shepard, L. A., Flexer, R. J., Hiebert, E. H., Marion, S. F., Mayfield, V., & Weston, T. J. (1995). *Effects of introducing classroom performance assessments on student learning* (CSE Technical Report No. 394). Boulder: Center for Research on Evaluation, Standards, and Student Testing and University of Colorado at Boulder.

Shulte, B. (2002, February 4). MSPAP grading shocked teachers. *Washington Post.*

Shyer, C. (2009). *August 2009 Regents Examinations and Regents competency tests.* Retrieved from http://www.emsc.nysed.gov/osa/08–09memo/jun-aug-09/724/563–809.pdf

Silva, E. (2008). *Measuring the skills of the 21st century.* Washington, DC: Education Sector.

Simon, H. A., & Chase, W. G. (1973). Skill in chess. *American Scientist, 61,* 394–403.

Singapore Examinations and Assessment Board. (2006). *2006 A-level examination.* Singapore: Author.

Singapore Ministry of Education. (2007). Retrieved from http://www.moe.gov.sg/corpora /mission_statement.htm

Smith, C. L., Wiser, M., Anderson, C. W., & Krajcik, J. (2006). Implications of research on children's learning for standards and assessment: A proposed learning progression for matter and the atomic-molecular theory. *Measurement, 14*(1&2), 1–98.

Snyder, T. D., & Dillow, S. A. (2010). *Digest of education statistics 2009* (NCES 2010–013). Washington, DC: National Center for Education Statistics, Institute of Education Sciences, US Department of Education.

Solano-Flores, G. (2008). Who is given tests in what language by whom, when, and where? The need for probabilistic views of language in the testing of English language learners. *Educational Researcher, 37*(4), 189–199.

Solano-Flores, G., Jovanovic, J., Shavelson, R. J., & Bachman, M. (2001). On the development and evaluation of a shell for generating science performance assessments. *International Journal of Science Education, 21*(3), 293–315.

Solano-Flores, G., & Li, M. (2006). The use of generalizability (G) theory in the testing of linguistic minorities. *Educational Measurement: Issues and Practice, 25*(1), 13–22.

Solano-Flores, G., & Trumbull, E. (2003). Examining language in context: The need for new research and practice paradigms in the testing of English-language learners. *Educational Researcher, 32*(2), 3–13.

Spector, J. M. (2006). A methodology for assessing learning in complex and ill-structured task domains. *Innovations in Education and Technology International, 43*(2), 109–120.

Stage, E. K. (2005, Winter). Why do we need these assessments? *Natural Selection: Journal of the BSCS,* 11–13.

Stanford Center for Assessment, Learning and Equity. (2009). *How things work. A physics performance task.* Stanford, CA: SCALE.

Stecher, B. (1995). *The cost of performance assessment in science: The RAND perspective.* Paper presented at the 2006 National Council on Measurement in Education, San Francisco, CA.

Stecher, B. (2002). Consequences of large-scale, high-stakes testing on school and classroom practices. In L. S. Hamilton, B. M. Stecher, & S. P. Klein (Eds.), *Making sense of test-based accountability* (MR-1554-EDU). Santa Monica, CA: RAND.

Stecher, B., Barron, S., Chun, T., & Ross, K. (2000, August). *The effects of the Washington State education reform in schools and classrooms* (CSE Technical Report No. 525). Los Angeles: University of California, National Center for Research on Evaluation, Standards and Student Testing.

Stecher, B. M., Barron, S., Kaganoff, T., & Goodwin, J. (1998). *The effects of standards-based assessment on classroom practices: Results of the 1996–97 RAND survey of Kentucky teachers of mathematics and writing* (CSE Technical Report 482). Los Angeles: University of California, National Center for Research on Evaluation, Standards, and Student Testing.

Stecher, B. M., & Klein, S. P. (1997, Spring) The cost of science performance assessments in large-scale testing programs. *Educational Evaluation and Policy Analysis, 19*(1), 1–14.

Stecher, B. M., & Mitchell, K. J. (1995). *Portfolio driven reform: Vermont teachers' understanding of mathematical problem solving* (CSE Technical Report No. 400). Los Angeles: University of California, National Center for Research on Evaluation, Standards, and Student Testing.

Stein, M. K., & Lane, S. (1996). Instructional tasks and the development of student capacity to think and reason: An analysis of the relationship between teaching and learning in a reform mathematics project. *Educational Research and Evaluation, 2*(1), 50–80.

Stevenson, Z., Averett, C., & Vickers, D. (1990, April). *The reliability of using a focused-holistic scoring approach to measure student performance on a geometry proof.* Paper presented at the meeting of the American Educational Research Association, Boston, MA.

Stone, C. A., & Lane, S. (2003). Consequences of a state accountability program: Examining relationships between school performance gains and teacher, student, and school variables. *Applied Measurement in Education, 16*(1), 1–26.

Swedish Institute. (1984, March). Primary and secondary education in Sweden. *Fact Sheets on Sweden.* Stockholm, Sweden.

Swedish National Agency for Education. (2005). *The Swedish school system: Compulsory school.* Retrieved from http://www.skolverket.se/sb/d/354/a/959

Tate, R. L. (1999). A cautionary note on IRT-based linking of tests with polytomous items. *Journal of Educational Measurement, 36,* 336–346.

Tate, R. L. (2000). Performance of a proposed method for the linking of mixed format tests with constructed-response and multiple-choice items. *Journal of Educational Measurement, 36,* 336–346.

Tate, R. L. (2003). Equating for long-term scale maintenance of mixed format tests containing multiple choice and constructed response items. *Educational and Psychological Measurement, 63*(6), 893–914.

Taylor, C. S. (1998). An investigation of scoring methods for mathematics performance-based assessments. *Educational Assessment, 5*(3), 195–224.

Texas. (2005). Education Code, section 51.968. Retrieved from http://www.legis.state.tx.us/tlodocs/79R/billtext/html/HB00130I.htm

Thomas, W., Storms, B., Sheingold, K., Heller, J., Paulukonis, S., Nunez, A., & Wing, J. (1995). *California Learning Assessment System portfolio assessment research and development project: Final report.* Princeton, NJ: Center for Performance Assessment, Educational Testing Service.

Topol, B., Olson, J., & Roeber, E. (2010). *The cost of new higher quality assessments: A comprehensive analysis of the potential costs for future state assessments*. Stanford, CA: Stanford University, Stanford Center for Opportunity Policy in Education.

Topol, B., Olson, J., Roeber, E., & Hennon, P. (2013). *Getting to higher-quality assessments: Evaluating costs, benefits, and investment strategies*. Stanford, CA: Stanford University, Stanford Center for Opportunity Policy in Education.

Tucker, B. (2009). *Beyond the bubble: Technology and the future of student assessment*. Washington, DC: Education Sector.

Tung, R., & Stazesky, P. (2010). *Including performance assessments in accountability systems: A review of scale up efforts*. Boston, MA: Center for Collaborative Education.

US Congress, Office of Technology Assessment. (1992). *Testing in American schools: Asking the right questions* (Report No. OTA-SET-519; pp. 216, 243, 210). Washington, DC: US Government Printing Office.

US Department of Education. (1995). Section 2: Reform through Linking Title I to Challenging Academic Standards. *In Mapping out the national assessment of Title I: The interim report*. Retrieved from http://www.ed.gov/pubs/NatAssess/sec2.html

US Department of Education. (2005). *The nation's report card*. Washington, DC: Author. Retrieved from http://nationsreportcard.gov/science_2005/s0116.asp

US Department of Education. (n.d.). *Windows into the classroom: NAEP's 1992 writing portfolio study*. Washington DC: Author.

US General Accounting Office. (1993). *Student extent and expenditures, with cost estimates for a national examination* (Report No. acc/PEMD-93–8). Washington, DC: Author.

US General Accounting Office. (2003). *Title I: Characteristics of tests will influence expenses; information sharing may help states realize efficiencies*. Washington, DC: Author.

US Government Accountability Office. (2009). *No Child Left Behind Act: Enhancements in the Department of Education's review process could improve state academic assessments* (Report No. GAO-09–911). Washington, DC: Author.

University of the State of New York State Education Department. (2009a). *Information booklet for scoring Regents Examinations in Global History and Geography and United States History and Government*. Retrieved from http://www.emsc.nysed.gov/osa/08–09memo/jun-aug-09/730/541hg-809.pdf

University of the State of New York State Education Department. (2009b). *Information booklet for scoring the Regents Comprehensive Examination in English*. Retrieved from http://www.emsc.nysed.gov/osa/08–09memo/jun-aug-09/730/541e-809.pdf

University of the State of New York State Education Department. (2009c). *Regents Examination in Global History and Geography—August 2009: Chart for converting total test raw scores to final examination scores (scale scores)*. Retrieved from http://www.emsc.nysed.gov/osa/concht/aug09/globalcc-809.pdf

University of the State of New York State Education Department. (2009d). *Regents Examination in Physical Setting/Earth Science—August 2009: Chart for converting total*

test raw scores to final examination scores (scale scores). Retrieved from http://www
.emsc.nysed.gov/osa/concht/aug09/earthvcc-809.pdf

University of the State of New York State Education Department. (2009e). *Regents Examination in United States History and Government—August 2009: Chart for converting total test raw scores to final examination scores (scale scores)*. Retrieved from http://www.emsc.nysed.gov/osa/concht/aug09/ushgcc-809.pdf

Vacc, N. N. (1989). Writing evaluation: Examining four teachers' holistic and analytic scores. *Elementary School Journal, 90*, 87–95.

Valverde, G. A., & Schmidt, W. H. (2000). Greater expectations: Learning from other nations in the quest for "world-class standards" in US school mathematics and science. *Journal of Curriculum Studies, 32*(5), 651–687.

Vendlinski, T. P., Baker, E. L., & Niemi, D. (2008). *Templates and objects in authoring problem-solving assessments*. (CRESST Technical Report No. 735). Los Angeles: University of California, National Center Research on Evaluation, Standards, and Student Testing.

Vermont Department of Education. (n.d.-a). *Core principles of high-quality local assessment systems*. Retrieved from http://education.vermont.gov/new/pdfdoc/pgm _curriculum/local_assessment/core_principles_08.pdf

Vermont Department of Education. (n.d.-b). *Vermont item bank assessment: Suggestions and guidelines for use*. Retrieved from http://education.vermont.gov/new/pdfdoc /pgm_curriculum/educ_item_bank_use_guidelines.pdf

Vermont State Board of Education. (2006). *Manual of rules and practices: School quality standards*. 2000 C.F.R. sec. 2120. Retrieved from http://education.vermont.gov /documents/educ_sbe_rules_manual_of_rules_ALL.pdf

Wang, J., Niemi, D., & Wang, H. (2007a). *Impact of different performance assessment cut scores on student promotion* (CSE Report No. 719). Los Angeles: University of California, National Center for Research on Evaluation, Standards, and Student Testing.

Wang, J., Niemi, D., & Wang, H. (2007b). *Predictive validity of an English language arts performance assessment* (CSE Report No. 729). Los Angeles: University of California, National Center for Research on Evaluation, Standards, and Student Testing.

Washington State Institute for Public Policy. (2006). *Tenth-grade WASL strands: Student performance varies considerably over time*. Olympia: Author.

Webb, N. L. (2002). *Depth-of-knowledge levels for four content areas*. Retrieved from http:// facstaff.wcer.wisc.edu/normw/All%20content%20areas%20%20DOK%20levels%20 32802.doc

Webb, N. M., Schlackman, J., & Sugrue, B. (2000). The dependability and interchangeability of assessment methods in science. *Applied Measurement in Education, 13*(3), 277–301.

Wei, R. C., Darling-Hammond, L., & Adamson, F. (2010). *Professional development in the United States: Trends and challenges*. Dallas, TX: National Staff Development Council and Stanford: Stanford Center for Opportunity Policy in Education.

Wei, R. C., Darling-Hammond, L., Andree, A., Richardson, N., & Orphanos, S. (2009). *Professional learning in the learning profession: A status report on teacher development in the United States and abroad*. Dallas, TX: National Staff Development Council and Stanford, CA: Stanford Center for Opportunity Policy in Education.

Wei, R. C., Schultz, S. E., & Pecheone, R. (2012). *Performance assessments for learning: The next generation of state assessments*. Stanford, CA: Stanford Center for Assessment, Learning, and Equity.

Welch, C. J., & Harris, D. J. (1994). *A technical comparison of analytic and holistic scoring methods*. Paper presented at the annual meeting of the National Council on Measurement in Education, New Orleans, LA.

Welsh Assembly Government. (2008a). *Primary (3–11)*. Retrieved September 12, 2008, from http://old.accac.org.uk/eng/content.php?cID=5

Welsh Assembly Government. (2008b). *Secondary (11–16)*. Retrieved September 12, 2008, from http://old.accac.org.uk/eng/content.php?cID=6

Wentworth, N., Erickson, L. D., Lawrence, B., Popham, J. A., & Korth, B. (2009). A paradigm shift toward evidence-based clinical practice: Developing a performance assessment. *Studies in Educational Evaluation, 35*(1), 16–20.

White, K. (1999). Kentucky: To a different drum. Quality counts '99 policy update. *Education Week*. Retrieved from http://rc-archive.edweek.org/sreports/qc99/states /policy/ky-up.htm

Wiggins, G. (1998). *Educative assessment: Designing assessments to inform and improve*. San Francisco, CA: Jossey-Bass.

Williamson, D. M., Bejar, I. I., & Mislevy, R. J. (2006). Automated scoring of complex tasks in computer-based testing: An introduction. In D. M. Williamson, I. I. Bejar, & R. J. Mislevy (Eds.), *Automated scoring of complex tasks in computer-based testing* (pp. 1–14). Mahwah, NJ: Erlbaum.

Wilson, M. (1989). Saltus: A psychometric model of discontinuity in cognitive development. *Psychological Bulletin, 105*, 276–289.

Wilson, M. (Ed.). (2004). *Towards coherence between classroom assessment and accountability*. Chicago: University of Chicago Press.

Wilson, M. (2005). *Constructing measures: An item response modeling approach*. Mahwah, NJ: Erlbaum.

Wilson, M., & Sloane, K. (2000). From principles to practice: An embedded assessment system. *Applied Measurement in Education, 13*, 181–208.

Winerip, M. (2012, April 22). Facing a robo-grader? Just keep obfuscating mellifluously. *New York Times*. Retrieved from http://www.nytimes.com/2012/04/23/education /robo-readers-used-to-grade-test-essays.html?pagewanted=all&_r=0

Wolf, S., Borko, H., McIver, M., & Elliott, R. (1999). *"No excuses": School reform efforts in exemplary schools of Kentucky* (CS Technical Report No. 514). Los Angeles: University of California, National Center for Research on Evaluation, Standards, and Student Testing.

Wolfe, E. (1997). The relationship between essay reading style and scoring proficiency in a psychometric scoring system. *Assessing Writing, 4*(1), 83–106.

Wood, G. H., Darling-Hammond, L., Neill, M., & Roschewski, P. (2007). *Refocusing accountability: Using local performance assessments to enhance teaching and learning for higher order skills*. Briefing paper prepared for members of the Congress of the United States. Athens, OH: Forum for Education and Democracy.

Wylie, C., & Lyon, C. (2009, August 3). What schools and districts needs to know to support teachers' use of formative assessment. *Teachers College Record*. Retrieved from http://www.tcrecord.org/content.asp?contentid=15734

Yang, Y., Buchendahl, C. W., Juszkiewicz, P. J., & Bhola, D. S. (2002). A review of strategies for validating computer-automated scoring. *Applied Measurement in Education, 15*(4), 391–412.

Yoon, K. S., Duncan, T., Lee, S., Scarloss, B., & Shapley, K. (2007). *Reviewing the evidence on how teacher professional development affects student achievement* (Issues & Answers Report, REL 2007–No. 033). Retrieved from http://ies.ed.gov/ncee/edlabs/regions/southwest/pdf/REL_2007033.pdf

Yuan, K., & Le, V. (2012). *Estimating the percentage of students who were tested on cognitively demanding items through the state achievement tests*. Santa Monica, CA: RAND Corporation.

Zelinsky, A. L., & Sireci S. G. (2002). Technological innovations in large-scale assessments. *Applied Measurement in Education, 15*(4), 337–362.

主题索引

注：该部分所列页码均为英文原版页码，见正文页边所示。

译后记

　　译者本身对考试的研究兴趣始于标准化考试。从中学阶段开始，我亲历标准化考试在国内的迅猛发展，一直好奇选择题如何能测量出一个人的全部才能。若干年后求学美国，我学习了很多基于选择题的测量模型和数据分析技术，并从统计学、心理学、社会学、经济效益以及政策权衡等多个方面了解了考试的特征，对其高风险性深以为然，也为本领域严谨而丰富的信度和效度研究而感到振奋。然而，多年基础教学中的一些困惑依然未获解答，尤其是在信息技术、大数据、人工智能以及 21 世纪技能等名词扑面而来的时代，它们与普通教师的关系究竟如何？教师们可以做些什么？测评如何在课堂上起到正面促进作用而不是被视为一个令人厌恶的"入侵者"？在本书中，这些问题的答案都指向一种非传统的评价——表现性评价。

　　本书聚焦表现性评价的历史、现状以及最新发展，对其大规模实施的可行性和局限性也做出了详尽的描述。尤其是第三部分提出的成本分析框架，相信能给决策者和教师们启发，坚定业界成员实施表现性评价的决心。本书的可贵之处还在于它公平地评价了不同考试类型的功能。

　　本书提供了大量有关不同学科的表现性评价任务案例以及部分评分准则。非常感谢多位不同领域的专家和一线教师提供的意见和建议，他们包括上海交通大学金艳教授、纽约大学唐力行（Frank Tang）教授、南京师范大学外国语学院王睿老师、三联生活周刊记者陈璐女士、上海体育学院朱晓峰老师、深圳华中师范大学龙岗附属中学数学老师陈诚等。本书的部分术语翻译参考了华人测量领域的已有规范，比如刘育明博士关于"ETS"的译法。特别要感谢泉州实验中学的陈金宗和厦门中学的蔡惠枫两位老师参与本书第二、七章以及部分附录的初稿翻译工作。湖南教育出版社的冯宏涛和曾恺两位编辑以扎实的文字功底让本书的语言更加流畅。本译丛成员间的交流与鼓励自不必赘述。凡有亮点皆为众人之功，不足之处译者责无旁贷。

　　本书的修改完善过程就是一次表现性评价的学习过程。译者从中收获甚丰，也深刻体会了基于任务的项目如何有效促进更加深入的探究和学习。本书的价值留给读者去体会。

湖南省版权局著作权合同登记图字：18 - 2018 - 374

图书在版编目（CIP）数据

超越标准化考试：表现性评价如何促进 21 世纪学习/
（美）琳达·达令－哈蒙德（Linda Darling-Hammond），
（美）弗兰克·亚当森（Frank Adamson）编；陈芳译. —
长沙：湖南教育出版社，2020.3（2022.11 重印）
（21 世纪学习与测评译丛）
书名原文：Beyond the Bubble Test：How Performance
Assessments Support 21st Century Learning
ISBN 978 - 7 - 5539 - 6484 - 3

Ⅰ.①超… Ⅱ.①琳… ②弗… ③陈… Ⅲ.①考试制度—
教育评估—研究 Ⅳ.①G424.74

中国版本图书馆 CIP 数据核字（2018）第 255724 号

CHAOYUE BIAOZHUNHUA KAOSHI
BIAOXIANXING PINGJIA RUHE CUJIN 21 SHIJI XUEXI

书　　名	超越标准化考试：表现性评价如何促进 21 世纪学习
策划编辑	李　军
责任编辑	曾　恺
责任校对	王怀玉　张　征　殷静宇
装帧设计	肖睿子
出版发行	湖南教育出版社（长沙市韶山北路 443 号）
网　　址	www.bakclass.com
电子邮箱	hnjycbs@sina.com
微 信 号	贝壳导学
客服电话	0731 - 85486979
经　　销	湖南省新华书店
印　　刷	湖南省众鑫印务有限公司
开　　本	787 mm×1092 mm　1/16
印　　张	27.25
字　　数	450 000
版　　次	2020 年 3 月第 1 版
印　　次	2022 年 11 月第 2 次印刷
书　　号	ISBN 978 - 7 - 5539 - 6484 - 3
定　　价	130.00 元